景印香港
新亞研究所

新亞學報

第一至三十卷
第三五冊・第二十四卷

總策畫 林慶彰 劉楚華
主編 翟志成

景印香港新亞研究所《新亞學報》(第一至三十卷)

景印香港新亞研究所《新亞學報》第三五冊

第二十四卷　目次

景印本・第二十四卷

第二十四卷

新亞學報

新亞研究所

景印本・第二十四卷

第二十四卷

新亞學報

新亞研究所

《新亞學報》學術顧問

《新亞學報》編輯委員會

NEW ASIA JOURNAL EDITORIAL BOARD

新亞學報第二十四卷

目 錄

牟宗三哲學學術會議論文選輯七篇

牟宗三先生的自述與論贊

蔡仁厚*

提要

本文為紀念牟宗三先生逝世十周年而作，為了綜結牟先生一生的成就和貢獻，特選出「夫子自道」的自述語；以及學界與師友門人的論贊語，作為理解他的性情人品學術思想之線索，自述語中最後一則所謂「一生著作，古今無兩」，是自然流出的本分語，作者在先生之學思年譜中也引述此語而有所說明。可參考。而論贊語之後二則，其中「氣性高狂，才品俊逸，思想透闢，義理深徹」，是作者在先生生前撰結而成，曾呈獻先生過目，並蒙許肯。而「光尼山之道統，弘黃岡之慧命，擴前哲之器識，發儒聖之光輝」，則是先生謝世時 「學術事略」文後之贊詞。下語如理如實，允為學界之共識。

一、弁言

二十世紀的後半，大陸的當權派仇視中華文化，仇視孔子與儒學，釀成「批孔揚秦」「破四舊」的文化大革命。這是前古未有、禍延天下後世的文化大災難，不只是所謂「十年浩劫」而已。

文革結束以後，大陸漸次派遣學者出訪歐美，也往往過境香港。他們有二個發現：一是台港海外的華人世界，不但不仇視中華文化，不仇視孔子儒家，並且有很多著作正確有力地表述了儒家學術與中華文化，

---

*臺灣東海大學榮譽教授。

而引起國際學界的重視。凡是有關孔子與中華文化的學術會議，都會涉及唐君毅、牟宗三等人的著作與論點。這很撞擊了他們的心靈。第二點發現，是一九五八年元旦，由唐君毅、牟宗三、徐復觀、張君勱四人聯名發表的「中國文化與世界」宣言[1]，正提供了中國文化開展的基本方向與道路。他們可能不完全理解，但卻無法否認這篇宣言代表一條文化的新路。於是，他們歸結出一個講法，說當代中國有三大思潮，一是馬列唯物，二是西化思想，三是當代新儒家。前二者都是外來的，只有當代新儒家是中華本土滋長出來的。

接著，他們正式組成一個編寫小組，邀集南北各大學中青代的學者四十人，分別對當代新儒家的人物與著作，進行全面的研讀與介述，而陸續出版了一系列資料編輯和思想論評的書。近幾年來，上海古籍出版社更出版了牟宗三先生的《中國哲學的特質》、《中國哲學十九講》、《中西哲學之會通十四講》、《四因說演講錄》以及《心體與性體》[2]。

---

[1] 此文化宣言，編入唐君毅先生《中華人文與當今世界》(台北學生書局出版)頁865－929。正題之下，標有副題：「我們對中國學術研究及中國文化與世界文化前途之共同認識」。文前，又有唐先生之案語：「此宣言之緣起，初是由張君勱先生去年春與唐君毅先生在美談到西方人士對中國學術之研究方式，及對中國與政治前途之根本認識，多有未能切當之處，實足生心害政，遂由張先生兼函在台之牟宗三、徐復觀二先生，徵求同意，共發表一文。後經徐牟二先生贊同，並書陳意見，由唐先生與張先生商後，在美草定初稿，再寄徐牟二先生修正。往復函商，遂成此文。此文初意，本重在由英文發表，故內容與語氣，多為針對若干西方人士對中國文化之意見而說。但中文定稿後，因循數月，未及迻譯。諸先生又覺欲轉移西方人士之觀念上之成見，亦非此一文之所能為功。最重要者為吾中國人之反求諸已，對其文化前途，先有一自信。故決定先以中文交民主評論及再生二雜誌之1958年之元旦號，同時發表。特此致謝。」

[2] 例如天津南開大學哲學系之王興國博士與上海復旦大學殷小勇博士等人，皆研究牟宗三哲學。

甚至有人指出，儒家思想與中國哲學未來的發展，所面對的最中心的問題，將是如何消化牟宗三以期超越地前進。

以下分為「自述」與「論贊」，進行說明。

二、自述

在「論贊」之前，我們先看看牟先生的「自述」。

1. 五十自述

《五十自述》[3] 是牟先生從台灣師大轉東海大學任教時，隨順他的心境和感觸而寫下來的生活憶述。在全書結尾處有一段話：

> 凡我所述，皆由實感而來。我已證苦證悲，未敢言證覺。然我以上所述，皆由存在的實感確然見到是如此。一切歸「證」，無要歧出。一切歸「實」，不要虛戲。一切平平，無有精奇。證如窒悲，彰所泯能，皆幻奇彩，不脫習氣。（習氣有奇彩，天理無奇彩）。千佛菩薩，大乘小乘，一切聖賢，俯就垂聽，各歸寂默，當下自證。證苦證悲證覺，無佛無耶無儒。消融一切，成就一切。一切從此覺情流，一切還歸此覺情。

這一段話，極佳、極徹、極諦。「覺情」是發自本心的鮮活之情，也即怵惕惻隱之情、不安不忍、憤悱不容已之情。這覺情是「始」，也是「終」。所以末後二句云「一切從此覺情流，一切還歸此覺情」。凡天理的流行，義理的印證，倫理的實踐，都繫於這仁心覺情上。這部自述的手稿，到牟先生八十歲時才交付出版。其自序有云：

---

[3] 牟宗三《五十自述》，民國七十八年一月，台北、鵝湖出版社印行。現編入《牟宗三先生全集》（2004 年 4 月，台北、聯合報系文化基金會出版，聯經公司發行）第 32 冊。

> 學術生命之暢通，象徵文化生命之順適；文化生命之順適，象徵民族生命之健旺；民族生命之健旺，象徵民族魔難之解決。無施不報，無往不復，世事寧有偶發者乎？吾今忽忽不覺已八十矣。近三十年來之發展，即是此自述中實感之發皇。聖人云「學不厭，教不倦」，學思實感寧有已時耶？

牟先生自謂，五十以後三十年的發展，即是這《五十自述》中的實感之相續發皇。可見他的學術生命是永續永繼，綿綿不斷的。一個真生命、真人格，他的學思工夫與靈台實感，就像孔子「不厭不倦」一樣，是永遠不停歇、不間斷的。

2. 為申展理性而奮鬥

七十六歲之三月，牟先生出版一部論集，書名《時代與感受》[4]，其自序指出，一個人處於非理性的時代，即不能不理會此非理性時代之何由而來。此中所含之問題，不只是泛泛的思想問題，乃是人類價值的標準問題，人類文化的方向問題。牟先生自大學讀書之時，即面對國家之處境與邪僻之思想而有痛切之感，歷五六十年之災害與劫難，感益深而痛益切。序言末段云：

> 我的一生，可以說是「為人類價值之標準與文化之方向而奮鬥以申展理性」之經過。

牟先生在半世紀的憂患困頓中，動心忍性，砥礪學思，他徹底疏通了中國智慧之傳統，並疏通了中國文化發展中之癥結，寫了許多學術性的專著，並隨時亦作了一些通俗的講演，他為人類申展理性所作的努力，實已樹立了一個卓越的楷模。

---

[4] 牟宗三《時代與感受》，民國七十三年，台北、鵝湖出版社印行。現編入《牟宗三先生全集》第23冊。

3. 六十年中只做一件事

八十壽慶宴上，牟先生說了一番話，其中有一句說：

> 自大學讀書以來，六十年中只做一件事，是即「反省中華民族之文化精神，以重開中國哲學之途徑。」

文化，不是一兜包的大雜燴，而是一條通貫古今的生命之流。它有源頭，有方向，有理想。在長遠的流程裡，也會有曲折，有險阻，有氾濫。在文化生命演進的過程中，它畢竟有何癥結？有何短缺？今後又將如何持續發展？這些都是一個大知識分子必須正視以謀求解答和解決的。

牟先生在大學預科之時，便已打定主意要唸哲學。他反省中華民族的文化生命，何以不能順適，不能條暢？中國哲學和西方哲學到底有何異同？中國哲學的特質是什麼？應如何來開拓中國哲學的前途？…… 凡此等等，都將一一得到解答，並在下文陸續說明。

4. 譯註康德，功比奘什

牟先生以一人之力，全譯康德的三大批判[5]，二百年來，可謂世界第一人。他不但譯，還作註，不但注，還分別寫專書來吸收消化康德。當第三批判譯註本下冊出版之時，牟先生已經八十五歲了。時當農曆新年，他和門弟子一同過春節，並送每人一本新書，書中夾一張字條，言曰：

> 此書之譯（按指三大批判），功不在玄奘、羅什之譯唯識與智度之下，超凡入聖，豈可量哉，豈可量哉！然真正仲尼臨終不免嘆口氣，人又豈可妄哉，豈可妄哉！　諸同學共勉　牟宗三自題

---

[5] 牟先生漢譯康德三大批判，譯本書名如下：(1)《康德「純粹理性之批判」》(上)(下)。(2)《康德的道德哲學》(內含康德之《道德底形上學之基本原則》與《實踐理性之批判》)。(3)《康德「判斷力之批判」》(上)(下)。先由學生書局出版，現已編入《牟宗三先生全集》第13、14、15、16冊。

這是幾句老實話。說「豈可量哉」，並非自滿；說「豈可妄哉」，也不是自謙。只是在回顧歷史之時，覺到要吸收和消化一個外來的異質文化，就必須有精確可靠的翻譯。如果不能用中文來理解康德，則中國人將永遠沒有福份來參與康德學。一千多年前的中國人之所以能吸收消化佛教，正是因為有晉唐高僧認真翻譯了佛教的經典。

近世西學東漸，而百多年來國家既未正視翻譯之事，而學者之中也幾乎無人真心翻譯歐西的主流經典。牟先生認為康德是西方哲學的高峰，而且是通中西文化之郵的最佳橋樑。所以決定漢譯康德三大批判書。他認為翻譯之事，最適於老年。此時學思較熟練，識見較明透，加之心情鬆閒，從容舒坦，邊讀邊譯，隨譯隨解，字斟句酌，煞有味也。他譯康德書所表現的精誠審識，實已重現了晉唐高僧翻譯佛經的風範。

5. 一生著作，古今無兩

民國八十三年十二月二十五日午後，牟先生在台大醫院病室索筆寫示蔡仁厚、王邦雄等人：

> 你們這一代都有成，我很高興。
>
> 我一生無少年運，無青年運，無中年運，只有一點老年運。無中年運，不能飛黃騰達，事業成功。教一輩子書，不能買一安身地。只寫了一些書，卻是有成，古今無兩。
>
> 你們必須努力，把中西學術主流講明，融和起來。我作的融和，康德尚作不到。

這段話錄在《學思年譜》[6] 裡，同時也加了按語。我簡要地指出五點：一是以專書分別表述儒釋道三教的義理系統，牟先生是古今第一人。二是牟先生所著新外王三書，開出外王事功的新途徑，自古迄今，亦不作

[6] 蔡仁厚撰《牟宗三先生學思年譜》，民國八十五年二月，台北、學生書局印行。現已編入《牟宗三先生全集》第 32 冊。

第二人想。三是以一人之力全譯康德三批判，乃二百年來第一人。四是疏導中西哲學會通之道路，亦達到前所未有之精透。五是對中國哲學之特質及其所函蘊之問題，進行全面而通貫的抉發與討論。此項工作，亦未見其匹。

不過，說一個人的著作「古今無兩」，真是談何容易！當我在報端披露此段「病中垂語」時，不少的人以為是我隨意記錄的話，後來才知道是牟先生親筆所寫，於是轉使大家平下心來理解這句話。像香港中文大學劉述先教授、山東大學顏炳罡教授，都有文章來討論這句話的意指。而鵝湖月刊332期，又刊出南京大學白欲曉先生〈哲學創造之路〉一文，也對此病中垂語作了討論。我一向認為，牟先生這幾句話平平說出，既不增不減，又如理如實。如果有人一定要比一比，就請從深度、廣度、高度、強度，以及「通透」、「中肯」、「時宜」等方面平心對較，通盤比觀。

至於最後提到自己所作的會通，康德尚做不到。這也是老實話，並非要和康德爭高低。康德的智思，高矣強矣。但為西方傳統所限，缺少從事文化融和之憑藉。而牟先生則有東方智慧傳統（儒、釋、道）作為憑藉，所以既能讚賞康德的不凡，又能看出康德的不足。而康德的不足實即西方哲學的不足（傳統的限制）。所以必須和東方文化相摩相盪，相資相益，方能百尺竿頭，更進一步。

以上屬於自述，下段再說論贊。

三、論贊

1. 化腐朽為神奇

牟先生在大學畢業之前，便已完成周易哲學初稿。但此書之運道並非順利，首先厄於當時北大文學院長胡適之偏見與壓抑，再次厄於數理邏輯授業師張申府之漫忽與不省(見《周易的自然哲學與道德函義》重印誌言)。唯當時在北大講中國哲學的老教授林宰平、李證剛、熊十力等人看了,卻大為讚賞,而新從美國歸來的哲學天才沈有鼎,則說牟先生如此整理周易,乃是「化腐朽為神奇」。

牟先生通過此書之撰述,確然見到中國文化之慧命,除了堯舜禹湯文武周公孔子,歷聖相承的「仁教」之外,還有羲和之官的「智學」傳統。而古之天文律曆數,賅而存焉。(按,羲氏、和氏,堯帝之臣,主曆象授時之官。)

天文律曆數,在易學象數的牽連中,亦可見出其較為有意義的形上學之規模。中國古賢原始生命之智光所及的光輝,對於數學之形而上的(宇宙論的)意義,以及體性學的特性之認識與欣趣,並不亞於畢塔哥拉斯與柏拉圖。沈氏所謂「化腐朽為神奇」,也應該是見到了這一層的文化意義而說的吧。

2. 北大哲系唯一可造之才

抗日戰爭時期,牟先生在昆明絕糧,熊十力先生特從重慶致函西南聯大哲學系主任湯用彤云:「宗三出自北大,北大自有哲學系以來,唯此一人為可造。汝何得無一言,不留之於母校,而任其飄流失所乎?」[7] 湯先生答以胡(適)先生處通不過。當時胡任駐美大使,而仍能遙控北大人事,也可說是非常「奇異可怪」的了。

北大哲學系當然出了一些人才。但「才」有大小、高低以及偏正、純駁之不同,在眼目高的人看來,天下雖大,卻也常常是「闃其室無人矣」的。牟先生離開昆明到重慶依附熊先生於勉仁書院。這個書院是梁漱溟先生辦的。梁先生向來不欣賞牟先生的狂簡疏放。有一天他耐不住了,便對熊先生說:宗三坐無坐相,站無站相,走路沒有走路相,你到

[7] 語見《五十自述》第五章「客觀的悲情」,頁92－93。

底欣賞他哪一點？熊先生輕輕回答說：宗三有神解。神解也者，目擊道存，一語中的，其解悟特異超俗，能悟人之所不悟，見人之所不見。北大有此可造之才，而不能容之用之，豈不可惜可憾？世人無有熊老夫子之巨眼，又如何能知人論世？當世俗不知其人而加以造就之時，人將如何？曰：自尊自重，自造自成而已。牟先生的成就，雖有賢師益友之助，而實乃天造之，己成之。人不自成，則自暴自棄而已。

七年前，我受邀出席北大百周年慶的漢學國際會議（分文學、史學、哲學、考古四組），所提論文即是〈牟宗三先生的學術貢獻——表彰一位傑出的北大校友〉。論文宣讀之後，有幾位青年學者告訴我，說展覽館介紹了很多北大名人，就是沒有牟先生。我說，還沒到時候。等有一天北大懂得正視牟先生時，中國的學術才算踏入正路坦途。其實，牟先生也不會在意這件事。譬如台北有一個北大校友會，牟先生則從來不參加聚會。他說：那些人怎麼能代表北大？北大的精神在我這裡，我才代表北大。他的話能不能得到解人？會不會有人抗議？這且不管。但牟先生這個人，是無負於北大，無負於中國哲學的。

3. 天梯石棧，獨來獨往

民國四十五年暑假，唐先生首次自港訪台。牟先生邀請他在「人文友會」主講“人學”。講詞由蔡仁厚記錄，後來編入《唐君毅先生紀念集》中。唐先生返港之後，仁厚陳書述懷，唐先生回信有云：「來函所說牟先生之言，於毅亦多稱許過當之處，不必如實。方今之世，唯牟先生著書講學能樹立標準，有泰山巖巖氣象。而牟先生平日之學，亦由翻山越嶺中得來。故牟先生在一般學問及人格生活上，皆有大開大合之歷程，而艱難之處，天梯石棧，牟先生皆能獨來獨往。諸同學能從之游，亦甚為不易。」唐先生這段話，可以視為「朋友相知」的千古型範，也正好為熊先生「北大自有哲學系以來，唯此一人為可造」之言，供作徵驗。

唐先生與牟先生之相知相得，與北宋大理學家「二程」非常類似。二程兄弟相知相輔，而且分別開顯「逆覺體證」之路與「居敬窮理」之路。首先，大程子為南宋前期閩學（楊龜山、羅豫章、李延平）與湖湘之學（胡五峰）之逆覺體證之路（一為超越的逆覺體證，一為內在的逆覺體證），開啟先機。[8] 接下來，小程子「涵養須用敬，進學則在致知」之言，則開啟了朱子「涵養、察識、居敬、窮理」的工夫進路。而當代唐牟二先生的學術成就與學術貢獻，亦為當今新儒學的新開展，提供了最為平正通達的康莊大道。

4. 榮譽文學博士推介詞

牟先生七十六歲時，行政院遴選他為國家文化獎章受獎學者。七十九歲時，又榮獲香港大學頒贈榮譽文學博士學位。港大哲學系教授

---

[8] 黃梨洲《宋元學案》卷二十五「龜山學案」，附錄胡文定（安國）之語：「龜山所見在中庸，自明道先生所授」。龜山言「中」，主張驗之於喜怒哀樂未發之際。此是靜復以證體，亦即逆覺體證之工夫。龜山門人羅豫章以及豫章門人李延平，亦皆教人於靜中見喜怒哀樂未發氣象。此即朱子所謂「龜山門下相傳指訣」。靜坐是為了與現實生活相隔離，亦即超越現實生活以便靜復以證體。延平「默坐澄心，體認天理」，即是此路之歸結。（唯朱子四十以後，順伊川而趨，已不走延平之路矣。）另胡五峰則承北宋前三家（周、張、大程）而發展，對於大程「識仁」之旨，五峰尤其體之真切。故曰「欲為仁，必先識仁之體」。「一有見焉，操而存之，存而養之，養而充之，以至於大，大而不已，與天同矣。此心在人，其發見之端不同，要在識之而已。」就良心發見之端而警覺之，此即逆覺的體證工夫。在五峰，只須內在於人倫日用中，就良心之發端以體證仁體(天理本體），而不必靜坐，故為「內在的逆覺體證」。據此可知，南宋（朱子以前的)前期閩學與胡湘之學，皆源自大程子。而朱子四十以後，則取徑於小程子，而開另一系(靜養動察，敬貫動靜，即物窮理）之義理規路。是乃順承小程子伊川而開顯的朱子傳統。

F. C. T. Moore 博士特致推介詞。這份推介詞，是出於客觀的理解和批判，它沒有主觀情結的夾纏，也沒有師友情誼的偏愛，它代表一個國際性的客觀公正的肯定。其末段稱說牟先生為：

> 「理論的與實踐的知識」之維護者；以其「弘揚儒家傳統的權威性著作」，復又以其「提倡西方哲學研究之重要」而名揚於世者；一個「經歷過長期心靈前進」之人，「出身是農家而職業是學者」；是「學問的友朋」、「生命的愛護者」、「信仰於幸福與德行者」——這樣一位哲學家，推薦給校長先生，以便頒贈以榮譽文學博士之學位。[9]

推介詞中還英譯了牟先生《圓善論》書後頌歌之末四句：

> 德福一致根本是圓教中的事，
> 何須煩勞上帝來作裁決，
> 我現在重新來宣說「最高善」（圓善），
> 我只稽首仲尼感謝他為我們留下保證圓善之規範。

按、中文末四句頌詠原文是「德福一致渾圓事，何勞上帝作主張？我今重宣最高善，稽首仲尼留憲章。」我們試把中英文的句子對照起來看，將更能感覺意味之深長。

5. 門弟子四言論贊與治喪會輓詞

十多年前，正中書局出版一本《當代中國思想家》的書，主編張永雋教授約我寫牟先生。我用的標題是「高狂俊逸透闢深徹的大哲：牟宗三」。牟先生逝世之後，國史館約我為牟先生撰寫「國史擬傳」[10]。傳

[9] 牟先生榮受香港大學榮譽文學博士時，莫爾教授的推介詞，略見《牟宗三先生學思年譜》學生版頁 67 、 68 。

[10] 蔡仁厚撰《牟宗三傳》（國史擬傳），係應中華民國國史館之約而作。民國八十四年十二月先發表於《國史館館刊》復刊19 期，次年編入《國史擬傳》第 6 輯出版。現已編入《牟宗三先生全集》第 32 冊。

文中我又將八字論贊的意指，再作簡要的揭示，而衍為四言論贊：

氣性高狂　才品俊逸

思想透闢　義理深徹

民國四十年左右，香港《民主評論》月刊登載唐君毅先生給徐復觀先生一封公開信，討論政治民主與學術自由的問題，文中論及人品性情，唐先生說：熊（十力）師之外，朋輩中唯宗三兄高視闊步，有狂者氣象。四十五年九月，唐先生在給我的回信中，又說到：「方今之世，唯牟先生著書講學，能樹立標準，有泰山巖巖氣象。」唐先生的意思，也正可視為我頭二句「氣性高狂，才品俊逸」的旁證與呼應。而牟先生所著各書，無論思想綱脈的疏解，義理分際的釐清，系統綱維的確立，以及學術異同與學脈傳承的判認，都已達到前所未有的深透。所以末二句「思想透闢，義理深徹」，也是信實恰當的論贊。

牟先生逝世之後，其訃告所附之〈學行事略〉[11] 文後，有四句贊辭：

光尼山之道統　弘黃岡之慧命

擴前哲之器識　發儒聖之光輝

這四句話，也作為治喪委員會的輓詞而懸掛在靈堂之上。三年後，我赴北京大學開會，在哲學系座談時，陳來教授問我這幾句話是何人撰述的？我說由我執筆，但意思卻是大家的共識。

尼山，指孔子。黃岡指熊十力先生。在華族文化生命存亡絕續之際，熊先生以他的悲願大慧，生命光熱，獨能穿透歷史之煙霧，暢通文化之大流，以昭顯古今聖哲的德慧生命。所以自然而然地成為當代新儒

[11] 蔡仁厚撰《牟宗三先生學行事略》各段要旨，依序為「姓字、出生」、「家世」、「簡歷」、「師友」、「總提」、「三教義理」、「新外王」、「中西會通」、「三大批判」、「文化生命」、「家屬」、「綜結」、「贊詞」。全文編在《學思年譜》附錄一，現編入《牟宗三先生全集》第 32 冊，頁 227 － 230 。

家開宗的代表人物。牟先生乃熊門嫡傳弟子，他力振孔孟之學脈，以挺顯內聖外王之宏規，實實能夠光顯孔子之道統，弘大黃岡之慧命。至於第三句開擴前哲之器識，則通指中西雙方的先哲而言。由於牟先生之精誠奮鬥，不但中國哲學得以充實開擴，而康德所代表的西方哲學，也可獲得中國哲學智慧的融通提升，而百尺竿頭，更進一步。如此而後，廣大精微的儒聖之道乃真可以充分顯發它的光輝，而達於荀子所謂「光昭日月，大滿八極」之境。

四、餘韻：墓表與園石名義解[12]

牟先生的墓表，由我撰文，並經同門友討論後定稿。全文如下：

長眠於此青山之懷者，是當代大哲、儒學宗師，牟宗三先生。

先生出身北京大學，性情高狂，才品俊逸，能化腐朽為神奇，乃熊十力先生特為器重之嫡傳弟子。先後榮受香港大學榮譽文學博士與國家文化獎章。

先生以三部皇皇鉅著，表述魏晉玄學、南北朝隋唐佛學與宋明理學，使儒釋道三教之義理系統，煥然復明於世。其學術成就，承先啟後，功莫大焉。

先生本於內聖之學，以豁醒外王大義，特撰著新外王三書，為中國文化中政道事功與科學之問題，提出中肯之解答。是真能順成顧黃王三大儒之心願遺志者。

先生以一人之力，全譯康德三大批判，乃二百年來世界第一人。又另撰專書數種，以消化融攝康德之學，為真善美之分別說與合一說，提出妥恰之詮釋。

[12] 此段「餘韻」，摘錄自《牟宗三先生學思年譜》附錄三〈墓園記〉一文，見《牟宗三先生全集》本頁 245 － 249 。

先生對中國哲學所涵蘊之問題，以及中西哲學會通之分際與衡定，透闢深徹，實啟返本開新之善端。贊曰：

浩浩宇宙　慧命長流

師尊法運　炳耀千秋

中華民國八十四年五月　穀旦　先後期門弟子　一體恭述敬立

我在〈牟宗三先生墓園記〉裡，有一段文字特別說到這篇墓表的寫法，現也錄在這裡，以增懷思。

這篇墓表的寫法，綜合了古今中外的形式。譬如王船山自題墓誌：「抱劉越石之孤忠，而命無從致；希張橫渠之正學，而力不能企；幸歸全於茲丘，固銜恤以永世。」他自述懷抱、學行、身命、際遇，勁斂而沈鬱，警策而有力，不同凡筆。而美國第三任總統哲斐蓀，則只在墓碑上寫明他是美國獨立宣言的起草者，至於總統名銜則似乎不足輕重。若依上例，牟先生的墓表，也可用他自己的話：「我的一生，可以說是『為人類價值之標準與文化之方向而奮鬥』以申展理性之經過。」或者用他八十壽宴所說得那句話：「我自大學讀書以來，六十年中只做一件事，是即：反省中國之文化生命，以重開中國哲學之途徑。」這樣，也庶幾可以表述他高狂光輝的生命價值。但從天下後世人看來，則將會有「無乃太簡乎」之感。所以，幾經斟酌，還是採取現在這樣的寫法。

另外，在墓園記中，還有另外一段文字，標為「碣石無形，草色青青」。

在第一次墓地規劃說明時，李祖原建築師事務所預定在墓亭之右矗立一塊大石。後來由於斜坡墓地施工，無法用吊車安裝巨石，這才改為綠色草坪。當時論及立石題名，有人提議直接用牟先生的名諱命為宗三園，至於碣石的命名，則一時未曾想出來。

某日，我忽然想到，既以「名」名園，便再以「字」名石，「宗三園，離中石」，豈不甚好？於是索性寫成一篇「園石名義解」，影印給幾位友好共相參酌。如今雖然用不到了，但意思一旦出現，它便可以是永恆的。所以特錄於此，以為紀念。

宗三，師尊之名也。離中，師尊之字也。今以宗三名園，以離中名石者，非敢不諱也，乃仰念之深而思慕之切也。三，有多義：天地人曰三才，日月星曰三光，儒釋道曰三教。而宇宙之數，義蘊無窮。自其基始而言之，一為元，二對待，三則善能表道妙；所謂一生二，二生三，三生萬物，是也。

道，有體有用，於中字可見道之體，於三字可見道之用。是故三可宗而不可定著，定著則拘限於三，而三亦遂無由靈動而生萬物矣。中宜離以顯其用，不離則滯執於定中，而難能得其時中之妙矣。

師尊之名與字，正蘊含道之體用。承體起用，即體即用，則法運昌隆之幾，慧命綿流之兆，實已啟其端矣。後之來者，繼志述事，其念之哉，其勉之哉！

民國第二乙亥五月二日　師尊安土之夜

這園中碣石，無形而有影，今雖未見其石而幸能留存此文，也可算是一段異樣的世間佳話。我常心裡想，台北新店溪畔的青山何其有緣，得以迎擁這位千秋哲儒，常相伴依。而弟子後學又何其有幸，得以在此青山之懷，展拜敬愛的老師，以期慧命之永續。師恩浩蕩，窮於讚歎。且讓——

青青草樹　綠遍天涯　漢影雲根　垂諸久遠

（師尊謝世十周年之晨於台中市惠宇椰風北軒）

人生哲學之二門——唯心與唯物
從當今世代病象的治療起念
（推徵 牟師宗三先生哲思勉作）

周群振*

提要

本文主題以人生思維之「唯心」「唯物」二情並舉為張本，推演所至，則見唯心之必然為主而尊，唯物之實屬為副而卑。此乃人類歷史自古而然之共識與常態。揆諸當代新儒家、尤其牟宗三先生一生之用心及著述，無不在於揭露斯情以明闡天人之際的義理淵源與開物成務。惟是近時若干憑藉知見廣涉的青、壯年學者——包括初且拜在先生門下的學生，輒常打著所謂「後新儒學」或「後牟宗三哲學」的旗號，多方責難他人之為「照著說」與「跟著說」，而自恣其「岔著說」或「翻著說」的畸別之見。促致學術思想盡成錯節；社會風習日趨破敗。區區每觀此類異議之甚囂塵上，基本是由於「唯物論意識」之傳衍縱放：不獨將淹滅整個儒學正義；勢且可能沉淪於人禽莫辨之境而深懷憂懼：數年來先嘗頗有針對具體人物言之不契而作婉轉批導者；本文則為其素懷彙綜之申言。抑亦可視為非全「照著、跟著說」，而更有繼志述事「啟新、肇造說」之微意乎！至希讀者明鑑之！

*臺灣省立臺南師範學院退休教授。

甲：題旨大綱

一、導論── 略述本文緣起與基調

二、哲學觀點下「人生實質」與「宇宙實體」對揚互顯之關涉

三、自通見之人生存在上溯，實得動發而為宇宙始元至善的超越地「生」之本根與理體

四、由生之理體下委實現人身，雙具「性靈」與「軀幹」之生命

五、生命中最為主宰或主體的「心志」下開哲學之二門-「唯心」與「唯物」

六、「唯心」、「唯物」二者之為名言及價值意義之分異

（一）「唯心論」奠基於道德本懷或道德意識，是為正價值

（二）「唯物論」緣於物理意識與情欲希求，常致屈德反價值

1.「物論」與「唯物論」之可、不可的義理分際

2. 唯物論鬱結為「意識形態」及其侵蠹人性之強勢，使人忘其身之何是

（三）方今世界人類受制於「唯物論」意識形態及其思維之現狀

1. 高挈「現代化」之虛幻圖景自縛而縛人

2. 一以反古為快而無視古道之多有可為今世濟助者

3. 勤於批舊反傳統，而不知趁勢自造於新之正途，將更滋世情之擾攘與紛亂

七、餘言──簡答三點疑問

乙、本文

一、導論

當今學界通人與夫喁喁眾民，無不深感或實受到一種時代低氣壓，

甚至如罹水火之災的侵害與苦況，而亟求解脫消弭之未得其方。筆者以草野荒鄙之材，在胸懷鬱抑、屢蹈險阻，幸獲新儒家德教學理之啟迪下，反覆思索中間最為亂源之根本，惟是人類「內心」與「外物」之交會運作，全失正當善處之故所致然。情不容已，先嘗發抒過若干文字（約百萬餘言），尋根探柢，論旨則俱在依循儒學體系，正表其義理之所是。邇近十餘年來，所接愈廣，感觸愈多，則又直覺孟子「持志養氣、配義與道」風範之不可泯，因而有本文近乎「違眾而獨白」之倡言。其為理序，則秉自上而下，亦即就人之生為宇宙中心之分位，上溯至始元極善的「生之理體」由而蔚為天地萬物，賦予各個自在實存的「人之生命」，而有「性靈」與「軀幹」之轉衍而為「心志」「物量」二系之齊行並顯。於是，哲學地思而繹之，踐而發之，便開啟出「唯心」與「唯物」之二門，而在進出其間，勢必形成主、副，重、輕之異數或異路。然則二者究當孰為主而重？孰為副而輕？則全憑生為人者之覺識其價值定位何歸？即此審省觀察，度理衡情，當可顯見「心以役物，物役於心」之等差分明。故順其等差而抑揚對應，興發行止；各適所宜，共成其事，便可致「修己安人」，「內聖外王」之神效。反之，若故違常理，逆向而操弄，則將如治亂絲之愈棼，不特個己自蹈錮蔽，且必加大害於天下，是正方今世間社會混濁不清，紛爭無已之所由來。文旨的義理歸趣，則係承諸牟師宗三先生《現象與物自身》書中，力主「人雖有限而可無限」之論旨下，開立「本體界無執的存有論」與「現象界執的存有論」之兩種路數或實相，而行人生程式及所關是非正反之具體伸析也。

二、哲學觀點下「人生實質」與「宇宙實體」對揚互顯之關涉

古人云：「上下四方曰宇，往古來今曰宙」是「宇宙」為空間、時間表象之稱謂。其在於人者，既無可觸可捉之質量，又無可聞可覩之聲

色。不能拿捏為對象，卻又人人實感其有，並且因之而能為言思，能為行止，則亦必有其道，必有其名。《老子道德經》開章即曰：「道可道，非常道，名可名，非常名。無，名天地之始；有，名萬物之母。……此兩者，同出而異名，同謂之元（玄），元之又元，眾妙之門。」蓋所謂「上下四方、往古來今」者，猶只達於邏輯語意的表示，而「常道」「常名」為「天地之始、萬物之母」，則基於有體有用之肯定。所以一般之為哲學思行者，大多視宇宙為超越普遍，具體真實之存有，牟先生且常津之曰：「形而上的宇宙精神實體」（在於其所著《生命的學問》及暢發道德政治，內聖外王之三書中，固常見此語）。

夫其既為實體矣，是故《詩、書、易、禮》作者，輒舉為「昊天」、「上帝」或「神明」之尊稱。

而孔子可以確感：

> 天之將喪斯文也，後死者不得與於斯文也；天之未喪斯文也，匡人其如予何。（論語、子罕篇）
>
> 天何言哉？四時行焉，百物生焉。天何言哉？（陽貨篇）

孟子可以倡言：

> 盡其心者，知其性也；知其性，則知天矣。存其心，養其性，所以事天也。」（盡心上）
>
> 天不言，以行與事示之而已。（萬章上）

《中庸》首章則徑稱：

> 天命之謂性，率性之謂道，修道之謂教。道也者，不可須臾離也；可離非道也。
>
> 誠者，天之道也，誠之者，人之道也。誠者不勉而中，不思而得，從容中道，聖人也。（二十章）

《易乾，坤彖辭》因卦爻之變化斷稱：

> 大哉乾元，萬物資始，乃統天。
>
> 至哉坤元，萬物資生，乃順承天。

凡此，皆足以見宇宙精神實體之如如而在，不可誣也。故自其為時、空之形式而觀，似若廣大無垠，綿延無盡；而自其實有之體段以言，則便當下現前具有，完整具存。要者，在於人之自反其內蘊的智能，可以任隨空間之無窮廣大而知其大，任隨時序之無盡綿延而俱以至。即此可證理上是：人有與天地同在，與歲月並行之實質和極量。不過，天地、歲月為無所負累的形而上之「有」，人則因身命限隔而為形而下之「在」。明白言之，也就是天道歲年純粹精潔，永行其所是而無他繫；人之為道，則難免於繁雜而多沮阻。兩相對勘，顯見各別之間，仍然同中有異，異復有同。同者，體之所為主：異者，用之所成功。體同則一本；用異則分行。一本則致中； 分行則致和。「致中和，天地位焉，萬物育焉。」(《中庸首章結語》，此天、人交涉，亦即宇宙人生對揚互顯、昭彰固然之程態。否則，天道不能下遂而永成晦冥；人道無由上規而終將滅絕。今幸猶未果然，乃得竟有吾人相共一堂，對談研討之局。可不知所省惕而勉力圖之乎？

三、自人生存在上溯實得動發而為宇宙始元與至善的超越地「生」之本根與理體

凡一般之聲稱「人生存在」或「人生哲學」，語句間即涵有整個人得而為人之「生」之原理原則的意義，所謂「哲學」，所謂「存在」，即基於對此「生之原理原則」的思解與肯定而見。在此，個人以為必須動問的是，「生」何由起？起後又如何得其持續和維護？這便是依理則上溯或上推，勢必先有最初動發以成功宇宙之始元又至善之企求所必至，其在中國之前賢往聖，固嘗屢屢言之不鮮矣。例如前舉《詩、書》之揭櫫超越至上之神體、而曰：

> 維天之命，於穆不已。於乎不顯，文王之德之純，純亦不已。（詩大雅）

天生烝民，有物有則，民之秉彝，好是懿德。（同上）

天佑下民，作之君，作之師。惟其克相上帝，寵綏四方。（周書泰誓）

惟天陰騭下民，相協厥君，我不知其彝倫攸敘。（洪範）

是皆以「天」象莊嚴至尊之元神，然尚有似客觀外主，作福降殃之威權者。及於《論語》《孟子》書中，孔子則徑稱「天生德於予」，由而內化為真切地貫通上下，周徧人我之「心仁」；孟子則顯以「仁義理智」為人之大體，乃「天之所與我者」而主「性善」。進至《中庸》，《易傳》，則更明白舉為超越又內在的「誠明之體」，「乾坤之德」而曰：

自誠明，謂之性；自明誠，謂之教。誠則明矣，明則誠矣。（中庸二十一章）

君子之道，本諸身，徵諸庶民，考諸三王而不繆，建諸天地而不悖，質諸鬼神而不疑，百世以俟聖人而不惑。（中庸二十章）

大哉乾乎，剛健中正，純粹精也；六爻發揮，旁通情也；時乘六龍，以御天也；雲行雨施，天下平也。（乾文言）

坤道其順乎！承天而時行……直其正也，方其義也；君子敬以直內，義以方外，敬義立而德不孤……君子黃中通理，正位居體，而暢於四支，發於事業，美之至也。（坤文言）

上錄各則經傳之文，乃概就其為「理體動源」之形式而大綱地臚陳也；要者在這「理體動源」之著落於歷史社會的實踐，可以近取之「譬方」為何如？此則當總括於一個「生」字以表之。生，如前所引舉之諸般文獻或記言中，固亦輒有足供吾人之認證為實在之物事者；然在大多只是隨文附及，成為「凡是」或「皆然」之方便運作下，反而泯失了卓邇超絕之特色，更無論舉為獨立體性之位格以分說了。比較凸出而可資以深觀之典憲，則惟《孟子•離婁上篇》所論「仁……義……智……禮……樂之實」而終歸於「樂則生矣；生則惡可已也，惡可已，則不知足之蹈之，手之舞之。」《中庸•二十六章》「天地之道，可一言而盡也：其為物不二，則其生物不測。」《易繫上》「生生之謂易。」《繫下》「天地之大德曰生。」此三處所言之「生」字，顯非一般之作動詞用的「生產」「生發」「生出」等義所能盡，而係實包「能生、所生」，亦即兼具名號與形容二用合一之體性或主體詞義者。蓋惟如此，然後可如〈上繫六章〉之論旨：「夫乾、其靜也專，其動也直，是以大生焉。夫坤，其靜也翕，其動也闢 ，是以廣生焉。」從而達至「樂生惡可已！」「生物而不測！」同乎「生生」之易理，完成「天地之大德——生」等諸般之神效。此固吾人當下所見存在世界或宇宙、理應如是其為活潑美妙之場域所必至；而凡能由此深體「靜專動直、靜翕動闢」以致「大生、廣生」之源頭之「潔淨精微」，則且將如〈復卦彖傳〉之言「復其見天地之心」，發現其始元一點至善無惡之本根或理體，而為至聖先師創發「心仁」，孟子本之而進言「性善」之整全一套之思系所存也【如上義旨，拙著《儒學探源》第三篇肆章之二有詳申，可供對勘】。

四、由生之理體下委、實現人身，雙具「性靈」與「軀幹」之生命

上來所言宇宙始元至善之義，全屬形而上學理境面的論述。這也就是牟宗三先生素常正視的「兩層存有論」之「無執的上層存有」，順儒家整體之學理而說者，蓋為全個之人生歷程中必然具有之先天或生而即在的義理性向之開陳。但是，「先天」之為言，正因有現前實存之後天或後半的人生而為先。設若無此後半人生之程節，則所謂形而上之高層，亦必永成懸隔冥晦，莫得而見，莫得而論矣。以此，本節當復就生之理體之必然或自然下委，實現介於上下兩層之間的「人身」，引繹申論其功能之何是。

原夫人之生而有身，固是人人皆能自見自感的存在之事，然究竟何所自來？則可有種種之說法與認定：最通常普遍之知見所及者，決為父

母所生；然父母之父母之父母，又何自而生，畢竟須有一完整實在的說法，人類考古學者與一般之科學家，乃窮極於太古億萬年前基因蠕動，以至茹毛飲血之原人階段，並就其所必依以生活存在之地理、天文，作無窮無盡之實境的探測，可以謂之深矣遠矣。但是無論結果如何，終將只及於人生的物質撐架（身子或軀殼）可能有交代，而其作為主體內容的精神或知能，則仍是一片茫然。因此，從來便有宗教或神學家之以為原於上帝神奇的創造；哲學或思想家之構思為基於原子之結聚或大氣變現。我則以儒家素常之理想理念為宗，比較同情哲學思想所取的方式，卻於其初始之定於原子或大氣變化集聚之見，則不能苟同。因為那仍只是依傍科學以為掩護的態度，不足成其真理。這裡，我們必須暫時放下或避開僵呆形式的物實牽扯之論証，而當依超越觀念性的純粹精潔之元神作體認：其在中國昔時，老、莊則以不可捉定的「有」「無」對顯之玄理為虛映；孔、孟則憑直覺感受其惠愛之「天道」「天性」「天命」為具體之徵象，由而見有如前所舉《孟子》、《中庸》、《易傳》之「生惡可已」、「生物不測」、「生生不息」乃至「靜翕動闢」之勢能的運作與興發。如今為充極一本大始與散為萬殊之至功至德，我們正可一方面視若體性化之元神之時在心身上下左右，以鈞持並奠立吾人之為人之「價值」；一方面亦可經驗地確切感知或撲捉為代代產殖繁衍之實在的「人身」。夫其既成各各之人身已，則自然固有各各獨立或獨具多般才品之活潑全形的「人生」；順此再就其必進求理想實現途程中之得與不得而言，則一一之「生命」塑相，便躍然現在，而可為是非、誠偽，善惡，邪正……等道德理性之客觀辨識矣。

基於如上之步步推引而綜觀之，已盡每個或全部個體人通統的存有之相。可是從「生生」之實理處作考察，則仍顯見其當有「所以致然」之兩大成因：一即「隱為靈動的精神理性」；一即「著為形迹的物質身軀」。二者本屬先天地「生之理體」開展其自己必然注水成渠之交融與和合。不過前者為徑直傾瀉，如孟子所云：「猶水之就下」的呈露（上來各節敷言，多不外此）；後者則係經由婉轉曲折之造化的規限所達至。即以此故，則形迹的身軀，便於承續理體之大生大用上，有了一陣應乎物實需要之小生小用的間隔。明白言之，亦即在通過家族父母生育子女，子女又生子女、生子女之代代綿延下，已成一普遍現實的物種繁複產殖，而可經驗地接感的機能系統之生。繹其初始形成之序，乃由胎孕至脫離母體為嬰孩，只是個純粹天然的血肉之軀，待至軀幹日漸長大入世，然後生而本有之靈性隨而啟萌用事，便得有動作由己的如如實在的「生活」，從而蔚為自主自覺，全幅全面之「人生」。此乃凡為人者必所經歷的生之態勢；而在企求實現超越理想或理念之操持過節中，亦便必有「性靈」與「軀幹」之異能異用，不可不為重輕強弱之判別與行止；並且依於造達高上人品之目的，無或不以性靈之強而重者，管治軀體且置為弱而輕者之為貴。這個道理，本是通常人皆熟稔的。惟大多流於「習焉不察」，致成若無其事的荒蕪之境，甚者且反斥為無益而鄙棄不理，此則正為吾人今之必須珍視而重振者也。

五、生命中最為主宰的「心志」下開哲學之二門——唯心與唯物

本文自初揭人生、宇宙之關涉，及上溯元始、本善的「生之理體」，由而下委，雙成性靈、軀幹之「現實生命」迤邐說來，至此已漸臻主題所規畫的重心——《人生哲學之二門：唯心與唯物》的本旨了。關於這個問題，我想有必要先就個人所設想的名言詞語稍加解釋，以免滋生議論差誤。例如：「人生哲學」一名號，本是通人皆能泛泛言之的命題，但多無一定內容作匡範；我這裡則特舉為整個或全個生人言思行止之代稱。分別言之：「人生」，即人之全幅具在的生，包括生活、生事、生命、生存……之諸義；「哲學」，則一如學者大家概以表形上實在或形式法則之推述。至於「唯心」「唯物」上嵌之「唯」字，乃以表崇

仰、趨尚或執著等強烈情緒或態度之意；唯心、唯物，正皆近今世界思想學術常見流行迴蕩的觀念性物事，但多以二者為各極一端之相等又相斥之「意識形態」的標籤，而行左右偏傾之單邊的推舉或取捨。本文則相應人類歷史社會既然之情實，並提對比，透顯其價值涵蘊之高低可否的分限作判釋，故直秉整體之「人生哲學」意理而有〈主題〉及先前各節段許多蜿蜒曲折之推述。此下則仍宜回向生命主體中居於「發蹤指使」地位的「心志」之機能為說。

蓋如前所反覆疏陳，人之為生，終必歸於原初無質渺形，又若虛實有之「至善意理」蠕動周流所致然。則當其結聚於現在之人身者，便是當下可感可見之「性靈」和「軀幹」。然二者之中，「軀幹」既因化育之過節，已轉為物質更代的產殖之生，而堪以任情運作的視、聽、言、動及其迎取外物，並置為對象以對治的經驗世界。惟「性靈」則係直接秉承先天元善之神功，投寄或依托於軀體以葆其完形，而且賦有「道德」、「知識」、「才藝」三種先驗的本能，如康德批判哲學所開發的「實踐理性」、「純粹理性」與審美的「判斷力」者。三者之末的「才藝」一項，是以舒適快活為得，虛實有無皆可之中性的：所以雅致者則有之以為貴，多之以為美；澹泊者則無之以為樸，少之以為簡，似無關乎人格修善之絕對必要性。伊川昔嘗有言：「大德之人，不以才論。」蓋謂凡為人格價值之審識，不必以才藝之高低或多少為準則。

然則「道德」「知識」二項之存有與交涉又如何？此則應如《中庸》所謂「道不可須臾離」之天賦性靈，垂成「心志」之系統下，看其因應事物所為權重或鈞持之「分相」與「共相」，是否各得其正，各適其宜。平情而觀，分相，則表多元，本質上是「知性」外向之吸取或造作物事，特顯冗雜繁富，表現功勛；共相，則歸一元，賴於「德性」之內斂，資為凝固和融，煥乎文章。若無如此清晰的了別，分則易致流散而紛諍；共則難免攪混而武斷。此人類思想史及其落實於政教方面更迭常見之實況。在於中國古代，儒家巨匠孟子則稱人性善而主「仁義內在」，蔚為超越理想之崇尚與信持；荀子則稱人性惡而主「禮義外制」，發為現實經驗之認同和操作。兩家思想理蘊之淺深及其所關世教之影響，可於後來漢、唐、宋、明各代學者和主政人物之對「內聖」「外王」，或則尊此而抑彼，或則倚彼而攻此，往往形成強烈的諍辯對立，甚至惡意傾陷，危及國脈民命之事跡而偵知；迄於近世，一般位據社會上層的智識份子，特別在那以哲學思想自炫自高者流之忸於西方倚物為論之歷史的成見下，範鑄為「唯心」、「唯物」對峙之兩大壁壘或勢力，在各個場域翻覆喧騰，時則侈言匡扶；時則假名改造，種種詖、淫、邪、遁極盡挑撥逗弄之濫辭，業已致整個國人於蔽、陷、離、窮混沌無明之迷途【「詖辭知其所蔽，淫辭知其所陷，邪辭知其所離，遁辭知其所窮。生於其心，害於其政；發於其政，害於其事。」語見《孟子公孫丑上篇》〈知言養氣章〉】。此則當代新儒家前輩大師如：熊（十力）唐（君毅）牟（宗三）徐（復觀）……諸先生，窮畢生近百年之苦心孤詣，舌敝唇焦地講學著書，思欲力予拯挽之高風亮節所由以榮貴也。本文亦即秉此情，既有如上各節之申言，且當切就「唯心」「唯物」二者之思維結構及利弊得失等進而辨識之。

六、唯心、唯物之為名言內容及價值意義之分異

心、物之為名言，在於中國亦係自古而然。例如：「人心、道心、天心」，「什物、百物、萬物」等稱號，上世經史書傳中，固可隨處得見。大概在天人理同，物我體合，乃至「大而化之」之思想或觀念形態下，兩者並無鮮明地相對互異之運作和表述。迨後世情愈益開通，文明愈益繁盛，便漸露天、人、物、我，既相收而統合，又相待而歧離之徵象，而有中世紀（約當漢、晉、唐、宋之階段）「心性」、「物實」各從其是，各適其宜之殊途分工；復因生人情感、情識之難免於偏好偏惡，乃突顯出價值意義的天性，人欲之排拒互斥而若不相容；如今則更潛殖

於人類之現實生命中，肇啟原無必要的「唯心」、「唯物」兩大意識形態之畸峙，形成冰炭水火似的流派對立之勢，尤其偏傾經驗現實及信持「唯物史觀」，倡言「唯物論」一邊者之視馬、恩、列、史為救世主而大肆宣揚，並採革命手段強行推銷之某些黨人之在世界任何角落或廣場，起著催迫醱酵作用，甚至製造毀滅性戰爭殺戮之不已。極於此時，當我們生而本有之道德本心、良知理性，猶幸未被污衊、至於完全殄滅的關鍵時刻，自應不「待文王而興」，善操天與天賦之德慧術智；定住人生人文之存在意理；行其是非曲直之判釋糾彈，方得為天地之肖子而俯仰無愧怍！以是，當復就唯心、唯物一般論說關於天道人性之護持或背離的價值意義進而明辨之。

(一)唯心論奠基於道德本懷或道德意識，是為正價值

天地間本只是一個「心」之瀰綸布護。有它之為超越的先在，便自能「不見而彰，不言而信」(語見中庸)，自能「四時行焉，百物生焉」(論語、陽貨)。原不用專門或獨特式的強調──「唯」的字眼為冠首而後見其尊上。但是當其落實或具體化為人身之能思能想之性態時，則亦可有甚至必有與之相對的他樣或他項之物實理體之激盪。在此意義下，「唯心」之名言，本質上縱仍屬於非經驗事物之比的超越無待的存有；而形式上則固閃避不了別有與之等位平行的「唯物」名份之分別相。吾人今之舉「唯心論」為說，一方面正因現實上果有如佛家所謂「假名」的「唯物論」之幻影而逼至；一方面卻也需要注意不能掉在它的圈套中，泯失原本心為主體自身之絕對尊嚴上位之風格。這雖只是一間之別，但失之毫釐，謬以千里，若真任其各自據實揚鑣，分道相抗，則「履霜堅冰至」，終將有喧賓奪主，漬染全局，釀致「天地閉，賢人隱」之大殃者。

然則何所見「唯心」之獨為尊上？且復能保其徧施潤澤於他者(包括人、事、物)而不至移易泯失其本真？關於這個問題，我人以為不能一味求解於外，必須反躬內省當下此「生」之所以然者為答。當然，這

樣的進路，會有淺深或曲折不一的歸結，但是只要知所內省，則無論淺深曲折的實情如何，便必然透顯一主體自我之挺立，而且即在此自我主體挺立之中，完成其生生不已，而與他在之人、事或萬物同體共生之大我也。在此，也許有人仍要懷疑為一已主觀之私執，未足以當客觀實在之通論。對於這類的異議，確似難為他力置入之辨解；還是得就懷疑者之能生起懷疑之心之實在性作檢視。因為惟有在這種可以信得及之後翻式的檢視中，方可真真捉住一個絕對而充分，無有竭期的「自由意志」。如此自由意志而果得，則不用說消極式之懷疑無從以興起，即積極的「我思故我在」，亦若屬多此一舉之贅辭，而惟見寰宇永宙、天人性命之間，盡是一片纖塵不染，精湛寧淨之美景。不過，此亦仍難免一般知解宗徒之流為耽空沈寂，未足以語天德普被，人文化成之至功。是則隨而當有一依身而共在的複式的道德理性或良知之為主而運，始得盡其極詣。必至此境，才得見人生宇宙之非虛無空懸，而為如如實在之德性理體的呈現。明白言之，也就是成得價值充盈、最高至上的絕對完滿具足之存有，而為人人所當信持崇奉者也。於是，便須進而明「唯心論」之果為道德價值依歸之意義。

夫所謂「道德價值」，是依於人生宇宙之「存有」，而同時應有或必有的一種意義性物事。此如先前所屢言：宇宙或天地之乍現，乃因「始元、至善」之理體不容自已之動發而肇啟，即此肇啟而問其何以要如此？則不能不說為初本包具著兩個偉岸而高卓的成份：一即「始元」之為「點」；一即「至善」之為「力」。由點之份所以得貞固；由力之份所以能幾動。二者合以蘊蓄天地之化育，進且演為具體而微的小宇宙式的人身。其為過程，實有若一而二，又不二而一之顯、隱雙行的骨幹：顯則見個個模樣有形之人物；隱則存通聯各個人物於共許共生之無形的德性，是真人之所以為人的至寶，亦即儒家先聖先師孔子極稱「心仁」；孟子力倡「性善」；宋明諸賢申言「天理」、「良知」，以及《論、孟、學、庸、易、禮》諸典獻之著為嘉言令音，蔚啟人文者。揆其所資，莫不皆因體認得此內在而又超越，主斷亦復客觀之道德價值之暈發，故能成其充實飽滿之人生與人文世界；即或時勢氣運常多阻隔而未盡達，亦必始終無懈地以為標的而向之以趨。事實上，正如《周易》〈卦爻〉義之結集於「既濟」(六十三卦)，末復繼之以「未濟」(六十四卦)，以示必須重起而成「周而復始」之永續不止，蓋即原為道德本質，具現道德意志，帶出存在的道德價值，決然為維繫人間世之長發其祥，綱紀昭彰於不墜不朽之安全樞紐所必至也。

（二）唯物論之緣於物理意識與情欲希求，常致屈德反價值

從相對形勢作內容的分析，物之為名，並無能為自主自覺，而與心相平衡對立的本體或本性，所以嚴格說：物，只是心之動發著落而為經驗實在之總稱。故其在於人生宇宙之位階，是屬於第二層或第二級的。當然，這也是心之理體自己求為呈現的一個定然而必經的過程；否則，不僅物不能有，即心亦永淪晦冥而等於無。不過，當物之既已為物矣，則亦可另具產殖之機能，由一而二、而三、至於百千萬億相續而愈多。其在人身者，且因得心之存寄，而皆終始有致，各自成其直上直下的天演天成之貴生。由此綿延展布，因時順勢地開發下去，便是繽紛異樣，繁複萬端的現實世界之所緣以興起和存有。試請佇立環觀，眼前具現的這座高樓，那些飛機，繁華的城市，多樣的世情，乃至整個的地理山河，太空星象，哪一件不是由人之心志利物所創造和揭露？依是而還顧自省，我(人)之為我(人)，既能思、知以蓄志；又需食、衣而養身，豈不亦即心物二者之拱現？但我(人)將如何運作得當而各正其位？各適其宜？此亦可有二途為依循：一即尊心之思秉彝好德以主心而運物；一即順身之欲安享逸樂而攬物以饜心。前之得志，自必抉別緣起世界中固有是非、誠偽、善惡、可否之分際，成就應然、合理、正當之事業。後之得志，則多隨物起念，因物為得，忘其身之有可自足自發的仁寶，甚至甘為物役而不悔。此本自古常然而如今尤烈之情態；為求達至人類生活於優美贍足的境地，固不可輕斥為不當。然若一往不返，至於抛

卻、或反噬詆譭心德為重之正途，則悖理逆性，必致甚害天下於無所底止！不幸當前世界的大勢，正一步一步踏著這條險路在進行。揆其為厲之階，而特令我人為之怖慄憂懼者，則不能不說全由「唯物論」這個意識型態之普遍侵蠹人心而難一朝揮之使去也！於是，我們須就「唯」字之加於「物論」上之種種現勢及其災害人類之深重，明予申析之。

1.「物論」與「唯物論」之可、不可的義理分際

這裡所說「可、不可」之分際，是由人生存在之應有或不得不有的格律型範作準則而定義的。夫物自為物，其在天地間且自成一領域（簡稱「物域」）乃不可否認的事實，我們人對之 —— 包括自然產殖的自己身軀，有所認知而予以申說、解構，乃至於推述、處理，是為「物論」。這當然是「可以」的。因其基本上關於物之為物與人之為人各自當有之「本能質地」，並無任何的破損或增益；只是物之利人，人之用物以達實用、造事功，蔚成天地生生之大德的一環而已，誰曰不宜！然若倚仗知識多積，冒據思想家或哲學家身份，藉著巧辯偽飾，硬拗武斷的佞才，於「物論」之上，強加一「唯」字，正式揭櫫所謂「唯物論」的主張，並且魯莽滅裂，橫逆暴戾地實踐之【以此方之，世之人往往確屬自覺地造成或懵懂地活動於其間，當然亦多有明知其非義而因循為之，卻又不敢自承者】，是則已進於乖謬荒誕的極惡之境，非普通的「不可」二字能盡其情實矣。何以致其然？則須知「唯」之為義，如前所言乃「趨尚」之意，趨尚則必動發於心；「唯物」者，即心之向物而反主物以制心。故「唯」之加於「心」而得稱「唯心論」，雖無必要，卻也無害；若以加於「物」而稱「唯物論」，則必失心喪志，而惟本無意志目的，亦即不能為是非，真偽、善惡，可否之判的物之奔放下流是隨，不知所歸。尤有甚者，則是其蛻化過程中，心雖隨物而又實不泯其動發之能，致使物之得心之附依，將更如虎獅添翼之勢不可當，而使得本無是非，真偽、善惡，可否之能的物，成失心喪志人之假以造作是非、真偽、善

惡，可否的墊腳石。這便是近今「唯物主義意識流毒素」之能以四處蔓延流竄，遍及世界各地故也。平情而論，天下之人，原本多是心無城府的善良百姓，一經此類居心叵測，卻裝作才學高超之僻士之鼓吹炫耀，蠱惑欺罔，自必好奇地信假為真，盲目跟從而不悔。何況其又果能正對人皆具有之血氣身軀，「刺激其生理之衝動，逗弄以物實之需求」於短暫效驗之快意和滿足，而望世風不致披靡，社會不致紛爭；政局因以安定，百姓因以和樂，自由自在，坐享所謂「現代化」物質繁昌的成果。雖至愚亦知其如「緣木求魚」之不可得也。

2. 唯物論之成為意識型態，及其侵蠹人性之強勢，使人忘其身之何是

就心性之為道德主體而言，本無物之先驗的地位。可是在它（心）之求為成事達用，而運動以赴之過程中，物、則固為必備的對象性資源和憑藉——缺了物資，心性主體大生、廣生之德，亦便無可以為結聚揮洒之地。就在這個合成的關節上，鑄定是「心隱」而「物顯」，致常使人見物而不見心，因而生起種種的錯覺：首先是通人皆以當下感觸所及的身軀為人生之全；而廣智多識者，且藉著邏輯數學一類的巧思，推見宇宙「現象」之單邊，為惟一可借經驗考證之真實。於是，原本為超越貫注或運作物資之形而上的精神主體之「心性」，便沉落或置定於物體物質中，為其附帶而來的次級成份之一。此便是現今世界依於生物生理發展出來的所謂「心理學」【就其對應或解析現實身軀之生活情狀，乃至醫病之作用而言，自是一項重大的成就】，而仍屬科學領域之事。然而一般之為思辨哲學者，卻不自知其思辨之固另有高明之源頭為所承續，並且先或貴於科學之範域，而竟隨是非、真偽、善惡，可否不定之物性盲目以趨；隨趨於物，而又不甘受限於科學單揭「物論」之少理想而卑淺，遂貿然以哲學姿態或位份自許，而主尊物尚物之「唯物論」，形成強而且韌的「意識型態」四散流播。使凡從於其事者，有如嗜食鴉片之毒，自味太嫌孤勢，復欲誘引他人共嚐，以達同幫多角之相與勾結而互濟；他人之若有不從，則更採陰謀詐騙、強暴殺戮手段，逼迫之就範，絕不容有絲毫同情和憫恤的人性之流露。

當然，就於此中細究其流衍之軌跡，蓋亦詭譎地涵有某種既相矛盾，又互假以為利便之難於理解的機勢，是即：任何堅決主張或投身其間執行方策者，明明以反對良知理性之「唯心論」為標的，卻又自以其所意識的「唯物論」為十足地合乎道德良知的理想而資為鼓舞、激勵大眾氣機，相從而不悔。那麼；認真地站在唯物主義者根本不認可「道德唯心」的立場下，原是不應有依道德或唯心意識，允許主觀尊嚴和客觀尊敬，而行所謂「鼓舞、激勵」一類之表彰、表揚活動的。因為這樣便捲入了以道德為基準、作號召的價值領域，根本是唯物意識的否定。但他們卻亦可因「劫」命作「孽」偽稱「革命作業」之催化進程中，有要挾，裹脅群眾及自我安慰的需求時，隨其所欲地運作得有模有樣，頗得其妙。此便可見「德性唯心」理趣之普洽人心而無所不宜，絕非可以孤癖地誣妄反對或強力清除的。只是比較起來，內中略有或則借「革(劫)命」為手段而狂飆顯行的「某某黨」；或則據學術公器作掩護，而為不露聲色，不著形跡之幽靈式潛改默移的學校教師或教授之動員的不同而已。揆其影響之最足令人憂畏者，則尚不在工農商賈，市井百姓，誤信盲從偶爾生發的小事小故——此只須「善人」三、五、十年之善政、善教即可化轉的問題；真正難解的糾結，乃是可能禍延百世、千載，連善人也都出不來的大黑暗！故我人以為：上述後者之本智識為能事的學者人士(觸忌深泛，暫不具稱其名號，識者思之便知)，確實忘其自身責任之之何是，跟隨前者之後，揚聲唱和，或則媚取高官厚祿，或則博得淺譽虛名。乍看表面繁華無害，實則以國士之既無恥，又無識，深蘊著普世不可估量的大危大難：例如一些沒頭沒腦地誇稱「自由主義」之縱情恣欲；鼓勵「現實主義」之奪權攘利；助長「經驗主義」「實用主義」之輕藐理性、追求享樂……尤其是新近明白採取「物實」背景，而深發畸思怪想，高擎不著邊際、不知所云，故示奇秘以與道德形上學對較，而召誘好事青年懵然追隨揣摩的「存有、此在」之「存有論」者，無不在於縱放「唯物主義」意識之火種，燃燎人性，叛離道德，而致整個世界於海嘯巨浪般之險境者，皆由循於是道－唯物論－而使然，不能藉辭他推也。

(三) 方今世界人類受制於「唯物論」意識型態及其思維之現狀

凡人情志之既已執定無是無非，不分善惡之「唯物論」及「唯物史觀」，而形成一種堅韌的「意識形（型）態」，則又自必主觀地認為正確、正當，流露或表現其排他或抗拒的強勢：而所對及所置定為勢必除去的對象，便是他們素懷畏懼，而憑空杜撰的「唯心論」【心性論原屬超越存有的表述，本無所用於「唯」，但由他們之或憚其莊嚴威重，不利「唯物」之說而欲行攻擊，乃撰此相對之名號，以加於古今異行之他人或正學，亦實有其相應之意義】。

1. 高挈「現代化」之虛幻圖景自縛而縛人

在這裡，他們實也明確感知其所指「唯心論」是主張人之必依德性以為人的，惟因與現實唯我恣縱物欲之快感相觝，所以得予無情無理，卻又揑情造理地進行批判和打壓，以致如今人間世界倫常錯亂，文化低鄙；奸宄肆虐，盜匪橫行；族類傾覆，國家破敗──種種災禍之頻傳而不可遏制也。當然，此時此際，要想判釋其悖道而非是，亦必須先知其所以流為「悖道非是」之外緣因素。原來當前世面上「繁華豐茂、利用厚生」效益顯著的大勢，本是人類生活世界所有、當有甚至必有的幸福之事：曾是先前許多才智超卓偉人之發明，與後繼學者勤奮追進，獲得的享用安適，誰能說其不應該！可也就在這個有似安樂窩式的場域中，大部分的人，若無理性方面的道德培養，將不免忘其本生自足的謙抑，恣意偏邊地挖掘其蘊藏的資源，消費它的果實，雖至窮潰腐蝕而不知悔；再加上中間尚多頗具知識異才，好禍履險之流，憑著巧狡奇思，推波助瀾，趁機高擎去舊崇新的「現代化」美麗名號或圖景，向之狂奔猛撲，終只成就得少數貪婪無厭者豪奢蓋面，污濁滿天；而多數安份守己之良民，則盡如為其墊底之土石，永遠不得出頭，於是淪為盜匪，恣其劫殺；化為流氓，逞其詐騙，血腥恐怖，遍地無寧。何來現代化可歌可喜之足言？

2. 一以反古為快，無視古道之多有可為今世扶助者

如今，更有一種現象，即常見一輩學人，不很自覺為「唯物論」之踐行者，卻不免實為「唯物論」花畦之澆灌和培護的「志工」。其進路是基於如前已舉專門昭宣物質為本之現代風行的「自由主義」和「存有論」意念。你不能輕視他們的能耐：為研究而研究，作起論文來都像有憑有據，頭頭是道，但意識傾向之僅關淺層的「唯物論」者之思維，則是極為明確的【或許正因其一意追求成果豐碩，又如鑽穴隙地專找些反面證據，花巧地擬些奇詭新鮮的詞語，因而掩蓋了內在意識之傾斜，也說不定】。最顯然的例證，就是「立於今之世而反古之道」：其關於隱逸型的道、釋……各家流派，且不用說；即使是最為中國文化主導重心的儒家，除了孔、孟……等少數幾位開宗立教的聖賢本身，或有些許不相應的保留外，而由之開展衍申的經典文獻之義理旨趣，則幾無有真得肯許承認者。至於歷史上，尤其是中國歷史中的「帝皇專制」時段，一些士人不得已委身襄佐朝廷安邦治民之貞忠行事，則硬派為封建獨裁者之幫兇，而百般詆斥，翻覆詈之而不疲 —— 甚且牽扯至當代新儒學理論之全盤否定。他們全無解於儒家自孔、孟創發「仁義內在」之教，申言：「一日克己復禮，天下歸仁」(論語・顏淵篇)；「不義而富且貴，於我如浮雲」(述而)；「隱居以求其志，行義以達其道」(季氏)。「人皆可以為堯舜(孟子、告子下)」「伊尹……非其義也、非其道也祿之以天下，弗顧也」（萬章上）；「民為貴，社稷次之，君為輕」(盡心下)……種種之肯斷，業已於「王治」「政統」之外，另建了「師傳」「道

統」；明白言之，也就是「政、教分離」而可各行其是了。後世士人之從政，是真儒者，則必謹守這種分際以事君安民── 合則留，不合則去。若不如此，則實是貪瀆賤吏，不得謂之儒矣。我們又何苦邪正不分，統加誣陷，以致歷史文化，族類精神全成污穢也。【上述政、教分離之大義，拙著《儒學義理通詮》之第肆章──〈中國歷史文化中政、教理念之並存與實踐〉文中有詳申。請參閱。】

3. 勤於批舊反傳統，而不知趁勢自造於新之正途、將更滋世情之擾攘分歧

抑復有說者，我們現在已經進於「民主」時代，人民有選舉、罷免、創制、複奪之權，國家元首，須經全體國民票選而立；政府官吏，統由法律條定以行。基本上是不會再有如古代帝王獨霸獨裁之可能。你如不此之思，而仍惟昔時帝制惡政之齦齦然窮追詛咒不捨，豈不倒成了自己拘限或躭沉於傳統舊習之癖執恐懼的窠臼，而忘其作為一個現代人，積極促進現代化應貢其所能的責任？須知，我們今天的問題：既不在一、二人之憑武勇霸佔上位，或家族血緣方便傳承大統之足畏；也不在現代化事業或物欲風尚，受阻停擺之可憂。而惟一群人不時冒起偽善的意識型態之主張結黨組團，以威逼利誘手段，欺惑民眾投票認同，而得當權執政，禍害天下之亟應預為防杜也。其間之最最重要而具關鍵性的措施，則在激發個人的良知理性；提振社會的道德正義，使大眾不致受愚而成野心份子操弄的民粹。這是既可以規執政施為，又可以肇國家安和的絕對有效之長策。當代新儒家大師及後學，於此則用心極深，自民初至今數十年來，他們嘔心瀝血地寫出許多揚舉歷史文化，警世箴俗的書冊，可以謂之已盡切摯諷喻的精誠 ── 牟先生且為心、物異位，德、智分行之間隔，創闢了「良知坎陷以從物」之成功合理的貫串；又為東、西哲學之匯通互補，晚年更以一人之力，翻譯並析述了康德三大《批判哲學》之全部。可是我們社會的一般學者和知識青年，偏多不從整

個正面肯認他們的價值，信徵以成實踐，明教化。卻反常斷章取義，誤解重重；或則視若無覩，置若罔聞。揆其總因，則莫非一個「唯物論」之「意識型態」梗塞胸中（無論自覺不自覺）所致然。夫一已之杜明塞聰，害惟一已；而若逞其智才，通過思想論理以宣講傳播；推向政經軍警之控馭威脅，則影響之深遠，將如撒烏煙毒霧於廣漠無垠之天野，不可以為任何車、船、機、艦之行矣。是今日世界隱憂而隨時可能臨萡崩解的險境，人多猶不知早為收拾之計。吾為此懼，自慊不能如高明作家之得藉平語明敘其曲折，爰假一段不很成熟的仿古文言以為表白，並示戒慎！

盱衡當今之世，人與人間疏離：欺壓、仇恨、殺戮，殆成流風。

小而毀己殘他，至於父子兄弟夫婦不免；大而伐國滅族，幾於獅熊虎豹豺狼橫行。造勢全仗機變，猶詡巧思過人；行止惟務奸貪，兀説好官惟我。財聚於豪酋；民散為流氓。指鹿為馬，以黑為白；泯是飾非，縱欲逞快。為備戰爭，國庫耗竭非所計；但求勝利，信譽絕滅不稍惜。明係違理悖德之事，提議略無愧色；顯屬肥已偏私之策，施展竟爾公然。總之是：「上無道揆；下無法守。朝不信道；工不信度。君子犯義；小人犯刑」（略引《孟子・離婁篇》語）。以致社會則廉恥盡喪；政府則賄賂公行。世風腐潰，聖學蒙塵；天下昏暗，人間災殃，未有甚於此時者。嗚呼！

非敢淺陋自炫，固衷懷實見之不得已於伸抒也。

七、餘言—— 簡答三點疑問

本文自始發至終篇，壹是依人生存在必然需以德慧術智為主之觀念，推徵「唯物主義意識流」生於其心之甚害。如此論旨，自然難免若干理則以及語意上之照應未周，因而引致好學朋友種種之疑問。我在這裡應就可能的三事，略為解明：

首先是：主題係以「唯心」與「唯物」為《人生哲學之二門》同開，而文本申言之量，則在多闢「唯物」而少釋「唯心」。此蓋因愚見以為「人之為生」，原是個正道正行的存在，其素常所思所為，自在禮義規範之中。本文立意，既在依心、物二者各是其是之存有形式── 即心生物而位序在上，物生於心而位序在下 ── 借以抉別「物實、物域」內蘊之有不有或能不能作是非、誠偽、善惡、可否之判準為目的，則「心德」本義，只須作前提式之點明即足；不用與「物論」為效驗對較之詳陳，反致心義之超越性於不顯而泯沒。當然，若專主德義為本之心性為論說時，則自必有更深豐盈而盛於物域之闡發，此則古聖賢經傳及今新儒家大師、後學皆嘗諄諄詳言之，足供好知用思學者之採擇勉行也。

其次是：或亦可能有以本人為偏邊的「崇重心體」而「輕藐物用」者，此則屬大誤解。其實，本文第四、五、六之各節中，固有屢自不同角度，對於心、物各當其義之申言，如多所表示「物無心不生；心無物則不明」之體用互成的原理，因而肯認：心之能以包容物而主之；物則只是不礙心之包容，而不能有生心出理之大節。尤在第六節（二）之1的小段中，特就「物論」與「唯物論」之「可、不可」的簡別中，明確表述了物域、物實之必有其用，惟不宜以尊尚式的「唯」加諸其上，而成孤意專斷、控管之意識型態，至於淹滅一切之人文價值而已耳。

最後一大項：是關於「道德理性」如何得能實現或實踐，而果利益人生宇宙、和樂安善的問題。此乃一切具有主客觀認知或理念者（無論其是否出於真心或偽托）一定要提出的質疑。實在講，時在今日，並無能夠一針見血的現成完整的方案，可以用來作圓滿解答或對應的。因為此際的天下（世界），正在一種「萬事莫如物利情愛好」的言思和學風吹拂下，有如迷醉昏沈，而且已成結構性僵錮，日趨腐朽潰決的局面，根本沒有你好好先生加入改進振興的餘地。舉其大者言之，比如：國家一切政經軍教的組體；社會一切生事營運的行業。乃至學校知識藝能之傳習；公眾輿論新聞之傳播，總之，整個力動或生活的場域，無處不是瀰漫著低鄙惡劣，權謀詭詐之兇狠勢利的污染侵漬，你縱然抱定高潔神聖的使命投身其間，也難有揮洒玉成的機會，往往不是垂頭喪氣而返，則必失足而成千古無回之大恨！

然則客觀之情勢既已如此，反觀我人之主體自身，豈不正也混跡其間？又何能不隨波逐流，而猶在此集會研討救挽之方？檢視到這裡，直似進入了無可奈何的斷潢絕港之境！然亦不必悲觀，我們正可因此逼出一條別見光明的生路：那就是服膺牟先生明白開示的那句名言——「人雖有限而可無限」。這必須從理上去省思，乃可見為絕對真實自在的。分析言之：如適所說人在斷潢絕港的無可奈何中，豈不即是「有限」？可是你不能，也必然不願意就死在這裡，必然要想出辦法來脫困；那麼即此一轉念或轉身的剎那，後半句的「可以無限」之意理或情境，便豁然朗現出來了。具體的做法，就是你不能儘自面對外邊，觀望那「物實的場域」，等待它的變化、或者強自出頭、以你的一套成見異想去解決問題；只有回頭轉向自己，收拾一切的雜念，全心鎮定地堅持一個如儒聖所言「克己復禮」，「反身而誠、樂莫大焉」的存有；或如佛家所云「諸惡莫作，眾善奉行」的志念，方可濟事的，此本是任何人當下可作，而且能夠立即見效的事情。然而，許多人又或偏要從外在環境改進的難度去想，而以為太消極，沒有用。殊不知其間實蘊有似若「無用之用」之大用，呈顯了人「可以無限」之妙境，正如擋路巨石之既經移除，前途便自然光明坦蕩，任所欲之【特請叮嚀一語，千萬不要從現前實際的物實場域，如一般流行的「存有論」者見得有什麼，即肯定是什麼，並大誇許而投誠降服之態度去想】。是乃任何個體人，皆可直覺感受實有所得，內外合體的超越精神之存有，何樂而不為？

抑有大效者：「個體人」即「天下人」累聚之一分。一分之我可為，則天下多分之你、他……自不能說不可為。故《大學》言「治國、平天下」，必自個體人之「誠意、正心、修身、齊家」伊始。試請想想：凡今在座諸位（包括你我）究竟有無當前世風頹敗，人道日非，行見人將不人，甚至喪滅絕跡的危機之感？設若間有不為道德理性之是非判準，逕如存有論家所造「存有、此在」之模糊空域和印象，故自扭曲或強說「無之」者，則顯屬意在跳脫我們此時議題所定之要旨，表示不欲委屈的迴避閃爍情態；而且事實上，亦實背離了存有論學者素所強調的「在世存有」之本懷。然則反過來，若肯端愨地坦承「有其共感」，則可即當下之己身推擴而思得：任何一人果能以「誠」立身，表率家族，示範鄰、里、鄉、城之一一個體人必皆相互敬慕法效而為善去惡，崇正袪邪── 如此一而十、十而百、而千、而萬……若登極峰之振臂高呼而眾山響應，又何愁國家，天下之不臻乎治平，社會群情不軌於善道？所以人果真心欲有所為於今世者，則必先有「求之在己」的決心，然後能「推以及人」而致功。當然，這是不可以倉卒欲速之急情，期待其一蹴而幾的；包括「物實」與「精神」之雙重建設，或許將承續延展至於數十百年，方能見其成效者。然若視如書生空談而不此之圖，儘惟千奇百怪之潮流是追、敷傷止痛之近利是務，則如前之所明辨，在於當下此階段大家醉心「現代化」的情狀下，足證其絕不能有為矣。何況從事於彼諸般行動者，正多自罹於「唯物主義」之「意識型態」而莫拔，欲其不如以油滅火，愈澆愈烈之大殃，萬萬不可得也。本文結論如是，至盼好學同道深思之！

關於牟宗三先生的哲學方法論問題

楊祖漢*

提要

本文回應杜保瑞教授有關牟宗三先生的哲學方法論問題之看法。杜氏由方法論的探討，進而批評牟先生「道德的形上學」及「圓善論」，認為牟先生之說不能證成儒學理論為最圓滿之教，本文認為杜教授所說之哲學方法論並不符合事實，牟先生並非有一個主張在心中，然後立論以證成自己之見解，對於杜氏所說的道德形上學不能說明經驗存在界，及圓善論不能使德與福關聯在一起之批評，本文都作出回應，並以「不轉轉」，及「圓涉及」之義，對牟先生之說，作進一步之闡明。

最近讀到了杜保瑞教授〈對牟宗三宋明儒學詮釋體系的方法論反省〉[1]一文，文中對牟先生的儒學詮釋，提出了一些質疑，這些質疑都是相當值得討論的。本文擬對杜教授此文所提出的質疑，作一些回應，希望藉此討論，能使牟先生的有關見解更明白地呈現。

一、方法論的反省

杜教授此文（下簡稱「杜文」），是要反省牟先生對宋明儒詮釋的方

---

*臺灣中央大學中文系教授。

[1]《哲學雜誌》第三十四期，2001 年 4 月，頁120-143 。

法論。對於所謂方法論，杜文作以下的規定：

> 方法論是關於學術研究工作方法的理論，任何一門學科都有它特定的工作方法，就哲學研究而言，對傳統作品進行觀點陳述及理論介紹之時，一定是在一套對於傳統作品的詮解的抽象架構下，進行對傳統作品的具體觀點的舖陳，那麼這套抽象的分析架構就是這位作者的研究方法，對於作者所使用的這套抽象架構的本身進行理論研究時之觀點者即是方法論哲學。（頁121）

杜教授所謂的哲學方法，是指從事哲學研究者所採取的藉以詮釋作品之抽象的思想架構，這一規定很有概括性，應是沒有問題的。然則牟先生的哲學方法或思想方法是什麼呢？我反覆細看，杜教授似乎沒有明白說出來，他沒有指出牟先生藉以理解哲學作品，舖陳作品中的具體觀點的「詮解的抽象架構」。似乎他所謂的牟先生的思想方法其實是牟先生對中國哲學，特別是儒學的詮釋觀點。杜文云：

> 牟宗三先生在整個中國哲學中都有他的詮釋觀點，他也就在詮釋中國哲學理論作品的理論意義時逐步地建立了他自己的思想方法，他自己的思想方法在當代的意義而言就是一套方法論哲學，但是將他的思想方法長久地放在中國哲學史上看時那就是一套哲學理論了。（頁122）

據此段，可知杜教授所謂的牟先生的思想方法，是牟先生的「詮釋觀點」。按思想方法，或杜教授上文所說詮釋架構，雖與從事研究者的見解有關，見解決定了其所採取之方法，但思想方法，詮釋架構應與哲學見解有所區別。言方法，應是不涉及內容及見解的。依方法而處理思想文獻之內容，對文獻內容有理解，方形成見解。杜文續云：

> 牟先生從三教哲學比較中，始終揭櫫儒學之以道德意識之創生性為圓教之圓成之基本判準，牟先生從宋明儒學之三系說中又以儒學義理間架說明圓教之體系圓成之終極形式意義，……本文之作即擬從另一個重要的哲學問題作切入之處，用以貫串整個牟先生

> 思考方式的內在理路，企圖從中重新說明牟先生的思考方式的方法論意義。這一個重要問題即是牟先生的圓善論的縱貫縱講的哲學型態之說究竟是一個什麼樣的理論型態的問題。這個問題的著眼點即是在解析牟先生所建立的中國哲學式的詮釋體系的方法論意義。作者所要切入的問題即是在牟先生的解釋體系究竟是形成了一套詮釋客觀世界真相的儒學體系，還是形成了一套詮釋主觀價值活動的儒學體系。本文最終即要指出，牟先生以儒學是形上學的圓滿形式的觀點原來是要將儒學詮釋成談論客觀世界真相的最圓滿的理論，但其成果卻是將儒學詮釋成談論主觀價值活動的理論。（頁123）

由上文之引述，可知杜教授所謂牟先生之哲學方法，是指牟先生的思考方式的內在理路：而這內在理路，可以從牟先生如何證成儒學的思想體系在儒釋道三教中，是最圓滿的看出來，此如牟先生的《圓善論》所說，只有儒學是縱者縱講，釋道都是縱者橫講。

按如果這樣去理解牟先生的哲學方法，思考方式，便是認為牟先生的著作，都是為了達到證成儒學的圓滿性而作，牟先生的思想體系，是以此問題為核心而構思的。如果上述之分析沒錯，則吾人可說，牟先生對此所謂的方法論的思考、反省，一定是不接受的。牟先生被公認是當代新儒家的代表人物，他歸宗儒家，認為儒學理論較佛道為合理，是最圓滿之教，這都是沒有問題，但是否由此便可以說，他的哲學思考，是為了證成儒學的優越性、圓滿性？這是想當然爾的推論。儒學所講的，是要人成德，而成德，是要體現純粹的道德意識，如孟子所謂的義利之辨，便是要顯出人生命中的道德意識、道德理性的工夫。用康德的話說，成德便是要人依無條件的道德律令而行，而這無條件的道德法則，是人的意志自我立法的。若依此一對儒學的規定，則人預先設定其立論的目的，以哲學的思維來證成之，這是違反儒學的本質者。人若依儒學成德之教以作實踐，則其生命中之道德理性必日彰月著，其立說必不先入為主，其為學不會先懷抱著一目的以求達致，而以學問理論為工具。故若認為牟先生為證儒學的圓滿，而展開其哲學的思考，這在理上說，是不合理的。以上是從理上說。再從牟先生實質上表現的為學之精神及態度說，我覺得牟先生對中西哲學的研究、探討，都是很虛心的，決不會先有一成見在心，而藉哲學理論的舖陳，以證成此見解。牟先生的為學態度，我覺得可以用荀子所說的「以仁心說，以學心聽，以公心辯」(〈正名〉)來形容。由於有此一精神，牟先生才會以儒者而能對傳統儒學視為異端的佛教、道家的思想義理、生命智慧，有非常深刻的體悟與闡發。他對康德哲學的吸收與消化，更是耗費了巨大的精力；這並不能理解為牟先生為了證成儒學的優越，所以作出這些努力。我相信牟先生在治學過程中，若真發現有比儒學更為優異，更為圓滿的理論，他亦會衷心承認，不會隱諱。

再從我個人受教於牟先生的經驗上說，牟先生很少談到所謂的思想方法。當然一般的治學方法，如須有相當的邏輯訓練，思想要有理路，對文獻要作客觀的了解等，自常有提到；但如上文杜教授所說的思考方式，哲學方法，則未之聞也。我到記得有一次，幾位台大哲學系的同學曾請教牟先生，用什麼方法得出天台圓教是佛教中最圓滿理論之見解，牟先生回答說：「哪有什麼方法，只是好好讀書罷了。」學生又問：「老師是否用康德式的思考方式、進路來詮釋中國哲學？如果是，我們是否可以不用康德，而採現象學或海德格哲學詮釋？」牟先生答：「我用康德學來與儒學比較，因為康德之哲學精神近於儒家，又可補儒家之不足，康德學可以作中西哲學會通的橋樑。不是隨便這一家那一家的思想都可用來講中國哲學。中國哲學自有其生命，自有其發展，我們怎可以跟在西方哲學後面轉？」[2]

綜合以上所述，可知牟先生對於哲學方法並不重視，他的思想當然

[2] 以上所述只憑記憶，大意應不差，但當然亦會有失真處。

很有理路、謹嚴而合法度，但他並不是自覺地依一套思考方式或論證程序來舖陳他的哲學理論，更不是先有一主張在心中，然後設法通過論證以建立或證成此一主張。我似乎可以這樣理解，牟先生的治學，研究方法，從其精神及態度上說，是「儒家式的治學方法」。牟先生對中國哲學傳統，是有無限熱情的，他是自覺地要通過哲學理論的思辨，以重新恢復中國哲學的慧命；這是具有道德意識、文化意識的哲學家，面對時代的挑戰而作出的回應，即牟先生之對中國哲學，是以真生命頂上去，而直下擔當使中國哲學慧命能承續不斷的責任。雖懷抱有這責任、使命，但牟先生並不先有一思想見解在心中，而驅策運用古今之哲學理論，以為我所用。因為道德精神是一種無條件地為所應為的精神，決不會視往哲之學問為工具。似乎此一儒家式的治學精神，可以解釋牟宗三先生一方面對中國哲學，特別是儒學抱有無比的熱情與責任感，又一方面能如情如理地了解中西各大思想學派的思想內容之故。

以上是從精神及態度上說，如果從具體的方法上說，則牟先生所說的「文獻的途徑」，是他主張的研究中國哲學的方法。[3] 所謂的文獻的途徑，並不是說要怎樣理解文獻；而是指研究中國哲學不能離開文獻。牟先生認為中國哲學固然有其特有的問題，有其獨立的發展，但不似西方哲學般，重問題的思考，以問題為中心，採邏輯之進路。西方哲人重問題的思考，常常後哲與前哲對重要的哲學問題起爭辯，提出不同的思考，又重邏輯，故研究西方哲學，可以問題的思考為中心，並非一定要扣緊古典文獻作詳細的研究。中國哲學家並不以問題的思考為中心，又不重邏輯分析，故雖然中國哲學亦有其問題的發展，但其問題，必須從閱讀文獻方能有恰當的理解。即欲知中國哲學家所提出的哲學主張，或某些重要問題的思考，必須從文獻中作仔細的整理，使在文獻中

---

[3] 見〈研究中國哲學之文獻途徑〉，收入《牟宗三先生全集》（聯經出版社，台北：2003 年 4 月。）第 27 冊，《牟宗三先生晚期文集》。

存在的義理內容、問題意義能系統地表達出來。故牟先生主張研究中國哲學，須採「文獻途徑」。

二、對「道德的形上學」的思考

上節所引杜文之最後，杜教授說牟先生的道德形上學理論，是要將儒學理論詮釋為對整體存在界作說明的圓滿理論，但杜氏認為牟先生此一說法只能將儒學詮釋成談論主觀價值的理論，即對於客觀世界的說明，道德形上學的理論，是不能成功的。其所以不成功之故，是因為不能對現實世界所以是建基於道德意識作出合理的說明。茲引杜文以代說明：

> 形上學討論宇宙論及本體論，這是當代中國哲學界的一般認識，也是牟先生自己的說法，因而談形上學就要談現實世界，以及理想世界，亦即是要說現象也要說本體，所以始終沒有真正談到經驗現象世界的形上學即是空頭的本體論。牟先生說中國哲學的形上學都是一種本體宇宙論，亦即是說中國儒釋道三學的形上學是就整體存在界談論其終極意義之學，此一終極意義則始終需與整體存在有一內在的必然關係。例如大乘佛學緣起性空的命題即是就著現象世界的總在緣起的意義上直接下結論而言其意義是空，就中緣起法即是對於整個經驗現象世界的說明。另說萬法唯識者仍是對於現象世界的說明，說其唯識或非唯識是一本體論的觀念判斷，但整個唯識思維的萬法結構亦仍都在一個緣起的觀念上架構著，此即以大乘佛學的本體宇宙論的命題意義為例來說明經驗現象世界的知識與形上本體的觀念的內在必然關聯性，此一關聯性的要求是一本體論哲學觀念之建立的依據的要求，而牟先生以道德創生說儒學的本體宇宙論之時，卻對宇宙論的知識與本體論的觀念的聯結缺乏這一種內在的必然的說明。（頁126）

按牟先生的道德的形上學是由道德實踐而見道德本心之為無條件的自由意志，為生起感通無外、體物不遺之道德創造性之活動，由此體悟此心為本體，由此而證天道為一道德創造性之實在。此是由實踐而證天道，如此言天道，是由道德實踐作根據，若道德真為確實而不可疑，則由此而印證天道為一道德創造之實在，亦屬不可疑。此實踐之形上學不同於思辨之形上學。此說由實踐而肯定天道，而視天道為道德創造之實體即可，並不須進一步求思辨之證明，由此道德之創造肯定自由無限心，而此自由無限心即天道，或可如此說，若要說天道，此自由無限心即是天道。說此自由無限心為整體存在界之存在根據，亦是在道德實踐下證悟者，離開了實踐，在經驗之自然界，在氣化的活動中，是看不到此道德之創造，找不到此自由無限心者。若說要用此道德之創造來說明經驗界，說經驗之自然，是依於道德法則，是自由無限心所創發者，那是不可能的。經驗之自然，是由自然法則所支配的，服從於必然之因果性底下，並無自由可說。言道德，必須肯定意志之自由、自發，而經驗之自然，則處於必然之自然法則底下，自由與必然不能並存，故康德有本體界與現象界二者有不可踰越之鴻溝之說。[4] 現在杜教授說，道德形上學理論既要說明本體又要說明現象，既要說理想世界，又要說現實世界，這恐怕是不合理的要求。能說明理想界、睿智界者是自由之原則，此時所見之本體是自由無限心，而此時之宇宙之生化是生生不已，宇宙之秩序即是道德之秩序，此生化流行皆是誠體的終始過程，亦是元亨利貞四德之循環往復，一切生化皆是繼之者善也，成之者性也。這是所謂本體宇宙論，生化過程中必有誠體或自由無限心作為本體，而本體之創生必帶起氣化之生生，本體論與宇宙論不能區分為二事，此是睿智界之事。而若以感觸直覺，以知性理解世界，則整體存在界便在普遍的自然法則之決定底下，必須以機械之因果性說明。這兩界各攝一切存在，而

---

[4] 見康德《判斷力之批判》，〈引論〉。

各歸屬不同之法則之說，便是牟先生所謂的「兩層存有論」，[5] 如此不正亦是既說明了理想世界，又說明了現實世界？杜教授或可說仍不滿意，但若經驗之自然界確是服從必然性之自然法則者，又如何可以道德的創造性，以自由來說明？

當然，世界只有一個，何以有自由與自然兩套的存在法則？理論理性與實踐理性都是理性所起之作用，何以由之而有兩界之區分？故康德由審美之判斷與審目的之判斷，於自然而見自由，於自然之合目的處見能自發地踐德之德性人格，為世界存在之終極目的，由此而見道德法則為存在界之存在之理，以此溝通兩界，這是康德的思考，亦可說是既談現象，亦談本體。但牟先生並不走此路，他以道德理性為理性之當身（自身），而理論理性（知解理性）由道德理性自我坎陷而成。由理性之二用，而開兩界，此二界雖不相離，但不可混而為一，即此「一心開二門」之說是基本之模式，兩界之區分不能取消。[6] 而康德所說的於自然之合目的性肯定超越的睿智者之存在，由此見道德法則為存在之法則（由道德法則所統治），其實即「乾道變化，各正性命」之說。天道生生，一切存在皆有其存在之理由，皆非虛生，如此由乾道生化說下來即可，不必由自然之合目的性而湊泊。

故若明牟先生兩層存有論，一心開二門之說，決不會要求道德形上學之理論，須關聯經驗現實的存在上說。杜教授則始終都在道德形上學理論並不能說明經驗現實之存在與道德意識有必然的關聯性上說，如云：

> 牟先生說清楚了傳統儒者的說法，並且以之與西洋哲學相較而說出了儒學是一道德的形上學，但是卻未能更進一步證明道德意識之如何地創生了世界，我們當然可以說那是形構之理要探究的層面，但是儒學也始終沒有完成形構之理的建構，並且將形構之理

---

[5] 見牟先生《現象與物自身》，《牟宗三先生全集》第21冊。

[6] 見牟先生《中國哲學十九講》（《牟宗三先生全集》第29冊）第十四講。

> 的原理與道德意識的必然聯結作出論證，究竟我們的整體存在界是一個怎樣的相貌的問題是與本體是不是道德意識的問題根本相關的，更與形上學的終極原理的問題意識應怎樣進行根本相關的，而這個整體存在界的相貌問題在牟先生的理論思考中幾乎是不出現的。（頁129）

按如上文所論，依牟先生，經驗之自然的存在性相，是屬於兩層存有論中的「執的存有論」，由於有知性之執著，存在界便表現了由範疇所規定的種種性相，形構之理亦屬此一層次，這皆由識心、知性之執而成，而道德的形上學屬於「無執的存有論」，並無經驗存在界的種種相，若此兩層存有論的區分是合理的，則杜教授此處之問題便不足辯了。如是則杜教授所說的牟先生的理論，並非牟先生原義，這樣的批評，是將本不屬於牟先生之說來加以批評，這是不必回答的。杜教授如要批評，須先攻破兩層存有論之說，若要攻破兩存有論，則須先攻破自然與自由二界之區分。依我看，要破自由與自然二界之區分，幾乎是不可能的。

杜先生認為現象世界的存在性相，是「用」的層次，是牟先生之本體宇宙論須說明的；而依牟先生，經驗的自然、現象的層次，是「執的存有論」的範圍，關於此一方面，在《現象與物自身》中，藉對康德哲學的範疇論之討論，已有詳細的展開，即此一層面是可以對知性作超越的分解，言知性為自然立法便可說明白。至於關於宇宙之生化流行，所謂本體之「用」，此是所謂「大用流行」，這仍是屬於物自身，即本體界、睿智界之事，並不是現象。故依牟先生，是體、用及現象三分的。本體當然有其用，當然會帶起氣化之生生，但這用並不是由知性之執而規定之現象界，而是大用流行，生生不已，此中本體即表現于宇宙生生之充盈活動中，全氣是神，全神是氣；如張橫渠所言之太虛即氣，不如野馬絪蘊不足以謂之太和（《正蒙・太和篇第一》）；此是牟先生本體宇宙論所謂的宇宙論。若要道德形上學擔負對宇宙生化，對「用」的說明，則只須作如是的說明。故綜上所說，牟先生之論，對體、用、現象都有說明，並不是如杜教授文中所說。他似乎不明白此體、用、現象三分之義。現象是人以知性認識存在界，使大用流行被執為有種種為範疇所決定之性相，現象界是由知性之執加進來而帶起，大用流行與現象須加分別。

若要問本體如何成用，如何生化而成世界，則依大用流行與現象之區分，牟先生之道德形上學可有兩層的解答。執的存有論，說知性為自然立法，便是說明本體界如何轉出現象；就大用流行說，則道德創生性之本體本身是即存有即活動，本體自有其神用，神用不可測，而又妙運一切存在，如上文所說，全體在用，全氣是神。神是本體之神用，並不是氣，而氣化皆不能外于本體之神用。氣是形而下者，神是形而上者，神不離氣，但神不是氣。此如橫渠所言之虛與氣之關係，虛即氣，但又不即氣。而氣與神，或本體（理）與氣之關係，則氣必須被視為本有的、「既與」的，雖說理生氣，但此生並非宇宙論式的直線演生，而為本體論式的使其可能之生，即理妙運氣，使氣生生而不滅。這一對理生氣意義的規定，在牟先生的前後期著作中，都可以看到。[7] 牟先生此說，或可回應杜文所說道德意識如何創生世界的問題。由於依牟先生，道德的形上學中的宇宙論是兩層存有論中的無執的一層，且是由實踐所證的，此中便不能有太多由智測而來的思辨，杜教授說牟先生少談這方面，不亦宜乎？

三、「德福一致」的問題

牟先生的《圓善論》認為德福一致之理想，在圓教的理論下，是可以實現的。對此，杜教授提出以下的質疑：

---

[7] 在《認識心之批判》下冊（《牟宗三先生全集》第19冊）之〈宇宙論的構造〉中已有此說；而《心體與性體》第一冊，論周濂溪「太極生陰陽」之義，亦有此意。

> 綜觀牟先生之「德福一致」的說法，其目的是在將道德實踐活動與現實世界的幸福感拉到一塊兒的作用，……
> 作者要討論的路線，即是這個經由詭譎的相即的道德活動究竟如何地涉及了存在，是否是經驗義的現實存在之真正幸福的意思。牟先生說依康德的目的王國與自然王國的相合之義的自然王國是一物自身的自然而非經驗的自然。牟先生說存在的涉及是指存在的隨心意而轉，而命限的限制是一存在中的真實感受，但在四無境中此一命限的感受已經被超越了，即已無命的概念了。所以作者要說，牟先生德福一致說中的圓教體系，其圓善論的涉及存在是涉及了主觀心境下的存在感受，而不是經驗生活中的真正幸福。……如果有一位大臣，他在治理國家的時候並不能把國家治理好，但是他的道德意識是強悍的，他也都依著道德意識的指令來治國，但是現實社會的困難重重，他也無法克服困難而使人民得以過著幸福的生活，但是因為他還是心安理得的，所以他的存在的現實經由他的道德意識的感受仍然是滿意的，他的滿意是滿意於他的問心無愧，所以他是幸福的。只需他有著這樣的心境，即是本迹圓融，這就是牟先生從郭象注莊中得到的聖人觀。所以他的詭譎的相即即是透過價值感受地把德與福感受在一起，即是此一詭譎，即是此一相即。論究價值的完成確實是在主觀感受下的完成，但論究存在的幸福時就不然了，儒者可以自以為迹本圓融地成聖，但百姓的迹的問題如何解消呢？（頁130-131）

按對於牟先生圓善論所說的德福一致問題的解決，不少學者提出質疑，亦大都認為依牟先生所說德福一致中的福不是經驗義的幸福，而是天福；[8] 而康德所說的德福一致之福，是現實經驗之福。故牟先生的解

---

[8] 如陳榮灼教授在〈圓善與圓教〉（收入《當代新儒學論文集・內聖篇》，台北：文津，1991年5月）中所說。

決，是轉移了幸福的意義，並不是真正的解決。其實康德在討論德福一致時，亦承認由德性而來的「滿足於一人之存在(自慊)」之滿足，亦類似於幸福。[9] 即康德所言之幸福，亦非只就現實經驗之幸福說。現在杜教授則認為這由道德意識而來的心安理得，即康德所謂的「消極的滿足」[10]可算是幸福，但這只是個人的存在上的幸福；對於百性、人民的存在，是無關涉的。

按德福一致當然是圓滿的理想，而天下百姓舉安，都生活於幸福中當然是最圓滿。但德福一致之義，並不是從一切人都幸福此一圓滿理想上說，只是說有德者應該有福，即此福只就有德者說。此德福一致的理想是由道德意識，或康德所言之實踐理性所肯定的。因依道德心之要求，當然希望有德者必有福。有德者所以是有德，因其修德是無條件的，只因德應該得有而修之，不是為了獲致幸福而踐德。但正因有德者不因求福而踐德，他便「值得」有福。有德者值得有福，這是實踐理性、道德意識所必然肯定者。我們當然希望一切人都得幸福，但人須有德，他才值得有福。故並非只以如何使死生得到感性、經驗的幸福為努力的目標，而是以如何使一切人成德為目的，即以成德為先。故儒學重人文化成、禮樂教化。並不是討好民眾，施政以滿足人的感性欲望為首要。(當然基本生存條件須先講求。)而要人成德，是以反己為先之德化。依道德理性，有德者必須有福，而因為如此，德福一致才是必須解答的難題。即有德者必須有福，是實踐理性必須肯定的，這是理性的事實，不容許反對，既是不容許反對的理性之事實，則此理想之實現須是必然的，這是道德理性直下規定，非要如此不可的。而希望天下人都幸福則仍未能如德福一致般，為非如此不可，必須要實現的理性的事實。此中之分別，我們可如此說明，在一切百姓中，有道德意義上之善人，

---

[9]《康德的道德哲學》(《牟宗三先生全集》第15冊)，頁415。

[10] 同上，頁416。

也有道德意義上之惡人，對於惡人，我們固然也希望他們得幸福，但必須待惡人改過遷善後，我們才認為他們值得有幸福，即希望百姓中的惡人得福，是以他們改過遷善為前提的；由此可見希望一切人得幸福的理想並不似希望德福一致般，為非如此不可，為必須肯定的理想。如果上述之分析不錯，則百姓之是否有幸福之問題不足以質疑德福一致。即德福一致的理想並不包涵百姓的幸福，而只專就有德者說，則如杜文所說，那治國的大臣已盡心治國，且心安理得，而杜教授認為這已是福，則他不能因百姓之未得福，而質疑牟先生之說。

當然牟先生所謂的一切法隨心而轉的德福一致，並不只是杜教授所說的心安理得之義。「心安理得」，只是主觀的心境，並不涉及存在界，而福必須涉及存在。此所謂之存在，是就有德者的生活、遭遇上說，而杜教授似就一切存在，即整體之存在界說，這似不對，德福一致與一切存在都以道德本體為根據的道德形而上學，雖有關聯，但並非同一回事。

德福一致之福所涉及的存在，雖是就有德者之存在而說，範圍較窄，但既涉及存在，而經驗自然的存在界並非道德法則所決定的，故有德者似只可保有心安理得義之自足之感，於涉及存在之幸福，即事事如意，是不可必得的，而這方是問題所在。此問題並非如杜教授所說百姓是否得幸福之問題。這問題之能否解決，決定德福一致之是否真能實現，依牟先生，此中之關鍵，一是圓教之保住一切法（一切存在），二是一切法隨心而轉。上文說德福一致之福所涉及之存在只就有德者所涉之存在說，但有德者之存在亦須涉及一切存在。因有德者所涉及之存在是不確定的，任何存在情況，都可能為有德者遭遇到，故若要肯定德福一致，則任何一種存在都涵於有德者之福所涉的存在中。故一切存在，即使是惡法，亦必須被保住。即既然有德者所涉之存在，或其遭遇是一切情況都是可能的，則德福一致中的福，便涉一切存在；這即是說，任何一種存在情況，都可以是幸福，如此方可保證有德者必有福。另一方面有德者在面對任何一種存在狀況時，何以都可以是福呢？這便必須肯定一切法都可隨有德者之心而轉，才可言德福一致。此一切法隨心而轉，一般都理解為主觀境界，但其實不只此。那是涉及存在，而存在都在有德者之化境下，一切分別都泯化，而成為福。一般經驗界，是有幸福與不幸福的分別者，但在化境下，一切福與不福都是福。這必須是在化境下方有之境界，而為善而心安理得，無視於遭遇上的不如意，這仍是分別境，並非一切法隨心而轉之義。

四、「不轉轉」與「圓涉及」

對於此「一切法隨心而轉」之義，我想順著牟先生之意，多作一些說明。這一切法隨心而轉，並不能被理解為客觀的存在法在此時有翻天覆地的大改變。存在法對於聖人而言皆是順心如意的，轉便是從此一意義上說，這的確是心境上的事。杜教授說「圓善論」的涉及存在是涉及了主觀心境下的存在感受，而不是經驗生活中的真正幸福。此義不算錯，但未盡牟先生之說之義蘊。牟先生圓善論是藉天台宗佛即九法界眾生而成佛之義來說的，九法界即是佛法界，雖成佛，九法界並不改變。若成佛，則九法界一體平鋪，皆是佛法；雖皆是佛法，而九界差別並無改變。而一切法隨心而轉亦是此意，聖人即於任一存在，任一遭遇而如意，而其所遭遇之存在法，可以並無改變。此義人一定以為是「精神勝利法」，即改變不了環境，只好改變自己的內心。但其實這是承認存在法有其客觀的規律，不是吾人可以如耍魔術般，瞬間便可以使其起突變。從這意義上看，牟先生圓善論此一似乎是「不涉及」存在，或雖涉及而不改變客觀存在法之差別之說，其實是很合理的。天地萬物的存在，自有其變化之規律，其變化亦有一由微而顯，由始到終的過程，並不會一下子起突變。而人生在世，人情事物之存在，亦有其存在的規則，如離合聚散，人生之種種情況，如莊子所說的「死生存亡，窮達貧富，賢與不肖毀譽，飢渴寒暑。」（〈德充符〉）人生大抵都是這些情況、遭遇。這些人生情況，亦是客觀而一定的，這些情況人都會遭遇到，不是說你要改變，便馬上由夭轉壽，由貧而富。要改變，亦須依一定的法則、手續，必須有一改變的過程，不是要變就變。而且即使可以變，這些人生境遇的模式，即死生窮達毀譽等，是一定而不能改變的。但即使一切不變，可當下便是佛法，此即天台宗所謂「無作無量四諦」中「無作」的意義，即並不須作意神通以改變存在法。又如云煩惱即菩提，此「即」是全體即是，雖證了菩提，於煩惱法本身，並無改變。這樣說，不正是肯定，或尊重存在法本身的客觀性麼？

以上是從「不涉及」說，如上說不誤，不改變現實的經驗世界，不是牟先生圓善論的缺憾，反而是其理論的「合理性」之所在。如果以「一切法隨心而轉」只是達成了一主觀的高妙心境，而對經驗世界無有改變來質疑，則是質疑圓善論中之聖人何以不能一下子改變世界，使現實之經驗界頓時隨聖人之心之要求而有現實上的大改變，改變之以與吾心相順，使我心想事成？此一對聖人之要求，一看便知是極端荒謬的。人怎可能一下子改變世界，使世界符合我意？牟先生之圓善論若有此意，何以為牟先生？故對「一切法隨心而轉」之義，當然要曲折地思考。即一方面肯定存在界自有其存在之規則，氣化發展自有其條理；另一方面又須事事順心，這如何可能？是否可「不變而變」？九法界不變，但頓時是佛法界；或「變而不變」？即雖當下之境遇頓時是順心如意之福，但所遭遇的吉凶禍福，死生存亡等情況不變；這便需曲折之思考。

牟先生對於康德以上帝存在為設準，以保證德福一致為可能之說，曾表示不滿，牟先生說：

> 因為人之德與有關于其「存在」（即物理的自然）的福既不能相諧一，何以與人絕異的神智神意就能超越而外在地使之相諧一，這是很難索解的。存在就是這同一的存在，物理的自然亦是這同一的物理自然，何以因安上一個上帝以創造之，就能使那本不相諧

> 一者成為相諧一？上帝所創造的那個「自然」就是我原有的那個「自然」。安上個上帝只是為的說明之，並未重新調整之使其適合于吾人之德。若有一番重新調整，猶可說也，若我本無那個自然，上帝重新創造一個異樣的自然來配稱之，此尤可說也。現在，既無重新調整，又未重新創造，則光說神智神意底因果性就能使那不諧和者成為諧和，這豈非難解？【11】

牟先生認為若自然只是這個自然，則說上帝創造，只是對這自然存在作一說明，於此一自然並無增損。於此，若說上帝保證有德者必有福，只是一說而已，上帝若不另造一自然之存在，或改變有德者的存在遭遇，則說上帝保證德福一致，並無意義。當然，吾人可進一步說，依基督教信仰，上帝隨時改變自然，隨時調整人的存在境況，亦是可能的，此即牟先生於上引文中所說的「若有一番重新調整，猶可說也」。但依牟先生對康德言上帝保證德福一致之理解，認為康德並不涵此義。而若說上帝可隨時依人內心之德之改變（由不純淨而至純淨）而改變其遭遇，這亦非很好的說法。因若如此，自然界或人之存在情況會隨時起突變，會隨時不遵守自然法則，而人生的際遇，亦時常會有如天外飛來般的離奇情況，若是這樣，是很不合理的。康德亦說「而如果我們真想要去允許新的事物，即新的本體，能夠隨時出現於世，則經驗底統一決不會是可能的。」【12】故若肯定經驗界自有其法則，不會隨時產生新事物，則康德的以上帝保證有德者必有福，這如何可能，是不易理解者。康德此「上帝保證」說不易理解，則牟先生依天台宗「佛即九法界而成佛」、「除無明有差別」、「不斷斷」、「生死與涅槃全體即是」之說，而言一切法隨心而轉，德與福詭譎地相即，便顯得很合理，而可以理解。即依牟先生圓善論之說，有德者之福不必靠存在界的突然改變才獲致；雖說

【11】《圓善論》，《牟宗三先生全集》第22冊，頁235。

【12】《純粹理性之批判》上冊（《牟宗三先生全集》第13冊），頁397。

是一切法隨心而轉，但這轉變是在「不斷斷」、「佛即九法界」之情況下轉變，雖轉變而不妨礙經驗界的統一。這可說是「不轉轉」。

再進一步言之，這保持九法界的差別、不違背自然法則、不破壞經驗的統一而轉一切法之說，當然是涉及存在界的，杜教授說牟先生圓善論並不涉及經驗世界，但依牟先生，此一切法隨心而轉之境，是即於存在界而顯的，無存在界，或若不是與存在界接觸，便無此福之感受。此如王龍溪所言的「無物之物其用神」、「神感神應」，在神感神應中，物我渾然是一，不知何者是我，何者是物，亦不知何者是心、何者是意、何者是知。這一定涉及存在界，但乃是在物我一體渾然的情形下涉及萬物，此當然與一般所想的人對經驗存在界的影響、涉及是不同的。

此一涉及存在界，或可以「一涉及，一切涉及」之義來說。在這渾化、圓頓之境中，若涉及任何一個存在物，遭遇到人生某一個境遇，則一切存在，一切可能的人生情況的意義都於此時彰顯，故曰「一涉及，一切涉及」，此亦可說是「圓涉及」。此義是天台宗的「一念三千」、「一心一切心」、「一切心一心」、「一界一切界，一切界一界。」（《摩訶止觀》卷五上）之義所表示的。佛教說空，不能離開諸法，不但不離諸法，可以一說空，一切法趣空。即若你於此法真正體會空義，你可就在此法而證一切法亦是如此。且這一切法趣空是在「存有論的圓具一切法」的意義下說的，即不只是言般若智證空之境，而是此空是具一切諸法而說的空。是具備一切法（三千法）、一切人生之事而言之者，此亦所謂「理具」。此義亦可以用程明道所說「只此心便是天」，「只此便是天地之化，不可對此個別有天地。」來表示。天地生化萬物，而天地之生化，是需涉及一切的，人何以能如天地的生化般及於一切？故依張橫渠，人須充盡己心，求與天合一。此求合於天之過程可以是無限的歷程。但明道認為，這天人合一的「合」是多餘的，你若明得了，則此便是天，天道之生化一切，遍及於每一存在，其實便如同人當下的道德的真誠實踐。「徹上徹下，不過如此」。[13] 此是即一義而通全蘊，可於任何一存在物而攝整個存在界。此亦可說是「即有限而無限」。明道此「一本」論，確如「一念三千」及「一切法趣」之義。人若能當下踐仁盡性，則一切存在頓時收攝於此，而為仁心感通之內容。仁心一旦呈現，則必以一切存在為其內容而呈現，決不是一孤懸獨立的存在。此如陽明所云「知無體，以天地萬物之是非感應為體」(《傳習錄》下）之義。若仁心之感通無限，必以天地萬物為其感應之範圍，則於此時仁心感應一物而呈現時，一切存在亦頓時在於此刻之仁心、此時之際遇中，此可說是涉及一個即涉及一切之「圓涉及」義。

五、結語

由上文所述可知，杜教授要求牟先生道德的形上學及圓善論之說，須說明經驗界之存在，及須負擔使百姓感性生活上之幸福，此是一過度之要求。而不知牟先生之立言，自有其分際。經驗界之存在，是「執的存有論」之事，而道德的本體生化一切，是「無執的存有論」之事，二者不能混淆。而圓善論所言之德與福「詭譎地相即」，固然可說是對存在界有所轉化及涉及，但那是「不轉轉」及「圓涉及」，並非一般常識觀念下的轉變及涉及。如果你說牟先生這一講法用了太多佛教的圓教義，並不是純粹之儒學，吾人可答曰：此亦可見牟先生之為學，並無先入之見，他是步步思考，步步吸收，聞善必從。不是先存有一要證成儒學是最圓滿的學理之目的，來從事哲學思考的。故吾人認為牟先生固然有其哲學思考的方法，但決不是如杜教授所想的。

---

[13] 以上所引程明道言，見《河南程氏遺書》卷一及卷二上。

牟宗三先生對西方人文主義的論述

陶國璋*

提要

在廣義上，新儒家實是一種人性哲學、文化哲學，唐君毅先生整生宣揚人文精神之重建，錢穆先生、徐復觀先生在歷史、文學藝術方面肯定人文文化的價值，亦復如此，這是無可置疑的；即使牟宗三先生自覺地建構其較類近西方哲學家的體系性哲學，但就其生命型態來說，他仍是儒者生命——為天地立心，為萬世開太平的一種存在哲學，跟哲學專家的生命型態始終不同。

本文是透過牟先生對西方人文精神的評述，見證儒者對文化歷史特有的慧解。本文主要參考《道德的理想主義》一書中之《人文主義的基本精神》、《人文主義的完成》及《論上帝的隱退》三文，以作為討論疏釋的文本，論述牟先生對西方人文精神的評論。

前言

在廣義上，新儒家實是一種人性哲學、文化哲學，唐君毅先生整生宣揚人文精神之重建，錢穆先生、徐復觀先生在歷史、文學藝術方面肯定人文文化的價值，亦復如此，這是無可置疑的；即使牟宗三先生自覺地建構其較類近西方哲學家的體系性哲學，但就其生命型態來說，他仍是儒者生命——為天地立心，為萬世開太平的一種存在哲學，跟哲學專家的生命型態始終不同。

---

*香港中文大學哲學系導師。

如果說新儒家在哲學學術上的貢獻不及許多專家學者，這是合理的，人的生命有限，不可能面面俱全，但新儒家在理解西方文化的精神方向上，特別是西方的人文主義的奮鬥，卻是客觀而有本質性之呼應。[1]

唐君毅先生在《人文精神之重建》這樣界定人文精神：「我們所謂的人文，乃是取中國古代所謂人文化成之本義。「人文化成」則一切人之文化皆在內，宗教亦在內。」[2]，在序言中，提到「人類人文世界之全幅開展，必當兼包含宗教、科學、藝術、文學、哲學之大盛。……我認為不僅人當自信是人，中國人當是中國人。即上帝亦不能不望人真是一人……即中國古人亦必然望我們今日之中國人真成為今日的中國人。」[3] 這是人文學者最深情的表白。

新儒家對西方文化的理解是入乎其內之綜合性形態，較五四時代的西潮風遠為深刻。例如唐先生綜合西方文化的精神方向有一、向外而上的超越精神；二、充量客觀化吾人之求知的理性活動之精神；三、尊重個體自由意志之精神；學術文化上之分途的多端發展之精神。[4] 而牟先生則稱西方文化為分解之盡理精神以對比中國文化為「綜合之盡理精神」。[5] 這些名詞就是經人文學者入乎其內的生命體證，而一般的專

[1]人文學者與學術專家對思想史有不同的理解，學術專家以旁觀歷史的角度看人類思潮的因果傳承，而人文學家無論中國西方，都是以自己是歷史的一部分來審視的民族與文化之危機，所謂生命的學問。

[2] 見《人文精神之重建》頁20，香港，新亞研究所1974年。

[3] 同上，頁2。

[4] 參見唐著《中國文化的精神價值》，臺北正中出版社，1965年，頁3。這顯示唐先生的綜合性識見是文化層面的，尚非形而上的。

[5] 參見牟著《歷史哲學》；「綜合」一詞源自康德的先驗綜合判斷，分解盡理是理智的，表示對世界的態度是分析性、解構性；而綜合盡理則以生命為一不可分的整全。

家學者很少有這種識見與綜合性的表達。

本文是透過牟先生對西方人文精神的評述，見證儒者對文化歷史特有的慧解。本文主要參考《道德的理想主義》[6] 一書中之《人文主義的基本精神》、《人文主義的完成》及《論上帝的隱退》三文，以作為討論疏釋的文本，論述牟先生對西方人文精神的評論。

另一方面，現代西方哲學出現了「意義的轉向」[7] 的趨勢，由意義的轉向，發展出後現代思潮來。後現代思潮並非有一套明確的主張，也不是一個學派，在極大的差異中，我們只能概括說他們共同的主張為「非中心化」；非中心化就是不接受有定於一尊的真理觀，非中心化表現為反主體性、反邏各斯中心、反工具理性……。他們認為現代西方文化的病患是過度重視理性，形成了邏各斯中心；邏各斯中心就是將一切價值定於理性的規管之下。

後現代思潮所主張的「非中心化」，就是要否定西方文明的理性優越性，認為理性並非真理最後的判準，這是對西方自柏拉圖以來的理性精神作徹底的否定，但熟悉西方文化的，就明白這種否定式的揚棄，其實是西方學術分途多端發展的軌跡，對西方人來說，這種新思潮一浪接一浪翻滾而至，是習以為常的；但後現代思潮對我們東方人來說，衝擊性特別強，因為東方哲學，基本上就是主體性哲學，重視人本精神。

在東方哲學傳統來說，無論儒、道、佛，主體性都是哲學的基石，主體的修持境界是非常深遠的。[8] 當我們深入瞭解這種後現代思潮，

---

[6]《道德的理想主義》，臺北，學生書局，1992 年版。

[7]現在的哲學界普遍將西方哲學史分成三階段：一、本體論之形而上學時期，特別指柏拉圖、亞裏士多德的體系性哲學；二、知識論時期，指從笛卡兒開始的近代哲學；三、意義論時期，指現代哲學由知識論問題再深入至語言哲學的開發。

[8] 牟先生在《政道與治道》中以「理性的運用表現」來描述中國哲學的主體觀。他說：「理性的運用表現」即禪宗所謂「作用見性」之意，宋明儒者亦曰「即用見

發覺他們所反的主體性其實是指在西方自文藝復興以來的人本主義。雖然牟宗三先生在「外王三書」中對西方的人文精神有相當完整的論述，但牟先生對後現代思維的特殊機緣則無甚涉獵，本文希望承接牟先生的思路繼續講，釐清主體性哲學的歧義性，試圖消融東方的主體性哲學與後現代思潮之間的隔膜。

1. 西方人文精神的發展

西方的人文主義的出現，是相當曲折，完全與中國這種早熟的文化不同，或者歷史的曲折性是難以原則化，所以歷史跟進化史有本質的差異，我們只知道人的自覺能力貫注到哪一面，即彰著哪一面。民族的生命隨著他的精神之貫注到哪一面而鼓舞發展，必定有其一段過程。在這奮發過程中，它必有一段精采與輝煌的成就，西方人文主義的奮鬥歷程，今人感到確立人的主體原來是非常艱難的事情，所以我們放下判教式的對比，不要輕易認定中國的人文精神一定高於西方，反之，在他們漫長而挫敗的人文主義的奮鬥歷程中，讓我們領悟人性光輝與曲折性，這點可以充實我們對新儒家哲學的敬仰。

1.1 西方人文精神之萌芽

中國文化在開端處的著眼點是在生命，由於重視生命，關心自己的

體」，就易經說，則為「于變易中見不易」。惟這些話頭是偏重在見體，我今說「理性之運用表現」，則偏重在表現。表現是據體以成用，或承體之起用，這是在具體生活中牽連著「事」說的。而這種運用表現中的「理性」當然是指實踐理性，然而卻不是抽象地說，而是在生活中具體地說。所以這裏所謂理性當該就是人格中的德性，而其運用表現就是此德性之感召或德性之智慧妙用。說感召或智慧妙用就表示一種作用，必然牽連著事。所以這種主體意義跟後現代中的異域思維問題有相近亦有所不同，值得我們深思。

生命，所以重德。德性這個觀念只有在關心我們自己的生命問題的時候才會出現。儒家確立仁，在西元五百年前相對地順暢的走上人文精神，所以梁漱溟先生稱中國為早熟的文化；而人文主義（humanism）並不是西方的文化生命的主流，它是在歷史的一定條件下而出現。人文主義亦譯人本主義，人本其實是對應於希臘重智與中古重神本而言。

與儒家的仁觀念相應的，在西方大體只有愛的觀念。在西方古文字中「愛」有三種不同的寫法：Eros、Philia、Agape。Eros其形容詞是erotic，原是指「慾愛」，代表一種出於本能的感性衝動及浪漫的情懷，但柏拉圖在Symposium中，探討愛的本原，卻將之改造為對天上理型的愛，即是愛智慧之愛，開出理性優先性的大傳統。Philia則是「友愛」，它和Philos是同一個字根，是指人與人相互尊重其德性之愛，與感性情欲之愛有所不同，亞裏士多德開始透露出一點人文的關懷。而Agape代表了「博愛」，也就是宗教裡面所講的無私的愛，神對人的愛並非因為人做了善事或侍奉了神，而是因為神愛世人，神恩之愛是無條件的[9]。

但Eros與Agape，前者屬於理性的對普遍之理的追求，後者則屬於神的恩賜，都不是主體經修養而純潔化其生命以至其極的德性之愛，而亞裏士多德所肯定的Phila，仍有階級性，在希臘的奴隸社會中，他常常以文明人和野蠻人之間，公民和奴隸之間來劃分人類的價值。所以由愛的字源，反顯西方對普遍人性平等之愛一直缺乏深切的體會。

蘇格拉底說哲學就是認識自己（know thyself），他也重視德性，他的名言「知識即德性」（knowledge is virtue）；但是嚴格說，他並沒有把握住德性與道德主體的本質。因為，希臘人的求真精神，其心思主要是專注於客體方面，要求把握外在事物的普遍之理。古希臘的宇宙論階段的哲學家，留心的是事物存在的原質，萬物是由水、空氣、火或由原子

---

[9] 參看弗洛姆（E. Fromm）著，孟詳森譯：《愛的藝術》（The Art of Loving），台北：志文，1985年。頁32－35

所生成？客觀求真的心向反而遺忘了人這發問者。所以人文主義一概念，在希臘並未成立，柏拉圖只重視客體的真理性一面，並未意識人的存在是哲學的基點。希臘文化在柏拉圖傳統薰染下，最重要的是脫離感覺成分之夾雜，從純粹理性的推演中，確立永恆不變的真理；希臘精神可說是從感覺中提煉出來求一絕對之純精神。[10]

牟先生認為在西方，真正關心到人或者人性問題，是古羅馬時代的西塞羅（Marcus Tullius Cicero,106-43B.C.）[11]，西塞羅認為人性是普遍的，點出人性不應受階級種族所限定，這點的確比希臘人進了一步。記載中他極力提倡古典方面的教養，人必須反省如何生活，人當該要過一種有教養的生活，即是文化的生活。[12]

西塞羅時代開始相信人類共有「普遍的人性」，這是受到斯托噶派(Stoic)理性主義的哲學，斯托噶派以倫理學為核心。他們主張人的本性是理性，而真正的道德生活建立在凡事以理性作抉擇，而非順從自然的生活。

嚴格來說，西塞羅的人文思想，主要表現在社會生活各方面的言語舉動、文化教養，尚未從道德實踐的深度處反省，跟儒家肯定人皆有四端之心，從道德本體處確立人性的價值仍有差距，所以他的人文精神尚是初步的，況且在崇尚軍國主義的羅馬帝國，他的主張逐漸湮沒。

西塞羅的人文主義如果繼續發展，繼續從抽象泛說的「普遍人性」而向內裡點出人的自覺性，是可以開出道德主體來的，但隨著歷史的運

---

[10]觀念層次既然是普遍而抽象，它只是順著邏輯定義向前推演，方便成原則性的知識。由此層層上進，而推論終極的上帝、宇宙的本體，亦只是滿足理智的條件，是一種推理建構。

[11]牟先生是從西塞羅最先肯定普遍人性這觀念來界定人文主義，所以他不贊成即使亞里士多德鼓吹德愛 philia 的觀念，就已經是人文的。

[12] 可見於福克涅編，梁實秋譯：《西塞羅文錄》，上海 ： 商務印書館，1931 年。

會，人文主義在中世紀並未得到滋長壯大的發展，而時代精神卻轉而為基督教的神本精神所佔據。全新的原罪觀念，加重神的超越性，加重人無助性，必須皈依於神，因此神本就是中世紀精神之核心。一直孤寂千年的人文精神，只能等待文藝復興，文藝復興要復甦的，就是要衝破這神權桎梏而要求「人之再生」。

1.2 中古神權與人性的被壓縮

西元前三百年，希臘最後雖然為馬其頓的菲臘普及其子亞歷山大所併吞，但希臘思想卻由馬其頓的軍團擴展傳播出去，後來影響了羅馬。這時，另一支希伯萊文化從艱難中冒起。羅馬統治下的猶太民族，內部卻由於耶穌的抗爭，再經由保羅的奔走，竟然奇蹟地開出全新的基督教文化。

基督教的發展並非一帆風順，他們被羅馬人壓迫了三百多年，終於由羅馬君主君士坦丁承認為國教，西元三一二那年，基督徒由地下組織一躍成為西方的道統。艱苦的基督徒成了權力中心之後，有系統地建立基督教的教義，形成中古的神學階段；中古時代這約一千年的政教合一、一教獨大的情況下，權力卻讓教會腐化，思想獨斷、壓抑異端、禁欲、發動十字軍東征……。

中古在西方一直是富爭議的年代，中世紀其實並非完全黑暗的，每當我們觀賞拜占庭的藝術，立即體會人性通往神性的仰慕，神聖的追尋，凝聚最內斂謙卑的人性。

博愛是尊重全人類，人人都是神的兒女，平等而博愛，不就是現代的人道精神嗎？不，當我們深入反省，基督教的這套博愛觀始終是「用」，而非「體」；因為從整個中世紀的宗教精神方面說，有三個基本肯定，使到人失去其主導性：

第一，上帝是造物主，祂是高高在上；第二是人的原罪；第三是神的救贖。其中，人的原罪性才是人的普遍命運，才是人性最內在的

「體」，神恩的博愛並非專屬於人的本性，而是神的恩賜。其中第三點更涵蘊著中世紀的人，只有在仰望超越的神所決定的人類的普遍命運時，人才能得到人生的真正意義，否則善惡的最後基礎將要傾倒，這是後現代無神論的危機。[13]

因此，每個單獨的個人之生與死，不是他自己份內的事，而是眾人之一的生，眾人之一的死。基督教告訴人是由亞當而來，這種從亞當的原罪之關聯下而瞭解人，人都是會死的命運，最終是把人的個性淹沒了。

所以，當這種宗教情懷其發展過程快完結的時候，長期的自我壓縮，生命終趨枯竭，精神趨亦闇淡，而這個超越而外在的文化弊病亦隨之而出現。中古經歷一千年對神聖的追尋，終於開始潰散；潰散的並不是教父們所建立的那些神學體系或教義，而是在生命本身。所謂生命本身，即生命欠缺活力、精神枯竭，人的自覺性一旦沉溺殭化即轉為罪惡，教庭逐漸腐敗。

教廷原來是要為神在地上建立祂的王國，它有光輝、有理想的，而現在卻隨著生命力枯竭，理想性消失，教庭轉而為罪惡醜惡之淵藪。這一切都成為新生命之桎梏。

1.3 文藝復興與人的再生

文藝復興大概發生於十二、十三世紀，當時一些人文學者乘時而起，他們強調重新追尋人性與真實的自我。文藝復興（Renaissance）這個字本身的意思原是「人的再生」。所以文藝復興並不可單從藝術之復興來瞭解。當時使用此詞的人，並不特別想到復興古代文化，他們一心

[13] 西方人在基督宗教下薰陶的集體潛意識，俄國小說家杜斯托也夫斯基在小說《卡拉馬佐夫兄弟們》的洞見：世上如果沒有神的話，人可以做任何事情。西方的人文精神與中國人文精神最大的差異亦在此。

想到是自己的再生，復蘇自己的心靈；人文學者為著忘卻他們那汙濁的時代，那令人窒息的現代，於是他們神遊於古代的文典，尋找希臘羅馬的文明，藉崇尚古人來解放自己的心靈，藉偉大的古人的哲理、高尚靈魂，來活潑自己的生命，是以，他們是在「人的再生」之意義下讀古典。例如中古初期的聖者安布羅齊阿斯（Ambrosius，340-397）與文藝復興時期的人文主義者的伊拉士馬斯（Erasmus，1466-1536），同樣讀古羅馬哲者西塞羅的「義務論」。但前者在義務論中是想尋求充當聖職者的規則，而後者則在義務論中看出了獨立不依於基督教的道德。這是在自我求真的要求上讀書，不是在為他人的立場上讀書，這是死在古典下與不死在古典下的區別。其關鍵在於是否有一個新鮮活潑的「自我」在躍動。【14】

文藝復興時初期，這裡還沒有義理上的爭執與反對，人文學者只為掙紮出束縛而解放自己。可是，他們逐漸感到一種精神上、義理上的對立；神本是超越論，人文主義是內在論，長期腐化的教會侵蝕了神本的超拔性，宗教不再神聖；他們從由人性與自我的覺醒而歸到「人」的分上，自覺要從幽冥、汙濁的教會中解放出來，甚至與教會對抗。

文藝復興之所以偉大，在於它的精神方向後面有一種美學的欣趣情調在鼓舞，故對於任何人間事業有內在的興趣，此是一種藝術的建構精神。在當時，社會事業、政治活動、民族國家的建構，都可以視為一種藝術品，而人就是創造者。故此當時的人文主義並不是一個被限定的思想系統，而是一種生活情調，重視實踐與行動，製作與技巧。相對而言，中世紀的神權理念是建基於「人人都是神的子女」這普遍命題之上，它表示神對人的愛，但這種愛不屬於人間的，重超越而輕俗世，重祈禱默想多於行動，這就表示內心生命缺乏一種洋溢喜悅之情，處處映顯一種蒼涼的末世悲情。再加上原罪所表示的普遍命運，那無力的悲情意味就更

【14】牟先生對人物品鑒有深到的判別能力，亦是生命的學問所涵蘊的人生體會。

重。文藝復興時的人文主義,由於從神本的幽冥中解放,看到現實人生的可愛,現實個性自我的可愛,可以說是填補了這種蒼涼悲情的空虛。

這種富於喜悅感的生活情調是富於想像力及創造力的本源,我們也可以說這是一切建構、一切成就之本源,故文藝復興能開啟西方近代的文明與文化,開風氣之先。由於「知性」的解放,首先成就科學;由於民族的自覺而得以建立民族國家;由於人性人權的自覺,而得以建立民主政治。這三者雖然是文藝復興以後的事,它們能成為現代西方文明的標誌,完全是由於文藝復興開創了人文主義作它們的領導原則。人文主義所以能解開時代風氣的糾結,而開啟新文化運動,在它反神權殭化、反物化之中,而撐開人性的價值。[15]

1.4 啟蒙運動與工具理性的抬頭

文藝復興時的人文主義是富於喜悅感的生活情調,是一種新的生命感情,故能超越封閉的神權,開創一新時代。不過,文藝復興始終是美感情調的想像,還沒有經過理性的發展而形成觀念系統,尚未發展為「個人主義」。這有待隨後十七、八世紀的啟蒙思想(Enlightenment),承擔完成它的歷史任務。

啟蒙運動的特徵是個人主義、自由主義、人權運動、民主政治之出現。論者認為啟蒙運動是把文藝復興時人文主義所代表的情感化的生命再予抽象化,凝聚為「個人主義」(individualism)。

啟蒙思想的精神是理性建構的,重視分析性、系統性。我們可以類比地說:文藝復興所復興的是希臘的酒神精神,而啟蒙運動則直接繼承希臘的阿波羅精神。據尼采在《悲劇的誕生》中形容:酒神戴奧尼索斯(Dionysius)象徵熱烈激情,它是一種力求踰越有限,衝破既定界限的動

[15] 這段基本上是牟先生的原文:牟先生以其綜合性的識見,刻劃出文藝復興這時代的精神面貌。

力；它為瞭解消界限，不斷追求超愈其現實性；戴奧尼索斯對原始生命的歡呼穿破了封閉的魔障，而開闢一條返於存有母體的途徑。而阿波羅（Apollo）是太陽神，象徵理性清明，它是一種追求明晰區分及重視個體性的要求；理性自覺要求對事物作出明確的界限及嚴守其界限，於是，理性的人會操控情欲，不斷自我控制。【16】

啟蒙運動就代表理性的自我控制，它首先將想像力收縮凝斂而成為知性層的精神。現代許多哲學家批評啟蒙運動是工具理性抬頭的始作俑者【17】，是有理由的；理性的收縮凝斂，便含有壓制沉著的意思，把那原本豐富的、生命的，踴動而具體的生活情調收歛而成為理論系統性，因而也就是一種限定；有了這種限定，個人主義才會出現，跟著自由主義成立，再隨著民族國家的獨立，便有人權運動、民主政治的出現。

知性抬頭很自然就把心靈之具體而渾全的活動，肢解為知識分途多端發展。知性重視理據、推論、證立，因此與直覺、想像力分開，所以啟蒙思想家開始離棄文藝復興時期的「全人」觀念；他們只相信理據，以邏輯數學的抽象能力來理解人的本質。更重要的，他們不但把人之心靈分解為各方面功能，而將人的主體亦分解而為主客對立的形態。

他們所肯定的主體是純知性的，而客體是純粹外在的物質自然。在此情形下，機械物理學等科學知識，陸逐發展成立，而牛頓的科學觀就是當代理性的典範。文藝復興期的哲學家如卡爾丹諾（Cardano，1501-1576），泰雷斯俄（Telesio，1508-1588），布魯諾（Bruno，1548-

---

【16】 F. Nietzsche, *The Birth of Tragedy and the Case of Wagner*, trans by Walter Kaufmann（New York: The Random House, 1967）pp.38.

【17】 參見馬克斯・韋伯著，于曉、陳維綱等譯《新教倫理與資本主義精神》（Protestantische Ethik Und Der Geist Des Kapitalismus）頁32至38，北京三聯書店，1992年。他認為啟蒙運動過於高舉理性，形成了現代資本主義社會以工具理性來衡量一切的價值，消費主義、效益主義都根自這種工具理性的泛濫。

1600），坎巴內納（Campanella，1568-1639）等，以他們活潑的想像力，可以放膽地構想出一些自然哲學。此種自然哲學不是牛頓式的機械論，而是以目的論為原理的，但這對近代科學的學統標準而言，這是不科學的，尚未經過知性的洗練，因此逐漸不受我們人所重視。

牛頓的物理力學對自然科學產生重大影響，當時大家都以他為真理的代言人，當時古體詩大詩人蒲柏（Alexander Pope）對牛頓推崇備致，在牛頓的墓碑上概括其一生成就：

大自然

和它的規律深藏在黑夜裏。

上帝說

讓牛頓出世吧！

於是一切就在光明之中。

在這種樂觀的時代，同時孕育了哲學上「理性主義」（Rationalism）。理性主義包括笛卡爾（Descartes）、萊布尼茲（Leibniz）、斯賓諾沙（Spinoza）等，他們的哲學特色是重視普遍的知性，重視邏輯的演繹法（deduction）；演繹法是純就邏輯、數學的知性運用，以把握純粹客觀的真理。現代的法國的哲學家們特別反控他們的哲學鼻祖的笛卡爾，認為他的名句「我思故我在」，是讓西方哲學第一次跌入主體性哲學的泥淖中，理性主義者偏向於分解抽象的知性思維，卻遺忘了生命的整存性。

我們可以見出啟蒙思想雖接上希臘的阿波羅精神，但同時亦脫離了人文主義的母體，而成為「非人文的」。【18】

【18】後現代思潮普遍認為理性領域之外，尚有他者（l'autre）的領域，他者就是潛伏於意識之下。人慣於生活在合理化的政治、法律的在理性之明處，他者的世界往往讓我們恐懼，因而壓抑下去，不聞不問，好像死亡問題，死既是蒙昧、渾沌的，啟蒙之光對死無能為力。啟蒙運動抬出一個理性的太陽，要照明一切，找出世上所有存在於事物背後的法則，可是，他照耀不到浪漫和悲傷，那裏有人的另一半，本原的野性。

1.5 狂飆運動與人文主義的完成

社會學家韋伯（Marx Weber）認為啟蒙運動過於高舉理性，形成了現代資本主義社會以工具理性來衡量一切的價值，而消費主義、效益主義都根自這種工具理性的泛濫。

韋伯的批評其實並非原創，早在十八世紀，德國的一些人文主義者已經站出來反對啟蒙思想的「抽象的知性」及牛頓式的機械世界觀。他們的中心人物大都是些文學家，其中的關鍵人物有萊興（Lessing，1729-1781），歌德（Goethe，1749-1832），洪保爾特（Humboldt，1769-1859），我們稱之為狂飆運動（Sturm und Drung）。

文藝復興的人文主義者感到與中世紀的神本對立，與宗教不相融，而狂飆運動的人文主義，則與神不對立，而與宗教相融洽。歌德他們提倡自我個性的覺醒，更又順生命的神聖感而向上提撕，深入生命的內部，以開拓我們的心靈，以通透生命之本源，這是文藝復興時的人文主義所不能作到的。

首先，西方在生命哲學的一面，總是認為真理或真實存在的，都是對人有所限制的，在人之外或之上的，而非來自人自身。希臘悲劇中，人無能地被命運所播弄，人只能苦撐挺立，帶著虛無走上悲劇英雄的路途。至哲學興起，他們追尋形上實體、神的隱蔽計劃及歷史之必然性等真實，後來再一步深入至物質科學世界、潛意識、本能生命、乃至對政治、社會、法律等等，一切生存之困境之探索，卻發覺在人類自身之外，存在著種種的制約；人無論怎樣努力，都因為無法達至自身作為最後之真實，即表示人根本無法獨立而主宰自己的存在。

在西方主流文化裡，把「身體」與「理性」看成是對立的。他們認為形軀身體是非理性的概念，所謂理想、正義、公道、是非，都屬理性方面。人只能以自己的理性來回應外來的挑戰，在這樣的前提下，理論思維變得十分重要，理性高於生命，並且將肉體看成一本能式的物質載體。[19]

本來，「生命」是一整存體，它既非物質亦非純精神，它既無物質的廣延性，亦無理性的清明性，但它有一種連綿不斷的衝動性與創造性。你說它起於何時，這是指不出來的，你說它終於何時，這也難以預料。[20]

狂飆運動的人文主義者所體驗生命，則沒有東方哲學這種對顯，他們只是順就生命本身如其所如而深深體驗到它的無限性與彌漫性。整個的現象宇宙背後是一個大生命在彌漫在潤澤，譬如表現出來的是一棵草、一塊石頭、一塊泥土，各個分離而相滯凝；天旱，草枯了，泥土裂成乾塊，一有雨露潤澤，則萬物生機盎然，諧和遍滿。文學家就從雨露潤澤這自然的妙趣中去體會那個彌漫在背後的大生命。

他們以尊重「人生」為中心，形成了「人格」觀念。「人格」一觀念落實為主體主義，人是自己的主宰，人能自覺地主宰自己去生活。這樣體會的生命，生命具有神性，它的深遠的無限與生動的創造這就與神

---

[19] 現代的法國的梅洛－龐蒂在《知覺現象學》第二部〈被感知的世界〉（北京商務 2001 年）之中，運用現象學描述身體與知覺的關系。他提出「身體－主體」（body-subject）的概念。「身體－主體」既不是純粹的對象物，也不是通透的思想主體，而是暖昧的。在某些場合他看來是一個對象物，例如裸體的女性，但在另外某些場合他卻是能夠知覺對象物的主體；身體會發炎，會感到痛楚，這說明他會自主作反應、會「思想」；但是我們的身體並不說話，它有特殊的詭秘語言。他並不作判斷，他與世界的關係是先於理智的，他對世界所產生的活生生的經驗，是一切判斷的依歸。他舉例說：當給一個失去了一條腿的人以某種刺激時，那個刺激從殘肢通向大腦，患者就會感到自己有條幻覺中的腿，這個想像中的肢體好像就被安放在殘肢的位置上。

[20] 牟先生這裡是對應於柏格森的生命哲學而言的，並且認為道德理性高於生命。但是對後現代思潮來說，生命並不一定是指生物生命。牟先生的見解可與梅洛－龐蒂呼應。

通上了，而神亦即在生命中被體驗，這跟文藝復興的人神對立完全不同了。

歌德說：人格是大地之子之最高幸福。歌德在這裡把柏拉圖哲學中的「理型」內在化於生命中，同時亦即把理型加以生命化，而植入於人文主義中，開闢出新的價值根源、新的理想。

由歌德等文學家所領導的狂飆運動含有三種基本特性：

一、浪漫精神；二、主體主義（Subjectivism）；三、理想主義（Idealism）。[21]浪漫精神是整個運動的起點，它針對啟蒙運動的殭化、物化，它必須具有充分的浪漫理想；這個浪漫的精神，使大家從抽象性的知性、外在的機械系統（例如牛頓的物理世界）收回來而深入至內在的主體。這個浪漫精神不是氾濫無歸或放縱恣肆，他們背後有向上透顯的理想主義。歌德說：人格是大地之子之最高幸福，就是嚮往真實的「生命主體」。這生命主體是從文學情調浪漫精神所反顯的「主體」，就是那深遠的無限性與生動的創造性的生命主體，故必是由這些青年文學家所開拓。[22]

第二點特質是由浪漫精神所凝聚、所反顯出來的「內在的主體性」（immanent subjectivity）；只有真誠的大浪漫心靈，始能截斷眾流、壁立千仞地，把現實的牽連糾纏一起打掉，不接受唯物式、機械式的生命

---

[21] 牟先生的綜合性識見：其中狂飆運動的者的主體主義與理想主義，正可與牟先生的道德理想主義對揚。

[22] 文學家對生命的感性部分特別敏感，例如法國現象學家梅洛－龐蒂在《可見的與不可見的》（The Visible and the Invisible）一書中，就宣稱身體是一個情感的對象。人類行為並不是些有機體在物理刺激之下的一種機械反應；事實上，當我們對某某環境生出某某反應時，我們其實事先就已經給那個環境賦上了某些意義。它是我的情欲最直接的表達，身體活動似一部啞劇，又好像舞蹈，舞蹈揮灑的是腳印，是痕跡。

觀；而從生命本身那深遠的無限性與生動的創造性中，領悟生命是具有神聖性的。故此他們從浪漫精神轉進到這新階段就是「主體主義」。由此主體而透顯之理想主義亦是浪漫的或文學情調的理想主義。

第三點特質是理想主義。單純的浪漫精神仍不足以支撐整個時代，而狂飆運動則在更深刻的層次，經歷了大浪漫之想像後再一次回歸到希臘的古典精神。古典精神始終是民族的根，中國宋明兩代的新儒學就是這種復興運動；而狂飆運動者的人文主義因此逐漸克服了易於氾濫的浪漫的主體主義，走上正常而健康的途徑，思潮能推陳出新。

文學家的歌德非常欣賞柏拉圖的理型說，但他把理型加以生命化，歌頌人格這理念。人的尊貴處在他能自覺去完成其人格；同時他們又看出人格完成的教養過程的自性然，因此人格的教養活動如藝術、道德、宗教不是矯揉造作的，不是虛偽無實的，而是自然的。

依歌德、洪保爾特等人的構想，人格不是個人的特殊氣質，而是在種種條件下所表現出來的理性普遍性。人格是個性的發展，但同時也是整全性。完全的個性，不能不是「全人」。所謂全人是指人心靈的一切能力都得以充分而健全發展以形成一「諧和的統一」。【23】

不過，狂飆運動這一期的人文主義雖具備了古典精神的規模，那些主流領導人物畢竟是些文學家，他們的純粹的理想主義尚帶有浪漫激情的成份。歌德雖然欣賞柏拉圖的理型哲學，這還是不夠的。他所欣賞的是柏拉圖從理智思辨中所透顯出來的「形式之美」。他著名的《浮士德》詩劇，浮士德這位煉金術士就是永遠追求完美的典型，劇中描繪出人性中最深層的願望 - 無限性、永恆性、終極性……。這種理想主義或理型，其背後是有一種美學情調在鼓舞。【24】可是，光是把這種理型吸收

【23】這種全人觀又跟文藝復興時期有所不同，歌德他們對哲學較有深摯的投入，故其全人具有道德的人格性，對社會亦有較大的感觸。

【24】唐君毅先生在《中國文化精神價值》中稱之為「向外而上的超越精神」。

於生命中而轉化為理想主義，這在人文主義上說是不夠的，大概是孔子說的「興於詩」的階段，尚未達致「立於禮」，更遑論「成於樂」了。

人文主義是關心人的真生命，生命是具體而現實的東西，在其活動發展中，深摯的人文主義者自然認識到它的節奏性、韻律性，內中充滿美感情調，所以早期的人文主義者都是藝術家，如達芬奇、米高安哲羅，及後來的歌德。但，這樣發見的生命中之「理性的成份」並不能涵蓋主體性的本源，不能真正開闢出價值之源與理想之源，於是哲學家再一次出場。

1.6 哲學家與啟蒙運動者

與狂飆運動同時期，德國孕育出一批偉大的哲學家，他們是康德（Kant，1724-1804）、費希特（Fichte，1762-1814）、黑格爾（Hegel，1770-1831）。其中康德的影響最重要，在哲學界中他足以與柏拉圖、亞裏士多德齊名。康德是真正完成了啟蒙思想而又克服了啟蒙思想的個人主義。【25】

康德在哲學上被譽稱為哥白尼式的革命。哥白尼提出日心說，扭轉了常識的地球中心說，康德的貢獻亦相近。古希臘傳統是從客觀方面把握外物之理，到了康德才轉回來而收歸於主體方面。他承接上啟蒙思想，是因為一方面他仍是理性主義者，他仍是抽象的思考者；再進一步他的批判哲學，嚴謹地檢定了知性的本性，檢定了思辨理性的限度。他的工作是把主體方面各種能力統統給透現出來，真理不再屬於外在的客觀領域；因此，知性主體、道德主體、審美主體，全幅予式扭轉。

【25】西方的人文主義者並不以哲學家為重心人物，這顯示西方的哲學家正如牟先生的分判，是分解之盡理精神，思想與生活分途，哲學家不對常識對話，易抽離於生活中的世界；反之中國是聖哲並稱，故孟子稱譽聖哲人格是「所過者化，所存者神」。

康德重新提出人是理性的存在，人是有尊嚴、自律自主的，這本來與狂飆運動的人文精神相呼應的，但事實上，康德並非直接影響狂飆運動，他始終是純粹的哲學家，詰屈傲牙的思辨並不能引起文學家的興趣，萊興、歌德他們並不能把握康德哲學的全體大用。黑格爾將一切皆予以理性化而納入其大邏輯系統中，演成一合理的系統，這理論對狂飆運動者亦無太大的影響，即使有所回應，也只是氣氛的，而非理論層次的。

狂飆運動的浪漫情調逐漸式微了，他們並未汲取哲學的支援而向前開拓。十八世紀末，正是科學滋長啟步，而當時社會方面，民主政治、自由主義、實證主義，亦尚在遊刃有餘之時。宗教方面，亦正經過了馬丁路德（Martin Luther，1483-1546）的宗教改革而成為新教，新教的精神活力亦足以指導現實人生，因此人文主義在歷史的大流中，逐漸失去了光芒，失去為文化生命前進之指導原則之地位。同時資本主義的經濟生產方式被發見有許多流弊，於是，馬克思（Karl Marx）思想應運而生，共產主義承接社會主義而大行其道。【26】

2. 牟宗三先生對西方人文主義的評論

牟先生一方面贊許德國狂飆運動是西方人文主義的高峰，甚至是西方人文主義的完全階段，但另一方面，他卻認為西方人文主義有先天的局限，這是新儒家的基本立場。對新儒家來說，人文精神的真正基礎必奠基於先驗的人性論，這是它的定石。所以牟先生說：「西方名數雖昌大，而見道不真……然個人主義的自由主義，如不獲一超越理性的根據為其生命之安頓，則個人必只為軀殼之個人，自由必只為情欲之自

【26】牟先生在《道德的理想主義》中主要是評論馬克思思想的反人文、反人道，論述篇幅特多；本文卻「避重就輕」，盡量不討論牟先生的立論鵠的，轉而討論主體性哲學問題，是希望將問題轉移，探討後現代反主體性哲學的機緣。

由……」[27]

牟先生並不認為狂飆運動所帶引起的人文精神是最後的形態，這仍是文學家式的理想主義，尚帶有浪漫激情的成份，故稱為浪漫的理想主義，或綜和的盡氣精神[28]。這種思想最終無歸宿，無安頓的盲爽恍惑，而不是一種切實可實踐的至誠之道。[29]

2.2 牟先生對人文精神的規定

牟先生在早期的《人文講習錄》中，表明他對西方的人文精神的盲點，就是把「生命」與「理性」也看成對立。西方人認為生命是非理性的概念，所謂理想、正義、公道、是非，都屬理性方面。注意生命的就想衝破理性。生命有從形上方面講，有從形下方面講。從形上方面講，喜歡講變，衝破一切的變，衝破矛盾的變。重理性的，則講不變。此或為巴門尼底斯（Parmenides）的形態，或為柏拉圖形態，然皆輕忽了生命的真實性。柏拉圖的理型的純智的，他講的靈魂是純智的，至於從形下方面講生命的，在希臘哲學裡，從感覺經驗說明知識是其一變形。普洛塔哥拉士（辯士）說知覺即知識，人為萬物的尺度，就完全是零碎經驗的主觀主義，虛無主義。至聖多瑪講神學，亦以外在的理性講。但是耶穌成宗教，則是代表生命的，但是這個生命，神學家不能瞭解。以外

---

[27] 見《道德的理想主義》頁4。

[28] 牟先生將西方的哲學傳統稱為分解的盡理精神，狂飆運動因屬文學家所帶領，藝術氣性、綜合性一面較強，故稱之為綜和的盡氣精神。

[29] 這裡顯示牟先生對藝術生命的批判，例如他批評蘇軾是體文而用史等。當然藝術家、文學家的生命形態重感性多於思辨理性，而其生命形態亦易漫蕩而無歸，但將道德理性與感性生命絕對地對立起來，恐怕又易於將生命的整體性分化開，形成主客對立的危機。文學家體認的生命亦有其真理性：生命是非線性的，忽而哀戚，忽而雀躍，只有斷續的片段，這與道德理性循理而為當然不同。

在理性建立的神學，是不能接契生命的。這是以外在理性束縛生命。理性是外在的，則生命即是原始的衝動與混沌。這是生命與理性都是偏的，都沒有講好的結果。凡是生命力強的人，如尼采，即不受理智主義的理性所束縛，因為此種理性與生命根本無關。如達爾文等，同時即有柏格森講創化論。從生物學的生命上講哲學。其實仍是把生命與理性講成對立。文學家講生命是當行。但他們只是歌頌讚嘆生命，並不能當學問講，注意生命的哲學家不是正宗，他們常被認為反動者。

中國人都是在生命上講學問，他們是首先把握生命。但是他們的把握，一方固不是詩人文人口中的讚嘆，一方也不是西方人所表現的生命只是生命，與理性為對立。他們首先把握生命，同時也首先把握理性。但是他們的理性，一方固不是外在的純智的理性。

中國所講的學問，以前的人所謂的「大學之道，在明明德」，生終究是真實的（心靈、生命、物質這三概念都是真實的，是最基本的存在，必須承認，必須肯定），這樣才能「究天人之際，通古今之變」。

生命有生物的生命，有真實的生命，這即是祈克果（Kierkegaard）所說的「主體性即是真理」。主體上才有決斷，才有肯定。這一個肯定、一個立場、一個態度，即是真理。這是真實，不是虛幻，陸象山所謂「東海有聖人出焉：此心同，此理同；西海有聖人出焉，此心同，此理同；南海北海有聖人出焉，此心同，此理同；千百世以上有聖人出焉，此心同，此理同；千百世以下有聖人出焉，此心同，此理同。」它一面是動用，一面是貞定。即是要大家從生理的心理的生命中超拔出來，肯定「道德的我」，肯定「邏輯的我」。這是二大骨幹，從此才能接觸真生命，講真學問。所以牟先生認為人文主義必須立根於道德的理想主義。

牟先生在《歷史哲學》一書中曾以「綜和的盡理之精神」說中國文化，以「分解的盡理之精神」說西方文化，在《政道與治道》中則以「理性之運用表現」一詞來描述中國人文精神的特徵。

牟先生說：運用表現（functional Presentation）中之「運用」亦曰「作用」或「功能」。此三名詞為同義語。在使用過程中有時運用較順，有時作用較順，而功能一詞則不常用。「運用表現」即禪宗所謂「作用見性」之意，宋明儒者亦曰「即用見體」，就易經說，則為「于變易中見不易」。惟這些話頭是偏重在見體，我今說「理性之運用表現」，則偏重在表現。表現是據體以成用，或承體之起用，這是在具體生活中牽連著「事」說的。而這種邏用表現中的「理性」當然是指實踐理性，然而卻不是抽象地說）而是在生活中具體地說。所以這裏所謂理性當該就是人格中的德性，而其運用表現就是此德性之感召，或德性之智慧妙用。說感召或智慧妙用就表示一種作用，必然牽連著事。所以是運用表現。中國人喜講情理或事理，是活的，所講的都在人情中，理是與情或事渾融在一起的。所講的是如此，而從能講方面說，則其理性也是渾融的，不破裂的，所以其呈現是運用的表現，不講那乾枯的抽象的理性。所講的如是抽象的理性，則能講方面之理性也是支解破裂的，所以其呈現也不是運用的表現。中國人講道即在眼前，當下即是。這是作用見性。佛教在中國能出禪宗，也是表現中國人的這種特性。理性之運用表現是生活，是智慧，亦是德性。才情性理一起都在內。這種表現說好是通達圓融，智慧高，境界高，說壞，則渾沌，拖泥帶水，而且易於混假成真，落於情識而自以為妙道。違禽獸不遠而自以為得性情之真。此所以象山云：「這裏是刀鋸鼎鑊的學問」。不經一番艱難工夫，難得至此，若這裡不真切，一有差失便落於狂蕩無忌憚。

以上的描述可與西方的本質思維作對比。[30] 牟先生透過作用見性這觀念來分判人文精神的特質，作用見性就是從實踐中呈現人的道德真性。此種人性是由歸於主體而在實踐盡性中所表現的人性。牟先生認為

[30] 本質思維是指凡物皆有確定的特性，例如人的特性在理性，理性就是人之為人的本質。

其中關鍵之處，這人性不能從形式定義來界定，凡由形式之理本界定的人性，並不表示此性實際存在；只能從「實現之理」的方式來說人性。西方人文主義的發展隨著其重智傳統而轉向對生命哲學，始終未能結合理性與生命兩邊，因此西方的人文主義在狂飆運動後，再經由存在主義之開拓，仍然是未能走上以道德主體為基礎的人文精神。

牟宗三先生論家庭、國家、天下
── 從牟先生的共產主義批判說起

吳　明*

提要

本論文從文化存有論，論說個人、家庭、國家、天下的存在的真實性和永恆存在性。以儒家發明之華族生命活動之形上原理和歷史統緒，說明中國文化所表現的親親尊尊、分位之等的價值層級，此中有真實性、必然性、自然的條理性、不可踰越的位分性、理分性，以及真正的理想性，而為道德的理想主義。牟宗三先生即本此以闢馬列共產主義，判之為純否定、為「荒涼的大同」、為理想的顛倒。本論文主要引述新發現的牟先生早年佚著《國際共產與中共批判》(此書未收入《牟宗三先生全集》)之內容，以再現牟先生哲學活動之時代的存在感，無人可及的哲學的良心與判斷力。

一、引言

去年十二月，香港中文大學舉辦「中文大學的當代儒者」國際學術會議，是為慶祝中文大學建校四十週年的其中一項活動。大會集中討論與中文大學關係密切的四位當代大儒：牟宗三、唐君毅、徐復觀、錢穆。本人提交的論文，題目是〈契約的？或神聖的？──從文化存有論看唐君毅先生的永恆國家觀〉。文章紹述唐先生的文化存有論要義：人

*本所副教授。

類一切文化表現是為精神生命之活動自內而外的開展中之漸次的要求實現其自己，而各有其存在之理，而有永恆的意義──因人的精神生命之活動以求實現精神之理想永不會止息故。政治文化之本質亦在此。政治文化之一切成果亦必得服從精神生命之開展原則、自由原則、存在之理，並因此在人類精神生命之開展的「存在的迴旋」中獲得支持和永恆的存在意義。

文章從唐先生之言中國哲學中理之六義，說到政治不能是純政治，政治之道雖以事理為首出，其實無一理不牽涉及：

> 性理是人之所以為人──實現為人（成為仁者、成為自由，因而進入歷程）之理，人要實現為人，即須在實踐中，而有人與自我、人與人之相交之道之理，即文理。人與自我、人與人相交，不能無事，而有具體之事之成敗順逆，以及事事相續並引生新事之理，即事理。具體之事之所在物而作客觀對象看其存在的構成之理，即物理。言政治之道，固以人與人相交之道之文理為首要，而不能不落實於事理。而言政治之道，離開性理為超越之目的性原則，則亦不能言文理、事理。由體會萬物之無目的而自然合為一宇宙整體，而反思一無目的而自然合目的之道，王弼曰「聖人體無」，此道家玄理，可維護性理天地之純，並活轉文理、事理。佛教空理本應在政治之道之外，亦以在政治之外為合理，然轉手亦可成一種政治思想。是則政治之道無一理可遺。

> 唐先生所言六理，一一都是人心之活動並在一方向之自內而外的開展中，與所遇者結合、持續活動所成之理，此各理之有，自當一一歸屬於立理顯理之心，而心內在於人的生命存在，人的生命存在植根於所在歷史文化山河人民，山河人民歷史文化須在相應意識中，亦即須在心之震動中存在為山河人民歷史文化。康有為謂「登高極望，輒有山河人民之感」，山河人民遂內在於人心並壯大心之自內而外活動的強度和敏感度，而性分不容已，並依心

> 之活動之方向立理顯理，各理又一一統屬於心之最高原則：讓應該存在的存在，讓應該不存在的不存在。如是，眾理亦只在這永恆的存在的迴旋中顯用，而統屬於感通之心和最高原則，而無一理可離心；若有理離心，則必將墮入「理性之原罪」，「文化之惡」。

文章稱此為「存在的廻轉」，為「目的——歷程——目的」之結構：

> 在歷史存有層方面，儒家無懼於人的本質的向外拋出，把自己的良心向客觀事務實化、終始條理地開展一在「目的——手段」結構中自我揚棄的、在異化中步步落實、步步歸復、步步拋出，步步憂患的「目的者」自主地選擇每步異化環節以自我為手段實現自我的實踐之路。儒家這種入世的個人主義和道德主義，可以理解為最有內在緊張的人格主義。
>
> 而人的本質的步步落實、步步拋出、步步歸復，在政治上則表現為個人、家庭、社會、國家、天下，各環節，和各元的實體化和互相貫通（以有普遍心故），如是無一環節可缺，亦無環節可自我突顯為最高原則或唯一目的性原則置其他環節為手段工具；而道德理性、普遍心得成為最高原則。

文章討論了唐先生對盧梭「社會契約」說之國家觀之批評。

關於國家起原，唐先生逐一批評包括馬克思、霍布士、休謨、邊沁、穆勒、洛克、盧梭、斯賓塞等人之國家學說，認為皆不能為國家之存在，提出必然性之根據及理性的說明。其中馬克思更是以國家為階級壓迫之工具、最後歸於消亡之國家否定論，此不論也，此外，即以契約論為最重要。

以代表契約論的盧梭來說，唐先生認為其國家學說有一根本錯誤：

> 盧梭錯誤之關鍵，在以國家為政府與人民之結合體，而以政府及個人意志集合成之「公共意志」所組成，而個人又可收回其天賦人權以推翻政府而若再歸於原始之自然狀態，其說遂不能建立國

> 家存在之必然性。然政府中之個人可推翻，實際政府可推翻，而國家不可推翻。國家必有政府之理，亦不可推翻。國家之不可推翻，由於人之理性自我之必要求客觀化，國家必有政府之理不可推翻，由政府乃依於人民之「肯定要求他人之政治活動」之政治活動所建立，政府乃國家之必然要素，此如前論。而實際政府與政府中人之所以可推翻，革命之所以為正當，並不須根據於天賦人權隨時可收回之論。此乃根據於吾人之理性自我之客觀化所要求組織之政府，必須為能實現其自身之目的，即求國家中一切個人團體之活動融和貫通之目的者。國家理念中所包含之政府理念，必當為以達此目的為事之政府。如實際之政府不合此構想，則人即可根據於其國家之理念所包含之政府理念，以改進之，以致推翻之，以完成理性自我客觀化之目的。如是之對實際政府之改進與推翻之行為，同時即為能建政府與國家者，亦唯一合理之求改進推翻政府之行為也。

唐先生進一步指出，政府與國家之分別，除了在理念層說政府之理念乃包含於國家之理念中而不能獨有其存在性，故曰國家必有政府之理亦有其必然性。據此，我們即可否定「純政府」或「純政權」本身有存在性。此外，說政府與國家之分別，必指一實際的政府與國家之分別。

真正的國家意識必喚起國家與一實際政權之區分之意識。國家是神聖的，只因國家神聖地存在於歷史文化和具體個人的國家意識之中，而非存在於現實某個政權的手中。相反，一現實之政權，須以達成國人之理性自我之客觀化、實現個人之合理目的、亦即普遍滿足國家中所有個人及團體之活動能融和互通之目的，為政權存在之理。若現實上的政權不能達到此目的，或現實的政府中的個人，不能符合國人此要求，國人不應依盧梭之社會契約論所說，以國家為政府與人民之結合體，由政府與個人意志集合成之「公共意志」而組成國家，當不滿意政府，個人即可收回其天賦之人權，一齊解散國家、歸於無國家、無政府之原始狀態；而應該強化國家意識，更換現實之政府，或解除政府中某些人之公職之合約，以恢復政府應有之功能。故現實之政府與政府中之個人可以推翻，國家不可以推翻，國家而有政府之理，亦不可推翻。

文章又說到黑格爾的國家神聖論，從而對顯馬列主義之國家否定論，而兩者皆可能導致深重災害。

> 國家是神聖的，因為國家的存在本質，乃是人，每個能顯示出來的精神實體，實現倫理使命，從而充份實證自己獲得自己的實體性的自由，這整系列活動的「因」和「果」、目的和歷程——就是國家。唯從「人的實現」／「精神自由的具體充分實現」這根本處說國家是神聖的，並且國家只神聖地存在於歷史文化和單個人的國家意識之中——直接存在於風俗習慣之中，間接存在於個人的國家意識、特別是他的政治意見、政治情緒之贊成或反抗之宣示中。依此思想，黑格爾應該進一步說明：任何無理剝奪國民政治權利，首先是國民生活之文化傳統風俗習慣、以至國民的政見和政治情緒之自由者，等同於將國家從根拔起。若本來就是國家否定論的一個「純政權」，國民不復為國民而只是「人民群眾」，無人能在其中實現為倫理者，實現為「顯示出來的、自知的實體性意志的倫理精神」之其中一個成員；無人能由個人的自我意識之具有政治情緒從而在國家中在自己活動的目的和成果中獲得實體性自由，而回到人自己的本質；更嚴重的是，原有的歷史文化和風俗習慣，被有計劃地污蔑和鏟除，這時，國家失去直接的和間接的存在性，成為國家否定論的一次成功實驗。這個「純政權」遂真的成為國家否定論所稱之「專政機器」、「階級鬥爭的工具」，國家否定論完成對國家的否定，餘下的便是：「黨」，和赤裸的「人民群眾」。

國家存有論必須從人的精神之不斷客觀化其自己並得到充份肯定之要求中找到基礎。國家乃是國人的各種特殊活動之互相規定、互相融合、交疊，包括時間上歷代人民無數之奮鬥，廣延上各不同之個人與團體之重重關係，國家遂成為如一大人格自我之精神實體，一包括各個人之意志之大意志，而為「人的實現」在現實上的最高形態之寄托。國家因此彷彿成為擁有自我人格、擁有國家意志者。但究其實，此國家之有意志，只是國民之能忘卻一己之意志，將一己之超越意識，求客觀化其自己之意志，要求之於國家，視之為國家意志。如是國家之有意志，畢竟依於人之能超越人自己之超越意識、人自己之個人意志而成立，而國家仍不能真可離此人之超越意識與道德意志，而自有其所謂國家意志、國家人格及其獨立存在之存在性。凡認為國家可離開國人的精神要求和人格意志而獨立存在者，無論黑格爾的國家神聖論或馬克思的國家消亡論，都將引至災難。二十世紀的災難，便是這兩種國家學說之輪番進入行動階段的產物。

中國在二十世紀的現代化轉型的失敗，即直接與此兩種西方國家學說有關，而間接的(但亦可是直接)是與中國文化之特性有關，此特性使現代中國人跌入《新教倫理與資本主義精神》的作者韋伯(M. Weber)所稱「西方的現代化過程，是一個解咒的過程」之「咒」中：

> 中國文化欠缺一種符咒式超級權威和先知傳統，「無咒可解」成為二十世紀中國人的原罪。無論個人背景如何，全體人民忽然一起等待西方先知，以期入咒，然後解咒，成為現代中國人的「公共意志」。

文章從文化存有論和道德盟誓重看唐先生之永恆國家觀，並指出：國家意識越強、越真切，則民主意識、自由意識必亦越自覺、越理性。

因時限，文章只及唐先生，未及牟、徐、錢諸子。深以為憾之際，發現有大陸學者、中國社會科學院哲學研究所副研究員彭國翔先生提交論文〈牟宗三的共產主義批判——以《全集》未收之《共產國際與中共批判》為中心〉，以牟先生之終其一生的共產主義批判為線索，展示牟先生的時代憂患和文化睿智，特別是牟先生關於個人、家庭、社會、國家、天下的論證，確立「人文主義的理想主義」或「道德的理想主義」的政治文化之原則。正與唐先生相呼應，共同見證時代，為時代與人類之命運說話，代表二十世紀的哲學的良心與判斷力。

以下，主要轉述彭文中牟先生之言論（本文以下所引，凡不註明出處者，即轉自彭文中牟先生此書之言論），正視儒家思想關於個人、家庭、社會、國家、天下之存在意識與道德意義，以護持人類生命之常道，重建現代中國。牟先生在此書中對上述問題有系統的說明，而竟多年散佚，以至不入全集，故可容我多所引錄，讓多幾個人聽到牟先生的聲音。[1]

二、牟先生堅拒共產主義之哲理依據和客觀悲情

牟宗三認為，共產主義之所以要否定家庭、國家，將人類引向無差別的共產主義的「大同」，其根本在於唯物論。「共黨發生力量不在唯物辯證法，而在唯物史觀；甚至也不在唯物史觀，而在他那種黑暗的唯物論。」對於唯物史觀，牟宗三的看法是這樣的：

> 共黨的唯物史觀，你也不能從經濟學的立場或做學問的人的立場去看它。你若是這樣去看它，經濟史觀亦無所謂。因為經濟畢竟是人類社會的一個重要部門，從經濟方面看歷史，有何不可。而

---

[1] 據彭先生述，他發現的這部《共產國際與中共批判》，現藏於哈佛燕京圖書館，是招商局訓練委員會1952年3月出版的一套系列之中的一本。全書共分為九個部分：一、把握共黨的本質之理路；二、為甚麼在俄國出現？為甚麼在中國出現？三、共黨如何否定家庭；四、共黨如何否定國家；五、共黨的大同是荒涼的大同；六、共黨發生魔力的地方在唯物論；七、反共只有從人文的立場上歸於大流；八、人文主義的理想主義；九、道德實踐的辯證發展。此書沒有被收入《牟宗三先生全集》。在迄今為止所有關於牟宗三的研究成果中，也從未見有人提及該書。

且這樣看法也不涵教你殺父殺兄，滅絕人性。所以馬克思之講經濟史觀，不是你這樣客觀的態度，也不是你那種學術的立場。經濟史觀之作孽根本是由於他背後的那種唯物論。

作為共產主義思想基礎的唯物論，它究竟有何特性，為何會導向否定家庭、國家、自由民主、歷史文化。牟宗三認為：

共產黨的唯物論也不是哲學上唯一哲學系統的那種唯物論。馬克思於批評費爾巴哈時，明明指出：他的唯物論是由「理解」轉到「實踐」，由「自然」轉到「社會」。哲學史上的唯物論都是解析自然宇宙的，但是他們在人間過生活還是合乎人道。希臘的原子論者並沒有滅絕人性。現在，從理解轉到實踐，從自然轉到社會的唯物論是甚麼？大家可以在這裡用點心。在社會實踐方面講唯物論，根本是一種墮落、放肆、縱情的物化，這種「物」是可以「唯」的嗎？在解析自然宇宙時，某人說原子，某人說物質，根本都無甚緊要，我們也不容易發生這種疑問。但是在實踐方面，我們就要發生這種疑問，而且我們還應當斷然拒絕這種唯物論，我們斷然地說：這種「物」是不可「唯」的。共黨就因為「唯」這種「物」，所以物化到家，毀滅一切：人性、個性、價值、理想、家庭國家、自由民主、歷史文化，他統統不能承認。總之，凡屬於「精神」的一切，他都要破壞，這就是共黨所代表的原理：純否定的原理。

至於應當如何批判共產主義的唯物論，牟宗三認為不能寄希望於繞過唯心唯物的區分。在他看來，如柏格森、老莊以及羅素之流試圖避免唯心唯物問題的思想，都是人類思想的偏支，而非大流。對牟宗三而言，要反對唯物論，就必須要歸於唯心論這一人類思想的大流。他說：

你要反對共黨那一套黑暗的唯物論，你不能利用這些偏支的思想，你要歸於大流，你要領導時代，你也只有歸於大流。你不能利用柏格森的思想，你也不能利用老莊的思想，你也不能利用羅

> 素的邏輯分析。這些都於時代的文化大糾結的解決毫無能為力的，共黨固然不贊成這些思想，但他也同樣不看重這些思想。他為甚麼力反唯心論？就是因為唯心論是大流，是中外古今的大傳統。它的力量太大，若把唯心論的思想拉掉了，人類的歷史文化也所剩無幾了。所以共產黨不惜毀棄一切歷史文化。……那些偉大的唯心論者、聖賢人物拉掉了，人性個性，理想價值，統通無人尊重，無人發明，人類的光明也就沒有了。所以共產黨不惜毀滅人性個性，理想價值。若把那些尊人尊己，尊天地萬物，有熱情，有正義的理想主義者拉掉了，自由民主出不來，民族國家建不起。所以共產黨不惜毀棄自由民主，民族國家。
>
> 你要自救救人，你要領導時代，你為甚麼不堂堂正正地立於這個大流上呢？你為甚麼不從共產黨所否定的地方直接翻出來而立住你自己呢？真理與罪惡的對照這樣顯明，你不肯嚴肅地正面而視，你要往那裡躲閃回避呢？

牟先生此書寫在半個世紀之前，其後在中國發生的事情，在全世界發生的事情，使真理與罪惡的對照更明顯十倍百倍。若今仍有人為共產主義招魂，那必無關思想學術，只關乎其人之存心。

三、儒家關於民族生命活動及歷史統緒的形上原理

天下、國家、家庭、個人，必須回到人、每個獨立的而開放的精神實體之要求充分實現其自知自覺之倫理使命，從這文化存有論的基礎上，建立各層級之存在的真實性和必然性，同時也就建立了各層級之存在的貫通融和性及其辯證的發展和歸復，即上文所說「存在的迴轉」。

中國民族之發展活動，經夏商而周代，燦然明備，郁郁乎文哉！而有公羊家之「三代文質」之說，古籍互相稱引，由文質而言「忠」「敬」「文」三教之周而復始，到《禮記》言尊尊親親：「厚於仁者薄於義，親

而不尊；厚於義者薄於仁，尊而不親。故多仁樸，其失親親而不尊；多義節，其失尊尊而不親。」（表記）就一時代之現實生活之教法風尚而言忠敬文三教之循環相救、尊尊親親之互奪互補，固有所指所述，但不能就忠、敬、文、尊親、文質、仁義而透其根源、發明民族生命之發展的形上原理，則無論為文質、為尊親、為仁義、為忠敬文三教，都只是現實生活的不自覺的表現，述之解之亦只是未經反省的描述之解說之。必切近周文之政治形式的意涵，而言尊尊，立政治之公性，而明由親親而尊尊，乃有私德公德之別，而德之為德，須有一根源之說明和體證，此故有孔子之出現。

孔子代表中國民族生命活動發展至自覺的反省，即由現實的教法風尚，政治法度之親親尊尊，進至而為形上的道德形式的親親尊尊，而言親親仁也，尊尊義也，而言仁義內在，為深度之上揚、內在而超越的形上的仁義原理。既為形上之仁義原理矣，又反回來成就成全現實之親親尊尊，予現實之文質以意義，予歷史文化以價值的保護和存在的照明，是所謂「火之德」也。牟先生曾引劉逢祿《春秋釋例》一段說此義甚美。其言曰：

> 王魯者即所謂以《春秋》當新王也。夫子受命制作，以為託諸空言，不如行事之博深切明，故引史記而加乎王心焉。孟子曰：《春秋》天子之事也。夫制新王之法，以俟後聖，何以必乎魯？曰：因魯史之文，避制作之僭，祖之所逮聞，唯魯為近，故據以為京師，張治本也。聖人在位，如日之麗乎天，萬國幽隱莫不畢照，庶物蠢蠢，咸得繫命。堯、舜、禹、湯、文、武是也。聖人不得位，如火之麗乎地，非假薪蒸之屬，不能舒其光，究其用。天不生仲尼，萬古如長夜，《春秋》是也。故日歸明於西，而以火繼之；堯、舜、禹、湯、文、武之沒，而以《春秋》治之，雖百世可知也。《春秋》之託王至廣，稱號名義，仍繫於周；挫強扶弱，常繫於二伯；且魯無可觀也。郊禘之事，《春秋》可以垂

> 法，而魯之僭則大惡也。就十二公論之，桓、宣之弒君，宜誅；昭之出奔，定之盜國，宜絕；隱之獲歸，宜絕；莊之通仇外淫，宜絕；閔之見弒，宜絕。僖之僭王禮，縱季姬，禍鄫子；文之逆祀，喪娶，不奉朔；成襄之盜天牲；哀之獲諸侯，虛中國以事強吳；雖非誅絕，而免於《春秋》之貶黜者鮮矣。吾故曰：《春秋》者火也。魯與天王，皆薪蒸之屬，可以宣火之明，而無與於火之德也。彼范寧、杜預之徒，嘵嘵不已，猶矇瞍之不可語於日月之明，繼照之火也。[2]

是知「火之德」者，藉魯與天王之事迹以明華族生命活動之內在而超越的形上原理，即仁義是也。

> 要者以《春秋》為火，魯與天王乃薪蒸之屬，薪蒸亦猶筌蹄也。火之德即廣大之悲懷所湧現之仁義也。此是由現實之文質所湧現之人類之光明與型範，亦即吾華族活動所依據之模式也。[3]

型範已立，光明既照，則現實上之委曲隱憂，歷史中之據亂昇平，亦可得而說現實之為委曲隱憂，得而說世之為據亂昇平，而期以仁義暢通之、順正之。此故一個文化不能沒有聖人，不能沒有道統。道統者，民族生命活動之歷史統緒的形上原理也；聖人者，先得我心之所同然者也。

《公羊傳》曰：「《春秋》內其國而外諸夏，內諸夏而外夷狄，王者欲一乎天下，曷為以外內之辭言之？言自近者始也。」人所幸與生俱來能夠在其有限之存在中知道自己是無限的、普遍的和自由的存在，並且與生俱來即在具體限制性中，在其倫理位分中，從而獲得道德實踐之真實起點，使道德實踐成為可能。人所先驗分得的理分，保證人在道德實

[2] 轉引自牟宗三〈華族活動所依據之基礎型式之首次湧現〉，《牟宗三先生全集》25卷第603頁。台灣聯經出版社。

[3] 同上。

踐中的漸次實現其為人的平等性和人格世界的價值層級。而人的分位之等之有，非為封限人的自由，而是使人有向上之要求，層層而上之，步步透顯其精神，步步實現其份定之理，同時即步步超越而無限。儒家的親親尊尊所表現的分位之等之價值觀念，構造了中國民族文化生命的「倫理的」性格，避免黑格爾所批評的「固執單純的道德觀點而不使之向倫理的觀念過渡」，把自律道德「貶低為空虛的形式主義、為關於為義務而盡義務的修辭」。[4]

> 康德明白說出了實踐理性本身是具體的。不過進一步便可看見，這種自由首先是空的，它是一切別的東西的否定（案：指包括習俗、教育、城市法律，感性的以至道德的情感、性好，圖滿、神的意志等之否定），沒有約束力，自我沒有承受一切別的東西（案：指如家庭、社會、國家）的義務。所以它是不確定的，它是意志和它自身的同一性，即意志在自身之中。但甚麼是這道德律的內容呢？這裡我們所看見的又是空無內容。因為所謂道德律除了只是同一性、自我一致性、普遍性之外，不是任何別的東西。形式的立法原則在這種孤立的境地裡不能獲得任何內容、任何規定。這個原則所具有的唯一形式就是自己與自己的同一。這種普遍原則，這種自身不矛盾性乃是一種空的東西，這種空的原則不論在實踐方面或理論方面都不能達到實在性。[5]

本人早年有論文討論儒家名教之形上原理與「倫理的」性格：「人格，既是一目的性存在（依康德）又是一『辯證的王國』（依黑格爾），則人格之名首先示一特殊位分之確認並要求實現普遍精神——理分。名

---

[4] 黑格爾《法哲學原理》中譯本第137頁，商務印書館，1982年。

[5] 黑格爾《哲學史講演錄》第三部（近代哲學）第四卷第290頁。賀麟、王太慶中譯。參閱本人著《實證與唯心》下冊第六章〈歷史理念中的自由與道德〉，香港經要出版社，2001年。

教，即以名為教——以理分之名為教：『夫稱至治者，非貴其無亂，貴萬物得所而不失其情也。言善教者，非貴其無害也，貴性命不傷，性命咸遂也。故治之興，所以道通群心，在乎萬物之生也。古之聖人，知其如此，故作為名教，平章天下。』（袁宏《後漢紀》卷二十三）名教之名，自其為舉實語，指向一實然而言，此實然是命定的，如『人之子』、『某人之子』、『某人之長子』；自其為抒意語，意涵一應然而言，此應然即透露一自由意志，而要求其命定之實然之活動符合應然，如『子子』。（中略）孟子曰：『仁，人心也；義，人路也。』又與告子辯『仁義內在』。換言之，義道是主體自由之要求實現（實化、客觀化）而自我有限化和無限化。因為，自由必須在限制中表現——在限制中實現無限制。義，即限制中之自由(無限制、應然)。黑格爾說得好：『義所限制的並不是自由，而是自由的抽象，即不自由。義就是達到本質，獲得肯定的自由。』[6]故政教名理之名，依存於義道，而其為名，正亦具備此舉實與抒意之雙重意指，如『人子』既指某人之子之所是，同時即指作為某人之子所應是。故唯人有『名』，草木禽獸無『名』。就禽獸之自身言，只是一所是，並無應是之自覺及自我要求，故各是一草木禽獸而已耳。唯人類的世界有名有義，有分位之等，有價值層級，因為人是自由的，並自覺自己是自由的，他可以依其所認為的應是改變眼前的所是，使應是與所是合，這合一便成為他的企望，由這企望，一個價值的層級世界——名義世界，便形成了。」[7]個人、家庭、社會、國家、天下，君臣、父子、夫婦、兄弟、朋友，君子、小人、賢愚不肖，諸名義之有及其存在的真實性於茲而立。「名教之名只相應於人之存在為自覺自為之存在。可見名教之意義重在建立客觀的倫理世界。對於只是潛在的無限可能之自在之存在而言，名教之名表示一呼喚，一方

[6] 同[4]，第149節。

[7] 吳甿《實證與唯心》下冊，第251-253頁。香港經要出版社，2001年。

向，一實現之應然必然（道德之必然）與可能；對於實現的無限之絕對存在而言，名教之名表示其無限並非一『惡無限』(黑格爾語，指抽象的無意義的無限）。」[8]「聖人盡倫，王者盡制」即表現此由道德而倫理而禮法的客觀精神。「先君周公制周禮曰：則以觀德，德以處事，事以度功，功以食民。」(《左傳・文公十八年》)「樹之風聲，分之采物，著之話，言為之律度，引之表儀，予之法制，告之訓典，教之防利，委之常秩，道之禮則。」(《左傳・文公六年》)是見周禮所表現的盡倫盡制的客觀精神是一上下貫通，同時是「綜和的盡理」、「綜和的盡氣」的文教精神。藉黑格爾的話說之，即：由「主觀精神」直透「絕對精神」，再自我限制，開顯「客觀精神」，再落實而為「客觀化了的精神」，由「客觀化了的精神」而隨時反省，歸復「主觀精神」，透現「絕對精神」。如是周流不息，存在於「存在的迴轉」中。這型態的文化的特點是活，是貫通，是活動的目的論的兩極歸宗，由是破裂的對抗之長期化因而存有論化的對列之局難以形成，遂亦無須一超級權威來維繫，無須一先知傳統來說教，亦因此不能在歷史中就着似乎命定的兩極化日益深重和敵對的局面，而形成自我保護性的觀念，如「人權」、「法治」、「宗教自由」等觀念，亦不能有強烈的意識，此即上文所言「中國文化欠缺一種符咒式超級權威和先知傳統，『無咒可解』成為二十世紀中國人的原罪。無論個人背景如何，全體人民忽然一起等待西方先知，以期入咒，然後解咒，成為現代中國人的『公共意志』」。共產黨人則成功引來革命先知，令中國入馬列唯物之咒，至今未能解咒。

上文說到牟先生認為共產黨發生力量在那種黑暗的唯物論，即那種把解析自然宇宙的獨斷的唯物論轉到從社會實踐講的泯滅人性（人的精神性）、物化到家的唯物論，物化到家，必毀滅人類歷史文化所成就的一切：人性、個性、家庭、國家、價值層級，而只承認物化到家、一

---

[8] 同[7]，第254頁。

律平等的「荒涼的大同」。但本文認為，共產黨發生力量更在他把這種黑暗的唯物論包裝成為「理想」——以誹謗精神生命來表現超越，來上十字架、來譴責一切文化文明之成果、來指控所有價值層級都是罪惡、不平等，來表現其西方式的根源的恐懼，這種恐懼在近代表現為：由恐懼而創造上帝而二千年後親手謀殺上帝的恐懼！唯物論決定以物化到家、泯滅文化來逃避恐懼，並因此而吸引了在中國但恐懼於西方之恐懼文化的所謂知識分子。他們認為，唯有這種源自恐懼的共產主義才是真正理想，而區別於康有為「去九界」（去國界、去級界、去種界、去形界、去家界、去產界、去亂界、去類界、去苦界）之「大同」，無政府主義者劉師培之「均力說」、師復之「十三無」(「無地主、無資本家、無首領、無官吏、無代表、無家長、無軍隊、無監獄、無警察、無裁判所、無法律、無宗教、無婚姻制度之社會」[9]) 江亢虎之「大同主義，非差別主義，不分種界，不分國界，不分宗教界，大公無私，一視同仁，絕對平等，絕對自由，絕對親愛。」[10] 以至章太炎之「五無」(無政府、無聚落、無人類、無眾生、無世界），諸如此類之空想共產主義。在共產黨人心目中亦根本瞧他們不起，以他們根本不曾把他們的黑暗的大同，以咒術顛倒為光明、為理想，因而沒有力量。物化到家本身不會有力量，以物化到家、泯滅一切來表現理想、來克服恐懼，這才是黑暗的力量所在。只有馬克思主義才能發現這種魔力。而能直接揭穿這種「荒涼的大同」、對抗這種黑暗魔力的，便是儒家的仁義內在而親親尊尊、分位之等的道德的理想主義。儒家的力量在人性之常：「道理合該如此」、「自然的條理，不可踰越」。王陽明如是說：「問大人與物同體，如何《大學》又說個厚薄？先生曰：惟是道理自有厚薄。比如身

[9] 師復〈無政府共產主義同志社宣言書〉，見《無政府主義資料選》上冊，第304頁。

[10] 江亢虎《洪水集》第26頁，上海，1913年。

是一體，把手足捍頭目，豈是偏要薄手足？其道理合如此。禽獸與草木同是愛的，把草木去養禽獸，心又忍得？人與禽獸同是愛的，宰禽獸以養親與供祭祀燕賓客，心又忍得？至親與路人同是愛的，如簞食豆羹，得則生，不得則死，不能兩全，寧救至親，不救路人，心又忍得？這是道理合該如此。及至吾身與至親，更不得分別彼此厚薄。蓋仁民愛物，皆從此出，此處可忍，更無所不忍矣。《大學》所謂厚薄是良知上自然的條理，不可踰越，此便謂之義。順這個條理，便謂之禮。知此條理，便謂之智。終始是這條理，便謂之信。」（《傳習錄・下》）

個人、家庭、社會、國家、天下，便是這良知上自然的條理，不可踰越，然亦不可執駐滯留；步步開出，步步成立，步步同體，「善始者智也，善終者聖也」，這方是真正的大公、真正的大同。這既是一漸次開展的、終始條理的、歷史統緒的，又是上下貫通的、形上之理與倫理行為合一的、即活動即存在的道德的理想主義。

四、從道德的精神實體之表現說家庭、國家、天下之永恆意義

在西方，耶教傳統關於現實人生、家庭、社會、國家，他們的辦法是「上帝的歸上帝，凱撒的歸凱撒」。政教固然分離，宗教亦分離。牟先生評之曰「有宗無教」。但牟先生亦說到耶教「證所不證能，泯能以歸所」。其實雖云證所，卻是以重智的態度來證明所信仰，結果仍是證不了所。有宗無教，唯有泯能歸所。此見西方傳統的內在分裂，這分裂的不可克服亦已成為其傳統。直至黑格爾的歷史理想主義，把在西方永遠斷為二截的形上和形下兩個世界、上帝的世界和凱撒的世界、宗與教、所與能、物自身與現象，這種兩層分裂的模式，轉為歷史目的與歷程、絕對精神與其表現，這種終始條理、漸次開展、辯證的綜合的發展模式，而有近於中國模式。但西方心靈不能善解善待善用此模式，而有

馬克思主義之徹底顛倒此模式，把上帝和凱撒、形上和形下，一併向下還原到唯經濟決定、物化到底的黑暗中，完成其徹底的唯物論的一元論，為長期分裂，又頓失上帝的歐洲恐懼劃上句號—— 一切即將終止，只須終止一切，否定一切！個人、家庭、國家，通統只是生產力在某一階段的經濟關係之產物，亦就都是生產力之進一步發展的障礙，都要消亡；革命先知只是認識這個必然，能帶領你們主動把它們一一消亡，同時也就是破裂的超越，恐懼的克服，物化解放；豈僅「去九界」、「五無」、「十三無」，萬有平等無有差別，直是物化到家，連「無」亦無。

最富倫理意識、親親尊尊的中國人，因為欠缺長期分裂之恐懼，不能適應中西兩大文化第一次正面衝突之恐懼，而在恐懼中被馬列共產主義征服，以至爭倡「去九界」、「五無」、「十三無」的名流學者，亦只是這次虛無海嘯之前的一陣風。凡此種種，豈是稍有文化意識、倫常觀念，或稍有思想訓練的人所能接受？而竟橫決。我們由此可以理解牟先生諸子當年的憤慨，而捍衛倫常、親親尊尊、價值層級、分位之等，而仁義內在，以名為教，終始條理諸義，可以對顯對治共產主義之虛無、純否定，成為一代哲學的良心之所關注。

以下，摘錄牟先生在上述佚著中論證家庭、國家、天下之本質意義，乃作為人類存在的三個層次的真實性和永恆存在性，並對照出唯物論之共產主義之黑暗虛無的有關言論。

（1）家庭 ——「天理的人性」、「道德的精神實體」之「情」的表現

牟宗三認為，家、國、天下，是人道、人性和人類精神表現中三個基本成果。「這三個層次概盡人道的一切，樹立人類精神表現、價值表現的綜合骨幹」。

「家庭的內容就是父子兄弟夫婦的關係。這種關係，在以前叫做天倫。這種天倫，在以前是無人懷疑的。所以在平常的時候，是不成問題的，也很少有人來反省它的意義的。」這種天經地義的「天倫」，遭到

了共產主義的否定。

依照共產黨的邪僻的理論說，家庭是可以化除的。他們自然不承認有所謂天倫。他首先否定了「天倫」這個意義，才能講化除。他積極方面如何化除呢？第一、他首先認家庭的出現是由於父家長制的成立，而父家長制是封建社會裡的東西。封建社會是社會進展中的一個形態，一個階級，所以當封建社會過去了，家庭也必須跟着過去。這樣，家庭自然不是永恆存在的東西，它並沒有真實性。沒有真實性的東西，自然不能有被肯定的價值。第二、他用生產的經濟關係來看家庭中的天倫關係。父親在家庭內為甚麼有權威，這是因為他握有財產權，所以他來統治子女。都是一樣的人，你為甚麼統治我？所以他利用人人當該向無產階級看齊的一個階級觀念，來拆掉父子兄弟夫婦的關係。子女當該革父母的命，弟該革兄的命，婦當革夫的命。父子兄弟夫婦互相殺，這是革命，這是進步。然而這實是人類的奇變。大家都可在這裡想一想。第三、他又從經濟的觀點進而從政治的觀點來看天倫關係。既然家庭裡面都說得上統治，自然就是一個政治關係。政治關係，一方是權力欲的角逐場，一方自然無所謂情。父子兄弟夫婦都被編到某一政治小組裡，讓他們互相監視，互相站在階級鬥爭的立場上來稱同志或敵人。我們知道以政治關係來衝散家庭的，在以前，只有帝王家是如此。這因為帝王就只是一個政治的名詞，嚴格講，他不能有家庭生活。嚴整一點講，他的生命必須客觀化，普遍化，他只有理法，而無人情。低級一點講，他只是一個權力欲的充其量。權力是一個絕對首出的觀念，任何東西不能抵觸它，一觸便碎。所以任何東西在它眼前，都只是工具的、隸屬的，所以到緊要關頭，任何關係都不能顧。但是須知這一特殊的局面只限於帝王家。而帝王之施政與教仍是教人父慈子孝、兄友弟恭、夫唱婦隨、相敬如賓。從未敢拿他那個特殊局面中的原則來概括一切，來普及到一切人身上。但是共黨卻敢公然如此。他還教人來學習。這是值得學習的嗎？這是應當學習的嗎？這樣無限制的泛濫，非毀滅即墮落，使人歸於禽獸而何？第四、他又以生物學的觀點來看家庭，如是，父子兄弟夫婦不過只是性的關係的演變。如是，甚麼叫夫婦，不過只是男女性的離合。人只有男女性，而無夫婦性，所以有「一杯水主義」出現。

我們認為天倫關係是不能化除的。一說到「天倫」，便是於形而下的「物的關係」外，還有一個超越的形而上的道理或意義。因為有這個形而上的道理或意義，所以才說天倫。依此，我們才說父慈子孝、兄友弟恭、夫婦之間相敬如賓。這種「意義」是從物的觀點看人所看不出的，所以它是超越的，即超越乎物的關係以上的意義，所以他也是形而上的。它是在人的「物性」義外的一種「天理的人性」。從這種「天理的人性」所表現的慈、孝、友、恭，以及敬愛，都是表示在物的關係以外必然有一種「道德的精神實體」。這個實體，你只須從慈孝友恭之發於「天理的人性」即可指點出。依是，天理的人性，道德的精神實體，以及慈孝友恭等，都是最後的實在，不可化除的。你必須直下肯定它，承認它。而且你不能用任何外在的理由來解析它，它也不是可以用任何外部的概念如階級、經濟等來代替的、來消除的。這裡容不下任何詭辯，任何爭論。你可以作其他驚天動地的任何大事業，但你不能認為要作其他事業，必須把這最後的實在從原則上化除掉。這個最後的實在，表現於家庭關係中是一意義，表現於其他事業方面又是一意義。這兩方面的層次雖然不同，但並非不相容，而且作任何其他事業也必須以這個最後實在為本，丟掉這個最後實在沒有任何事業是可以有價值的。這個最後實在是一切理想、價值、意義的根源。你可以為更高的價值之實現，而不結婚，而離開了家庭，但你不能造作邪僻的理論從原則上教天下人必須殺父殺兄毀滅家庭中的天倫。古今中外，任何政治運動，領導時代的思想運動，沒有人能這樣敢這樣說教的，只有共產黨能如此，敢如此，他這是教的甚麼人？作的甚麼解放？它能為人類作出甚麼有價值的事業來？我要求普天下人都當在這裡切實認識。

牟宗三認為，不僅家庭具有不可化除消亡的性質，國家同樣如此。雖然民族國家是歷史演進中近代的產物，但「它表示『精神表現』到了完整客觀化的地步」。「如果說：家庭是『道德的精神實體』之『情』的表現，則國家便是此精神實體之『義』的表現。」

（2）國家 ——「道德的精神實體」之「義」的表現

牟先生說：

中國以前講五倫，家庭中佔有三倫，而君臣一倫便是屬於國家政治方面的。君臣以義合，這就表示「國家」是義道的表現，政治分位也是義道的表現。義道是客觀的，組織上的，它有公性。因為有公性，所以它能組織集團生活；因為有公性，所以才有客觀性。義道的出現，是人類在歷史演進中一大進步。但是義道的表現，在以前，不必能到完整客觀化的地步。中國在以前是一個天下觀念，文化單位。這就表示他的君臣一倫中之義道，政治分位中之義道，並沒有達到完整客觀化的地步。一個近代化的民族國家之建立，它必須在政治上有表示政權屬民的制度常軌之建立，即政權不在打天下的皇帝世系，而在決之於民的制度常軌。復次，它須有通過人民的自覺而成立的法律。這兩層意義就是國家之內在的內容。所以一個近代化的民族國家就是「義道表現」到了充分客觀化的地步。所謂充分或完整的客觀化就是因「制度」與「法律」而客觀化。而制度與法律也就是精神的客觀的表現。所以國家以及其內在的內容（即制度與法律）都是精神的產物，理性的成果。

道德的精神實體不但在家庭中表現，在師友中表現，在個人的道德修養中表現，而且要在國家政治法律這些客觀事業方面表現。惟有認識了這一層，我們才能給國家以「超越的證實」，國家才有被肯定的理性上的根據。它表示義道的充分客觀化的表現，它是精神表現的更擴大化，更完整化。我們如果把國家否定掉了，把政治法律抹掉了，我們的精神表現、價值的實現，都必落在枯窘貧乏卑微的地步。

我們認為民族國家亦與家庭一樣，決不能化除。它固然是歷史演進到相當的時候才出現，但這是由於人類的精神表現中自覺的程度，道德的精神實體經由自覺而實現到人間的程度，決不是由於階級的對立。因為顯然，即在無階級的社會，我們仍然有組織，須有客觀而公共的生活，須有制度的常軌，須有法律，這些就是國家的本質。因此，國家的出現，固有時間性，但它精神表現上的本質，一經實現出來，便是可寶貴的真實，有不磨滅的價值。因此，它有永恆的存在。它也不是罪惡，要說歷史演進中它有流弊，甚麼東西沒有流弊？

一個民族，人所易見的，原是它的種族性、血統性，因此，它首先是一個生物學的觀念。但是，一個民族若只是如此，它只是存在，而無真實，我們若只見到它這一點，便不足瞭解民族的事業表現之真義。一個民族的事業表現顯然發自人性中的思想性與價值性。所以一個民族自始就不能單從生物學的觀點去看它。它自始就是一種精神表現的活動。而它的精神表現過程，到了民族國家成立的時候，它的義道表現才到充分客觀化的地步。所以國家是精神表現的產物，是理性建設的成果。它代表精神與理性。它不是霸道，也不是侵略。帝國主義自是帝國主義，決不能歸罪於國家。若是這樣株連起來，勢必一切都否定。我們惟有認識國家是精神表現的產物，是理性建設的成果，我們才能把握國家的真實性與永恆性。

牟先生說：

共黨不但把家庭毀了，而且進而要毀國家。他們說：國家是階級壓迫的工具，此其一。國家在有階級對立的時候才出現，此其二。當階級對立取消了，到了無階級的社會，國家便消滅，此其三。由此三點，我們可以說：國家是階級中的東西，不是永恆的東西。凡不永恆的東西，便不真實。凡不真實的，沒有存在的道理。我們又可以說：國家不但不是真實的，而且是罪惡的，因為它是壓迫的工具。既是罪惡的，當然要取消。他們這樣看國家，最後的根據是他們在把整個的歷史看成是壓迫剝削史，毫無道理可言。他們這樣看歷史，又是根據於他們把人類活動都看成是壞的，毫無思想可言，毫無價值表現可言。他們不能把歷史看成是精神表現史。

中國的儒家，以前只從天倫上，個人的道德修養上，講仁講義，這是不夠的。仁與義必須客觀化於家庭國家，自由民主，人性個性，理想價值，歷史文化，才有它的確定意義，確定範圍，確定價值，才能大開大合，作為領導時代的積極原理。

(3) 天下大同 ── 儒家的大同理想是「道德的精神實體」、「天理的人性」之要求「諧和的綜合」，而不是「荒涼的大同」

牟先生說：

「大同」就是各民族國家間諧和的大通。必須先承認各民族國家的個性與獨立性，然後才能說「大同」。「異中之同」總是一個超越的必然的原理。違背這個原理，那是清一色的大同，是大私，而不是大同。大同是越乎「國家」以上的一個理想。這個高尚的理想也必在「天理的人性」中，在「道德的精神實體」之表現上，有它的「超越的根據」。國家是義道表現的充分客觀化，它是有限定的集體生活之內拱的形式，所以它是有封限性的。亦惟這個緣故，所以它才是客觀精神的成果。客觀精神，因為受集團生活的封限性之限定，它不能至大無外。即是說，在其外延上，它不能是一個無限的敞開。它就好像是「立於禮」一句所示的之意義。「禮」就是客觀精神的表現。而禮之本質的意義就是限定別異。在限定別異中，個體的獨立性可以立得起，亦惟因此，才可以保持住個性的尊嚴。國家就是一個「個體」，集體性的個體，但是各個體間不能不有一種共通的諧和。因為「個體」不但有它內向的自性，而且有它外向的他性。就在這外向的他性所成的複雜關係中，不能不有一個諧和之道。這個諧和之道就是「大同」——理想的超越根據。這個根據也必發自「道德的精神實體」之要求「諧和的綜合」上。就在此一「諧和的綜合」上，「大同」一層的理想才有它的真實性。

在這種一方保持個體性，一方要求世界的諧和性上，天下一家是可能的。道德的精神實體之要求諧和而成為理的相通之精神表現，可以涵着文化的共同綱領，共同理路之實現。在這共同綱領之實現上，黑格爾所謂「上帝實現於人間大地之上」有其意義。這也可以說世界成為一個大國家，這個國家就是上帝的具形於人間。它是一個完整的統一體，表示上帝之實現。這個國家就是大同。可是在這種大同內，各個體性的單位仍然不能消滅。一因人的現實生活範圍有限，不能沒有區域性的組織。二因民族的氣質不能全同，而氣質又為實現理、表現價值之工具，所以雖有理路上的共同綱領，而氣質之限定不能消滅，而氣質亦不但是「限定」這一消極的意義，精神表現，價值實現的豐富性與多樣性，亦有賴於氣質的不同。因為這兩個緣故，表示客觀精神的各個體性的國家總不能化除。

在說明「大同」之真實義後，牟先生接着對共產主義的「大同」進行了如下的批判：

> 他的那個無階級的社會，也相當於我們所說的「大同」。然在他黑暗的唯物論裡，那大同只是一個大私，毫無內容的一個荒涼的大同，一個不可實踐的影子。他不能承認人性個性，他不能肯定民族國家，歷史文化，他也不能肯定自由民主，理想價值。凡人間所有的一切，他都不能從道德的精神實體之表現上看出善與惡，價值與無價值。他只從他的黑暗的唯物論的觀點把一切都否定，把一切都看成是仇敵，都看成是他的冤家對頭。他告訴青年說：這些都是來束縛我們的，我們必須衝破它以求解放。他在這種解放的號召上，他引誘青年人好像是把握住一個「普遍性」。他號召青年們獻身於這個普遍性，客觀化他們的生命於這個普遍性。以為這是偉大的事業，神聖的事業，如是，青年們的浪漫的衝動遂以此普遍性為真正理想的所在，向之而奔馳。殊不知這不是理想，這只是一個影子。那否定一切而顯示的那個「普遍性」是一個「虛無」，不是真正的普遍性。獻身於這個虛無，不是真正的客觀化其生命，只是陽焰迷鹿，燈蛾撲火。真正的普遍性必須帶着個性的肯定才有它的意義。人必須透視到普遍性，必須客觀化他的生命，才能說精神表現。但這必須跟「道德的精神實體」之表現來，必須跟着肯定人性個性，民族國家，歷史文化，自由民主，理想價值來，這是我們的路向。在這艱難困苦，人類遭逢浩劫的時代，任何人必須把握這個路向才能說是這個時代的一個真正的人。

但共產主義和共產黨為何會在中國出現，牟先生歸因於中國傳統思想內部異端思想的接引以及當時情勢的配合。他說：

> 現在的共產黨以階級觀念為標準，鏟除一切，毀棄一切，而嚮往那個未來的空無內容的無階級對立的社會，也是只有普遍性，而

無個體性，而除此基本一點相通之外，尤接近於法家。墨子尚講愛，老莊尚講清靜無為，佛教尚講慈悲，而共黨則發之以恨，而到處騷擾，戮辱人民。其提出未來的空無內容的無階級對立的社會，則又近似於理想而足以欺惑有浪漫性理想性之智識分子。此猶之以往佛老之足以吸引聰明才智之士。是以亂世，人不正常，在以往逃佛老，在今日即傾向於共黨。

五、結語

本人願以如下數語，為此文之結語：

哲學的艱難，在剛剛過去的二十世紀表露無遺。這一百年，是哲學最被高揚和凌辱、神聖化和魔化、實用化和妖孽化（歪理化）、最思辨和最行動、最堅持和最無恥、上十字架和飛蛾撲火、最利用哲學而最反哲學的時代。這種情形，又以在中國發生的為最，以集團的方式來表現「言偽而辯，行僻而堅，記醜而博，心達而險」。牟宗三先生為《唐君毅全集》寫序，總說之曰：「時代之癥結是自由與奴役之爭，是文化意識之沉落。人類一方面陷於物質文明之痴迷中而放縱恣肆，一方面即有陷於嫉恨之邪妄之中而期毀之者。此一帶有普遍性之纏夾源於西方而倒映於中國，如是中國遂不幸而落於嫉恨心特重之徒之手中……。」以哲學的名義，在中國肇此惡端或推波助瀾者，不能逃其責。由是觀之，哲學的艱難，尤表現在哲學人的良心與判斷力。

牟先生一生的哲學活動所表現的哲學的良知與判斷力，無人可及。

牟宗三與康德哲學〔三〕[1] 康德的「先驗哲學」[2] 是「圓教」嗎

李淳玲*

提要

牟宗三先生晚年思想圓熟時藉佛教《大乘起信論》「一心開二門」的概念發展普世哲學的架構，並對世間哲學大教進行判教。他把康德哲學

---

*美國中國哲學與文化研究基金會。

[1]這是筆者研究這個主題的第三篇文字：第一篇是〈吹縐一池春水——論感性直覺的邏輯性〉，今收於拙作《康德哲學問題的當代思索》，南華社會所，2004，頁141-194；第二篇是〈從康德的「數學觀」到「可能經驗」：一個先驗哲學的探索〉，今刊於政大哲學系網站：http://thinker.nccu.edu.tw/kant/data/pdf/5b01.pdf。此是第三篇。

[2]關於「先驗哲學」（Transcendental Philosophy）一詞，康德在《第一批判》〈導論〉最後曾說：「先驗哲學單只是思辨理性的純粹哲學」，所以他把涉及理性慾望的道德哲學及涉及快感與不快感的哲學排除於「先驗哲學」一詞之外，因為它們包括了經驗來源底概念。（A14-15/B28-29）這是康德對「先驗哲學」緊煞的定義，強調決無任何沾染經驗的概念可能進入「先驗哲學」；然而到了《第三批判》，他對「先驗哲學」的解釋比較鬆動，他以為「先天綜合判斷如何可能？」的問題，即是先驗哲學一般的問題，因此「判斷力批判」的問題，也屬於「先驗哲學」的一部分。（Ak.V, 289）本文所指的「先驗哲學」屬於後義，泛指康德以「先天綜合判斷如何可能？」發問的「批判哲學」而言，並不僅限於「純粹理論理性」的範圍，特此註。〈感謝李明輝教授指出康德在《第一批判》中對此詞的限定，故添此註以說明。〉

判為別教。本文從牟先生的學問進路，以及他個人冗長的消化康德的過程，比對康德哲學的旨意，論述牟先生斷康德哲學為別教的可商榷性。換句話說，本文論述牟先生之所以論斷康德哲學為別教，是因他自己的學問進路使然。他對康德知性的邏輯性格與存有論性格打散的別解，是他早期對康德哲學的一種誤解；而他後來藉佛教的天台宗所發展的批判意識與圓教意識，從某種意義而言，才真正是康德哲學的本義。本文因此從康德哲學原本即是「即」於一切可能的經驗，及康德哲學的「批判」性格兩方面，建議康德的「先驗哲學」具有哲學上所謂「圓教」的規模。

一、問題背景

稍微熟悉牟宗三先生哲學的人都知道，牟先生對康德哲學的推崇，並致力於通過康德哲學會通中西哲學；他自己在這一條會通的道路上，作出了相當可觀的成果，並以為已經超越了康德，百尺竿頭，為康德哲學向前推進了一步。

這向前推進的一步就是「智的直覺」（intellectual intuition）的肯定：牟先生以為若不肯定「智的直覺」，不但康德自己所嚮往的「超絕形上學」[3]（transcendent metaphysics）不能充分證成，就連「全部中國哲學必須完全倒塌，以往幾千年的心血必完全白費，只是妄想」[4]，這樣，「影響太大」[5]，因此他在這一條線索上極力與康德分辯。

然而，熟知康德哲學的人也都知道，批判期的康德決不承認有限的人類有「智的直覺」，雖說批判前的康德確實承認過人有「智的直

---

[3] 見《智的直覺與中國哲學》序，《牟宗三先生全集 20》頁（7），台北聯經，2003，以下簡稱《全集》。

[4] 見《現象與物自身》序，《全集 21》頁（5）。

[5] 同上。

覺」[6]。換句話說，成熟期的康德是不承認人有「智的直覺」的。牟先生似乎要為康德「開倒車」，並以為這樣才是「百尺竿頭」，試問：康德可能接受嗎？

順著這一線肯定「智的直覺」的思路，牟先生對康德三大批判的問題都有意見：首先《第一批判》的〈先驗感性論〉，他不同意康德的數學觀，雖然他以為康德的數學綜合說確是「究極歸實」之談，但是他反對康德把數學與時空連結，以為那樣失去數學是一套純理推衍系統的第一義；他以為康德以時空連結數學，與羅素「以類論數」一樣，都只是第二義數學，屬於數學的運用，不是數學的本義[7]；他也不同意〈先驗分析論〉裏範疇的先驗演繹，不同意十二判斷的完整性，不同意十二範疇可能從判斷的邏輯形式導出，因為邏輯不是「體性學」，不該與外爍的存有論混漫[8]；他更以為認識心投向超越的構造原只是虛而不實的邏輯構造，如以虛為實，才會引起背反，他以此簡化了康德的〈先驗辯證論〉[9]；跟著在康德的「實踐哲學」裏，他不同意道德法則的符徵（typic）說，以為道德法則直貫而下，不需要通過符徵

---

[6] 在1770年的〈升等論文〉裏，康德以為人類有感性與理性兩種認知能力，感性受納現象、理性為主動的思行。理性又有二用，在其邏輯的（logical）運用裏，他抽象化、綜合化、普遍化感官與料，將之轉換成感覺知識；在其真實的（real）運用裏，他完全超越了感官，給予我們理體（noumena）的知識，也就是物自身的知識。換句話說，他在此時是以為人類可以有「智的直覺」，其理性的真實運用是可以觸及「物自身」的知識的。批判期尚未到來。

[7] 見《認識心之批判》上，《全集18》頁163-226；《五十自述》《全集32》頁59-70；《現象與物自身》《全集21》頁190-202。

[8] 見《認識心之批判》上，《全集18》頁340-356；《五十自述》《全集32》頁70；《智的直覺與中國哲學》，《全集20》頁3-12。

[9] 見《五十自述》《全集32》頁72。

以為媒介[10]；他不同意自由意志的設準（postulate）說[11]，以為那樣上達的路徑太虛歉；他反對康德對神秘主義的批評，因為他不接受孟子學是一種康德所謂的「道德狂熱」[12]；到了《第三批判》，他則全盤否定康德「審美判斷的先驗原則」，更反對康德「美是道德善的象徵」說，以為美擔當不了連結兩界的責任[13]；牟先生晚年，對康德說「德福一致」是綜合命題也有異議，而將之改成「分析命題」[14]；並覆述早年的數學分析命題說，以為康德不必會反對他的講法[15]；他也說「緣起

---

[10] 見《康德的道德哲學》，《全集15》頁259。關於此一問題，筆者曾在〈康德美學——解讀「美是道德善的象徵」〉一文討論，今收於《康德哲學問題的當代思索》一書，南華社會所，2004，頁71-79。

[11] 見《現象與物自身》，《全集21》頁74-86。

[12] 見《現象與物自身》，《全集21》頁86-96；《中國哲學十九講》，《全集29》頁333-336。

[13] 見〈商榷〉文，收於《康德「判斷力批判」》，《全集16》頁31。關於此一問題，筆者曾撰〈審美判斷先驗原則的再商榷——「主觀合目的性」有失意旨嗎？〉一文討論，今收於《康德哲學問題的當代思索》一書，南華社會所，2004，頁105-140。

[14] 他說：「如果圓教成立，色心不二成立，則最高善中的兩成分〔德與福〕**便不必永是綜和的關係，可以是分析的關係：在權教下是綜和，在圓教下是分析的。**而最高善最好譯為『圓善』。這當是中國智慧的最高峰，關此吾將有圓善論以備之」，《時代與感受》，《全集23》頁195；又說：「所以圓教中的德福一致並非綜合命題，而是分析命題，因為『即九法界而成佛』的『即』是必然的。」見《中國哲學十九講》第十七講，《全集29》頁384，385。

[15] 牟先生說：「它的反面不可能，那是屬於分析命題，它的真或假都用矛盾律來決定，也就是用邏輯法則來決定。用矛盾律來決定，它的真就是必然的真，它的假就是不可能……2+2 = 4，其反面不可能。所以，這個命題是必然地真，而且是分析的（analytic）。儘管康德也講這個是 synthetic，那是另一個意思，康德

性空」是分析命題[16]，而最終判定康德只是「別教」，並不是佛教所謂的「圓教」，因為康德哲學的表達方式是分解的，他的哲學間架合乎《大乘起信論》所說的「一心開二門」，並不是圓教詭譎的表義模式[17]。

這諸多的分辯，錯綜複雜，對於熟悉康德哲學的學者確實造成許多的疑問與困惑，因為這些分辯似乎表示牟先生並沒有接受康德「先天綜合判斷如何可能？」[18]的基本問題，他對康德批判的哲學意識似乎不曾認同。雖說他晚年自承在《認識心批判》的時代沒有了解康德「知性存有論」的性格[19]，他以後又作《智的直覺與中國哲學》及《現象與物自身》兩書，重新從存有論的方面消化康德的《第一批判》，但是他對自己在《認識心批判》裏最具匠心的邏輯純理與數學幾何是純理外化的意識，並沒有絲毫的退讓[20]；雖然他後來也曾說願意「謙虛一點」讓

也承認它是分析的，它是雙重性……我們首先客觀地瞭解它是分析的，這個康德也承認。他說它是綜合的，那是另一層意思。所以康德說每一個數學命題有雙重性，他並不是否定它的分析性。」見〔《孟子》演講錄（七），鵝湖，355，2005/1，頁6下〕

[16] 見《中國哲十九講》《全集29》頁384，385。

[17] 見《佛性與般若》《全集4》頁1210-1219；《圓善論》《全集22》頁259-273；《中國哲十九講》《全集29》頁362-366；《中西哲學會通十四講》《全集30》頁230。

[18] 牟先生曾說：「吾順這個承認正式疏解康德之原義，**把他所說的『先驗綜合判斷』更換辭語予以明確的規定**，使之順遂妥貼，較為浹洽於人心。」見《智的直覺與中國哲學》序，《全集20》頁（4）。可見他確是刻意改造康德。

[19] 牟先生在《五十自述》第四章〈架構的思辨〉，《全集32》頁66-72；《智的直覺與中國哲學》序，《全集20》頁（3）-（4）；《現象與物自身》序，《全集21》頁（4）-（6）；《名理論》中譯者之言，《全集17》頁（4）；《認識心之批判》再版序，《全集18》頁（6）-（7）；《中西哲學之會通十四講》，《全集30》頁148-150、頁171-182、189-191、202-206等，書中頻頻坦承其早年對康德「知性存有論性格」底不解。

開一步，承認知性「存有論的涉指格」（ontological reference-scheme）[21]，但是這讓開的一步十分有限，與康德本人的「先驗邏輯」（transcendental logic），以及他所開拓的「先天綜合判斷」（synthetic a priori judgment）的問題還是有相當的差距。

但是，何以致此呢？康德是一個思維精審的哲學家，他究竟是在那裏滑轉了，以致於牟先生這樣一個獨立運思的哲學家，在這麼多根本的哲學議題上都不洽意，不能同意他的講法？卻仍然沿用他所開闢的哲學語言與哲學問題發展自己的學說？

牟先生似乎對康德先驗哲學的批判意識不甚留心：康德的批判意識是把人類的認知封鎖在經驗世界，至於超經驗的對象如上帝、靈魂不滅與自由意志的問題，他是藉實踐理性來處理的，這對於人類認知的界域而言，不可不謂是付出了相當的代價。然而牟先生的學思歷程卻是從形式邏輯進入的，他一開始與羅素相應，對於十九世紀末，二十世紀初西方新發展的形式邏輯有深刻的學養與工夫，他並不是直接由康德的問題意識進入康德哲學，而是從一個反康德的氛圍進入思維的，因此他一路與康德的分辯，處處留下邏輯主義（logicism）的痕跡。他說：

> 我走的那一條路是什麼路呢？我是從*邏輯問題進入*……我的作法和想法……是把*近代十九、二十世紀在邏輯、數學、科學三方面的發展成就融到康德的哲學思路裏*。照一般的看法，都以為近代的邏輯、數學、科學與康德相衝突，以為康德已經過時了……這些高度的進步表面上似乎和康德的哲學相衝突……是不是真正相衝突呢？當然不能說完全協調，也許有需要重新調整的地方……當前德國方面研究康德者比較能適應新的趨向的是卡西勒。他是新康德學派的……而英美方面則認為康德已經過去了……在這問

[20] 見《五十自述》，《全集32》頁69。

[21] 見《智的直覺與中國哲學》序，《全集20》頁（3）。

> 題上顯然有第三條路可以走。我重新消化十九、二十世紀邏輯、數學、科學三方面的發展——*最重要的是邏輯——把它吸收到康德這方面來*。這樣，既可使邏輯、數學、科學有歸宿，亦可藉以漸漸復活康德。這個接頭，一般人想不到，*我就做這個功夫，其關鍵在於邏輯*。現代高度發展的邏輯究竟該如何安排？安排在什麼地方呢？這裏可以有一條路，我的《認識心批判》就在解決這個問題……首先安頓了邏輯，再進一步重新安頓了數學，最後重新解釋了經驗的科學知識。但是我這樣作，*只是初步接近了康德，尚未進入康德哲學本身*。這大體是先正視了知性之邏輯性格……但尚未進入知性之存有論的性格，*如康德之所展現*。後來我出版了《現象與物自身》這才正式進入康德哲學之本身，亦即是進入哲學之本身，而且正式復活了中國的哲學傳統，因而正式消化了康德，使之百尺竿頭更進一步。這樣，我走成了一條中西哲學會通之道路……【22】

從這一大段話可以看出從某一個意義言，牟先生是與二十世紀受過科學革命洗禮的新康德學派【23】相投，並與新康德學派一脈相傳的邏輯

【22】見〈談民國以來的大學哲學系〉，收於《時代與感受》，《全集23》頁169。

【23】這是指柯罕（Hermann Cohen）、卡西勒（Ernest Cassirer）這一系的新康德學派。卡西勒當時是從邏輯與相對論的發展與康德相融，這一系的思考直接影響邏輯實證論的卡納普　（Rudolf Carnap），如今由修正康德的弗列曼（Michael Friedman）繼承。有關這一系思路的介紹，請參考筆者為弗列曼寫的書評〈分道揚鑣〉，收於《康德哲學的當代思索》，南華社會所，2004，頁283-291。他們對《第一批判》B版的評估高於A版，以B版將「先驗構想力」收束於「知性」，邏輯性強。而牟先生當時是欲極成卡西勒的康德詮釋的，他曾說：「吾前已言之，吾非謂算數學必就時間論，**然在康德之系統則似乎必應就時間論。士密斯〔史密斯〕與伽西爾〔卡西勒〕之觀點乃吾所欲極成者。然須知；此觀點與康德之立場相刺謬，是以決不應視為此即是康德之立場，亦不應以此作為對**

實證論者喫接而帶出修正康德，以接應當代科學發展的意圖。而這些邏輯論者他們始終對康德的「先天綜合判斷說」不是很舒服，牟先生在此並不例外，他總是把康德的綜合看成是兩個互不相屬的概念，梯突而不順遂地黏貼著，好像可以隨時拆開，不必真有必然性似的，他這條形式邏輯的思路始終沒有改變，貫徹一致，並沒有因他後來明白康德的知性具存有論的性格而有所改變，也是因此之故，他不斷地把康德的**綜合**轉成**分析**，以為那樣的必然性才是妥貼自然的必然，他也總是要回到直貫而下的分析命題，以為它的先天性才可靠貼切。這些都是他傾向萊布尼茲邏輯意識的痕跡，比如說他並不接受康德的「數」是「量範疇」的圖式說，因為「量」是個「體性學」的概念，反而認同萊布尼茲說「數」是一個「程態概念」（modal concept），把「數」看成是一個「模型」，並說明他所謂的「模型」正是萊布尼茲的「程態」意義[24]。

然而，康德的綜合判斷實是一個**先天綜合的判斷**，先天綜合判斷的必然性並不比分析命題的必然性與先天性減少分毫。牟先生因為是形式邏輯進路的緣故，始終對康德先天綜合判斷的先驗邏輯不夠同情，因此他對康德哲學的理解從一開始就有歧出，這一點他實與二十世紀前半部英美的康德評家們比較相應。他當時運用的《第一批判》本子就是史密斯（N. K. Smith）的譯與註，他對許多問題的討論，也都是從史密斯的評註中切入的。

牟先生後來是受到海德格的兩本著作[25]及佛教「唯識宗」的醒豁

康德之修補或圓滿，以根本遠離康德之立場故。復次，士密斯與伽西爾之觀點亦非輕易事……康德本人未能進至此，而依照其超越感性論他亦不能進至此：進至此便衝破其超越感性論……」見《認識心之批判》下，第二節〈時間與算術〉，《全集19》，頁490。

[24] 見《現象與物自身》，《全集21》頁193。

[25] 這是指海德格（Martin Heidegger）《康德與形上學問題》（*Kant and the Problem*

才意知康德的知性另有存有論的性格[26]。他的《智的直覺與中國哲學》及《現象與物自身》兩書，就是分別藉海德格與佛教重新從存有論的方面消化康德的《第一批判》。但是他對海德格「割截而下委」的存有論基本上是十分不滿意的，海德格不開超越的道德主體，對他而言完全不是康德的哲學旨趣，也不是真正形上學的神髓所在；因此他終久是依佛教的「執」與「無執」概念展開他兩層存有論的體系。

如此，前述牟先生對康德的批判意識不甚留心，並不表示牟先生自己沒有另類的批判意識，他的「批判」意識實是來自佛教：他自己曾自承早年對康德的哲學格格不入，後來是受到佛家「心不相應行法」與「分位假法」的醒豁，才「恍然大悟」康德範疇的意義[27]，他在《現象與物自身》一書中極力強調「識心之執」，並以為必須點出「識心之執」才可能收攝知性，封住「現象界」，展現知性存有論的性格；然後他另闢「智的直覺」一源，由「智的直覺」貞定「物自身」。他以為非如此不足

---

of Metaphysics）及《形上學引論》（*An Introduction to Metaphysics*）兩書，見《智的直覺與中國哲學》序，《全集 20》頁（6）。有趣的是海德格這兩本書正是批評卡西勒及卡納普的，海德格自然是崇 A 版的，他看重「先驗構想力」的獨立地位。有關這些思想史的發展，請參考弗列曼《分道揚鑣》（*A Parting of the Ways, Carnap, Cassirer, and Heidegger*）一書，或筆者為之書寫的書評。同註【23】。

[26] 知性具存有論性格的說法晚近也不被美國康德專家艾利森（Henry E. Allison）所接受，他以為那會模糊康德先天認知形式條件的本意，所以他堅持以先驗的真實運用（real use）取代存有論的詞語，並以為康德的先天條件是一種軌範（normative）義，而不是存有論義。請參考筆者為其書寫之書評〈讀艾利森《康德先驗觀念論》增益本及其相關問題評述〉；或其書 *Kant's Transcendental Idealism*-An Interpretation and Defense, revised & enlarged edition, by Henry E Allison, Yale University, 2004, pp. 537.

[27] 見《五十自述》，《全集 32》頁 69。

以穩定「現象與物自身」的兩界；並藉此批評康德的分析不盡，不能穩定自己開闢的「現象與物自身」，也不能證成自己嚮往的「超絕形上學」。他從此肯定人類有「智的直覺」，開出自己「執」與「無執」的兩層存有論，消化康德，回歸中國哲學的儒釋道三家。

順著這「執」與「無執」的概念，牟先生更以康德哲學詮釋佛教，並以兩大冊《佛性與般若》消化佛教的智慧，重新為佛教的各宗判教；如此才有所謂阿賴耶識經驗的「始別教」，與如來藏識超越的「終別教」之分，並終將佛教的智慧歸宿於天台圓教的「一念無明法性心」，更藉《大乘起信論》「一心開二門」的模式決定普世哲學的格局，由此反過來批判中西各大哲學系統的綱格。這就是牟先生獨特的批判意識，別出一格。

牟先生曾在〈中國哲學的未來拓展〉一文中提到：

> 圓教這個問題。這也是佛教的貢獻，尤其是天臺宗智者大師的貢獻……判教的問題，西方是沒有的……雖然西方哲學沒有這一個問題……西方哲學會造系統，每一個大哲學家都造一個系統。*系統的模型是在邏輯……邏輯是系統的本義*……再進一步是哲學系統，有康德的系統，有柏拉圖系統……*但康德不敢說他的系統是個圓教*，是最圓滿的系統……我們平常所用的『最圓滿』的意義，也不是佛教判教所說的那個圓教的意義。康德的系統擺的四平八穩……那好像很圓滿了，但是照天臺宗看，你還不是圓教。【28】

所以牟先生從天台圓教的判教觀點，一方面吸納康德「德福一致」的內容【29】，一方面再回頭把康德的哲學判為「別教」，並以為這將是

【28】《時代與感受》，《全集23》頁187, 188 。

【29】牟先生說：「如果在圓教下色心不二必然地成立，則由此可以得到一個最大的啟發，便是藉此可以處理康德哲學中一個最後的問題，即最高善之問題……而最

一個未來中國哲學創新的問題，是一個高級的哲學問題。至此，康德先驗哲學裏的哲學問題已經失去原味，不再是康德特定的批判問題，而成為牟宗三哲學以佛教的判教為根底的「衡定」、「釐定」與「開權顯實、發跡顯本」的另一套批判哲學。這已經是牟先生自闢體系，毫無多讓的「哲學器識」了。他與康德終生的對談與交涉，討論與商榷，結果是成就了自己別開生面的哲學體系，與康德的先驗哲學大有出入了。

二、問題提出

牟先生會通中西哲學的努力波瀾壯闊精采曲折，他浴火鳳凰式的化腐朽為神奇，為中國哲學創造生機，或許終將成為二十世紀中國哲學最大的成就。但是這必須留待後人評斷，並不是本文的重點。本文是想提出一個論點，以為牟先生之所以對康德的諸多分辯是緣於**他的學問與康德哲學完全不同的進路所致**：牟先生從形式邏輯的進路與康德的批判哲學，發遽就是一個涉及經驗對象的「先驗邏輯」並不是同一個進路。「**先驗邏輯」是在處理一個「思想與存在」的哲學問題，不是在對校一門邏輯學問的本身**。

因此，**先天綜合判斷**的問題是康德哲學的主軸，正因為康德以先天綜判斷的問題破題與收煞，使得康德不但完成了批判哲學，還指向了內在(immanent)與超越(transcendent)兩層形上學的客觀實在性(objective reality)。雖說他超越形上學的客觀實在性是由實踐理性擔綱的，也是因此，他的內在與超越的形上學實是「相即於」他的**先驗哲學**(transcendental philosophy)中；進一步，正因為先天綜合判斷的緣故，先驗哲學才可能具有「相即」的圓教規模，因為它所隱含的「相即」，

高善最好譯為『圓善』。這當是中國智慧的最高峰，關此吾將有圓善論以備之。」《時代與感受》，《全集23》頁195。

並不只是萊布尼茲「充足理由律」所表現的邏輯圓滿，而是**兩層形上學相即的圓滿**，這是早年被牟先生所忽略，晚年被牟先生藉佛教才拾回的存有論式的義理——牟先生以為般若分析的圓與法華綜合的圓要合一才可能是圓教義，分析的圓只是邏輯的圓滿，綜合的圓才可能相即於存在——牟先生始終不是從康德自己的先驗哲學裏掌握這個圓滿。筆者以為這主要還是他**形式邏輯**的進路之故，與康德從**事實**開展的哲學進路大異其趣。

康德自己雖然十分謙虛地說他的先驗哲學只是一個批判哲學，只是一種「未來形上學的導論」或「道德形上學的基礎」；但是他的批判哲學已然包含了兩層相即形上學的完成，這是他在批判期明白表示的[30]。因此本文試圖論證的就是康德的先驗哲學從來即具有一個圓教的規模，牟先生因為是形式邏輯的進路之故，對於康德的**先驗邏輯**與**先天綜合判斷**，並沒有充分的同情與意識，並且同樣也是他形式邏輯的進路之故，康德的**先驗邏輯**與**先天綜合判斷**反而成為他批判的焦點，這表示他從一開始就與康德的哲學問題有疙瘩，他在《認識心之批判》裏終究是嚴格地分開了邏輯學與體性學，以為**單單邏輯**即足以作為知識的形式條件，

---

[30] 康德在《第一批判》B 版序曾說：「我們必須否定知識以為信仰留出餘地」，到了《第二批判》他說：「道德法則是我們先天能意知的理性所與事實」，並且單單道德法則本身即足以保證我們自由的**實在性**。「自由」是設準，「德福一致」又是「道德法則」的命令，以此貞定了上帝，靈魂不滅與自由作為完成這項義務的必要條件，康德因此連繫起義務與實踐理性，並藉實踐理性貞定這三大理念的**客觀實在性**，並以為其**實在性**是一種**實踐意義的實在性**，是道德命令訴求德福一致時必然預設的**實踐**意義，並沒有**思辨理性**的意義。康德至此明白地表示他的批判哲學已經完成了自然與自由兩層形上學的建立；並且所以至此，並不在自然科學形上學的建立，而是在三大理念超經驗的智慧學被貞定之故。以此，他的**先驗哲學必須成為以實踐理性為優先的「實踐的智慧學」**。

他是把康德的感性直覺邏輯化，攝入純理，開出時空格度，外涉存在，另說出一套與康德的知識論**似同而實異**的知識論，改造了康德的直覺論，吸納了柏拉圖、亞里斯多德，透露**超越形上學的真實可能**[31]；但是康德批判意識的突破，正是針對西方傳統柏拉圖兩層世界觀的思路——即超絕形上學——的批判而來的，他與佛教對印度傳統宗教的革命反而比較接近。

進而，從另一方面言，一切有關批判哲學的意識，牟先生都是來自佛教，藉佛教的批判與圓教意識反過來對康德的批判哲學加以批判。並且，牟先生也藉佛教的「識心之執」詮釋康德知性的存有論性格。事實上這部分可能才真正是接近康德先天綜合判斷的勁道所在。康德對**直覺**與**概念**的分際正是他先驗哲學的標誌，他以為**直覺必須當下接著對象**，**概念只能**透過直覺**間接接觸對象**，而概念之所以能與直覺溝通是在於直覺與概念一樣，**都具有先天性**，惟直覺的先天性是一直無曲（intuitive）的時空形式〔如唯識前五識的現量〕，而概念的先天形式是曲度〔辨解 discursive〕的範疇〔如唯識第六識的比量〕，這是他形構先天綜合命題的兩股認知心能，缺一不可，也不可約同，因為彼此所依的法則並不相同。但是牟先生在此並沒有再還給康德太多的業績（credit），因為他以為康德的思辨太緊密，表述太生硬繳繞，把人的心思塞滿，不能活轉[32]，不若佛教如理作意，輕鬆指點，黏合性較強[33]。

依此敘述，本文將論証康德的先驗哲學並沒有牟先生所評論之「現

[31] 見《五十自述》，《全集32》頁71。

[32] 康德《第一批判》A66-83/B91-109一段，就是牟先生批評康德的重點。這段文字詰屈聱牙，向來惱人，引起許多的批評，當可知牟先生所言不虛。

[33] 牟先生說：「這個地方佛教對我們的幫助很大，使我們對於知性之存有論性格容易了解。照西方哲學，甚至照康德本身的思辨，很不容易使我們信服。」《中西哲學之會通十四講》，《全集30》頁191。

象與物自身」不能穩定的問題，因為「現象與物自身」是因認識心才分裂，是哥白尼轉向的分裂，並不是凌空地、天造地設的分裂成兩層存有；並且康德不承認人有「智的直覺」也不必使中國哲學倒塌，此因先驗哲學本具一「相即」的圓教規模之故，「自然的」與「自由的」兩層形上學都具有不同意義的客觀實在性；進一步，筆者以為，通過康德的批判哲學，只可能更加穩定實踐哲學的義理。康德所謂的**理性界限內的宗教**，只有在深刻的批判意識下才可能建立，而這樣通過批判的實踐理性才真正與儒釋道的究竟了義呼應。在此，批判哲學不但沒有絲毫的虛歉，反而更與中國的實踐哲學相契。一旦這樣的說法可以成立，康德的先驗哲學表面上是一個消極的批判哲學，實際上是涉及積極的兩層相即的形上學，分別由理性的理論與實踐的作用完成。它們彼此相即，一方面原是同一個理性，不同的作用，另方面是彼此衝突時以實踐理性為優先，再方面就是這彼此相即的**客觀實在性**並不比牟先生所說的「良心呈現」稍有虛歉，這其中的根本因正是**先驗哲學是處理先天綜合判斷而不是分析判斷之故**。**這個論點正好是與牟先生的看法相反的**。牟先生以為：

> 真正的「色心不二」在圓教裏面能講，在權教裏面不能講。僅管大乘起信論裏也有「色心不二」，但我仔細看看它的那個「色心不二」是個綜合命題（synthetic proposition），不是個分析命題（analytic proposition），色心可以不二，*但不是必然地不二*，它們也可以二。*所以大乘起信論還是別教*……華嚴宗的……「緣理斷九」亦表示色心可以二；只屬無量四諦，非無作四諦，亦是表示色心可以二；「斷斷」而非「不斷斷」亦表示色心可以二。***只有在圓教下，色心不二才是分析地必然的***。這個色心不二的問題，在佛教講起來是很動人的而且是很嫵媚的。[34]

[34] 見《時代與感受》，《全集23》頁192，193。.

他這裏說「色心可以不二，但不是必然地不二，它們也可以二」，是把綜合命題當作是後天的經驗命題看待，才可以不必然不二，這也是他所以殷切地把圓教的「色心不二」轉成分析命題的理由，因為他以為只有「分析的」才是「必然的」。在此可以看出牟先生並沒有「先天綜合」的意識，他心裏實根深著一個經驗主義者對分析與綜合的看法，認為分析是先天的（*a priori*）必然的，綜合是後天的（*a posteriori*）不必然的。這是康德以前對先天與後天的傳統解釋，也是康德以後經驗主義的分析哲學對分析與綜合的理解，因此他才說色心的綜合關係可以被分開。但是這斷然不是康德批判期對分析與綜合的詮釋，也不是康德「先天綜合判斷」的命意。依據康德的「先天綜合」，此處的「**色心不二」既是綜合的、也是先天必然的**。這終久與牟先生不能同意康德的先天直覺綜合說有關，也與他邏輯化感性直覺相關，這點將於後文論及數學命題時突顯，屆時將明顯表現牟先生強烈的形式邏輯意識及理性主義色彩。

在此首先要指出的是，康德純粹直覺的先天性與感性直覺的限定性與他「現象與物自身」的分裂其實是淵源深刻同出一轍的：表面上看起來這是一種消極的限制概念，把人類的認知封限在現象界裏，說出「**經驗可能底條件即是經驗對象可能底條件**」（A158/B197），實際上它是必須透過這樣的批判與限制，才可能逼顯出「自由」，並證成牟先生所說的「物自身」是價值概念的積極義。以此之故，筆者以為牟先生論證康德的「現象與物自身」封不住、不穩定，實是因他沒有接受康德的感性直覺論之故，並不是因康德沒有清楚的批判意識封不住現象、穩定不住物自身之故。並且也正是因為他沒有接受康德的感性直覺論之故，他才對自由的設準說不能洽意；再進一步的引申就是他的「智的直覺」要呼之欲出了。

然而，這裏正是康德批判意識的勁道所在，**康德不可能不對感性直覺加以封限，否則將影響他對自由的設準**。這等於是要搖盪他先驗哲學的大本，因為「自由」正是他先驗哲學的「拱心石」，如果他不對感性直覺設限，自由的非時空、超時空性將透顯不出，整個的道德哲學——人文精神的核心——都要倒塌，這才真是「影響太大」；又、根據康德，分析命題的圓只可能是一般邏輯的圓滿，不可能是存有論意義的圓滿；存有論的圓滿只有在**必然即於對象**之先驗邏輯的規模下才可能被處理，這是他哲學問題切入的焦點，也是**本文論述的重點**，康德哲學從一開始就是一個「**先天**」與「**綜合**」相「**即**」的型態。因此本文的目的是在替康德辯護，從先驗哲學的角度提出牟先生與康德分辯的商榷。

至於牟先生終究穿透到「智的直覺」連結中國的儒釋道三家，實與他不接受康德的感性直覺說與他邏輯化感性直覺的思路一致，根本上還是他強烈的形式邏輯意識所致；並且他的基本路數可能與康德前的理性主義及康德後的德國理念論、尤其是黑格爾的哲學相應【35】，根本上是另闢一源，由超越的「智的直覺」呈現良心〔精神〕的活動，這本是西方從未間斷的理性主義運動，以超越的無限心〔絕對精神〕當令的形上學，也是牟先生深信的，真正的超絕形上學的本質義蘊。有關牟先生與黑格爾的比較工作，將超出本文的論域與能力，希望熟悉德國理念論發展或黑格爾哲學的學者，能把這部分的工作做出來。

在前述引文中牟先生還指出「系統的模型是在邏輯……邏輯是系統的本義」，這是探索一門學問系統圓滿不圓滿的起點，是解釋圓教概念的起腳處，也是康德自己一向對一門學問強烈的訴求；他之所以認為十二範疇已然是竭盡圓滿了，基本上就是因為十二判斷的邏輯形式已然圓

【35】牟先生說：「現象，物之在其自己，自由，不朽，上帝，這一切，康德是批判地散列之的。本書是想集中而實化地展露一唯一的『**本體界的實體**』(noumenal reality)，**即無限心**，以證成物之在其自己，在此，物之在其自己〔智思物限於此〕不只是消極的意義，而且有積極的意義；並同時由唯一的『本體界的實體』(無限心) 辯證地〔**黑格爾義，非康德義**〕開顯一認知主體以證成『法定象界』。《現象與物自身》《全集 21》頁 46，47。

滿了之故，也是因此，康德的**先驗哲學**與**一般邏輯**的關係是緊密相繫的，一如牟先生所說的「法華的圓」必須與「般若的圓」緊密**繫屬**一般。以此，以下將從康德的《邏輯學》襯托康德先驗邏輯的特性，指出先驗哲學的「相即性」、「批判性」、「圓滿性」及「實踐性」；然後再從牟先生對圓教的詮釋指出康德的**批判哲學本具此圓教的規模**，庶幾能為康德辯護，緩和一下牟先生對康德哲學緊張的詮釋。

三、先驗邏輯揭示的哲學問題

牟先生在《五十自述》第四章〈架構的思辨〉中述及康德《第一批判》〈超越的分解〉部（Transcendental Analytic）時說：

> 這一整套而繁複的工作，除開頭『形上學的推述』外，其餘大都無問題……其問題即在康德由傳統邏輯中之十二判斷以為發現範疇之線索。這裏表示出*康德對於邏輯概念與體性學的概念，並未嚴加分別*。由十二判斷底形式可以引出一些純粹先驗的邏輯概念……但並不能引出一些體性學概念……這裏*康德並無慎審照察*。此亦由於*邏輯的發展與對於邏輯的認識，在康德時代中，尚未達到今日的程度*。因此，*十二判斷的完整性與先驗性，康德並未予以極成*……他亦未正視這些基本的邏輯概念，他卻只正視了*那不能由判斷而引出而卻引出了的範疇，即體性學的概念*。因此，*這是康德哲學中最不健全的一部*。*我在這裏，徹底予以改變*。[36]

從這一段引文可以看出牟先生對康德先驗哲學的批判及他修正康德的意

[36] 見《五十自述》，《全集32》頁70。又、有關牟先生對康德十二判斷表不能推出十二範疇的論述請參考他〈傳統邏輯與康德的範疇〉一文，收於《認識心知批判》上，《全集18》頁311-365。

圖，他提出三個問題：(1)康德藉十二判斷底形式為線索引出十二範疇表示「康德對於邏輯概念與體性學的概念，並未嚴加分別」；(2)康德對於十二判斷的完整性與先驗性，並未予以極成；(3)「由於邏輯的發展與對於邏輯的認識，在康德時代中，尚未達到今日的程度」，所以康德哲學才會有這樣不健全的一部。以下依序澄清這三點。

首先，康德對於「邏輯概念與體性學的概念」，並不是如牟先生所以為的「未嚴加分別」，康德藉十二判斷底形式為線索引出十二範疇，是他先驗哲學的洞見與刻意，並不是他不識邏輯概念與體性學概念的分別，他批判哲學的哥白尼轉向，正是為了要區別邏輯概念與體性學。

康德一生教授了四十年的「邏輯學」[37]，他那個時代的邏輯學是以傳統亞里斯多德的邏輯為底，並夾帶出強烈的笛卡爾形上學及知識論意識的皇家港邏輯學[38](Port Royal Logic)，這種代表思想藝〔技〕術(*La logique, ou l'art de penser-Logic, or thinking skills*)的古典邏輯學(classical logic)是一種談論邏輯內容、重視知覺理論、以知識論為取向的邏輯學，這種邏輯學即如牟先生對他的批評一樣，並不是一般邏輯學本色的發展，十九世紀末形式邏輯(formal logic)對它的反動並不是偶然。形式邏輯單談邏輯形式，發展邏輯學的本身，與皇家港邏輯學的知

[37] 有關康德「邏輯學」與「先驗哲學」相關的問題，筆者已另書於〈康德的《邏輯學》與康德的哲學問題——以《雅舍本》為例〉一文中。讀者可以參考。

[38] 皇家港邏輯的作者是阿諾(Antoine Arnauld, 1612-1694)與尼古拉(Pierre Nicole, 1623-1695)。他們兩位是位於巴黎郊外皇家港傑生教派(Jensenism)修道院的教士，該書最先匿名發表於1662年，以後因通俗而風行，被譯成多國文字，是十七世紀以降，風行西方兩百年的邏輯學著作。參考Frederick S. Michael, "Why Logic Became Epistemology: Gassendi, Port Royal and the Reformation in Logic", *Logic and the Workings of the Mind*, edited by Patricia A. Easton, NAKS Studies in Philosophy, vol. 5, 1997, pp.1-3, 12-18.

識論旨趣完全不同。但是皇家港邏輯學卻成全了康德這個獨特的先驗哲學，這也算是西方哲學思潮的異數。但是這樣說，並不表示康德混漫了邏輯學與體性學；反之，康德自己對一般邏輯與形上學[體性學]的不同是掌握得清清楚楚的，他在雅舍本《邏輯學・導論》[39]（*The Jasche Logic*）裏說邏輯是：

> *一門理性的學問，不僅單作為他的形式、還作為他的材料，由於他的規則不是從經驗推衍而來，並且同時，它以理性為其對象。邏輯因此是一個知性及理性的自我認知*（self-cognition），*然而，並不是就其涉及對象的能力而言，而單只是就其形式而言。在邏輯裏、我不會問知性所知為何？亦不問他能知多少？或他的認知能夠走多遠？因為那將屬於就他的材料運用底自我認知，並且屬於形上學。在邏輯裏、問題只是：知性何以知其自己？*〔導論第I節〕

這段話與牟先生在《認識心之批判》裏極力簡別邏輯學與體性學，並且描述邏輯是「純理自己」一般無二。康德也像牟先生批評他一樣地批評庫西斯（Christian August Crusius, 1712-1775），以為庫西斯沒有明白邏輯這門學問的性格，所以混漫了邏輯學與形上學，他說：

> *庫西斯也屬於近代的邏輯學家，但是他並沒有考量邏輯為何物。因為他的邏輯學包含了形上學的原理、並因此至此、凌越了這門學問底限制。*〔導論第II節〕

這表示康德的問題並不是牟先生所謂的、對邏輯學與體性學「未嚴加分別」。而是為了要處理「經驗如何可能」的問題，他才在《第一批判》刻意開出先驗哲學的問題，他並沒有要討論邏輯學本身的問題。因

---

[39] 這本雅舍本《邏輯學》筆者已依 Robert S. Hartman and Wolfgang Schwartz, 1974 及 Michael Young, 1992 的英譯本譯成了中文〔未出版〕，此處引文皆出於此，特此註。

此，在《第一批判》裏，康德開宗明義就先簡別**先驗邏輯**與**一般邏輯**，並點明**分析判斷**與**綜合判斷**的分辨並不是一個**一般邏輯**的論域，而必須是一個**先驗邏輯**的論域，一如他在《邏輯學・導論》裏所說的：

> 從另一個角度看，現在作為知性一般一切運用的預備，普通邏輯亦與先驗邏輯有別，*在先驗邏輯中，對象本身是被表象成純知性的對象，反之、普通邏輯只處理一切的對象一般*。〔導論第I節〕

顯然、康德對**一般邏輯**與**先驗邏輯**的分辨是有清楚的意識的，他以為一般邏輯只處理一般對象的形式，而先驗邏輯必須**觸及認知對象的實在內容**，在《第一批判》裏，他是刻意換跑道，以**先驗邏輯當令**，談論先天知識如何可能的問題，這本是知識論與形上學的哲學問題，並不是邏輯學本身的問題。在《邏輯學・成素論》裏他也藉**排中律闡釋質性**判斷中**無限判斷**（infinite judgment）與**否定判斷**（negative judgment）的分別，以此點明一般邏輯與先驗邏輯的差別，他說：

> 根據*排中律*，一個概念相對於另一個的範域，或是*排除在外*，或是*包含在內*，現在*由於邏輯單單與判斷的形式相關*，*而不與概念就其內容相關*，無限與否定判斷的分辨對這一門學問[一般邏輯]就不恰適了。[40]〔成素論§22節〕

並且他同樣也在《第一批判》舉例說明「無限判斷」必須與「肯定判斷」分別[41]，因為肯定判斷是透過一個限制概念而被決定，無論限制出多少肯定判斷，無限判斷仍然是無限，並不可被決定；因此肯定、否定與無限判斷都必須各有範域，不是普通邏輯之「A與非A」可能整

---

[40] 關於這一點，康德在《第一批判》B19處也有闡釋，有興趣的讀者可以核對著看。

[41] 見《第一批判》A71-73/B97-98，他舉「靈魂不朽」為例，說明無限判斷與肯定判斷不同的界域，以標示先驗邏輯與一般邏輯的不同。

全含括的；可見康德自己對邏輯性格的掌握是十分清晰的，他並沒有如牟先生所說的混漫了邏輯學與體性學，牟先生以為他「無慎審照察」，真的是冤枉他了，這根本上還是彼此學問進路的不同之故，**牟先生當時並沒有從康德的哲學問題進入批判哲學的核心**。因為康德在《第一批判》由一般邏輯轉成先驗邏輯的關注，正是他批判哲學的**問題意識**，是他所以進入批判期的大關鍵。他是要處理主觀思想接觸客觀存在，並使客觀對象成為可能的問題，閃失掉這一點，很難掌握他哲學的批判命意，對於先**天綜合判斷**如何可能的古怪問題也很難同意。

這裏還涉及一個被牟先生忽略的康德哲學洞見〔另一個洞見是「現象與物自身」的二分，牟先生在寫《現象與物自身》一書時已經完全了知其意義之重大〕：康德極力分辨數學與哲學這兩門學問本質的不同：他以為它們分別是理性的兩個藝術家，哲學沒有數學的福分，可以直接從定義走起；哲學是概念的學問，它必須開始於**事實**，開始於**經驗概念**，並藉對此經驗概念的分析闡釋與推衍才終成於定義，因此它永遠不可能像數學一樣，走出一套精緻的先天學問；反之，數學是直覺的學問，它的概念必須始於直覺構造（constructive），透過直覺構造的過程明証其概念的先天性，因此數學的命題必然是先天綜合命題；而哲學的概念只能從經驗開始，它必須借重概念分析，才可能得到知識，因此它決沒有數學構造先天概念的自明性。這是一個滲透於康德批判前後期、無所不在的哲學洞見【42】，在他的著作裏處處可見，並且在《第一批判》的方法論中也被他刻意闡述【43】。然而，可能是這個洞見太過於稀鬆平常，向來很容易被評家們忽略，因此許多不必要的批評都由之而起，單

【42】關於此數學與哲學分辨問題的討論，可參考 Frederick C. Beiser, " Kant's intellectual development: 1746-1781," *The Cambridge Companion to Kant*, Cambridge University Press, 1992, pp. 26-61.

【43】見 A712/B740 - A738/B766 。

單這一點已經隱含了牟先生與康德對學問不同的意識與進路，也可以藉以說明何以牟先生的邏輯進路，到頭來還是必須發展「坎陷說」以接應外物處理存在，並且還有「人雖有限而可無限」的舒卷自如說，因為他精深的邏輯意識，是可以把心體收斂至「洗心退藏於祕」的精微之境，完全可能只是一個內斂的封閉系統，這是他心體純理的第一義，而外爍的涉指格才是心體的第二義，由第二義數學幾何的客觀化來構造完成，**牟先生的邏輯進路因此決定了他的學問必須「由上往下」講**，才跟著有「自我坎陷」的問題。關於此，後文還將涉及。

牟先生這樣的邏輯進路與康德的哲學旨趣一開始就不是相同的。康德的先驗哲學必須從**始於**經驗、**即於**經驗，**終於**經驗的「**判斷**」走起，他的**先天與綜合**是**相即**於**經驗世界**的——不管這個經驗是牛頓物理學的經驗、是相對論的物理經驗，或是普通常識的經驗——在康德、是指向**一切可能經驗**的；而牟先生的走法實是比較偏向萊布尼茲的邏輯意識，這條思路也有來有去，在康德的時代已經從艾柏赫（Eberhard）與康德激烈的爭辯中表露無遺了[44]，這實是一條理性主義的思路，它下通羅素，契接牟先生，於今在西方的康德學中，也接續了一種修正康德的新康德觀點，基本上就是一種形式邏輯的傳統思路，與牟先生類似，關於此將於下節再談。

---

[44] 關於此請參考 Henry E. Allison, *The Kant-Eberhard Controversy*, The Johns Hopkins University Press, 1973。基本上艾柏赫以為康德的批判哲學並無新意，所有康德發出的批判問題都可以從萊布尼茲的哲學裏找到，也可以從萊布尼茲的哲學裏得到解決。艾柏赫對康德的攻擊不遺餘力，創辦了學術刊物（*Philosophisches Magazin*）有計劃地批評康德；康德後來氣不過，竟一度中斷《第三批判》的寫作，書寫一篇長文（*Über eine Entdeckung, nach der alle neue Kritik der reinen Vernunft durch eine altere entbebrlich gemacht werden soll*）與他打筆仗。

其次，關於康德沒能極成十二判斷的完整性與先驗性（先天性，*a priori*）的問題。這也是康德向來被詬病之處：從費希特、黑格爾開始，傳統康德的大評家如海德格（Heidegger）、培頓（H. J. Paton）都曾經對這個問題質疑，由此引來更多的評家想為康德處理這個好像不曾被他妥善處理的問題[45]。牟先生在此大體是同意史密斯的批評，他也不以為康德極成了十二判斷的完整性與先天性[46]。

首先關於完整性，康德自己在《第一批判》裏明白表示他的十二範疇是藉判斷的邏輯形式為線索導衍出來、並且是完整的〔圓滿的〕，因此如果十二判斷是圓滿的，十二範疇就是圓滿的。問題在他何以能聲稱這十二判斷是圓滿的？康德向來要求一門學問必須具有一個系統性的圓滿，否則只算是一團經驗的積聚（aggregates），不能算是一門**先天必然的學問**。在《邏輯學・方法論》及《第一批判》裏，康德說只有量、質、關係三種判斷提供了判斷的內容，而樣態範疇特別古怪，它不曾為判斷增添任何內容，它只是滲透在每一種判斷內容中，從判斷的形式——如繫辭的「是」字中——決定每一個判斷的真值地位〔即其是**可能**、是**實在**，還是**必然**的地位〕，以此統攝並完成一個決定判斷。因此、樣態判斷是虛的、隱形的[47]（invisible），它只在形式上成就了判斷，並不曾在判斷內容上有任何增添，因為量、質、關係三種判斷結構已經完盡了

---

[45] 關於此請參考 Reinhard Branbdt, *The Table of Judgments: Critique of Pure Reason A67-76; B92-101*, translated and edited by Eric Watkins, NAKS Studies in Philosophy, vol. 4, 1995, p. 2.

[46] 關於此請參考〈傳統邏輯與康德的範疇〉一文，《認識心之批判》上，《全集18》頁311-365。

[47] 參考 Reinhard Branbdt, *The Table of Judgments: Critique of Pure Reason A67-76; B92-101*, translated and edited by Eric Watkins, NAKS Studies in Philosophy, vol. 4, 1995, p. 62.

一切判斷的內容。樣態判斷因此是屬於第二序的，屬於方法論的，而這方法論的目的正是為了要連結起雜多(manifold)、圓滿地統攝起一門學問的系統之義【48】。如此，判斷之所以有四類，並且只能有四類，是因為第一序的判斷內容〔量、質、關係〕，已然藉第二序的判斷形式〔樣態〕統攝起一個圓滿的邏輯系統之故【49】。

然後就是四類判斷以下的三個契機（moments），何以是三，並且必須只是三的問題？康德在他《邏輯學》的分類裏對此也有所說明，他簡別出「一般邏輯」、「經驗」與「先驗邏輯」的分部，他以為一般邏輯依止於矛盾律，必須只是二分(dichotomy)；多元分部(polytomy)只發生在經驗之中，因此沒有先天性；而先驗邏輯則必須是三分(trichotomy)，因為它必須再經歷一重對一般邏輯二分綜合的統一，才可能處理先驗邏輯**需要貞定經驗對象**的問題。這裏已然明示先驗哲學必須涉及經驗對象的旨意，而關於此，他後來在《第三批判》出版的〈導論〉最後也有一條註說明，他說：

> 我對純粹哲學的分部幾乎總是三分，已經引起懷疑，但是那是自然的情況。假如是一種先天的分部，那麼它或是分析的、或是綜合的，*假如它是分析的，那麼它是由矛盾律管轄，因此總是兩部*〔任何一物或是A，或是非A〕。假如它是綜合的，卻是基於先天概念構成的〔而不是像在數學裏一樣，先天地基於與概念相應的直覺構成的〕，那麼我們必須具有所要求的、一個一般的綜合

【48】《邏輯學》§ 96 **方法論——它的對象與目的**：「一如邏輯中成素論有成素以為其內容，及一圓滿認知的條件，普遍的方法論、作為邏輯的一部分，也是一樣，必須處理一門學問一般的形式、或行動的方法，以便去將認知的雜多連結成一門學問。」

【49】這一段就是牟先生以為大有問題的「形上學的推述」，讀者可自行參看《第一批判》A66-83/B91-109 康德自己的說法。

的統一，簡言之，(1)一個條件者，(2)某一個被條件者，(3)從被條件者與其條件者統一而升起的概念；因此分部必須必然的是一種三分。學院版《康德全集》(5:198)。

因此每一類的判斷下都是三分契機，第三個契機總是前兩個契機綜合的統一，只有綜合成三，才可能成為決定一個「對象」的條件——如同道家的「三生萬物」一般，必須通過「無、有、物」的邏輯歷程，才可能貞定住「物」，成為決定一「物」的條件——而先驗邏輯貞定對象的客觀認知才可能達成，此即「經驗可能底條件即是經驗對象可能底條件」的先天綜合歷程。它其實涵括了先天直覺的綜合，知性的邏輯性透過先驗構想力（transcendental imagination）在直覺作基層的先天綜合統一的活動，這是一種簇聚、執著、分離物我的客觀化歷程；並且正因為這個**判斷活動**既是上通**概念**的邏輯活動，同時又是下達感性直覺的綜合活動，判斷的邏輯形式才可能成為找尋範疇的線索，在此，判斷的邏輯形式像是一條線索，是一種邏輯的作用，是動態的因位，而範疇則像是一種箍定存在的邏輯形式，是靜態的果位。如此合起來正好是十二，完盡了一般邏輯的判斷形式。因此在《第一批判》裏，康德就舉單一判斷（singular judgment）與無限判斷（infinite judgment）為例，說明它們雖然不違背一般邏輯的架構，它們所含的意蘊卻決不是一般邏輯可能駕馭的，因此它們並不屬於**一般邏輯**的範域，只能屬於**先驗邏輯**的範圍，這與他論說矛盾律不足以處理先天綜合判斷的意義一致（A154,155/B193,194），因為先驗邏輯必須貞定可能經驗對象的實在，**這不是一般邏輯只及於純理形式可能擔當的**。到此完全吐露康德以知性判斷擔負經驗對象的哥白尼轉向的哲學意旨。

循此線索可以看出，在《第一批判》裏，康德在交待完〈先驗感性論〉以後，從〈先驗邏輯〉開始，就依傳統邏輯的結構，先介紹出邏輯形式的判斷表（table of judgments），從而引出十二個範疇的概念（concepts），跟著一路發展出知性的原則（principles）、先驗的辯證論

〔推論，inferences〕，以及最後的方法論〔樣態，modality〕。因此他《第一批判》的寫作結構完全依循判斷表的四大類別進行，目的就是在圓滿起這一門批判學問的系統。因此這個一般邏輯的判斷表，等於是他先驗哲學的基礎之地；換句話說，他的先驗哲學是奠基於一個傳統形式邏輯的圓滿性上的，這當是他所以認為十二範疇是圓滿的理由。

至於說康德沒有極成先天性的部分，是因為牟先生對康德的數學觀不滿，他反對康德的數學與時空沾黏，即令他對時空形式的先天性也能同意【50】，他卻不願意同意康德的感性論，所以他在此籠總地說康德沒有極成十二判斷的先天性。這一點將留待下節談數學命題時再論。如此，牟先生以及向來康德的評家們，批評康德沒能極成十二判斷的圓滿性與先天性，等於是否認了康德先驗哲學的事業。

進而，補述一下康德哲學一貫是從**事實**開始的洞見。《第一批判》在進入十二範疇之前，康德只是把一般邏輯教科書裏的四個契機鋪陳開，說明這就是他找尋範疇的**線索**，他當時無意要演繹或証明它們的來路，這是他在展示他的哲學開始於事實的路徑，與他B版從數學、自然科學與形上學如何可能的問題追索起一樣，他無意去追究或証明這些學問的起源，而是從這些學問存在的事實去探索它們的先驗性，從而**証成它們的客觀有效性與客觀實在性**(objective validity and objective reality)，這是康德哲學問題的切入點，也是他論証哲學問題的方法【51】，非常的

【50】 輓近英美康德學的發展，有一條線索是極力保持康德的「經驗實在論」，卻有意抹煞他的「先驗觀念論」，他們略過康德的「感性論」，只重視他的「分析論」，對於時空的先天性早已不再關注。而關於時空先天性與觀念性的問題，艾利森（Henry E. Allison）在他的增訂版《先驗觀念論》(*Kant's Transcendental Idealism*-An Interpretation and Defense, revised & enlarged edition, Yale University, 2004）一書中有詳細的討論，有興趣的讀者可以參考，頁99-108及頁118-132。

【51】 有關康德哲學問題的切入及他演繹 [推証] 方法的詳細分析，請參考 Dieter Henrich, " Kant's Notion of a Deduction and the Methodological Background of the

樸素，但是卻是向來被人誤解之處，有太多的學者捨此就彼，沒有聆聽康德的說明，沒有康德的平常心，也不明康德所謂演繹 [推証]（deduction）的意義，就努力想從後來的「先驗統覺」（transcendental apperception）為康德證明十二範疇是否完盡，等到發現既不能保證判斷形式的完盡，又不能從邏輯概念演繹出體性學的範疇，就反過來批評康德的動作不合法，十二判斷也不能竭盡，牟先生當年的路徑也是如此，這是他所以認定康德的「形上學推証」大有問題之處。筆者以為這裏還是表現他的邏輯進路，不是康德哲學問題的進路之處，他與許多的西方評家一樣，都沒有掌握康德這個平淡無奇的哲學洞見，所以在此表現出對康德的同情不足【52】。

事實上，康德無意去作那樣形式邏輯三段論式的演繹，那不是他先驗哲學的事業與証法，先驗哲學的事業坐落在「下判斷」或「判斷」這個動作與動作的結果上，正因為「下判斷」是那思行接觸存在的切入點——不論是理論判斷、或是實踐判斷——皆然，都表現出思行的**邏輯作用**與**下判斷規則**的同一性，由此才可能連繫起這「思想與存在」的「相即」關係，這就是他以十二判斷為線索發現範疇的真實義了，平淡無奇，問題只在這判斷的動作，它是思行動作的「緣起」；只有在此主客「相即」的判斷當下，康德才可以說，先天綜合必須是邏輯地先於先天分析，先驗邏輯必須是一般邏輯的基礎（B134 註），康德是就主客接榫的「**下判斷**」持論，並不是就形式邏輯本身的精緻化立論，那不是康德批判哲學的事業，這裏是關鍵。這也是康德所以說還可以從原始十二範疇再

First *Critique*," 一文，收於 *Kant's Transcendental Deductions*, edited by Eckart Forster, Stanford University, 1989, pp.29-46.

【52】參考 Reinhard Branbdt, *The Table of Judgments: Critique of Pure Reason A67-76; B92-101*, translated and edited by Eric Watkins, NAKS Studies in Philosophy, vol. 4, 1995.

引申更多同一系譜的附屬概念之義，比如說從因果的「因」還可以引申出「力」、「動」、「情」等等衍生的範疇之義（A82/B108），但是那些是邏輯家的事業，是一套分析的手術，不必是先驗哲學家的工作。先驗哲學家必須處理先天綜合的問題，不是先天分析的技倆，因此他從邏輯的十二判斷表找到十二範疇是原則性的圓滿，並不是鋪排性的完盡【53】。

再補充一點，康德在《邏輯學》裏也特別說明了邏輯這門學問的特性，它是一成永成的，「**只有極少數的學問能夠不再改變，而得到一個永恆的條件**」，所以他說從亞里斯多德以降，邏輯學只是被澄清得更精確了，並沒有太多本質上的變化【54】。這就是十二範疇所以完盡的答案了，因為它們是一般邏輯的完盡，所以也是先驗邏輯的圓滿，康德是以此訴求他先驗哲學的完整性與統一性的，兩百年來對他的誤解、錯解真是「一蘿筐」【55】，至今還不能斷，因此批判澄清的活動也不能停。以下將以數學命題為例，藉當代西方學者從直覺構造的事實取向與從邏輯取向的分歧，呼應牟先生的第（3）個問題。

【53】關於此，筆者在〈吹縐一池春水〉一文也曾闡述，讀者可參看。見《康德哲學問題的當代思索》，南華社會所，2004，頁157-168。

【54】《邏輯學・導論》第II節：「從亞里斯多德的時代以來，邏輯並沒有在內容上增添了多少，何況緣於它的性質，它也不能這麼作。但是它可能在精確（exactness）、確定（definiteness）與清晰（distinctness）上有所增添。**只有極少數的學問能夠不再改變，而得到一個永恆的條件**。這些包括了邏輯學，也包括形上學。亞里斯多德並沒有忽略掉任何知性底契機（moment），我們在此僅是更精確（exact），更有章法（methodical），及更有秩序（orderly）罷了。」

【55】當年黃振華先生的評語。

四、以數學命題為例

康德當年在《第一批判》B版導論中曾經以為休姆（Hume）如果看出數學命題與形上學命題一樣，都是**先天綜合命題**的話，他可能就真正切入哲學問題的核心了（B19-20），正因為他看出形上學命題是綜合命題，卻把數學命題當成是**分析命題**，才得出懷疑論的結果，而把因果律否定了；再就是萊布尼茲（Leibniz）以為 2 + 2 = 4 的算術命題，是通過定義，依矛盾律，透過邏輯的步驟得出來的結果，因此他也認為數學命題是分析命題，這是邏輯主義者以邏輯解釋數學的開端。這兩條線索是康德批判哲學的背景，康德正是因為看出數學是綜合命題，不是分析命題，才突破他的哲學革命的，因此，康德的數學論是**先天綜合命題說**，並不是**分析命題論**。但是牟先生到了晚年還是主張數學命題是分析命題，他不但沒有同意康德的先天綜合命題說，反而以為康德會同意他的說法，他說：

> 它的反面不可能，那是屬於分析命題，它的真或假都用矛盾律來決定，也就是用邏輯法則來決定。用矛盾律來決定，它的真就是必然的真，它的假就是不可能，只有著兩種情形。2 + 2 = 4，其反面不可能。所以，這個命題是必然地真，而且是分析的（analytic）。儘管康德也講這個是 synthetic，那是另一個意思，康德也承認它是分析的，它是雙重性……我們首先客觀地瞭解它是分析的，這個康德也承認。他說它是綜合的，那是另一層意思。所以康德說每一個數學命題有雙重性，他並不是否定它的分析性。[56]

這是前述牟先生常常將康德的綜合命題改成分析命題的另一個例

[56] 見《孟子》演講錄（七），鵝湖，355, 2005/1，頁6下。這是一九八四年一月至四月間牟先生在香港新亞研究所的講稿，故說其晚年這基本的思路並沒有改變。

子，他引用的2 + 2 = 4也是萊布尼茲在《新論》（*New Essays*）裏引用的例[57]。事實上，康德是說算術命題是**先天的**，並不是說它是**分析的**，牟先生這裏說康德也承認它是分析的，當是指康德也承認它是**先天必然**的。康德**刻意說它是綜合的**，為的就是引進**直覺構造**，因此康德必須說它是**先天綜合**的，並不是說它是**分析的**。然而，如牟先生所言，康德當然不否認它的先天性，但是康德確是否認它是分析命題，牟先生在此確是有意扭轉，他很不習慣康德那個「先天綜合」的詞語，與他對分析與綜合的理解有衝突，也與他對直覺的理解有杆格。雖說他在此也提及康德的綜合說是「另一層意思」，但是那是什麼意思呢？回溯他在《認識心之批判》裏對這「另一層意思」的解釋，他這樣說：

> *康德不認數學命題為分解者，而視之為直覺之先驗綜合者。此其所主，雖在今日，仍不失為究極歸實之談*……然則欲真透到數學之基本原則，捨康德之綜合說無他途矣，*概綜合說可以使數學落實也*。康德所謂綜合實已透至創生思考中之創生綜合矣。彼欲使數學命題即繫屬於此創生綜合上，而每一數學命題之形成即由此創生綜合而形成。康德言其為綜合實自「成之」而言之。自「成之」而言之，學自落實，亦有本，且亦接觸到其基本原則矣，基本原則即綜合，康德有見於此，遂不謂之為分解，而且斥主分解者為大誤……*依康氏意，既成以後，此命題自是必然成立，亦自然可以依照矛盾原則而說明，而衡量之；然若以為數學之基本原則即可由此矛盾原則而說明，則大誤。是則所謂分解，所謂依照矛盾律*，全成表面之文章；*而每一命題實是一綜合命題，由創生之綜合而成之綜合命題。創生之綜合即是數學之基本原則也*……

---

[57] 有關萊布尼茲 2+2=4 的證法及它與康德 7+5=12 的討論請參考 Beatrice Longuenesse, *Kant and the Capacity to Judge*, translated by Charles T. Wolfe, Princeton University Press, 1998, pp. 278-283.

因此他對康德的數學綜合說也是清楚理解的，並且他也是贊同創生綜合說的，只是他究竟是邏輯純理的意識更強勁，一轉眼又將數學命題解回分析命題，他說：

> 說數學命題是分解者，當自其為一推演系統之自身而言之，而此推演系統中之每一步即每一命題又非有經驗內容於其中……如此而觀其為一客觀大流之推演系統，無法說其不是分解者。然如是而觀之，則必有是數學有一妥當不移之客觀基礎而且使之即回向而落實於此客觀之基礎而後可。*即必使數學真歸於邏輯或純理而後可……然數學又實為一必然之推演流，其中既無經驗又無假然之成分。即將其中每步之命題〔即數學式〕單提而出之，吾人亦謂其為邏輯推演與論証而至者……吾人且謂只要數目一成立，有意義，則數學即為起腳落腳皆定然，徹頭徹尾即是一定然之推演流。*

如此，他說「數學……起腳落腳皆定然，徹頭徹尾即是一定然之推演流」。這一點康德決不會反對的，這當是牟先生以為康德也會同意他說法的意思，因為康德自己在《未來形上學導論》裏也承認數學推演的邏輯性，但是**這並不是康德指出數學命題必須是先天綜合命題的關鍵**，康德的問題是在**數學的直覺性**與**直覺的先天性**，而**直覺正是人類認知唯一可能觸及對象，即於對象的認識心能**[58]。這「即於對象」的

---

[58] 康德說：「數學判斷都是綜合的……雖說它結果無疑是確定與重要的，因為他們發現數學家的推衍都依矛盾律進行〔那是任何必然的確定性所自然要求的〕，他們則認定甚至基礎命題也是透過矛盾律得知的，就此、他們是錯誤的。」〔見 *Prolegomena* 4:268〕又、有關這個問題的討論可參考 Lewis White Beck, "Can Kant's Synthetic Judgments Be Made Analytic?" 一文，收於 *Kant, A Collection of Critical Essays*, ed. by Robert Paul Wolff, University of Notre Dame Press, Notre Dame, 1968, p.18-22. 本文原載於 *Kant-Studien*, Band 47 （1956）, Kolner Universitöts-Verlag.

判斷正是他批判哲學封限可能經驗的焦點，也是他所以把「數」當作是「量範疇」的「圖式」，藉以「即於對象」的緣故；但是牟先生繼續又說：

> ……是則吾人可說：此推演流中之每步或每一命題式實即此推演流之結注與展現……*康德由此「表象於直覺中」，說明其為綜合，然吾人可由此正好說明其為分解*。設捨其統系中有特殊意義之直覺而不論，吾人亦不問「表象之於直覺中」一語在其系統中之殊義，吾人單就「*散開而為單位*」一語而觀之，吾人以為此散開之手續，即足以為分解為論証為一推演流之說明，即此中實表示一必然而定然之推演流之函義，縱然自此一數學式之形成言，亦函「綜合而成之」一函義，然彼「必然之推演流」一函義仍為不可少而且必為實有者。*本書主張數學為分解即著眼於此而為言*。康德不能知之，一般主張數學為分解者亦不能知之，吾人必*須承認此推衍流所表示之客觀基礎即理的基礎*，而後數學可明設，*康德不欲承認此客觀之基礎，則徒有創生之綜合亦為無用者*。[59]

這是表現牟先生的邏輯進路，以及他強勁的邏輯意識所在了，他並沒有要去認同康德的批判意識，數學必須是一歸根於純理的**推演系統**，即令它也展現出「散開而為單位」的直覺形式，但是這也是一**推演流布**的分解相，數學命題因此具有雙重性，綜合性與分析性，並且**以推演流布的分析性為主**，他因此堅持把邏輯純理抽出來擔綱，以之為**理之骨幹**，**成為客體之實體**；反之，**直覺之綜合**在他只是**主觀之用**，**不能擔負起「理之屈曲」的產生**。

牟先生**這個想法從來沒有搖動過**，一直到書寫《現象與物自身》時，他還是重新綜述了自己早年的數學觀與幾何觀，並將之收攝於「識

[59] 以上三段引文見《認識心之批判》上，《全集18》，頁217-226。

心之執」中[60]，雖然他在此也同意康德的直覺綜合說，**但是他並沒有像康德一樣，讓直覺擔負起一個決定「先天綜合判斷如何可能」的大綱領，他的這條思路基本上還是邏輯主義的**，雖然他也承認直覺是認知的

---

[60] 參考〈第一義的數學基於純理展現之步位相而被構造起〉：「純理展現其自己之步位相即是數相，純理展現其自己之展布相或布列相即是幾何相。純理要須藉一推演系統以展現其自己。推演必有步驟……**純理衍展底步位之外在化才是數。所謂『外在化』即是把內在于純理自己之衍展的虛意步位予以『形式的實化』**。所謂形式的實化即是通過直覺而予以形構化。直覺底形構作用把那虛意的步位凸起，確定化而為一數。此即脫離純理自己之展現知被視為邏輯而轉為數學。數即是步位序列中每一步位之直覺的外在化，以及此外在化了的步位之相續增加之直覺的綜和……康德說數目以及數目式是一直覺的綜和……這都是對的。羅素的邏輯構造是就類說數。今不就類說數，故無羅素意義的邏輯構造……此即數學亦是一個推演系統，純理底衍展亦流布于其中。每一步數學的推演都是邏輯地必然的，亦即都是分析的……但這卻不是就每一數目以及數目式本身說邏輯的構造……一個數目式，如康德所舉者……它不是經由邏輯分析而邏輯地構造起的，它乃是經由直覺得綜合而直覺地構造起的……從通過直覺構造所構造起的數目式乃是推演系統中邏輯地必然的。**因此數學系統式直覺構造與推演中的邏輯構造兩流並行的**。它步步是直覺構造，亦步步是邏輯構造……我們這樣建立起的數目以及說數目式，乃是**數學底第一義，是把數目看成是一個模型，而不是一個量度**……我們既不就時間單位之相續增加說數，亦不就類之邏輯構造說數。我們是毫不歧出地唯就純理自己之衍展之步位相之外在化而說數，這是不假借任何外來的物事的。」及〈第一義的幾何基於純理展現之布列相而被構造起〉：「……模型，空間，空間所表象的量，此三者是異質而異層的。我們由幾何位區之矢向形式、區面形式、立體形式，只可直覺地構成一線形式，面形式，以及立體形式，但尚不能立即決定它們究竟是歐氏的，抑或非歐的。如果無多樣系統出現，我們可說它們即是歐氏的。**當我們直覺地構造之之時，即函著它們是歐氏的**。但既有多樣系統出現，我們即不能急遽地這樣決定。因此**決定其究為歐氏的，抑為非歐**

必要條件，但是他卻不承認直覺是決定真理的基礎[61]，這一點他實是萊布尼茲理性主義、邏輯主義的心態，**他並沒有從康德的批判意識切入康德哲學**，主要是因為他對康德的感性論與先天直覺說有所保留，尤其

氏的，不能只由直覺構造來說明，此則**必須由公理來決定，而公理之設定是概念之事**……可以直覺地實構的系統都是為公理概念所撐起而復為直覺之綜和所構造的程態意義的模型系統。公理概念是客觀地決定此系統或彼系統，而直覺構造則是主觀地實現此系統或彼系統……因此，作為模型的幾何系統只是純邏輯性的幾何程態形式概念之分解而可以直覺底被實構者。我們這樣說幾何，如同數學一樣，**乃是第一義的幾何，它不歧出而假借任何外來的物事，即它不預設空間。就空間說幾何，那是第二義的幾何，是第一義幾何向外應用，應用于空間所表象的物理世界而決定出的**。因此，空間是第一義幾何應用之通路……第一義的幾何系統，如真是一系統，便是可以實構的系統。此雖可多，而不可無限多……因為它們是些形式的特性，而這些形式特性本是由識心之執之挑起現象而同時執成的。因此，在某一個特殊的現象境況中，那一個幾何系統可以適用，這不是能先驗地決定的。但是總有一個已構造起的第一義幾何系統可以適用，這是可先驗地決定的。因為第一義的幾何系統與作為感觸直覺之形式的空間〔認識論的空間〕以及此空間隨現象境況之層次之昇進其所表象的某層現象境況底空間性之屬于何種幾何特性，這三者是異質而異層的……**所謂『某層現象境況』即含著說我們經由『經驗直覺』所攝取的現象境況是有層次的**，例如隨官覺而直接攝取的，牛頓物理學中所攝取的，乃至量子論與相對論中所攝取的等等。**因此，我們的經驗直覺亦是有層次的……經驗直覺底先驗形式〔空間〕其本身並不函其是何種幾何特性。然識心之執隨感性之攝取必執成空間性與時間性已為其攝取之形式條件，這是先驗地可決定的，依康德說法，空間與幾何是同一的，只有一種空間，只有一種系統，因此，亦無第一義與第二義之分。我們以為這說法須予以撐開，故主第一義模型，認識論的空間、以及此空間所表象的現象之空間性之屬於何種幾何系統，這三者是異質而異層**……以上由純理展現之步位相與布列相說數學與幾何。邏輯、數學、與幾何，皆被收於**識心之執**上，故皆是識心之執之形式簇聚。」見《現象與物自身》，《全集21》，頁190-202。

是康德與時空沾黏的數學觀與先天直覺說，全然不是他形式邏輯的進路與純理意識可能同意的，他還是嚴格分別了邏輯純理與體性學，不喜那與時空沾黏的先天直覺，所以他終究挑破了康德的感性直覺說，直接與「智的直覺」掛鉤，把康德的批判哲學推向另一個玄遠之境，別開生面，與康德以後德國理念論的精神哲學交契了[62]。以此，筆者以為，**牟先生的哲學來路可能必須重新被思考，他雖然與康德交涉了一生，結果可能是成就了一個理性主義的哲學家，而不是一個康德哲學家**。

然而牟先生在此決不是孤立的，他強勁的邏輯意識與當代西方修正康德直覺與數學命題的新康德學家是互相輝映的，以下即引介這樣一種另類的康德數學觀，以落實前述牟先生的問題——由於邏輯的發展與對於邏輯的認識，在康德時代中，尚未達到今日的程度——藉此看看在今日形式邏輯高度的發展下，康德的後學是修正了康德哲學這個「不健全的一部」，還是「徹底予以改變」而與康德哲學「分道揚鑣」了。

弗列曼（Michael Friedman）在他的〈康德及其後學之幾何、構造，與直覺觀〉（Geometry, Construction, and Intuition in Kant and His Successors）[63]一文中表示，他在詮釋直覺在康德幾何學中扮演的角色

---

[61] 這是萊布尼茲的思路，參考 Henry E. Allison, *The Kant-Eberhard Controversy* 引文：“Intuition, in other words, is not the ground of the necessity of geometrical truth, but only a necessary condition for the cognition of this truth by the finite understanding.” The Johns Hopkins University Press, 1973, p. 32.

[62] 關於他由康德進入黑格爾精神哲學的路徑請參考《五十自述》〈客觀的悲情〉一章，《全集32》頁101-104。

[63] Michael Friedman, “ Geometry, Construction, and Intuition in Kant and His Successors”，本文收於 *Between Logic and Intuition, Essays in Honor of Charles Parsons*, edited by Gila Sher and Richard Tieszen, Cambridge University Press, 2000, pp. 186-218.

之際，發現自己與當代康德數學評家帕爾森(Charles Parsons)的解法完全不一樣。他稱自己是邏輯的進路（logical approach），而帕爾森是現象學的進路(phenomenological approach)。邏輯的進路大體是以為康德的直覺是形式的（formal）與推演的（inferential），這與牟先生的說法相當一致。直覺在數學的推理中扮演著一個類似當下單一存在者的角色，因此**直覺**表象與**概念**表象只是**單一性**（singularity）與**一般性**（generality）的區別；而帕爾森反對這種說法，因為這種說法將流失掉康德直覺的第二個標誌：即其**當下性**（immediacy）。

依康德，**概念**表象是**一般的**與**間接的**，**直覺**表象卻是**單一的**與**當下的**，是**直接觸及對象**的。帕爾森因此解釋康德直覺的當下性是一種「好像在知覺中，現象直接展現在心靈面前似的」，弗列曼由此稱其為現象學的進路，並依之將直覺解成「特定現象學的或知覺空間的事實」[64]。此一直覺事實可以提供我們對幾何公設（axioms）的證明或檢証；因此，依直覺事實的說法，幾何公設的**發源**〔**創生**〕**與証成**問題是先於由這些公設來的、**幾何推演性格**的問題；然而，邏輯論者的關切卻正好是相反的；此處可見牟先生正是邏輯論者的關切，所以他才把數學命題又轉回分析命題。

弗列曼以為康德的幾何構造程序是依直尺與圓規在歐氏幾何前三個設準中操作並證明完成的。這其中推理所運用的點、線等對象是藉著直尺與圓規重複與持續的構造產生的，因此這些對象潛在的**無限的**存在，並不是如現代幾何學的處理方式，只把它們當作是**存在公設中的設準**，而是從原初不斷地重複構造得來的，歐氏幾何因此僅關切構造的存在及其潛在的無限性。在這個意義下幾何對象存在的無限性正好是與自然數類比的。並且依康德，概念的表象只涉及傳統三段論的邏輯表象，單憑這個資源，我們無法表象對象的無限性，也無法表象自然數可能的無限

---

[64] 見前註文本頁186。

性。

弗列曼說正因為康德從歐氏幾何看出由直覺的構造歷程能表象潛在的無限性，他才認為幾何空間是**非概念的表象**（non-conceptual representation），這就是當初康德所以認定幾何不能是純概念表象的理由。依此解，空間的無限性就是一個數學幾何純粹**形式邏輯**（formal-logical）的性質，而康德所謂非概念空間表象的直覺，等於是這同一形式邏輯性質的結果。因此，在這種邏輯進路的解釋模式下，現象學的進路完全被架空了。

然而，如果依現象學進路的解法，順序卻正好是相反的：空間的無限性是直接所與的知覺事實，正因為這是一個知覺的事實，才可能證成或解釋數學幾何中無限量的用法。知覺空間（perceptual space）的事實提供了無色的形上空間（metaphysical space）的架構，有色的幾何空間（geometrical space）才得以產生，並保證歐氏幾何構造的設準得以確實地被執行；即使康德當時就熟知現代數學幾何底純粹邏輯的形式性，他仍然需要訴求於空間直覺——即訴求我們空間知覺底現象學的特性——以便證成或檢証相關的公設。

辜不論弗列曼對現象學進路的解釋是否完全中肯【65】，他進一步為

【65】筆者不以為弗列曼的知覺事實說完全中肯，因為他同樣也忽略了康德以事實作為哲學進路的洞見。這裏還涉及兩個問題：一是康德對知覺判斷的解釋，並不止於主觀知覺，還進一步牽連先驗法則所滲透的客觀知覺，後者是轉化成客觀經驗判斷的關鍵；二是康德對先驗演繹的鋪排，與事實說好似有一種「煞有介事」的多餘〔見下文牟先生的展轉推敲〕，又好似有循環論證之慮，因為先驗演繹想要證明的結果，正是這個被預設的事實洞見。如果能把這兩線的意義拆開，一條是事實線索（the quid facti），一條是演繹其合法性的線索（the quid juris），則此看似循環論證的疑慮當可消解。弗列曼在文中並沒有述及此，他對知覺事實說的解釋稍嫌粗糙。

康德的直覺說演繹了一套類似「識心之執」的認知主體〔我執〕觀點說(point of view)與認知對象〔法執〕的徵向說(translation and rotation)，詮釋了直覺的形式邏輯義，也從中解釋了「當下性」的涵義，與前述牟先生直覺的推演流布說與直覺的層次說〔見註【60】〕十分類似。他並以為現象學進路與邏輯進路兩種說法當年在康德的文獻中都有跡可循，只是時至今日，這兩種說法已經走成「分道揚鑣」的局面了。基本上，在當代幾何學中，知覺事實的直覺說已經被直覺邏輯說所取代了。

弗列曼的論文十分精彩，他還一路細表康德以後幾何學步步發展的轉折，在此不允再說，有興趣的讀者可以自行閱讀。但是一如前段弗列曼所云：邏輯論者首先關切的是由公設來的、**幾何推演性格**的問題，並不是幾何公設之發源與証成的問題。這真是萊布尼茲這一系傳統邏輯論者的思路，與牟先生的口徑一致，他們可以在發源生成之地——即公設如何產生與証成之際——同意直覺的地位，但是決定真理的大綱骨必然要回到邏輯，邏輯即是形式邏輯，並沒有康德的先驗邏輯或先天綜合判斷。那麼，到此康德最初的哲學問題必須原地踏步、重新被提出了：思想與存在如何接榫？我們憑什麼能說我們之所思即是客觀的存在呢？帕爾森反對邏輯說就是因為邏輯說會犧牲掉直覺的當下性，這並不是一個小問題，這實是康德先驗哲學必須「即」於可能經驗的大問題，是康德不允許理論理性超越經驗運用之批判哲學的切口處。

弗列曼的走法自然是趨向經驗主義的分析哲學了，這種說法事實上已經離開了康德哲學的本色，也消弭了「現象與物自身」的二分，他的首要關切成為科學哲學——關心經驗世界的實在性與科學知識的先天性——並不是「現象與物自身」二分的問題。這一點與牟先生的關懷自然是不同的。牟先生將直覺收束至理性，以實踐理性擔綱，穿透出無限心，轉動精神現象，呈現人類文明的全幅相貌，科學知識只是「無限心坎陷」的成就之一，這與弗列曼只專注科學哲學的發展並反過來把康德哲學侷限在科學哲學裏是有相當差異的。

牟先生對於這個接觸存在的問題當然是有意識的：他早年是借一點經驗主義[66]，晚年是借「坎陷」說來處理這個問題的。他在寫《現象與物自身》時，還談及「暫時的實在論」[67]，並以為經驗主義與康德並不是不可相通的，這些都表現出他早年經驗主義與實在論的痕跡；而他後來的「智的直覺」是觸及了「物自身」的，也是因此他才必須發展「坎陷說」以接觸存在。因此，在他的哲學裏，「現象與物自身」是二而一而一而二，可以舒卷自如，互相流轉的。嚴格講起，**這樣的說法反而沒能表現「相即」的必然性**。筆者曾經有些納悶，何以牟先生一方面極談圓教「一念無明法性心」的「相即性」；一方面又以「一心開二門」這個別教的架構撐開普世哲學的格局？康德「先天綜合判斷如何可能？」難道不是開宗明義就是個必然「**即**」於可能經驗的圓教規模嗎？難道它還不夠「**詭譎**」嗎？難道它不包含強勁的「**批判性**」與「**實踐性**」嗎？以下試從牟先生對圓教的詮釋探索這些疑問。

五、圓教的意涵

牟先生在《現象與物自身》裏曾經說：

> *故圓不圓根本是即不即的問題……即則為圓，不即為別；性具為圓，性起為別……寄法顯示，說為十玄緣起，當然亦可說。這只是涅槃法身底分析展布。於此說圓，無人能持異議，因為此是共法。圓不圓不在此論。*[68]

---

[66] 關於此一問題，請參考拙作〈從康德的「數學觀」到「可能經驗」：一個先驗哲學的探索〉，今刊於政大哲學系網站：http://thinker.nccu.edu.tw/kant/data/pdf/5b01.pdf。

[67] 見《現象與物自身》，《全集21》頁214-220。

[68] 見《現象與物自身》，《全集21》頁443。又、牟先生藉佛教的「識心之執」達

這是他對圓教的第一個規定，就是必須「即」。華嚴的十玄緣起，雖然也是圓，但那只是涅槃法身底分析展布，是邏輯的圓、是共法，不是存有論的圓，因此圓教的圓不在此論，圓教的圓必須**即**於存在，所以說「**即則為圓**」，這也是前述康德直覺的「**當下性**」不可漏失之義。然而前文縷述，先驗哲學從本以來就是「相即」的，但是牟先生並不以為然，他認為康德的「即」是空頭強湊的，他說：

> 康德最後還是歸於「即」。但他不點明原初之「即執」，而成為空頭的起現〔對於知性未封住〕，他那最後歸於「即」乃是形式地強湊的「即」，而待「如何」之問題之解答以即之；又如果「如何」之問題真有獨立之意義，而不只是一姿態，則其最後歸於「即」乃是無根的強湊。雖說那些概念是「經驗可能底條件」，由此以完成那個「即」，但這仍然是強湊……那主斷並未解答這「如何能」之問題，而只同語重複地說了「實能」，或「必須認它們能」。康德固是經過層層的綜合……而達至這「實能」的。如是，那些先驗概念本就是「即於」現象的，通過綜合而即於現象。若本就是即於現象，則那個困難不真是一種困難，而只是一工巧姿

到對康德知性存有論的理解，在他《中西哲學之會通十四講》裏有進一步敞開的說明，可見他步步逼近康德哲學的曲折，但是他卻不是直接從康德自己先驗哲學的進路達至此。見《全集》30，頁191-206。又、他到晚年雖然對康德哲學心悅誠服，說「康德作為一個思想家是很一貫的」，但是他始終對康德的表述有疙瘩，以為康德的說法「服人之口不能服人之心」，他仍習慣藉不同的資源詮釋康德，比如他在此藉羅素的摹狀說（theory of description）解釋範疇（《全集》30，頁212-220）；並在《中國哲學十九講》裏，從羅素的學問講起（《全集》29，頁19-43）。這都是筆者以為他深刻的實在論意識與貫徹的形式邏輯進路之故。他與向來反對康德的西方學者一致，很難真從康德的「先天綜合判斷」接受康德的先驗觀念論。

> 態。但康德卻又煞有介事地說了這個困難。其故何在？那是因為他孤離地憑空無端地把一些存有論的概念安置於知性上，視之為知性所先驗地提供者。

很顯然，牟先生到了《現象與物自身》的時代還是沒有接受康德的「先天綜合」說，他批評康德不點明『即執』，對知性未封住，似乎不願意承認康德的「綜合」即是「執」，康德的「直覺綜合」已然封住了「知性」【69】。他以為康德的「如何可能？」只是個工巧姿態，康德重複地說「實能」並不真是個困難，他並沒有想到這是康德哲學問題的洞見與進路，一方面必須由事實開始（*the quid facti*）；一方面也必須演繹其「合法性」（*the quid juris*），這兩條路線其實並不相衝突，也不必是惡性循環【70】。他只是以為康德為了要憑空把存有論的概念安置於知性之上，視其為知性所先驗地提供之故而「煞有介事」地寫得如此繳繞。這真是他忽略康德這個哲學是由事實出發之洞見的明證了，試看他接下來如何說：

> 他是這樣地說先驗概念。這只是知性之敞開的獨行。*如果知性真是這樣的獨行，則它很可以只是表現它的內斂的邏輯性，而並無所知於存有論的概念*。如果這些概念是強安在它身上，則一方面這些概念是*無端而來*，一方面始有康德所說的「它們如何能有客觀妥效性」之困難……何以可以就這些先驗概念說綜合，但這綜合是獨行的知性之先驗的綜合，*存有論的綜合*，*那現象很可不接受，如是*，這綜合*仍不能落下來*，而那些先驗概念仍不能是經驗可能底先驗條件，因而仍不能落下來有客觀妥效性，即先驗地關

【69】但是牟先生到了一九八二年講《中西哲學之會通十四講》時已然以康德的「綜合」解「執著」了。見《全集》30，頁197-202。這表示牟先生對康德的消化始終沒有停止，他的詮釋也是愈老愈熟的。

【70】參考註【65】。

於對象……。

他這樣反覆推敲，實是由於他自己形式邏輯的進路，沒法轉過來體會先驗邏輯必須觸及對象的哲學命意之故，因此才反過來質疑康德。他完全忽略康德一開始就是必須觸及存在的先驗邏輯進路，康德是從**已然落下來「相即」的客觀事實走起**，然後再先驗地推證**概念**與**直覺**這兩種異質的先天性如何聯結的困難問題。康德在此並沒有他所描述的知性的獨行，先表現邏輯的內斂、再外涉存在的曲折，當然也沒有存在接不接受的問題。因為康德的走法不會有存在接不接受的問題，康德的走法是我們只能走到**可能的經驗或可能的經驗對象，別無選擇**。進而，康德的走法，顯然也是了知存在可以不必接受這個相即，才點破我們必須謙稱這些經驗或經驗對象是「現象」而不是「物自身」的洞見，康德的「現象與物自身」是因此才分裂的，他這個「現象與物自身」分裂的洞見是跟著第一個「事實」的洞見來的，它們並沒有「不穩定」的問題，因為它們原不是分離的兩層存有論，而只是「同一物相即的兩種表象」而已。這裏還有更深一層的相關思維：正因為「**存在**可以不必接受這個**相即**」，「**物自身**」才有可能成為一個「**價值性**」的概念，牟先生最終所說的「道德秩序即宇宙秩序」才有可能被理論地建立，康德的「自由」才可能是先驗哲學的拱心石，整個康德的哲學才可能是人文價值的終極關懷。在此暫不論及此深刻的哲學意涵，如今先回頭說，正因為牟先生是形式邏輯的進路，才以為康德這裏的範疇概念是憑空而來的。

到此，牟先生對康德先驗哲學的路徑還是有誤解的。但是他跟下來的解釋卻正是康德先驗哲學的義理；然而他是藉佛教的「執著」概念才解通的，完全呼應了他自己所說的、原來很不明白康德，後來是藉佛教才恍然大悟的轉折：

> *其提供存有論的概念必不是孤離地無端而提供。那就是說，它原初就「即於」現象，除此以外，還要點明它的執性。這樣，我們便把知性封住，因而也把那些先驗概念封住，不讓它們遠離飄*

> 蕩，飄蕩了而待超越的推述以使它們落下來。*知性原是即於現象而執著其定相，即因它這「即而執」*，它遂必然地而且先驗地起現一些存有論的概念以成就「其執」……*而當我們說那些先驗概念底綜合時，這只是那執之分析的說明以完成此執*，不是有待於這綜合，那漫蕩者始能落下來……如是，*執念必有客觀妥效性，必能先驗地關聯於對象，必能為經驗可能底先驗條件；現象亦必接受之而無能逃……並無現成的天造地設的現象。*

如此，「它原初就『即於』現象……」這才完全契入康德原初的洞見了，但是他決不是直接從康德的先驗邏輯解出此義，而是藉佛教的「執」才達到此境的[71]，因為他終究是形式邏輯的進路，不是先驗邏輯的進路，他在此時還是沒有認為康德的「綜合」就是「執性」，康德的「先天直覺綜合」就是「即而執」，反而以為「我們說那些先驗概念底綜合……只是那執之分析的說明以完成此執，不是有待於這綜合，那漫蕩者始能落下來……」他的心思回轉了，藉「執著」概念回轉了。事實上**康德的綜合是多重的綜合**〔感取、想像、概念、統覺等等層層的綜合〕，**它們必須包括直覺綜合，它們是識心之執一執執下來的多重綜合**，牟先生始終對康德的直覺說不能諒解，才以為那些概念是漫蕩的，與直覺沒有黏合的，他這裏還是與康德的意思有些許的落差，所以他才跟著又說：

> 康德說感觸的直覺給吾人以現象，而概念有待於超越的推述以合之，則是直覺與概念脫，直覺所給的現象好像是現成的，天造地設的，而同時概念亦遠離而漫蕩，如是便有「如何能先驗地關聯於對象」之困難，而待超越的推述以解答之。[72]

他這又說岔了，康德的直覺由感性先天的時空形式封限住現象，怎麼說

---

[71] 參考註[68]。

[72] 前四段引文一氣而下出於《現象與物自身》《全集 21》頁 235-238 。.

是「現成的，天造地設的」呢？康德的概念必然即於存在，那是知識開始於經驗的必然相即，如何又說是「遠離而漫蕩」的呢？牟先生此時還是沒有意知康德這第一個重要的洞見，沒有接受他「形上學的推証」[73]，沒有接受他感性直覺的先天論，沒有接受他的先驗邏輯論，沒有接受他先天綜合的判斷說，他自然無法承認康德的先驗哲學從來就是「相即」的。

比較奇怪的是，他在此時已經意知康德的知性具有存有論的性格，但是從以上四段引文看來，他在《現象與物自身》的時代還是沒有接受康德的先驗邏輯。所以他後來說把二十世紀的形式邏輯融入康德的哲學中消化了康德，事實上是改造了康德[74]；他又開闢智的直覺，超越康德，令康德百尺竿頭，會通中國哲學，事實上也是走出了康德，成就了一條牟宗三哲學的道路，與康德哲學是分道揚鑣了，他的哲學可能反而與黑格爾的哲學接近，只是表述得不同罷了。

雖說一般以為德國理念論是康德後學上迴向的發展，到黑格爾達到了最高峰，算是一種康德哲學的進展，但是康德自己在有生之年的最後一篇學術著作〈公開宣言〉[75]（Public Declarations）中就明說他的先驗哲學與費希特的學問毫無關係，他並不承認費希特的《學問論》

---

[73] Reinhard Brandt 在 *The Table of Judgments: Critique of Pure Reason A67-76; B92-101*, translated and edited by Eric Watkins, NAKS Studies in Philosophy, vol. 4, 1995 一書中說康德每用及「形上學」一詞即表「所與」（given）之意，此說甚醒豁，見頁45。

[74] 見前註[22]〈談民國以來的大學哲學系〉引文，收於《時代與感受》，《全集23》頁169。這篇講於民國六十九年六月四日台大哲學系，筆者當時在場聆聽。

[75] Immanuel Kant, *Philosophical Correspondence, 1759-99*, edited and translated by Arnulf Zweig, The University of Chicago Press, 1967; Midway reprint edition 1986, p.253, 254.

（Wissenschaftslehre），也不願意替它背書，主要的理由就是他以為《學問論》只是一套純邏輯，沒有內容，它不可能帶出具有實在對象的知識，**與先驗哲學的旨趣完全背馳**。因此德國理念論究竟算是康德的後學？還是理性主義的後學？這點還有待學者的專題研究。

記得羅素曾說過每當他看到黑格爾與康德起磨擦時，他不知為何總是偏袒黑格爾，雖然他也反對黑格爾，但是他更討厭康德。或許他從萊布尼茲一路而降的路數與黑格爾還算是親家，與康德卻決不是一家人了。筆者以為牟先生的哲學路徑恐怕也是如此的，他並沒有真正接受康德先天綜合判斷的先驗哲學，反而常常要把「先天綜合命題」改成「分析命題」，將「先驗邏輯」改成「形式邏輯」，這恐是理性主義多於批判哲學的色彩！筆者以為康德是不會答應的。

六、結論：先驗哲學具圓教的規模

跟下來看他對圓教的第二個規定。牟先生在《佛性與般若》中說：

> 然則圓教之所以為圓教必有其獨特之問題以及其抒義之獨特的模式……【76】

「獨特之問題」已於前述，就是「即不即」的問題，「即」才可能成就存有論的圓，「不即」則只是「佛法身法界展轉引申而為**分析的圓**，不能決定圓之所以為圓也」。因此，他對圓教的第二個規定就是「抒義獨特的模式」，他說：

> 天臺宗自始即不走分解的路，即不順唯識學之系統而立教，乃是順般若學而前進，進至於『從無住本立一切法』……故消融一切教義，最後由「一念無明法性心」而言「一念三千」也。此「一念無明法性心」是剎那心、煩惱心，不是分解地偏指清淨真如心

【76】《佛性與般若》下，《全集4》頁575，576。

而言也。此詭譎地就當體之即具而言……[77]

他跟著引知禮於《十不二門指要鈔》精簡「一念」的即義，才透脫一念心是當體**詭譎即具的剎那心、煩惱心**，如此才有「圓家斷證迷悟，但約染淨論之，不約善惡淨穢說」，點出「除病不除法」的性具圓滿的價值意，因此圓教之所以為圓教必須依「生死即涅槃，煩惱即菩提」、就「即」字詭譎地展示之。而凡分解地展示者皆不能相「即」，亦皆不能圓。**圓別的分別根本是兩種抒義模式的差別**[78]。而反過來，他之所以判定康德與唯識與華嚴一樣是別教，正因為康德的表述方式完全是分解的路數之故：

> 康德的系統無論是怎麼樣，還是以分解的路講。以分解的路建立系統，有系統相……凡有系統相的那種系統都不是圓教，是權教而已。天臺宗講開權顯實，那表示這種圓教是承著以前大小乘那些系統下來，開決了那些系統以後而呈現出來的一個境界。[79]

如此，依牟先生，天台是圓，康德是權，康德哲學出現了分解表述的系統相，所以不合詭譎展示的圓教義，這是因為康德在感性知性理性這些主體心能中開開合合輾轉鋪陳，必然出現的分解相。但是如筆者前文所釋，康德的「先天綜合判斷」原本就是「即」，他的先驗邏輯不是一般邏輯，而是必然要即於可能經驗的對象，並且這一「即」必須由感性直覺擔當，不能由**概念承擔**，**概念不能直接接觸對象**，與圓家「斷證迷悟」必須「**即**」於「**九法界**」而言「煩惱即菩提」、「除病不除法」是同樣的意思。感性直覺的先天形式與概念曲度的先天形式的主要區別是在此一「**即**」，並不只在弗列曼所說的「**單一性**」而已，「**單一性**」可以回溯至概念，兼具**概念**與**直覺**的雙重性格，它可以說是「統覺的綜合統一」

[77]《現象與物自身》《全集21》頁439。

[78] 見《現象與物自身》《全集21》頁444。

[79] 見〈中國哲學的未來拓展〉，《時代與感受》《全集23》頁190。

的那一層最高級綜合的「圖式」身份，並不是量範疇中量性統一的圖式，而「當下相即」卻必須靠直覺，這是與存在接榫的當機，正是有此一「即」，才有「吹縐一池春水」的**縐起**，才有**先天綜合判斷**，才有**剎那心、煩惱心**，才可能成就**詭譎相**，因此先驗哲學原本就甚「詭譎」，它不能被改成「**先天分析命題**」[80]，**這是關鍵**。

然而，哲學的表述，很難捨棄分解的路數，這是方法論的問題，圓教並不能例外，因此圓教也不能憑空說圓，而必須預設一切帶出系統教相的學說，才可能遮詮圓教的規模，因此表詮在權，遮詮在圓，圓教本身也帶出了一層方法論的姿態，與前述十二判斷的「樣態判斷」類似了——它本身空洞不涉及判斷的內容，卻是統攝一切判斷內容底形式——所以圓教本身才不能有內容、不能有系統、不能有教相，它只能是一個以形式邏輯為基礎的批判的學問，類似一個方法論的學問，它是虛層，一方面它必須預設一切有內容有系統有教相的學問，另方面它還必須即於一切有內容有系統有教相的學問，以成為決定它們所以可能的條件，這就是天台圓教的批判綱格、法華的性格了，一如牟先生在《佛性與般若》裏頻頻的點示：

> 法華經是空無第一序之內容的……它所說的……乃是第二序上的問題。它的問題是佛意，佛之本懷；是權實問題，迹本問題，不是特殊的教義問題；它處理此問題的方式是*開權顯實*，*開迹顯本*，它只在此成立圓實教，也明佛之本懷，這顯然是第二序上的問題，高一層的問題，也可以說他是虛層的問題，因此它沒有特

---

[80] 有關康德的「綜合判斷」是否能被改成「分析判斷」的討論，請參考 Lewis White Beck, " Can Kant's synthetic judgments be made analytic?" 原載於 *Kant-Studien*, Band 47 （1956）, Kolner Universitats-Verlag ，今收於 *Kant-A Collection of Critical Essays*, ed. by Robert Paul Wolff, University of Notre Dame Press, Nortre Dame, Indiana, 1968, pp. 3-22.

殊的法數，教義，與系統，因而它亦無鋪排……開者不是施設義，乃是順所已施設者不讓我們定死在這所以施設者之下而開發之，暢通之，決了之之謂……此中，決了聲聞法之「決了」即是智者說「開」字之所本……當知此經唯論如來設教大綱，不委微細綱目……故此大綱不是如普通所謂之大綱，即不是分解的，乃是批判的……然它本是批判疏導之大綱本無特定之材質內容；特定之材質內容皆在他經，*乃所已知而預設者*。故不精熟他經，不能了解法華。*精熟他經是學力工夫，了解法華是智慧識見*。[81]

這裏通透地表達了圓教的意旨，他從第一序指向第二序，從實指向虛，從教義指向批判，從學力指向智慧，從現象指向一個究竟價值的物自身。這裏不但指向一個究竟的**智慧**，還要求精熟他經的**學力**。筆者以為這是牟先生何以終究必須以別教的「一心開二門」表詮普世哲學共通的格局、而不是以圓教「一念無明法性心」來遮詮普世哲學智慧的理由，他在這裏要求了一個精熟他經的哲學學力，否則那實踐的智慧學也將空蕩蕩的成為夢幻泡影。在此唯一可惜的是牟先生沒有回頭點破康德的先驗哲學正是這樣的一個批判綱格。

康德雖然是以一種分解的方式表義，但是他卻是分解地表述一個詭譎的哲學問題——先天綜合判斷如何可能？分解是他的方法論〔表詮〕，詭譎是他的指向〔遮詮〕，與牟先生結果以「一心開二門」表詮普世的哲學模式一樣，是他在方法學上的方便、是權；實際上是詭譎地指向「一念無明法性心」，是遮詮、是圓。

康德說他的批判事業已經圓滿，他並沒有繼續分解什麼學說教相，只說先驗哲學是未來形上學的預備、導論、基礎，是批判哲學，不是一門學說；它像是一門方法學，卻含蘊了詭譎相即的兩層形上學，所以說它具有存有論的圓教規模〔以康德的辭語說就是先驗哲學具有「自由」

---

[81]《佛性與般若》下，《全集4》頁576-587。

與「自然」兩層相即的客觀實在性〕；並且雖說他是藉一般邏輯、普通經驗、歐氏幾何、牛頓物理學、傳統形上學與基督教為例，展開他的先驗哲學，但是他藉先驗証法所「**逆証**」的先驗法則，不論是時空、範疇、統覺或自由，都只是軌範的形式、設準，並不帶有任何特定的經驗內容，只是「純活動」，純粹理性的活動。特定的經驗內容是學問的「事實」，是他用來分解先驗哲學的**進路**，不是他分解的**結果**，他分解的結果是先驗法則的**必然性**，及其法則運用於經驗的**合法性**，此其所以為**先天批判的學問**之故；也是因此，他才逃遁了二十世紀科學革命的一劫，因為先驗法則（transcendental law）不是經驗法則，它們不必與經驗法則（empirical law）混漫。先驗法則必然是經驗法則的條件、基礎；反之、必不然；一如良知不必通古今之變，而古今之變必須以良知為條件、基礎一樣。在此，自由、良知、因果都是先驗法則，古今之變與歐氏幾何牛頓物理都只是經驗法則，因而「子入大廟每事問」才正是先驗法則的表現，與廟堂禮儀經驗法則的損益不相干。

如此，康德的先驗哲學就是批判哲學，與天台批判哲學的含義一致，天台必須預設藏通別圓的教義，才可能批判地開決了各系統教相的「權相」，使之歸於「圓實」；康德的先驗哲學也是一樣，必須預設古往今來一切超越實在論（transcendental realism）與主觀觀念論（subjective idealism），才可能以先驗觀念論（transcendental idealism）及經驗實在論（empirical realism）對治、批判、決了、暢通，才可能積極地指向「自然的」與「自由的」兩層形上學。康德批判哲學的勁道原本就與般若「蕩相遣執、以破為立、融通淘汰」的精神一致——這一點從他的〈先驗辨證論〉看得更清楚：康德的〈先驗分析論〉與唯識學相親，他的〈辨證論〉卻與般若學相近——更何況，先驗哲學又從本以來就「必須」、「已然」即於經驗對象——是剎那心、是煩惱心；它的存有論及實踐性是被道德法則要求兌現的，它的**客觀實在性**必須是實踐的**成果**，因此它根本上與法華經的「**唯一佛乘**」一致，要求當下此世「即身成佛」的實踐力，這與牟先生所謂的「逆覺體証」、「良心呈現」並無不同，也無絲毫的虛歉。

以此之故，筆者以為康德的先驗哲學本具一個圓教的規模，牟先生之所以判他為別教是因他自己形式邏輯的進路，始終不曾體諒康德首出的哲學意旨在「即」之故。雖說他到了《中西哲學之會通十四講》的時代[82]，再度消化康德，指出康德的綜合就是「執」〔十三講〕，同意康德「經驗可能之條件即經驗對象可能之條件」〔十二講〕，並精道地闡釋了「先天綜合」〔十四講〕，但是他還是覺得這個詞語不容易懂，現代人大體已經不承認康德所說的「先天綜合判斷」了，所以他忍不住又用了羅素的「摹狀論」(theory of description)來權解康德這個詞語，以解消他對康德的疙瘩。

牟先生消化康德的過程是驚濤駭浪波瀾壯闊的，如果把他放在西方哲學的脈絡觀是更見分明的。我們可以藉以對襯西方哲學的傳統，康德的突破，以及康德後學精采的脈動，更可以藉以會通中國哲學，把中國哲學放在普世哲學的平台上與人類智慧的成就對談併論，通向未來。有學者說他「迷戀於康德數十年如一日」[83]，事實上他並不是迷戀於康德，而是因為跟康德的哲學有疙瘩、有問題、有商榷，才一路「困勉而學」地行來，一而再、再而三地去消化康德，把疙瘩抹平。牟先生是為了要閃避康德的批判，挺立中國哲學，才有這一甲子的哲學工夫。他晚年常感慨一般淺嚐者不知學問的艱難，是他過來人的真實語。如果跟著他的學問走一遭，是可以看出他每消化一次康德都費一次大勁，著著實實地去碰撞那些艱深的哲學問題，所以有許多問題他興發得比許多當代的康德學者還要早。他顯然看出康德是個哲學寶藏，也體會出康德動之

[82] 本書出版於1990年，原講於1982-83年間，與前引〈中國哲學的未來〉講於1981年，及《孟子演講錄》講於1984年之年代不相上下。都屬於他晚年成熟的定論了。

[83] 見鄭家棟，《牟宗三》，台北東大，民國八十九年，頁231。

愈出的豐富義蘊，才可能終生不捨康德，不離不棄地走出一條哲學家的道路，並為中國哲學去腐生新，別開生面，創出一片新天地。筆者以為這並不是呼喚兩句「超越牟宗三」或「後牟宗三時代」的口號可能輕易跨越的。牟先生的學問可能是代表一個新的中國哲學時代的來臨，並不是「標誌著一個時代的終結」[84]。他與康德的學問一樣，會被一代一代的學者重新造訪，也會不斷地有新一代的批判活動出現。因為人類的執性俱生，永遠都有幻化**超越實在論**與**主觀觀念論**的本領，這是人類理性自身背反的執著，批判哲學正是對治這些膏肓病的良方，所以它可以「除病不除法」，具永恆性，使世間相常住，而這正是圓教判教的意旨所在。

[84] 同前註，頁 257。

就牟宗三先生對康德自由學說之批評提出商榷

盧雪崑*

提要

牟宗三先生對康德的自由學說有嚴厲批評，那就是認為康德所論「自由」只是一理念，一設準，故而只是一冥闇的彼岸。本文就這種評提出商榷，要點有三：首先指出必須把握康德自由學說之通貫的整全統，以免將整全論證過程中的某步論證作為康德的最後定說。第二、消除因忽略自然領域之區分而引致之誤解，指明自由範疇及實踐的基本概念不必等待直觀而獲得意義，並提出康德關於自由推證所依據的是力學的因果性原則。第三、康德批判工作要彰顯的唯一能真實化的本體是「自由」，而人作為道德者，是唯一能在服從道德法則之行動中使「自由」真實化者。

本文消解牟先生對康德的誤解，旨在說明康德言「自由」所彰顯的超越而內在的慧識正與牟先生所宏揚的中國哲學精神契合，二者之進路大異其趣，而同顯人類理性之光明。此正見出牟先生提出「康德哲學乃溝通中西哲學之橋樑」具深遠意義。

「自由」是超感觸者，它不能有任何直觀中的展現，我們對之也不能有直接的意識。康德要證成「超越的自由」也就沒有了在《純粹理性批判》那裡對於時間空間及十二範疇的論證所據有的方便，因後者有經驗

*本所副教授。

的事實作支持，而經驗的事實是得到直觀中的展現所證明的。這決定了超越的自由之推證不能畢其功於一役。康德採用了迂迴曲折的進路：首先經《純粹理性批判》之辯證部說明超越的自由之可能性，再於《德性形上學之基礎》經由道德概念之分析確立道德的最高原則（意志自律）及說明道德法則與意志自由是交互性概念，然後進至《實踐理性批判》說明道德法則是純粹理性的事實，因著道德法則與意志自由的涵蘊關係，以道德法則為推證原則對意志自由作出超越的證成。康德的整體論證脈絡是清楚明確的，論證的全過程思理慎密，如理如實。康德勝任了「超越的自由」之推證這麼一項艱深的工作並無懈可擊地完成之。可以說，「超越的自由」之推證與時間空間之解釋及十二範疇的推證組成康德批判工作的三大功績。後二種工作確定了經驗的客觀實在性，而前者則確定了實踐的客觀實在性。

不過遺憾的是，學術界對於康德的「超越的自由」之推證鮮有通觀研究。有人僅依據《德性形而上學之基礎》一書談論康德的自由學說，免不了要批評康德把自由看成只是一理念，只是一預設。有人雖亦涉獵康德全部道德哲學的著作，但並未肯下苦功去熟習康德自由學說之全系統，或未能以通觀的思想去把握這系統中一切部分之相互關聯，他們將組成康德整全論證過程中的諸步論證一一切割開，並視之為單獨完整的論證，隨後又拿它們互相對質。這些人以他們自己不通貫的思想線索，難免要對康德產生諸多誤解，或認為康德在不斷修正自己的學說，甚至指責康德到處不一致。

此外，學者們一直未能把握康德自然領域與自由領域區分之真諦。《純粹理性批判》問世以來，經驗的實在性與超越的觀念性已被公認為超越哲學的核心精神。直觀而無概念是盲的；概念而無直觀是空的。這個經典句子連同範疇只能作經驗的使用而不能作超越的使用之原則，已然成為人們公認的擊敗獨斷理性之虛幻的最有力武器。直觀的原則毫無疑問已成為檢驗真實與虛幻的準繩。無疑，這些是批判哲學的重要貢獻，也是首先被提出來的貢獻。但是，這項貢獻屬於自然領域的，而並未進致論及自由的領域，遺憾的是，學者們就停留在這裡，他們對康德探究自由領域而取得的同樣重大的成就似乎漠然視之，多數人抱持懷疑、不信任的態度，有人乾脆拿《純粹理性批判》的成果來反對康德的自由學說，以為康德主張無需直觀而又是理性事實的說法是一種前批判的獨斷論。[1]

其實，康德已經提醒，那些在《純粹理性批判》中業已經過特別批判的純粹思辨理性的各個概念和原理，在《實踐理性批判》這裡要經過另一番考察，他在《實踐理性批判》序中說：「這種做法原本不符合建立一種科學時所應採取的系統程序（因為業經判定的事情只須加以引證，而不必再予以討論）。不過在這裡，這種做法不但被允許，甚至是必要的。因為我們在這裡看到理性及其概念已經轉移到另外一種使用，而與理性在那裡使用這些概念的方式完全不同了。但是，這樣一種轉移就使得比較新舊兩種使用成為必要，以便區分新舊兩條路徑，同時觀察出它們之間的聯繫」（KprV 5：7）。康德指明：再度針對自由但在純粹理性的實踐使用之中的考察是「為使體系的連結明顯起來的真的環節，讓我們認識到，在思辨理性那裡只能夠懸而未決地被表象的那些概念，而現在是實在的展現（realen Darstellung）。這個提醒尤其適合自由概念，我們驚奇地注意到，居然那麼多人只是在心理學的關聯中看待自由概念，而自詡完全領會了它，並且能夠解釋它的可能性；然而如果他們先在超越的關聯中准確地思考自由概念，那麼他們就會認識到，它作為一個懸而未決的概念在思辨理性的完整使用中是不可或缺的，而又是完全不可理解的，但如果他們後來進入這個概念的實踐使用，正就是必須達到在關聯其原理中的決定，儘管他們並不高興如此瞭解。自由概念對

---

[1] 在康德那個時代就有哲學家如黑格爾、叔本華批評康德主張「實踐理性的獨斷論」。

於一切經驗主義者都是一塊絆腳石，但對於批判的道德學家卻是打開最崇高的實踐原理的鑰匙，後者通過這個概念領會到：他們不得不以理性的方式行事。」（KprV 5：7-8）

康德如理如實地區分開心靈的認識機能和意欲機能，並一再提醒，《純粹理性批判》探究的是認識機能的先驗原則，在那裡，理性的理論應用處理單純認識機能的對象，而《實踐理性批判》所探究的是意欲機能，在這裡並不要去認識外在的對象，而是處理意志決定的根據，意志是產生與表象相符合的對象，甚至決定自身而導致這些對象的一種機能（KprV 5：15）。因而直觀原則以及範疇之經驗使用的規定在這裡是不相干的。康德說：

> 有兩個十分不同的任務：一方面，純粹理性如何先驗地認識客體，而另一方面，它如何能夠直接地就是意志的決定根據，即有理性者在關聯於客體的現實性中的因果性（單純通過他們自己的格準作為法則的普遍有效性之思想）。第一個任務屬於純粹思辨理性的批判，它首先要求說明：直觀，若無之，沒有客體被給予，因而也沒有東西能綜和地被認識，以及這樣的直觀是如何先驗地可能的。…… 第二個任務屬於實踐理性批判，它不要求說明意欲機能的客體如何是可能的，…… 它只是要求說明理性如何能決定意志的格準，…… 。（KprV 5：45）

相應於這兩個不同的任務，康德區分開自然範疇與自由範疇：

> 自由範疇，我們這樣稱呼它們以別於那些作為自然範疇的理論概念。自由範疇比自然範疇有著顯著的優點，後者只是思想形式，只是經由普遍概念給每一個對我們可能的直觀指明客體一般；與之相反，自由範疇涉及自由抉意之決定（完全沒有任何與之完全符合一致的直觀能被給予，但是，有一純粹的先驗的實踐法則作為基礎，我們的認識機能的理論使用之概念就不是這種情形）。作為實踐的基本概念，並不以那不在理性自身中，而必須從別處

> 即從感性那裡取得的直觀形式（時間和空間）為基礎，而是以在思想機能自身中被給予的一純粹意志的形式為基礎。由此就出現這樣的情形：在純粹實踐理性的全部規定中，關鍵只在於意志決定，而不在於（實踐的機能）實現其意圖的自然條件，因此，關聯於自由的最高原則的先驗的實踐概念立即成為認識（Erkenntnisse），而不必等待直觀以取得意義。更確切地說，這是出自下面這個明顯的理由：它們自身造就與其相關聯的東西（意志存心 Willensgesinnung）的現實性（Wirklichkeit），而理論的概念完全不是這樣的。（KprV 5：65-66）

自由範疇及實踐的基本概念皆不能被給予於直觀中，但是它們並不必等待直觀而獲得意義。著實說，也就是我們不能也不必靠直觀經由範疇而理論地決定「自由」的質性：如它是精神的或是物質的，可分的或是單一的，可滅的或是不朽的，等等，這些對我們人類的認識機能而言是不可認識的。但這不等同說，自由的客觀實在性就無法確認，自由就始終只能是一預設。那麼，不能在直觀中構造地展現的「自由」是如何獲得其作為「可認識的事物」（erkennbare Ding）（KU 5：467）、「事實」（Tatsachen： res facti）、「可認知的東西」（scibilia）（KU 5：468）之確證的呢？那是經由自由意志自立道德法則及由依據道德法則而產生的道德行為之結果顯現於經驗世界中而確證的。在這裡，我想簡要地指出康德關於自由推證所依據的一個根本原理，那就是力學的因果性原則。因果性屬於力學範疇，它不像數學範疇那樣要求齊一性，也就是說，原因與結果可以同質，如自然因果性；也可以不同質，結果在現象界，而原因在超感觸界，如自由因果性。經由超感觸者的作用而產生結果於現象界，那麼，我們依據發生於經驗中的結果而確證那作為原因的超感觸者的實存。自由正是這樣一種因果性，儘管我們不能對於超越的自由有直觀，但我們依據只能產生於自由的道德法則及道德法則致生的道德行為這些理性的事實即可確證自由的實存。

如上文所述，康德對於自由的推證是批判的，而非獨斷的。但遺憾的是，學術界看來並不樂於接受康德的見解。牟宗三先生是對康德道德哲學之真知灼見有深刻契會的，但看來他並不把握批判的思考方式，或者他嫌這種方式過份強探力索、苛察繳繞，對於康德的自由推證的整體論證鮮有興趣，對於康德的自由學說他是採取隨文評說的方式。牟先生反對意志自由不能直觀的主張，先生對康德的不滿也集中在這一點上，認為如此一來，無論康德如何辯說，意志自由也終究只是一預設，一設準。因此，我們見到牟先生只注視《德性形上學之基礎》（Grundlegung zur Metaphysik der Sitten ，以下簡稱《基礎》）中康德論意志自由是預設，以及《實踐理性批判》辯證部中康德論積極地考量之自由是一純粹實踐理性的設準，而不顧及康德自由學說之通貫的整全，也不理會康德對於意志自由作為有理性者的意志之機能（KprV 5：47），作為道德法則之存在根據（KprV 5：4）；作為「可認識的東西」（KU 5：468），作為「事實」（KU 5：468），歸入「可認知的東西」（KU 5：468）之列，以及作為造化的終極目的（KU 5：443）等一系列論說與肯斷。牟先生在《現象與物自身》一書中反復表明他在這個關鍵問題上對康德的不滿：「意志自由雖由道德法則而顯露，然而它仍是一設準。……因為吾人對之無直覺（感性的直覺不能及，又無智的直覺以及之）。因此，它仍是主觀地就實踐理性之道德法則之必須如此這般而被肯斷，即在實踐上邏輯地逼迫著吾人必須肯斷意志是自由的，否則無條件的道德法則無由建立。……意志自由是一個不能直覺地被建立的概念，可是它是理性底全部系統底拱心石。」[2]「自由縱使我們通過道德法則而可以清楚地意識到它，吾仍說它是一個冥闇的彼岸——無智的直覺以朗現之，它就是冥闇，冥闇就是彼岸，不真能成為內在的，雖然康德可以說它在實踐的目的上而可為內在的，這其實是一

[2] 牟宗三著《現象與物自身》，台灣學生書局，民國64年，第52頁。

種虛的內在。」[3]牟先生認為必須承認吾人可有智的直覺，自由才可不是一設準，而是一朗現，吾人才可說它有客觀地必是定是的確定性。

依牟先生之見，必須有直覺以朗現之，意志自由才能有客觀地必是定是的確定性。但是，假若康德聽到這種批評，他一定大不以為然。自由作為超感觸者不能有在直觀中的展現，這是批判哲學的根本立場。但是從實踐的觀點，我們可以經由道德法則之為理性事實來肯斷意志自由是客觀地必是定是地確定的。那麼，牟先生依據中國哲學而提出的「智的直覺說」是否抵觸了批判哲學的根本呢？其實，仔細研究牟先生的智的直覺說，不難見出那是一種中國式的直透本源的思路，而並非批判的思路。如果我們依照批判哲學的思維方式，馬上就要向牟先生發問：你提出的「智的直覺」是屬於人類心靈的哪一種機能呢？你只籠統說智的直覺是無限心的明覺作用，這樣籠統說的「心」是非批判的。依批判的思路，「心」這機能區分為認識能力、情感能力、意欲能力，而在認識方面又區分開感性與知性兩大成素，康德說人沒有理智的直觀，專指人的知性只能思想而不能直觀而言。這個區分是批判哲學的一大貢獻。觀牟先生之意，也並不是要主張人的知性能離開感性而獨自有直觀能力。然則，先生欲以「智的直覺」來補救康德所言人所沒有的「理智的直觀」的做法是根本不對題的。

批判地考察牟先生所言「智的直覺」，嚴格說是要區分開兩種意義的：一是依照儒家義理而言，智的直覺就是本心明覺之反照自己而使自己如如朗現。儒家所言本心相當於康德所言自由意志，就是說，這裡所言「智的直覺」是就心靈的意欲機能（意志）之作用而言。二是就道家的玄智及佛家的般若智而言一種智的直覺，是對治工夫中超脫感性欲念、自然因果束縛，破除感性與知性之限制而見的一種非推理、非辨解

[3] 同上註，第61頁。

的純思活動、純理活動。此二者均與意欲機能不相干，因而應與本心明覺（自由意志）處所言「智的直覺」不同，決不能與本心明覺之作用混為一談。

本心明覺之反照自己而使自己如如朗現，於此說一種智的直覺，康德不必反對，康德只反對非批判地假定知性有一種直觀可以獨自理論地直觀構造地決定「意志自由」自身之質性。在西方哲學傳統中，這是一種歷史悠久的獨斷唯理論的虛幻。中國哲學中從來沒有這種虛幻，無論儒家或道家均有現象背後非感觸的超越本體的肯認，但都沒有把這本體作為一外在的絕對客體並求其理論地構造地認識之的虛妄要求。

只要我們批判地檢明，牟先生所言本心仁體之明覺即「智的直覺」，並非指一種知性的直觀，而實在是指「道德心之直覺」，亦可說是「純粹實踐理性之直覺」，或稱之為「自由意志之直覺」，則我們見到牟先生的見解與康德的意志自由學說完全一致。當康德說：「自由是現實的，因為自由這理念經由道德法則顯露自己（Freiheit wirklich ist；denn diese Idee offenbart sich durchs moralische Gesetz）」（KprV 5：4）。「自由的理念其實在性是一特種因果性之實在性，……，它可以經由純粹理性的實踐法則以及依據實踐法則在現實的行動中證實，因此，可以在經驗中證實。在一切純粹理性之理念中，此自由之理念是唯一的一個其對象是事實而必須列入可認知的東西（scibilia）之內」（KU 5：468）。箇中意義完全就是牟先生所言：「自由自律的意志就是道德覺情這個本心。它不但是理性，且亦是明覺。其自我立法之理性一面（康德說純粹而實踐的理性自我立法）就是其明覺之作用。……明覺之自我立法，其立之，即是覺之，它是在覺中立。它立之，它即感受之，它是在立中感受。它覺，它感受，即在此覺與感受中，轉出智的直覺。」[4]「自由底透露必通過道德法則始可能。自由是需要另開端而自吾人之道德意識上

[4] 同註[2]，第77-78頁。

來揭露的。」[5]

康德堅持我們不能獨斷地發明一種知性的直觀來證實「自由」，就是要揭示出：我們只能經由道德的進路證成「超越的自由」，只能經由意志自立道德法則以及在現實行動中依據道德法則而行，我們才能夠在道德踐履的實事中當即感受到及覺知到意志的自由。這正是牟先生所言「自由底透露必通過道德法則始可能」，於此，牟先生亦並不主張離開道德法則而可有一種獨立於道德心之外的「智的直覺」。牟先生言「明覺之自我立法，其立之，即是覺之，它是在覺中立」，此正是康德論「自由經由道德法則呈現自己」，自由經由純粹理性之實踐法則以及依據實踐法則在現實的行動中的呈現而證明它自己是一事實而包括在可覺知的東西之列。在康德所言「呈現」（offenbaret）、「可認知的東西」（Scibilia）中就含著一種自由意志的直接的自我意識，而且這意識不是感觸的，而是智思的。」那麼，我們也可以在這裡說一種就意欲機能之自律自由而論的「理智的直觀」。其實康德前批判期確實使用過「自由意志之理智的直觀」的說法，在他的一篇「反思」(60年代末、70年代初）中就論及這種自由意志的理智直觀：

> 我們藉著在理智界中的我們的人格性（Persöhnlichkeit）之意識看我們自己，並發現我們是自由的。我們經由在感觸界的影響中的我們的依賴性看我們自己並發現我們是被決定的。我們的身體的直觀全部屬於感觸界；是與基於決定的法則之經驗相配合的。但是我們的自由意志之理智的直觀並不與現象的法則相配合。（KGS 17：467；R4228）

康德這段「反思」中所言「自由意志之理智的直觀」，是就意欲機能而言，此與就我們的認識機能而言「人的直觀只能是感性的」，「人不能有理智的直觀」可同時成立而無矛盾。不過，康德批判期正式出版

---

[5] 同註[2]，第117頁。

的著作中再沒有這樣使用「理智的直觀」一詞。理由很清楚，康德是要嚴格區分作為始終是接受性的認識力之直觀（Anschauung unserer Erkenntniskraft）與意欲機能的自律自由的自動性意識。在兩種截然不同的意義上共同使用「直觀」一詞是要引起混淆與誤解的。舊有唯理論正是混用該二詞而產生虛幻。其實，康德使用「直觀」（Anschauung）一詞是指我們的認識機能對可感觸客體之間的直接的非概念的關係。而一般使用「直覺」（Intuitiv）一詞意指非推理、非思辨的直接方式，其涵義寬泛。在《判斷力批判》中康德論及直覺的表象模式（intuitiven Vorstellungsart）可分為規模式的（schematische）和象徵式的（symbolische），前者通過顯示（Demonstration），後者只作為按照某種單純類比的表象，前者包含對概念的直接展現（Darstellungen），而後者包含對概念的間接展現，而這兩者都是生動描述，即展現（exhibitiones）。康德說：「一切生動描繪（Hypotypose）（展現：subiectio sub adspectum）作為可被感知者（als Versinnlichung）都是兩層的：要麼是規模式的，這時知性所把握的一個概念被給予了相應的直觀；要麼是象徵式的（symbolisch），這時一個只有理性才能想到而沒有任何感性直觀能與之相適合的概念就被配以這樣一種直觀，借助於它，判斷力的處理方式與它在規模化所觀察到的東西就純然是類比，也就是說，與那概念契合者純然是程序的規律，而不是直觀本身，因而只是按照反思的形式而不是按照內容而達成一致」（KU 5：351）。意志自由就是一個「只有理性才能想到而沒有任何感性直觀與之相適合的概念」，對於這概念我們可以配以一種單純類比的象徵式的直觀。考察牟先生所言本心明覺的智的直覺，也正是一種就本心（即自由意志）之立法而言的一種象徵的直覺，而非作為知性概念的規模式的直覺。

依牟先生所論，「吾人通過吾人之道德意識即可呈露知體明覺之無限心」[6]，「自由底透露必通過道德法則始可能。自由是需要另開端而自吾人之道德意識上來揭露的」[7]。這完全就是康德所言「超越的自由」只能經由道德法則之事實而呈現（KprV 5：4）。牟先生說本心明覺之智的直覺朗照其自己，在康德那裡，也可說，意志自由在自我立法中朗現自己。康德說：我們直接意識到道德法則，這道德法則首先把它自己呈現給我們，而且它直接地引至自由之概念（KprV 5：29-30）。就意志自由不能離開道德法則而為我們所意識到而論，康德說「我們不能直接意識到自由」，而是直接意識道德法則，意識道德法則的同時意識到我們自己的立法意志之自由。其要旨是反對離開意志之立道德法則而論對自由之意識，並非要反對自由意志在道德立法中同時就意識其自己。依康德，道德法則的意識同時就是自由的意識，自由與道德法則是相互為用的概念（Gr 4：451）。一個自由的意志和一個服從道德法則的意志正是同一個東西（Gr 4：445）。康德強調以道德法則為首出，強調道德法則為自由之推證原則，這是康德道德哲學區別於他律道德學的根源洞見，決非將自由與道德法則打成兩截。當意志自我立道德法則，自發遵循道德法則而創發一行為時，我們就在直接意識道德法則的同時意識到自由。牟先生說：「吾人通過吾人之道德意識即可呈露知體明覺之無限心，無限心呈露，則吾之獨個的完整的存在即是物自身之存在」[8]。此即康德言「唯有自由概念允許我們無需越出我們之外而為有條件者和感性的東西尋得無條件者和睿智者（Intelligibele）。因為正是我們的理性本身通過最高的和無條件的實踐法則認識到自身，和認識到那意識到這個法則者（我們自己的人格）是屬於純粹的知性界，甚至連帶認識到它能夠如何活動的方式的決定」（KprV 5：105-106）。依康德所論，自由使我們成為睿智者，因著自由而自立無條件的實踐法則，我們的人格就屬於純粹的知性界，也就是

[6] 同註[2]，第118頁。

[7] 同註[2]，第117頁。

[8] 同註[2]，第118頁。

說，因著自由，我們從感觸界的存在轉為物自身的存在。牟先生說：

> 直接由我們的道德意識呈露那內在的道德實體。這是四無傍依而直接覿體挺立的，不是來回旋轉，馳騁妙談，以求解脫或滅度的。在這樣面對所呈露的實體而挺立自己中，這所呈露的實體直接是道德的，同時亦即是形上學的。因此，此實體所貫徹的萬事萬物（行為物與存在物）都直接能保住其道德價值的意義。在此，萬事萬物都是「在其自己」之萬事萬物。此「在其自己」是具有一顯著的道德價值意義的。此如康德說任何物，不但是人，其自身即為一目的，而不是一工具。視之為一目的，它就是「在其自己」之物。此「在其自己」顯然有一豐富的道德意義。[9]

牟先生所論「道德的同時亦即是形上學的」道德實體，「貫徹萬事萬物而直接保住其道德價值的意義」。此義也是康德所彰顯的。不過，須進展到《判斷力批判》，論及自然與自由之溝通，以及自由必然要產生影響於自然，並由道德目的論以揭示：唯有有理性者在其自由中能為其自己獲得一種存在的價值，如是在世界中才有絕對的目的，在自由中的人，也就是作為道德者的人因而也就是造化的終極目的，如是我們有根據「把世界看作一個按照目的關聯着的整體和一個目的因的系統。」（KU 5：444）

康德批判工作要彰顯的唯一能真實化的本體是「自由」，而人作為道德者，是唯一能在服從道德法則之行動中使「自由」真實化者。三大批判一步一步展示出理性之能力，從經驗的組織者，到行為之普遍法則之制訂者，最後，在道德的目的論下，理性是一種顯示人為一道德的者，同時展現一道德世界之真實性之創造力。僅僅自然世界，並不需要有一形而上學，唯有作為道德者的人於自然世界之外開闢出一個道德的世界，才同時產生一形而上學。道德世界既是超感觸的，同時亦是真實

---

[9] 同註[2]，第435-436頁。

的，道德的人就是這道德世界之創生實體。理性在服從自己頒發的道德法則之實踐中創造人為「道德者」，道德者的人就是人的物自身，理性創造之，故亦能認識之。憑藉理性，人認識自己即創造自己，創造自己即認識自己。人開創道德世界即認識道德世界，在這個領域，創造之即認識之，並無認識論與本體論割裂的問題，亦無主客結合的問題。人作為有限的理性者不能理解上帝創造的世界，但人有充分能力理解自己創造的世界。人作為道德者是道德世界的真實本體。至此，吾人可說，道德的形而上學是究極意義之形而上學，它堪稱為一門永久不變的學問。

誠然，直至最後一個批判，康德才清晰透出其道德形而上學的洞識。在第一批判，他的主題在理性的思辨使用，在那裡，理性是受限制的，其作用只能是軌約的，它絕不能認識物自身。但吾人不可忽略，康德在寫作第一批判的時候已明示那只是他的批判工作的第一步，而且只是消極的一步，這一步工作是要為純粹實踐理性的使用合法地開闢一領域。在第二批判，即《實踐理性批判》，連同其預備工作（《基礎》），其主題進至純粹實踐理性，在那裡，康德分析地，以及批判地確立純粹實踐理性（即自由意志）的真實性及客觀妥效性，同時即對於純粹實踐理性先驗地供給的道德法則之絕對普遍性有一說明。但康德並未表示：先驗地供給道德法則的純粹實踐理性（自由意志）本身即是宇宙的本體。康德經由實踐理性之批判工作達致這樣一個結論：自由之理念為道德法則所呈現，它的實在性因著道德法則而被證明（KprV 5：4）。直至《判斷力批判》，康德才在「目的論」原則下如理地透出「道德者」（亦即具自由意志的人）乃宇宙之本體之洞識。康德作為一個哲學家，步步分解乃其份內事，根源之智慧亦需批判地逼出。

這裡我們可以簡述自由概念在康德的說統中提出、推證、確立的進程：第一步，《純粹理性批判》（1781 年）之「辯證部」中，宇宙論意義的自由只是一理念，它不能經驗地用以說明顯現，這一步旨在說明「超越的自由」之邏輯的可能性。第二步，《基礎》（1785 年）第一、二章採用概念分析的方法，從道德概念的普遍性、必然性確立道德法則的先驗性，以及道德法則為先驗綜和命題。這一步就是對於道德法則的一個形而上的說明。第三章從上兩章分析地建立的道德的最高原則 —— 意志自律，批判地逼至自由是一個預設。這一步關聯著意志的特種因果性而言自由，旨在說明「意志自由」之先驗本性。第三步，《實踐理性批判》(1788年)中，康德經由道德法則推證自由的客觀實在性。康德提出：我們一旦追溯自己意志的格準時就直接意識到道德法則，而且由這道德法則直接地引至自由之概念；並強調：關於自由之首次概念是消極的，我們不能從經驗而推斷之。這一步工作旨在經由實踐理性之批判，展示道德法則是純粹理性的事實，並由之完成自由之超越推證。

實在說來，至《實踐理性批判》康德已經完成他對於自由概念之建立與推證。我們見到康德在《判斷力之批判》(1790年)中提出：在服從道德法則的行動中，自由把自己的實在性當作一「事實」實化之，也就是說，自由之實在性能夠有發生於經驗中的證實。其實這一層意思已經為《實踐理性批判》所闡明。

「自由」這超感觸者要具宇宙本原之意義，除了說明它能在自然中實化，還得將「宇宙」規定在「目的論」原則之下。即便目的論原則之提出，康德亦就「目的論」之可分為「自然目的論」與「道德目的論」而分而論之。第一步論「自然目的」原則下，具成熟知性的人也不過是現實相對等級中自然目的之最後一級目的，而人只歸於自然。必致第二步論「道德目的」原則，人作為道德的者才堪稱為世界（即造化）本身的終極目的，由此才能透出「建立並服從道德法則的人」乃創生實體之洞見。康德說：

> 人就是造化的終極目的(Schöpfung Erdzweck)，因為若無人，則互相隸屬的目的之串列就不會完整地建立。只有在人中，而且只有在作為道德主體的人中，我們才找到關涉目的的無條件立法，唯有此立法使人有能力成為終極目的，而全部自然都要目的論地

隸屬於這個終極目的。（KU 5：435-436）

又說：

如果世界只由無生命者而組成，或甚至只部分地由「有生命的但卻是非理性的者」而組成，則這樣一個世界的存在必不會有任何價值，因為在這樣的世界中必不會有任何東西（Wesen）它對於「什麼是價值」會有絲毫概念。另一方面，如果世界中實存在着有理性者，又如果雖即存在着有理性者，然而這些有理性者之理性卻只能夠在「自然對這些有理性者」所有之關係中，即是說，只能在「這些理性者之福利」中，去安置「事物的存在之價值」，而並不能夠由根源處，即在這些理性者之自由中，去為這些有理性者自己獲得一種存在之價值，如是，則在世界中誠可有相對的目的，但卻並無絕對的目的，因為此類理性者之存在必總仍然會空無一目的。但是，道德法則在一「無任何條件」的目的之形式中，因而結果也就是說，即在一終極目的之概念所需要的那形式或樣子中，去為理性規定某種事，這乃正是道德法則之顯著的特徵。因此，單只像那「在目的之秩序中能夠是其自己之最高法則」這樣一種理性之真實者，換言之，單只那「在道德法則之下服從道德法則」的理性者之真實存在，始真能被視為是一個世界的存在之終極目的。（KU 5：449-450；牟譯，下冊 172）

人之存在的價值乃是這樣的價值，即這價值乃單只是人所能給與其自己者，而且這價值亦正存於人之所為者，正存於「人在意欲機能之自由中活動」所依靠的那樣式以及所據的那原則，這價值亦並不可被視為是自然底連鎖中之一環節。換言之，一個善的意志乃正是人之存在所單因以能有一絕對價值者，而且在關聯於善的意志中，世界的存在始能有一終極目的。（KU 5：443）

依康德所言，理性者之「自由」乃「事物的存在之價值」的根源。如果沒有了理性者之「自由」，則一個有終極目的的價值世界（即道德世界）不可能產生與存在。康德在「道德的目的論」原則下，於自然世界之外開闢出絕對價值的世界，即道德的世界。《判斷力批判》引論提出：判斷力這一機能以其所有的「自然之一合目的性之概念」作媒介，使「知性之立法」轉到「理性之立法」為可能，並使「從依照自然之概念而有的合法性轉到依照自由之概念而有的終極目的」為可能（KU 5：196）。依康德之言，作為感觸界的自然概念之界域與作為超感觸界的自由概念之界域兩者間存有一固定的鴻溝，但縱然如此，自由之概念卻要求把道德法則所提薦的「目的」實現於感觸界（KU 5：176）。於此，一個康德式的三分的區分透露出：1，被制約的感觸界，2，能制約的超感觸界，3，由「被制約者」與「制約之者」之聯合而產生之第三概念——德性世界，價值世界，即人文化成的世界。就人文化成的世界而言，吾人可肯斷：自由，也就是說「在道德法則下服從道德法則」的人乃世界的創造者。康德說：「唯道德的目的論始能供給那適合於一神學的一個獨特的世界的創造者之概念」（KU 5：481）。依康德「道德的目的論」的理路，此適合於神學的「世界的創造者」的概念，不再是超絕的人格神化的上帝，而毋寧說是從絕對性上說的一個「作為道德者的人類」之理念。在道德的領域，「自由之理念」、「人類之理念」不是一個待認識的對象，而是「創造者」，它在創造中顯示自己，從而獲得具體的內容。由此可見，康德與儒家的道德形而上學同一根源智慧。

儒家並不隔絕人而言一孤懸的天道、道體，用康德的詞語表達，天道、道體不是一個超絕的理念，也不是人格神。儒家言天道之為創造本體必落實在道德心之創造性上說。若拘限人的道德心性之作用於個人的行為規範而不能提昇至與天道一，則不合道德心實有之無限性。如此受拘限的心性只能是心理意義、經驗意義的心性，不得謂之道德心性。此正如康德謂心理意義、經驗意義的自由只是相對意義的自由，不得混同於絕對的超越意義的自由。天道、道體之只就人（理性者）之實踐說，就是道德心；而道德心自其客觀而絕對之意義說，就是天道、道體。天道、道體不立，人心有限而流蕩；道德心不彰，則天道、道體孤懸而虛幻。用康德的詞語表達，道德心性即天道、道體，即先驗理念，這先驗理念不是認識的對象，而是創生道德世界之本體。

又，牟先生論「本心明覺覺情」[10]，「「普遍法則總在其明覺覺情之感應之機上呈現」[11]。這個意思也可以在康德《判斷力批判》所論「共感的能力」中發見。進至《判斷力批判》，康德才論及立法機能之特性——共感的能力。吾人若讀《判斷力批判》，則不難注意到康德提出「共感的機能」，這機能實可與儒家所言本心之感通明覺相通。康德說：

> 但是[在這裡]，所謂「共感」（sensus communis）卻須被理解為一通於眾的「公感」之理念（Idee eines gemeinschaftlichen Sinnes），即是說，須被理解為一「評判能力」之理念，此一評判能力乃是那「在其反省活動中（先驗地）清點每一他人之表象模式」者。這評判能力在其反省活動中先驗地清點（點算）每一他人之表象模式，其目的，如其所是，是在以「集體的人類理性」來衡量此評判能力所作之判斷，經由這樣的衡量，便可避免那「發自個人主觀的（而卻易被誤認為客觀的）條件」的虛幻，這一種由「誤認主觀的條件為客觀的條件」而發生的虛幻必會發散出一種偏見的影響——影響於評判能力所作之判斷。這種「以集體的人類理性來衡量評判能力所作之判斷」之工作是因著「以他人之可能判斷而不必太著重於他人之現實判斷來衡量此評判能力所作之判斷」而完成，並因著「把我們自己放在每一他人之地位」而完成。（KU 5：293-294；牟譯，上冊314-315）

又云：

---

[10] 同註[2]，第79頁。

[11] 同註[2]，第78頁。

> 「人文性」(Humanitat)一方面指表普遍的同情之感，另一方面，則又指表那能夠最衷心和普遍地自身傳通之能力。它們兩者結合起來足以構成適宜人類社會性，以與那狹窄的低等動物之生活區別開來。 (KU 5：355)

吾人見到，至最後一個批判，康德最終徹底解開人類作為「普遍立法者」之謎。「共感的機能」(作為心靈之普遍可傳性)為真、善、美三大領域之普遍立法奠下深層根基，亦即是說，真的世界、善的世界、美的世界同是作為立法者之「人類」的創造物。當然，康德所言「人類」非生物學意義的人類，從物種上說，人的個體是受制約的，即使具有健全知性的人，也不過是偶然的有限的存在。康德強烈地提醒人們注意受感性制約的人的有限性，其態度強烈的程度以致引起普遍的誤會，以為康德卑屈了人的身分。究其實，康德限制現象身份的人，為的是要恰如其分地高揚每一個人自己人格性中的人之為人之人義。康德宣稱：自然對我們的人格性並無統治權。心靈能使人自己感到其自己的「天職定分」(Bestimmung)之特有的崇高性(KU 5：262)。人格性的人(即自由的人)以其為有限者，卻因著其自立的理性法則而獲得創造者的身分，並因著這理性的法則之作為非感性之標準所函之無限性而成為無限。康德說：

> 雖見我們自己之限制，然而我們同時也在我們的理性之能力中發見另一非感性的標準，此一非感性之標準它在其作為單位中有那「無限性」之自身，而且在與之相比較中，自然中每一東西皆顯得渺小，因而它在我們的心靈中有一「優越於自然甚至廣大無邊的自然」之優越性。…… 只要當這能力有其根於我們的本性中，儘管這能力之發展與其表現仍然留待我們去努力，而且當作一種義不容辭之責成而留給我們去充盡之。(KU 5：261-262；牟譯，上冊 256-258)

依循理性法則創造自己，同時參予創造人類的真、善、美世界，這是意志自由之真諦，也是康德哲學喚醒每一個人去承擔的義務。只要我們通貫地把握康德自由學說的整體，我們就能夠達到這樣的結論：具有自由意志的人經由自立道德法則而成為道德的終極目的，而全部自然都隸屬於這個終極目的之下，於此，我們見到：自由是道德的，同時是本體論的，形而上學的。經由意志自由而頒布的「應當」是「存在的應當」，在道德踐履中將「應當」轉成「實是」。這是具有自由意志的人的天職定分。在康德哲學中，「自由」是作為睿智體的人（即物自身身分的人）的真實本體。同時是道德世界之創生的本體。

依以上所論，我們可以完全消解牟先生對康德的批評。實在說來，學者們所以對康德有那麼些誤解，其中的一個原因恐怕是由於不能通貫地把握康德的自由學說所致。譬如，抓住康德在《純粹理性批判》之「辯證部」中說明「超越的自由」之邏輯可能性，以及《基礎》中從道德概念之分析，追出「自由」是預設，就斷定康德只是「在實踐上邏輯地逼迫着吾人必須肯斷意志是自由的」[12]。又抓住《基礎》中只就概念分解地言「自由」是預設，以及《實踐理性批判》辯證部中康德就信仰中的理論命題而言的「積極地考量之自由」（即能在理智的直觀中展現）是純粹實踐理性的設準，就完全抹掉《實踐理性批判》整個分析部對「自由」之超越推證，因而堅稱康德所言「意志自由」只是一預設，只是一設準，只是主觀的「冥闇的彼岸」，不能有「客觀地必是定是的確定性」。

我們得肯定牟先生與康德超越的洞見是完全契合的，中國哲學的根源智慧就在超越的洞見，而不是康德所要扭轉的那種要麼超絕，要麼純然經驗的思維。但是不得不指出，這種超越的慧識在中國哲學，以及在牟先生那裡都是直透本源，而非通過康德那樣的批判的進路而達致。牟先生並沒有注意到這點，也沒有能完全把握到批判之思路，並未理會康

---

[12] 同註[2]，第52頁。

德對於自然領域與自由領域，理性的思辨使用與實踐使用所作的嚴格區分。例如，康德在自然領域的探究中，就如何先驗地認識外在的客體而提出「人的直觀只能是感性的」，人的知性不能有直觀的功能，此中所言「直觀」(Anschauung)指對外在客體的接受性而言，也就是說，知性概念只能在感性直觀中展現。而牟先生將康德就認識機能而言的「直觀」挪用到自由領域之探究中去，而忽略了在自由領域處理的是「意志決定的根據」，而非要去認識外在的客體。着實地說，我們只需要認識自由意志（本心仁體）立道德法則及由此產生其客體（道德的善乃至整個道德秩序及圓善等），而不必理論地決定自由意志(本心仁體)之性質（如它是精神的或是物質的，單一的或是複合的，是否有滅的等等)。如果瞭解到這點，就不會以為康德否認人的知性具有直觀能力就必定也否定了自由意志的真實的實在性，從而使意志自由成為冥闇的彼岸。

又，牟先生將《純粹理性批判》中就認識機能而言的"Darstellung"譯做「呈現」，而先生說「本心是呈現」時，顯然未能區分開自然領域與自由領域，若我們在「本心」處說「呈現」，那麼，外在客體在感性直觀中的顯現就不能同樣使用「呈現」一詞。"Darstellung"一詞可譯做「展現」，以資區別。如此一來，當康德說「意志自由不能有直觀中的展現」時，就不會誤解康德主張「意志自由」不能呈現，也就不會批評康德「意志自由亦只成一個乾枯的抽象的理性體」[13]。

本文消解牟先生對康德的誤解，旨在說明康德言「自由」所彰顯的超越而內在的慧識正與牟先生所宏揚的中國哲學精神相契合，二者之進路大異其趣，而同顯人類理性之光明。此正見出牟先生提出「康德哲學乃溝通中西哲學之橋樑」具深遠意義。

---

[13] 牟宗三註：《智的直覺與中國哲學》，台灣商務印書館，民國60年3月，第194頁。

附 識

本文引用康德語採用或參考之中譯本如下：

牟宗三譯註：一、《純粹理性之批判》上、下冊，台灣學生書局，民國72年。二、《康德的道德哲學》(包括《基礎》及《實踐理性底批判》)，台灣學生書局，民國71年。三，《判斷力之批判》上、下冊，台灣學生書局，民國81年。韋卓民譯：《純粹理性批判》，華中師範學院出版社，1991年。韓水法譯《實踐理性批判》，商務印書館出版，1999年。鄧曉芒譯：一，《純粹理性批判》，北京人民出版社，2002年。二，《實踐理性批判》，北京人民出版社，2002年。三，《判斷力批判》，北京人民出版社，2002年。

本文所引用的康德著作之文本以縮略語出之，說明如下：

KGS：Kants gesammelte Schriften（Koniglich Preussischen Akädamie der Wissenschaften，1922年）. 隨後之阿拉伯數字分別為卷數及頁數。

Gr：Grundlegung zur Metaphysik der Sitten（KGS 4）.

Kpr V：Kritik der praktischen Vernunt（KGS 5）.

KU：Kritik der Urteilskraft（KGS 5）

清宮診病制度與一個地方醫生應詔北行的短期生活
——薛寶田《北行日記》讀後

李學銘*

提要

薛寶田（1815-1885）的《北行日記》，是一本記述地方醫生怎樣上京為慈禧太后診病的小書。作者刻印這書的目的，主要是為了保留榮寵的紀錄。但從史學的研究角度看，這書卻有不少有用和有趣的實錄資料，可供發掘參考。本文試根據這書的內容，論述一個由地方官員保舉的地方醫生，應詔上京時在途中及京中的生活，並通過書中一些具體的記述，討論清代宮廷診病制度的實況。

清代宮廷設有太醫院，屬五品衙門（一度為四品）。醫術初設十一科，後併為九科，前後雖有增減，但大小方脈、傷寒、婦人、瘡瘍、鍼灸、口齒、咽喉、正骨、痘疹等，大體齊備。據《清史稿・職官志》載：太醫院設管理院事王大臣一人，其次是院使、左右院判，以下設御醫、吏目、醫士、醫生。在太醫院供職的醫官，服務對象主要是宮裏的人，當然是皇帝、后妃、皇子等等，不過有時也要為王公、公主、額駙（駙馬）、文武大臣服務；皇帝駐蹕或出巡外地，也有醫官隨行。所有診療，都要有詳細「脈案」，以備查核[1]。能供職太醫院，醫術必須高

*本所教授。

明，那不用說了，但醫術高明，不一定可藥到病除，有時甚至屢醫不愈，哪怎麼辦？當時的做法是，下詔官員在京城以外的地方，物色、保舉名醫入宮診病[2] 。可見為皇帝、后妃、皇子診病的醫務人員，實包括在太醫院供職的醫官和應詔入宮的各地醫生。《北行日記》的著者薛寶田（心農），就是以地方醫生的身份，應詔入宮為慈禧太后診病。鄭逸梅在《御醫馬培之》一文中說：

> 清廷太醫院設御醫，專為皇帝和后妃治病，供奉的都是岐黃高手、刀圭名家，似乎可以不事外求了，但事實並不如此。原來帝后的膳食，決不是一般的蔬菜蘿菔，慣例膏腴雜陳，脯醢並薦，經常這樣，於生理衛生是有妨礙的。所以「九五之尊」大都身貴體弱，病了不易即愈。病稍久，就認為太醫不中用，便下詔招召海內名醫，由地方長官物色保舉，赴京就診。[3]

---

[1] 參閱趙璞珊《中國古代醫學》，1983年3月中華書局，頁244；陳可冀編《清代宮廷醫話》的《前言》， 1987年8月人民衛生出版社，在「目錄」前，未編頁數；李春生《清宮中的醫事制度》，陳可冀編《清代宮廷醫話》，同上，頁10-15。《清史稿・職官志》有關記述，參閱《清史稿》卷一百十五，1977年12月中華書局點校本，頁3325-3326。

[2] 參閱李春生《清宮中的醫事制度》，陳可冀編《清代宮廷醫話》，同上，頁14-15。

[3] 見紫禁城雜誌社編《故宮新語》，1984年2月上海文化出版社，頁166。馬培之（1820-1899，一作1903），名文植，清江蘇孟河人，是清末的醫學大家，精通內外科，尤以外科最為著名。馬氏撰有《紀恩錄》一書，記述自己應詔入京為慈禧診病的經過。鄭逸梅曾見過《紀恩錄》的副錄本。周文泉在《馬培之為慈禧診病奏折小議》指出：「稱馬培之為御醫，不甚準確，以稱『徵君』為妥。」（見陳可冀編《清代宮廷醫話》， 1987年8月人民衛生出版社，頁29。）因為應詔入宮診病的地方醫生，與太醫院的「御醫」並不相同，而太醫院的醫官，也不盡是「御醫」。

馬培之也像薛寶田一樣，以地方醫生的身分，應詔入宮。嚴格來說，他不算「御醫」，稱他為「御醫」，只是從俗的尊稱。這類醫生，必須經由地方長官的保舉。保舉者在考慮人選時，因為要負保舉的責任，所以必須小心謹慎，唯恐出錯；受保舉者也會驚喜交集，誠惶誠恐[4]。

據《北行日記・德馨序》的記述：

> 皇帝龍飛之六年……是夏六月奉上諭，以慈禧太后聖躬不豫，令直隸各督撫擇精通醫術者具疏奏進。時浙撫茶陵尚書譚公鍾麟也，諮諏考核，慎難其人，持審者久之。予進而言曰：「……今後時不舉，將無以為四國光也。」公曰：「是固然矣。然聞之，肱不三折，不良於醫，醫不三世，不服其藥。顧安得倉公扁鵲其人者，克肩斯任乎？」予曰：「浙江舊仿宋惠民私劑例，設醫局於運司，署立本堂，主其事者，為薛鹺尹寶田。其人吏而文，醫而儒，切脈既真，臨診亦夥，前院司皆倚重之，宜若可使。」或曰：「薛尹誠良醫，然年幾七十矣……或病未能。」予曰：「不然……」遂以語君。君曰：「君父有急，正為臣子者致身竭力之時……」予喜，為力言於譚公，遂定，計以君應，而仲廣文學輅副之。[5]

---

[4] 關於「保舉」一詞的涵義，楊聯陞在《原保》一文中有具體的說明。楊氏的說明，雖非專為清代的保舉而發，但頗能說明保舉到底與一般所謂「推薦」不同。楊氏說：「保舉為官，與薦舉有分別。據漢法，保舉人員有終身的責任，這就是保舉連坐法。唐以後，保舉人負的責任略有增減。我已故的朋友E. A. Kracke教授是宋史專家，認為保舉可相當於英文Sponsorship …… 清代士人如要任官，必須陛見時要先覓適當 之人擔保，須以在京同鄉中級品官出具印結，是故具結費是京官的一項可觀收入。（見楊聯陞《中國文化中報、保、包之意義》，1987年中文大學出版社，頁13 。）

[5] 見薛寶田（1815 - 1885）《北行日記》，1985年7月河南人民出版社，頁3 - 4。本書由劉道清校注。 薛氏清江蘇如皋人，與馬培之同時，出身名醫世家，一生只

下詔直隸各督撫保舉精通醫理者入宮為慈禧治病，在光緒六年(1880)。從德馨和譚鍾麟的對話，我們應可約略想見，地方長官在甄別、保舉醫生人選時，所考慮的條件，既要有豐富經驗、湛深醫術，同時又要是醫學世家，所謂「諮諏考核，慎難其人」，所謂「持審者久之」，都可見態度的極度矜慎。薛寶田時年六十六歲[6]，當被問及是否接受保舉成行時，曾表示願意「致身竭力」，以報君父之急。其實只要是合適的人選，願意或不願意，也是要成行的。《北行日記・唐樹森序》的記述，或許近於事實：

> 乃者慈禧太后聖躬違和，太醫罔效，於是從寶竹坡學士之請，徵醫於外省，直隸、山西、江南、湖北，均有應徵入者。浙江中丞則舉薛寶田、仲學輅以應。心農時年已七十，自揣衰邁，退然如不勝，只因上官催迫登程，同僚從旁慫恿，乃航海北上。閱三月而旋。[7]

當時保舉醫生入京的地區，廣及直隸、山西、江南、湖北各地。薛寶田的年齡雖不是真的七十，但以六十六的年紀，勉力登程，恐怕「上官催迫」、「同僚從旁慫恿」等語，才真是當時情實。又，薛氏應詔上京，行程採取海道，在接近京師時則乘馬車，沿途舟車之勞，對一個年近七十歲的長者來說，是夠苦的。下面是《北行日記》中一些有關記述：

做過鹺尹、縣令等小官。除《北行日記》外，薛氏還有著作《症治管窺》和手批《醫藥心悟》。

[6] 據薛寶田《北行日記》「八月初六日」的記事：「(慈安)皇太后問余：『何處人？』對以江蘇人。問：『多少年紀？』對：『六十六歲。』」(同上，頁66。)

[7] 見同上，頁23-24。

日　期	行　程	備註
七月十三日	登舟 …… 晚宿大關，是夜極熱。	【8】
七月二十一日	宿上艙。房間人聲喧雜，永夕不寐。	
七月二十二日	五鼓啟輪。無風，甚熱，與昴庭至艙外納涼，遇含山陳君，閑話，頗以余白鬚航船為奇事。	
七月二十三日	卯刻，過黑水洋。有微風，船小顛簸。余素患頭暈，稍覺不支，臥艙中不能觀海矣。	
七月二十六日	患腹痛泄瀉，甚劇 …… 臥床，不能飲食 …… 晚間瀉止，進薄粥一碗。	
七月二十七日	辰刻，乘二馬車入都。力疾登程，中尖（間）強食麵餅一。	

在極為酷熱的七月中，薛氏僕僕征途，既因人聲喧雜而整夜失眠，又受海船顛簸之苦，頭暈、腹瀉又來困擾，本來最好喫藥、臥床好好休息，但事實卻仍要「力疾登程」，而聊以充飢的是薄粥和麵餅。薛氏所記，文字頗為簡略，但沿途所歷艱辛，已能曲曲傳出。薛氏的「應詔」，真是「致身竭力」！

應詔的醫生抵達京師後，除了居留在官方預先安排的住所外，還要向有關部門辦理報到的手續。據《北行日記》「八月初二日」的記述：

> 辰刻，移居內城東安門外冰盞胡同賢良寺……寺內先有醫生江蘇職員馬文植（號培之）、江西縣丞趙天向（號德輿）及伴送之端太守昶（號石如）住焉。【9】

薛氏留京期中，住所就是賢良寺，當時同在這寺院住下的，還有其他應詔的醫生和伴送的官員。又據同書「八月初四日」的記述：

> 內務府投文報到，謁見大臣廣紹彭大司馬壽，並師、恩、志、廣

【8】見同上，頁 50 - 60 。七月二十二日提及的昴庭，即仲學輅。

【9】見同上，頁 62 - 63 。

各大臣，及內務府主事恩湛如溥。內務府五大臣中，恩名承，字露圃，時官大宗伯步軍統領而兼管太醫院事務者也。…… 翁叔平尚書答拜，諭以明日入朝宜早。[10]

薛氏持公文往內務府報到，並謁見內務府各大臣，這是應詔醫生抵達京師後應有的手續。從大臣的接見，可見受重視的程度。地方醫生地位誠然不高，但因為是為太后治病，所以受到禮遇。應詔醫生報到以後，第二天就須入朝接受太醫院官員的面試，這也是不可省略的手續。在《北行日記》「八月初五日」的記事中，敘述了面試的情況：

至內務府大堂，謁見內務府堂官。其時師、恩二堂官在座，與太醫院堂官李卓軒德立察看，隨問「溫」、「瘟」二字有何分別？余答：「《傷寒論》云：『冬傷於寒，春必病溫；冬不藏精，春必病溫。』比戶傳染謂之瘟，吳又可論之詳矣。」內務府具奏：醫學、脈理均極精通。時已向午，內務府司員邀至花廳吃飯，飯畢退出。[11]

看來太醫院堂官的面試，要求並不過苛，或許只是例行手續，應詔醫生醫學、脈理水平的評估，主要還是聽取保舉者的意見。「醫學、脈理均極精通」云云，應該不是三言兩語的面試所可判定。

面試通過以後，第二天就要入宮為慈禧診病。只是在診病之前，又要接受兩 位太后的垂詢，這也是例行手續。《北行日記》「八月初六日」這樣記述：

五鼓，蘇拉帶余與昂庭進大內 …… 是日不垂簾。慈安皇太后正坐，皇上隅坐，內務府大臣皆跪。太醫院堂官李德立引余與昂庭行三跪九叩首禮。禮畢，皇太后問余：「何處人？」對以江蘇人。問：「多少年紀？」對：「六十六歲。」問：「一路安靜？」

[10] 見同上，頁64。大司馬，指兵部尚書。

[11] 見同上，頁65。

對：「安靜。」又諭：「慈禧皇太后病要小心看。」對：「是！」復隨內務府大臣、太醫院至長春宮…… 恭候慈禧皇太后召見。行禮畢，慈禧皇太后問何處人及年歲，對如前。內務府大臣、太醫院跪左邊，余與昂庭跪右邊。【12】

慈安、慈禧兩太后垂詢的內容，都是些無關痛癢而又重複的話語，在太后方面來說，可能是儀節的需要，其中未嘗沒有故作親民表現的成分，而薛寶田不惜詳為載錄，當然因為他視此為「天恩浩蕩」的榮寵。

《北行日記》中最可貴的資料，是細緻地記述了醫生在宮中會診和會議病情、方劑的情形：

皇太后命余先請脈。余起，行至前。榻上施黃紗帳，皇太后坐榻中，榻外設小几，几安小枕。皇太后出手放枕上，手蓋素帕，惟露診脈之三部。余屏息跪，兩旁太監侍立。余先請右部，次請左部。約兩刻許。奏：「聖躬脈息，左寸數，左關弦……」皇太后問：「此病要緊否？」奏：「皇太后萬安。總求節勞省心，不日大安。」內務大臣奏：「節勞省心，薛寶田所奏尚有理。」皇太后曰：「我豈不知？無奈不能！」皇太后問：「果成勞病否？」奏：「脈無數象，必無此慮。」退下，仍跪右邊。俟昂庭請脈畢，同太醫院先出。隨後薛撫屏、汪子常、馬培之進，請脈。余與昂庭到太極殿東配殿，立方內。內務府大臣、太醫院與諸醫畢至方內，先敘病原，次編方劑。草稿呈內務府太醫院與諸醫，看後用黃箋摺子楷書，進呈皇太后御覽。所用之藥，內務府大臣用黃簽在本草書上標記。御覽後，御藥房配藥。在東配殿賜飯。…… 午正，內監傳旨，散直。隨內務府大臣趨出，至直廬坐，堂郎中及各司員索方，謄送內務府大臣及軍機大臣。【13】

【12】見同上，頁66 - 68 。蘇拉，宮中擔任勤務的人。

【13】見同上，頁67 - 68 。

上述文字，可讓我們看到一些事實：（1）醫生須在診斷後解說脈理、病情，並回答問題；(2)應詔醫生來自各地，診病時分批請脈，如薛寶田、仲學輅是一批，薛撫屏、汪子常、馬培之是一批，等等；(3)診病後，內務府大臣、太醫院堂官、太醫院醫官、應詔醫生等共聚一堂，會商病情、方劑，並擬定藥方草稿，由大臣及太醫院的醫官審閱；(4)藥方通過以後，須錄呈太后，而所用藥，又須在本草書上標記，以便翻檢、覆核；(5)太后對藥方同意後，才在御藥房按方配藥；(6)藥方須謄錄送內務府大臣和軍機大臣。由請脈、斷症、用藥、配藥以至標記用藥、傳送藥方，中間須經過種種程序，其中有會商，有審查，有監察，考慮不可謂不縝密，制度不可謂不周全，只是斷症、用藥出于眾意，矜慎是夠矜慎了，但也就沒有人敢于用猛藥、求速效。而且藥方廣眾周知，病情就無所謂「私隱」了。又據「八月初七日」的記事：

> 黎明進內，至內務府直廬坐。辰初傳進。是日未請脈，與子常、昴庭至東配殿。俟薛撫屏、馬培之、趙德輿請脈出，公議立方，進御。內務府大臣恩傳慈禧太后懿旨：浙江巡撫譚所薦醫生，看脈立方均尚妥。聞命之下，愈滋悚懼。[14]

既然懿旨說「初六日」的「看脈立方均尚妥」，而「初七日」竟未有再命浙江巡撫譚鍾麟所薦醫生「請脈」，真不知「尚妥」標準何在！或許這是要讓所有應詔醫生部有診斷、立方的機會。這樣說來，患病的慈禧，倒好像是接受試診、試藥的對象。又據「八月初八日」的記事：

> 黎明傳進，余與薛撫屏、汪子常、馬培之請脈。出，公議立方，進御。皇太后命去續斷，改當歸，遵旨更換。[15]

可見請脈醫生每日不盡相同，而沒有請脈的醫生，也須參加「公議立方」，至於決定請脈人選究竟根據甚麼原則，則沒有說明。而更特別的

---

[14] 見同上，頁72。

[15] 見同上。

是，作為病者的慈禧，竟可更換用藥，結果自然是「遵旨更換」。如果因更換用藥而使病情轉壞，不知該由何人負責！古往今來，不乏居高位者把權位大小與專業能力等同起來，慈禧下令「去續斷，改當歸」，就是一例。又如「八月十二日」記述：

> 昨用人參一錢，精神頓健，皇太后甚喜，云：「吉林人參頗有效，仍照用。」出照原方進御。[16]

慈禧的意見，自然甚有影響，結果是「照原方進御」。以後診病的過程無大變化，也就不再一一引述說明了。所要補充的，是「八月二十七日」記述的情況：

> 黎明進內。內務府大臣師傳諭，面奉皇太后懿旨：各省醫生俱已到齊，人多，分班聽傳，並不因醫道各有優劣稍示區別。傳者進宮，不傳者在內務府伺候。……是日，傳進程麗芬、汪子常、薛撫屏，余等出隆宗門，至內務府花廳吃飯。飯畢飲茶。……茶罷，仍至內務府大臣直廬坐。俟眾人出，閱方，專主溫補。回寓。[17]

各省應詔醫生的人數必頗可觀，所以才會傳諭「分班聽傳」。進宮的當然誠惶誠恐，悉力以赴；不進宮的就在內務府吃飯、喝茶、坐候、閱方，然後回寓。在這次為慈禧診病的活動中，應詔的地方醫生受到看重，而太醫院的醫官，顯然居於較不重要的位置。

慈禧病情日趨好轉，應詔的地方醫生，也就先後陸續回歸原省。下面是薛寶田在《北行日記》中所記有關自己的情況。「九月十九日」：

> 黎明進內。內務府大臣恩面奉慈禧皇太后懿旨：趙天向、薛寶田、仲學輅、連自華均着各回原省，欽此。余等即時趨出，回

---

[16] 見同上，頁76。

[17] 見同上，頁87。

寓。[18]

既有懿旨「各回原省」，便可「即時趨出」，不必再在內務府直廬坐候了。由八月初六日第一次為慈禧請脈，到九月十九日奉懿旨回原省，共四十三天，薛氏每天都要在黎明時分進宮候命請脈，但他實際為慈禧請脈的次數只有十五次，而與內務府大臣、太醫院堂官、太醫院醫官、應詔醫生等會商病情和議立藥方，則每天都要進行，共四十二次，只有奉懿旨回原省那天「即時趨出」，不用會商[19]。又「九月二十日」：

辰正始起，緣不進內供奉也。內務府司官恩湛如諸君，邀遊海子。[20]

如果要進宮診病，就得早起；「始起」兩字，頗能顯示薛氏的心情。「邀遊海子」，是內務府官員表示酬謝之意。又「九月二十四日」：

辰刻，至內務府衙門領文。飯後，至內務府大臣、軍機大臣各家辭行。車行數十里，憊極，歸寓即睡。[21]

回原省前，應詔醫生必須前往內務府衙門領取公文，以便銷差。至於逐家向各官員辭行，也是回原省前應有的禮節。書中有關向官員辭行的記述尚多，而前來居所向薛氏等人表達送行之意的官員也不少，你來我往的拜會，也不必詳述了。只是其中有一小節記載，可約略透露薛寶田等人完成診病任務後的心情，倒可加以引述。記載見「九月二十七日」：

辰初出城，移住煤市街鴻陞店。與連書樵、仲昴庭合請恩湛如、文果亭、文鏡涵、明小舫、翁敬卿泰豐樓午飯。拇戰甚樂，皆有醺意。歸後，五人來寓送行。[22]

---

[18] 見同上，頁116。

[19] 參閱同上，頁67-116。

[20] 見同上，頁116。

[21] 見同上，頁119。

[22] 見同上，頁120。

移住客棧，表示診病任務已正式完成，所以不再在官方所安排的居所住宿。恩、文、明、翁等人，都是內務府官員，薛、連、仲等與他們午飯於泰豐樓，「拇戰甚樂，皆有醺意」，可見官、醫兩方於任務順利完成後的心態。在為慈禧診病之初，我相信應詔醫生、保舉官員、內務府官員等等，恐怕都會忐忑不寧，飽受心理的壓力。最後慈禧幸得痊愈，快如何之[23]！而應詔醫生以後在醫術上的聲譽，當然也大大有利。

薛寶田由七月十三日應詔起程，到十月二十一日，終於返抵家門。薛氏記述云：

> 薄暮到寓，兒孫相見，皆歡躍。……越日，詣撫轅，投遞內務府公文，銷差。[24]

薛氏把這段記事繫於十月二十一日，其實投遞公文銷差，已是「越日」的事，因此他的記述，可謂自亂體例。不過，他到底把一個地方醫生怎樣經歷應詔、出差、銷差的過程，完整地記錄下來，供有意了解清宮診病制度的人參考。至於薛氏兒孫的「歡躍」，不僅僅是久別重聚的緣故，而主要因為薛氏能順利完成為太后診病的任務，避免了一場可能會發生的受責災難，才真真值得歡躍慶賀。我們應該可以這樣推想：應詔醫生的家人，所受到的心理壓力是很大的。

根據《北行日記》載述，薛寶田的入京，主要當然是為了要替慈禧診病，但由於他是應詔的關係，身份不免較為特殊，因此在京中的活動，不乏酬應交往，而這些酬應交往，除探望、飲宴、餽贈外，又往往

---

[23] 李春生在《清室中的醫事制度》中說：「皇帝患病死亡，即所謂『龍馭上賓』，太醫院院使、院判、御醫、醫士等有關人員，都要受到處分。…… 後來光緒皇帝死後，太醫院院使張仲元、御醫余順、醫士忠勛等也被革職。」(見陳可冀編《清代宮廷醫話》，1987年8月人民衛生出版社，頁15。）文中所謂「有關人員」，我相信也包括應詔醫生在內。

[24] 見薛寶田《北行日記》，1985年7月河南人民出版社，頁137-138。

要為達官貴人的家屬診病。可見地方醫生應詔上京，服務的對象，已不單是皇室中人。現試按時間先後，摘錄有關資料表列如下：

日期	為官員家屬診病、立方	備註
七月三十日	未刻，孫筱漪農部家穆及其姪伯元比部傳辰來拜。……去後，答拜，即為筱漪之如君及乃郎治病；復至鳳陽會館，為其婿方坤吾比部連軫內眷等診脈，日暮甫歸。	[25]
八月十一日	方坤吾、孫伯元兩比部在寓等候，邀至鳳陽會館診病。	
八月十四日	未刻，至方坤吾比部寓診病，留吃點心。	
八月十八日	未正，出城至姚子祺寓，為其夫人診病，留吃酒麵。	
八月十九日	未刻，至孚伯蘭家，為其妹多夫人診病。	
八月二十一日	銳小舫來邀診病，即往。順道至孚伯蘭家閑話。是日，適接其尊人廉訪山東家信，信內極讚余醫道。伯蘭屬為診脈立方。	

[25] 見同上，頁61 - 121 。比部，指刑部。周文泉在《御醫難當》中說：「由于御醫屬皇家之私有，服務於宮中，所以一切活動都得聽從皇家安排。甚至給大臣看病也得經皇帝批准。凡王公大臣等患病想請御醫診治，應先奏明皇帝允許後，御醫遵旨往診。其治療情況，御醫亦得及時稟奏，治療效果，更當詳報，如病家有所賞賜或餽贈，尤應奏明，聽候皇上諭示，不得私人收納。」（見陳可冀編《清代宮廷醫話》，1987年8月人民衛生出版社，頁8 。）周氏文中的「御醫」，當指太醫院編制中的各類醫官，與應詔入宮的醫生不同。據薛寶田的記述，可見他可自由為達官貴人的家屬診病，診病後也可隨意留吃點心、麵酒、晚飯，不必經由內務府或皇帝的批准、安排。不過，如果王公大臣自己患病，想請像薛寶田這樣的應詔醫生診治，大抵也得事先奏請允准才可以。在《北行日記》中，並沒有為王公大臣診病的明確記載。

八月二十三日	懷太僕邀至四牌樓，為俊方伯夫人診病。	
八月二十四日	未刻，至方坤吾比部處診病。	
八月二十六日	至內務府主政翁敬卿家看病。	
八月二十七日	未刻，至孚伯蘭農部家，為其妹復診病。	
八月二十八日	歸寓，方坤吾送其子來就診。	
九月初六日	晤孚伯蘭，為其尊人蔚生廉訪患疥索方。余開一煎藥方，一搽藥方。	
九月十四日	內務府主政文鏡涵鑑，邀為其子看病。	
九月十五日	未刻，至文鏡涵家診乃郎病。	
九月十七日	未刻，仍至文鏡涵家看病。	
九月十九日	未刻，至文鏡涵家看病，病已大愈……。	
九月二十一日	飯後，至孚伯蘭家，為其妹立丸方。	
九月二十五日	飯後，至懷紹先太僕、文西園筆政、翁叔平尚書、孫燮臣侍郎、孚伯蘭農部、英小山筆政、銳小舫司馬各處辭行，即為小舫乃郎定丸方。	
九月二十六日	飯後，至內務府司官恩湛如、文果亭、文鏡涵……各處辭行。即為鏡涵乃郎定末藥方。	
九月二十九日	順至姚子祺中翰寓，為其夫人定丸藥方。時徐蓮卿夫人抱恙，邀余診視，即在蓮卿處晚飯。	

薛寶田在八月初四日往內務府投文報到，九月十九日奉懿旨回原省，在這段期間之前或後，固然已為一些官員的家屬診病，即在為慈禧診病期間，薛氏亦曾為姚子祺中翰、孚伯蘭農部、銳小舫司馬、懷紹先太僕、方坤吾比部、翁敬卿主政、文鏡涵主政等官員的家屬治病。這種往來奔波的診病、酬應，對一個年達六十六歲的人來說，也真夠勞累的，難怪掌故名家鄭逸梅在提及另一位應詔醫生馬培之時，有這樣的記述：

……慈禧病情好轉。一時王公大臣紛紛請御醫馬培之診病，增添了額外任務。他無法脫身，後來偽裝有病，故意暈倒地上，才得乞歸田里，釋去重負。[26]

馬培之是與薛寶田同時應詔的地方醫生。鄭氏的記述，充分說明了這類額外的診病服務，是相當沈重的負擔。只是說馬培之要「偽裝有病」，「才得乞歸田里」， 則與事實稍有出入。因為向內務府領文回原省銷差，是一個地方醫生應詔診病後必須辦理的手續，而且回歸田里，是奉懿旨行事，任何人也不敢阻撓。只是回原省前，到底可以在京師停留一段日子。例如薛寶田在九月十九日奉太后懿旨回原省，二十四日往內務府領文，二十七日出城，期中為官員家屬診病的服務持續不斷，到了出城後的二十九日仍為姚子祺夫人定丸藥方，為徐蓮卿夫人診病。馬培之吃不消這種酬應，因而偽裝有病，藉以稍減勞苦，是可以理解的，但這並不表示他如不偽裝有病，就不能回歸田里。不過為達官貴人的家屬診病，在達官貴人方面固然是趁機利用，在醫生方面則未嘗不是一種結納的手段，而且回歸原省以後，又可以用這種交往以傲鄉閭，有宣傳的效果。所以薛氏在《北行日記》中，不惜把這種額外服務和為慈禧診病的情況，詳為載錄，回家以後，又廣徵各人寫序，木刻出版[27]，目的當然是為了表彰榮寵，增加聲譽[28]。我們試細讀薛氏的《北行日記》，

[26] 見鄭逸梅《御醫馬培之》，紫禁城雜誌社編《故宮新語》，1984年2月上海文化出版社，頁170。

[27] 薛寶田在光緒六年（1880）七月應詔入京，十月回家，《北行日記》則在光緒七年（1881）秋冬間木刻出版。

[28] 薛寶田在《北行日記》的《引言》中說：「謹於七月十三日起程，往返皆航海，歷九十八日差竣。伏念小臣得瞻天家氣象，可謂幸矣！爰述仰被恩禮之加，旁及山川、 道理（里）所經，繫以月日，為《北行日記》一卷，以志榮遇云爾。」（1985年7月河南人民出版社，頁50。）薛氏所謂「榮遇」，語調上好像只為替太后診病一事而發，其實言中之意，也包括與達官貴人的酬應交往在內，否則何必詳為載錄！

並參詳他的措詞、語句，應該可以體會到他應詔入京的心情，是既驚且喜，而在京師的生活，可說是忙而悅樂。只是由於當時交通不便，因而他在來回的行程上備嘗艱辛，倒是可以約略了解的。

《北行日記》是一部記述慈禧病況的實錄，從病因、病狀、病理，到處方、用藥，都有詳細的記載。在四十多天治療過程中，先後用了養心湯、保元湯、歸脾湯、逍遙散四個基本方劑，加減調方二十餘次，終於使慈禧恢復了健康，因此它可說是一份完整的清宮病案史料[29]。書中還記述了一些事情，會令治史者產生興趣，如果加以利用，在史學上不失為有用的史料。下面試稍作說明：

在一般中國醫學史中，大抵會有清代太醫院的記載，尤其是對太醫院的組織、職官等，都會有詳細的說明。但有關地方醫生應詔入宮診病的說明，往往付諸闕如，因此讀這類醫學史的人，並不能從中得到清宮診病制度的完整印象。而在面對面的診病過程中，情況怎樣？醫生的進退、應對、會商又怎樣？在醫學史以至正史中都不會有說明。在《北行日記》中，不但有資料補充清宮的診病制度，而且對診病的儀節、過程，也有詳細、具體的描述。這些描述，固然會使醫學專業人員大感興趣，而研究宮廷史事的人，也可從中擷取一些宮廷人物的音容、活動史料，在史學上加以利用。

光緒六年（1880），是兩宮垂簾聽政時期，光緒只是傀儡。而兩宮之中，又是慈禧多出主意。《北行日記》這樣記述：

> 皇太后問：「此病要緊否？」奏：「皇太后萬安。總求節勞者省心，不日大安。」…… 皇太后曰：「我豈不知？無奈不能！」[30]

「無奈不能」這句話，充分顯示了慈禧緊抓政權不肯放手的性格。有這樣性格的人，即使在患病期中，仍然要「召見諸王公大臣、六部九卿、翰

[29] 參閱劉道清《前言》，薛寶田《北行日記》，同上，頁1 - 2。

[30] 見薛寶田《北行日記》，同上，頁67。

詹科道，論中外交涉事」，因此令到自己心神勞累，「夜寐不安」[31]。薛寶田無意評論國事，也決不敢月旦皇室人物，但慈安與光緒的無所作為，慈禧的事事要管，在他的筆下是呼之欲出了。研究晚清政局或為慈禧、光緒寫評傳的史學家，是否也可以利用這部書的資料？

在《北行日記》中，也保留了一些晚清社會生活的資料，這些資料，雖然只是一鱗半爪，但也反映了一些情況。例如在海上，薛氏乘的是小輪船。因為船小，所以遇上微風，也會顛簸。無風之日，則船行甚快[32]。在陸地上，則坐肩輿、東洋車、馬車[33]。在上海，可遊洋場作消遣。洋場，有洋貨店，當然是展陳或出售洋貨、洋物的地方[34]。旅客投宿的地方，則有客棧。客棧的環境優劣不一，而煤市街鴻陞店的情況，則是「四更，聽車馬絡繹聲。既明，人聲嘈雜」[35]。這大抵是當時客棧環境的一般情況。吃飯、品茗的地方，有可小憩的路旁茶店，有可吃餛飩的致美齋，有設在洋場中的洋飯店和洋場茶樓，有吃麵的麵館，還有其他吃飯、喝酒的泰和館、泰豐樓、萬福居等等，也不必細舉了[36]。此外，書中還提到招商局、會館、酒店、信局等等，也約略反映了晚清社會的一些情況[37]。我們要了解晚清一個醫生或一個中產者的生活，可從《北行日記》中勾稽到不少資料，上面所述只是其中的一部分。

薛寶田出身於名醫世家[38]，自幼研習經史百家，有他的政治抱

---

[31] 參閱同上，頁81。

[32] 參閱同上，頁58 - 59。

[33] 參閱同上，頁56、57、60。

[34] 參閱同上，頁56、133。

[35] 參閱同上，頁120 - 121。

[36] 參閱同上，頁61、62、118、120、121、133。

[37] 參閱同上，頁57、62、63、88。

[38] 薛寶田的父親是北京的名醫，而他的曾祖父也曾為十額駙治愈頑固的黃疸病，

負，但他一生只做過鹺尹、縣令等小官。在仕途坎坷的情況下，他繼承家學——精研醫術，最後成為江浙一帶名醫。讀《北行日記》，我們覺得他並不甘心只做一個醫生，他似乎更樂於讓人視自己為儒者、文人。因此在診病之餘，他與友人論醫、論詩、論經史疑義，並多番吟詠，藉以表意明志。這些資料，都忠實地反映了晚清時代讀書人的心態，這種心態，其實並不限於薛氏一人。如譚鍾麟、德馨、孫家谷、惠年、如山、豐紳泰、王景澄、黃彬、陳璚、俞樾等人為他寫序，其中有達官貴人，有碩學通儒，他們卻不約而同，直接或間接強調薛氏博學工詩，有治國之才，而結果是沈於下僚，為醫名所掩。他們的惋惜之意，可謂情見於辭[39]。他們的惋惜，正好反映了他們都懷著與薛氏相同的想法，去同情薛氏。要研究晚清知識分子的心態以至中國傳統人的思想，《北行日記》這類書籍，無疑是個可供汲取的資源。

薛寶田的北行任務，可說功成身退，與他同時應詔診病的有薛撫屏（福辰）、汪子常（守正）等多名地方醫生。慈禧病體好轉，薛撫屏以道員遇缺題補，賞加布政使銜，特旨道員，不久授廣東雷瓊遺缺道，補督糧道；汪子常記名以知府遇缺題奏，也加了正三品食鹽運使銜，簡江蘇揚州知府。慈禧病體完全康復，薛氏就調補直隸通永道，賞加頭品頂戴，後更先後任順天府府尹、宗人府府丞、左副都御史；汪氏則升直隸天津府知府，賞加二品頂戴，後調宣化府知府[40]。薛寶田在《北行日記》中沒有記述自己得到擢職、加銜的寵遇。他在返回原省途中，抵

受到重賞。（參閱劉道清《前言》，薛寶田《北行日記》， 1985年7月河北人民出版社，頁1 。）

[39] 參閱薛寶田《北行日記》一書中各人的序文，同上，頁1 - 49 。

[40] 參閱任恆俊《晚清官場規則研究》第五章，2003年8月海南出版社，頁191 - 192。薛撫屏（？- 1881 仍在），江蘇無錫人，或說是吳縣人，由李慈銘保舉入京為慈禧治病；汪子常（1826-1894），浙江錢塘人，由曾國荃保舉入京為慈禧治病。

達天津，住春元客棧，正因感受風寒而喉痛。據《北行日記》「十月初十日」的記事：

> 如冠九都轉來問疾，力疾接談一時許。都轉傳（轉）述：李爵相聞余到京，有留余在津之意。緣三年前都轉為余說項，爵相曾專札調余，因病不果往。今復以老病力辭，懇都轉代達，都轉首肯。【41】

上文所提「李爵相」，指的是李鴻章。三年前憑都轉的說項或可在仕途有出路，可惜因病未能前往。三年前還有意營求的薛氏，三年後卻「以老病力辭」。「老病」固然是事實，但與薛撫屏、汪子常相比，留在天津做李鴻章的幕僚，將來或許也有出路，但以暮年之身，恐怕有點意興闌珊了。受人譽為有治國之才的薛寶田，只好「力辭」都轉的好意。

還可注意的，就是薛寶田在書中，用了不少筆墨，來描述富麗堂皇的皇宮建築、茶湯粥餅、美果嘉餚，同時也具體記述光緒向皇太后請安、恭送同治及其皇后遺像等等實錄的場面【42】，這都是親見親聞的記載，是晚清史料的一部分。而在「八月初六日」的記述中，有一段文字，或許頗能引起讀者的興味：

> 屏息立檐下，慈安皇太后、皇上召見。宮內鋪地用烏金磚，光滑如鏡，時虞傾跌，足縮縮而進。【43】

【41】見薛寶田《北行日記》，1985年7月河北人民出版社，頁129。劉道清校注時認為「傳述」應作「轉述」，其實「傳述」也可通，不必改字。都轉，官名，本指宋代都轉運使，掌管一路財賦；清代相類官職有督糧道，簡稱糧道，司漕運，稱都轉，是借用。

【42】參閱同上，頁64、65、66、68、75、76、78、93、94、116、118等。

【43】見同上，頁66。劉道清校注本在「足」字後斷句，作「時虞傾跌足」。據說現在故宮各殿內墁地的金磚，多在明代燒製。明代宋應星《天工開物》卷中《陶埏第七》對製磚有這樣的記述：「凡埏泥造磚，亦掘地驗辨土色，或藍或白，或紅

地滑如鏡，再加上誠惶誠恐的心清，接受召見的臣子，只好「足縮縮而進」。不少年高位崇的王公大臣，都可能在烏金磚上，有過滑足或幾乎跌跤的狼狽經驗。設計光滑烏金磚的人，大抵要每個進入皇宮的人，都不能在殿堂之間昂首闊步，「足縮縮而進」的樣子，正好就是「如臨深淵，如履薄冰」的情狀，這才顯得太后、皇帝的凜凜天威！

《北行日記》本來只是一部有關醫事的小書，薛寶田撰寫、刻印這部書，主要目的，是為了保留榮寵的紀錄。但從史學研究的角度看，這部篇幅不大的小書，卻有不少有用的資料，可供發掘、參考，可惜治史者在蒐集資料時，往往會忽略了這類小書的史料價值。不過，《北行日記》的局限和不足，也不可不留意。大家都知道，為皇帝、后妃、皇子治病，本來是太醫院醫官的責任，而竟要地方醫生來幫忙，這會不會引起太醫院醫官的嫉妬、不安？薛寶田沒有交代，因為把書公開印行，這類事是不方便記述的。而且，地方長官把醫生保舉上去，地方長官與地方醫生，就會榮辱與共。他們有共同的目標，就是診病的任務，只許成，不許敗。因此，他們的心理負擔是相當重的。在宮廷中的內務府官吏、

或黃，皆以黏而不散、粉而不沙者為上。汲水滋土，人逐數牛錯趾，踏成稠泥。…… 造方墁磚，平板蓋面，兩人足立其上，研轉而堅固之，燒成效用。石工磨斫四沿，然後甃地。…… 又細料方磚以甃正殿者，則由蘇州造解。」(見宋應星《天工開物》，2004年10月中國社會出版社，頁208 - 209。)至於蘇州燒製細料方磚的過程，明代工部郎中張向之《造磚圖說》云：「入窰後要以糠末薰一月，片柴燒一月，棵柴燒一月，松枝燒四十天，凡百三十日而窨水出窰。」到了以磚鋪地時，石工先仔細磨斫磚的四沿，使鋪墁後能嚴絲合縫，然後抄平、鋪泥、彈線、試鋪，最後按試鋪要求把磚墁好、刮平，再浸以生桐油，才算完成金磚的鋪墁工作。(參閱蔣博光《「金磚」墁地》，《文史知識》編輯部編《古代禮制風俗漫談》，1983年6月中華書局，頁148。)可知宮內鋪地的金磚能光滑如鏡，工匠所費的功夫可不少。

太醫院醫官、太監等侍職人員，他們應該不難了解應詔醫生和保舉者的心理負擔。他們會不會乘機刁難、勒榨呢？晚清時代，貪污之盛，素為讀史者所深悉，尤其是內務府官吏的腐敗、貪婪，更是人所共知，薛氏和保舉者為了要順利完成任務，究竟有沒有向侍職人員送禮、納賄？在書中並沒有記載。沒有記載，不表示沒有這類事發生。當我們採用《北行日記》中的記載作為史料時，要留意它所缺乏的，是負面資料，而這些負面資料，往往較能平衡正面的載述，並讓我們看到一個時代、一個社會的真象。

中國傳統道德的新詮釋：論《新世訓》的「尊理性」與「行忠恕」

翟志成*

提要

馮友蘭在《新世訓》中，用了整整十個篇章，反覆闡釋和介紹了「凡生活底人」都必須多少依照之或「完全依照之」的十種生活方法。其中包括「尊理性」第一、「行忠恕」第二、「為無為」第三、「道中庸」第四、「守沖謙」第五、「調情理」第六、「致中和」第七、「勵勤儉」第八、「存誠敬」第九，以及「應帝王」第十。本文著重討論了該書的「尊理性」和「行忠恕」二章，藉以探究馮氏是如何創造性的繼承和發展儒家的核心義理。本文的最後部分，則借用了英國觀念史大家柏林（Isaiah Berlin）關於「積極自由」（'positive freedom'）和「消極自由」（'negative freedom'）的分流，並斷以己意加以引申發揮，藉以究明馮友蘭在重新詮釋傳統道德「忠」與「恕」時所遇到的難題，以及他已取得的成績和所受到的限制。

一、引言

繼《中國哲學史》之後，馮友蘭在八年抗戰中對國族的最大貢獻，在於他撰成了六大本「貞元之際所著書」，簡稱「貞元六書」。它們是：《新理學》（一九三八年八月）、《新事論》（一九四〇年五月）、《新世

*中央研究院近代史研究所副研究員

訓》（一九四〇年七月）、《新原人》（一九四二年三月）、《新原道》（一九四五年四月）和《新知言》（一九四六年十二月）。這裡的「貞元」，是借用了大《易》「貞下起元」的觀念，正強烈地帶著否極泰來和革故鼎新的意涵。馮友蘭在「貞元六書」中，以自己對時局和世變的體會與覺悟，通過對中國傳統哲學思想的現代詮釋，成功地把自己「抗戰必勝、建國必成」的信念予以理論化和系統化，建構出「新理學」這一整套宏大哲學和思想體系。[1] 藉著「新理學」體系的傳播，馮友蘭曾一度鼓舞了國人的民族自豪感和增強了國人的民族自尊心，點燃了國人對民族復興前景的熱望和企盼，這對凝聚國人的國家認同和文化認同，共同抵禦日人的武裝侵略，確有莫大的功益。藉著「新理學」體系的營造，馮友蘭也使自己由原來當代名列第一的中國哲學史家，升級為當代最有影響力的中國哲學家。[2]

「貞元六書」之中，《新理學》成書最早。如果把「貞元六書」當作一部大書看，《新理學》便是這部大書的導論篇。就馮友蘭的「新理學」系統而言，它又是該系統的總綱。[3]《新理學》是馮氏「融合新舊、會通中西」的最得意之作，它是中國程朱理學，古希臘柏拉圖的實在論，以及當代英國羅素的分析哲學和美國蒙太格等人的新實在論的一次大範圍的會通和融合。[4]《新理學》雖也涉及到歷史、社會和個人等方面，但它主要論述仍在宇宙論和形上學方面的純粹哲學問題。由「理」、「氣」、「道體」和「大全」這四個核心觀念，構成了「新理學」的形上

[1] 馮友蘭在其晚年的回憶錄《三松堂自序》中，特別用「新理學」代表其哲學系統，藉以區分其專書《新理學》，以免引起閱讀上的混淆。參見馮友蘭，《三松堂自序》，收入氏著，《三松堂全集》（鄭州：河南人民出版社，1985），頁229-231。

[2] 賀麟，《五十年來的中國哲學》（瀋陽：遼寧教育出版社重印，1989），頁33。

[3] 馮友蘭，《三松堂自序》，頁230。

[4] 馮友蘭，《四十年的回顧》，《三松堂全集》，卷14，頁206-227。

學系統中四組主要命題。[5] 但是，這四組主要命題，幾乎都是些重複敘述命題。這些命題祇是把已經說過的話再說一次，既不能增加我們的知識，也不能予我們以答案，例如命題一「凡事物必須都是甚麼事物。是甚麼事物，必都是某種事物。有某種事物，必須某種事物之所以為某種事物者」，[6] 便是這一類重複敘述的命題。更重要的是，《新理學》雖在形式上肯定了理對事物的規定性和主宰性，但對於各事物的理的具體內容，例如一切社會的理的內容是甚麼？某一社會的理的內容又是甚麼？《新理學》卻完全沒有解答。儘管馮友蘭把他那套說了幾乎等於沒說的命題組成的形上學系統，名之曰「一片空靈」的「最哲學的哲學」，[7] 但如果馮友蘭繼續玩弄他那套玄之又玄的觀念遊戲，而不能及時地對《新理學》的形式命題，兼作「積極底」或「實質底」釋義，[8] 尤其是不能及時地對一切社會之理與某社會之理的具體內容作出明確的詮釋和規定，他便會背離其作書時的初衷，而與其為抗日建國的中國社

---

[5] 馮友蘭，《新原道》，《三松堂全集》，卷5，頁148。

[6] 馮友蘭，《新原道》，頁148。

[7] 馮友蘭在《新知言》中，自認自己的「新理學」的形上學系統是「真正的形上學」，並加以發揮道：「真正形上學底命題，可以說是『一片空靈』……歷史底命題，是實而且死的……科學底命題，是靈而不空底……邏輯學、算學中底命題，是空而不靈底……形上學底命題，是空而且靈底。形上學底命題，對於實際、無所肯定，至少是甚少肯定，所以是空底。其命題對於一切事實，無不適用，所以是靈底。」（馮友蘭，《新知言》，《三松堂全集》，卷5，頁178-179）馮氏自稱其「新理學」為「最哲學底哲學」，見《新理學》的〈緒論〉章〈最哲學底哲學〉節，《三松堂全集》，卷4，頁10-12。

[8] 馮友蘭說：「我們所謂『邏輯底』，意思是說『形式底』。我們所謂『積極底』，意思說『實質底』。在本書中，『積極底』是與『邏輯底』或『形式底』相對待底……所謂『形式底』，意思是說『沒有內容底』，是『空底』。所謂『實質底』，意思是說『有內容底』……」馮友蘭，《新知言》，頁174。

會樹立「新道統」的宗旨毫不相干！[9]

馮友蘭對《新理學》滑向觀念遊戲化的傾向是有充分警覺的。《新理學》成書之後，他又連續出版了五本「貞元之際所著書」。這五本書，便是及時地對《新理學》的形式命題，作「實質底」或「積極底」釋義，對一切社會之理和某社會之理的內容，作出合符抗戰建國需要的詮釋。不管是出於事前的安排，還是事後的補救，《新理學》和後來的貞元五書，構成了奇妙的互補關係：《新理學》為後來的貞元五書提供了形上學的根據（這形上學的根據，對作為大系統的迷思者和創造者的馮友蘭而言是無比重要的），後來的貞元五書在社會道德和個人修養方面為《新理學》廣為發揮；《新理學》「空而且靈」的形式命題像一張張空白的支票，後來的貞元五書便在這些空白的支票上填上需要兌換的銀碼……

[9] 馮友蘭充份認識到哲學（或意識形態）系統對社會組織的重要指導作用。他在抗戰爆發的前二年就說過：「每一種政治社會制度，都需要一種理論上的根據。必須有了理論上的根據，那一種政治社會組織，才能『名正言順』。在歷史上看來，每一種社會，都有他思想上的『太祖高皇帝』。例如中國秦漢以後的孔子，西洋中世紀的耶穌，近世的盧梭等等，都是一種社會制度的理論上的靠山，一種社會中的思想上的『太祖高皇帝』……」（馮友蘭，〈從中國哲學會說到哲學的用處〉，收入氏著，《南渡集》，《三松堂全集》，卷5，頁356-357。）在抗戰爆發前半年，馮友蘭又舊話重提：「世界有許多的國家，都要立一種哲學，以為『道統』，以『正人心，息邪說，距詖行，放淫辭』。我們在那一種社會裡，我們即在那一種『道統』裡……」（前揭書，頁357。）「新理學」便是馮友蘭為了給抗戰的中國社會組織以理論上的根據而建立起來的一套思想體系（或「道統」），又稱為「新統」。

二、《新世訓》的特色

在「貞元六書」之中，《新世訓》的份量和地位，一直被研究近代中國哲學史的學者專家嚴重低估。究其原因，主要是書末〈應帝王〉一章，被當時左派陣營認為作者是以舊日帝王譬當日的抗戰領袖蔣中正，顯然是為了「作帝王師」而有意「賣身投靠」，如此一來便給馮友蘭帶來了無窮無盡的麻煩和禍患。而馮氏在飽受攻擊之餘，晚年對《新世訓》亦表示不滿，以為猶未脫功利樊籠。[10] 但是，我在近年來反覆研讀「貞元六書」，發現《新世訓》其實是馮友蘭在把後「五四」時期業已失根兼解體的傳統道德重新加以選擇和組合，注入之以新血，並根據時局的需要重新詮釋之，俾便為當時社會上各階層的人倫日用，提供一整套合理易行的生活方法。這種「五四」的廢墟上重建社會倫理法則的整體規畫，事實上已構成了整個「新理學」系統中不可或缺的關鍵環節，其重要性決非政治勢力的攻訐或作者自己的退避便可以抹煞得了的。

「貞元六書」最早時又號稱「貞元三書」，當時衹包括《新理學》、《新事論》和《新世訓》，亦即「貞元六書」的前三本。馮友蘭在撰成了「不著實際」的《新理學》的一年之後，即於一九四〇年五月出版了「討論當前許多實際問題」的《新事論》(又名為《中國到自由之路》)。[11]《新理學》樹立的是形上之理；《新事論》處理的是形下之事。如果說，《新理學》是馮友蘭予其「新統」或「新理學」以形上學根據的「無字天書」，《新事論》則是馮友蘭把「無字天書」翻譯成人人可讀的「有字人書」，沒有「無字天書」為其形上學的根據，「新統」或「新理學」便

[10] 馮友蘭在回憶《新世訓》時說：「現在看來，這部書所講的主要是一種處世術，說不上有甚麼哲學意義；境界也不高，不過是功利境界中的人物一種成功之路，也無可值得回憶的了。」馮友蘭，《三松堂自序》，頁243。

[11] 馮友蘭，《新事論》，《三松堂全集》，卷4，頁215。

會在人間世失去了大部份的合法性。沒有「有字人書」為其規劃，「新統」或「新理學」也會在人間世失去了全部可行性。但繼《新事論》之後，馮氏不知是意猶未盡還是於心未安，不旋踵在二個月後又出了《新世訓》。他在該書〈自序〉中云：

> 承百代之流，而會乎當今之變。好學深思之士，心知其故，烏能已於言哉？事變以來，已寫三書。曰《新理學》，講純粹哲學。曰《新事論》，談文化社會問題。曰《新世訓》，論生活方法，即此是也。書雖三分，義則一貫。所謂「天人之際」，「內聖外王之道」也。合名曰《貞元三書》。貞元者，紀時也。當我國家民族復興之際，所謂貞下起元之時也。我國家民族方建震古鑠今之大業，譬之築室，此三書者，或能為其壁間之一磚一瓦歟？是所望也。[12]

在〈自序〉中，馮友蘭已經老實不客氣地以「好學深思」的哲人自況，並認為自己已洞悉了當前這「百代」所未曾有的「世變」，而自己的《貞元三書》，亦正在為「民族復興」「大業」規畫「築室」的藍圖。其所謂「為其壁間之一磚一瓦」的說辭，語雖謙沖而骨子裏卻顯透著無量的自負。這是任何對傳統中文修辭學稍有涉獵的人，在閱讀該書〈自序〉時難免會留下來的印象。然則，馮友蘭又明明在《新事論》的〈自序〉中，規定了《新理學》所闡釋者為「不著實際」的形上之理，《新事論》所處理者為「實際」的形下之事。[13] 無論是從馮氏「新理學」系統中關於「真際」和「實際」的分別，或者從其「形上」和「形下」的分際，甚至從宋明理學「一理」散為「萬事」的傳統哲學觀點，[14]《新

[12] 引自馮友蘭，《新世訓》，《三松堂全集》，卷4，頁369。

[13] 馮友蘭，《新事論》，頁215。

[14] 例如，朱熹在注《中庸》時，首引程頤之言以明「一理」與「萬事」的關係：「其書始言一理，中散為萬事，末復合為一理。放之則彌六合，卷之則退藏於

世訓》中所欲講論的「生活方法」，其實已理所當然地和毫無例外地被包攝在《新事論》所處理的「事」的範疇之中。我們知道，推理的一致性（theoretical consistence）和分類的精確性（categorical accuracy）是建立理論系統的必要條件。馮友蘭突然在後出的《新世訓》中，把原先在《新事論》裏無所不包的「事」，收攝壓縮為「文化社會問題」，藉以把「生活方法」從「事」的範疇之中割裂出去，便必須承擔「推理不一致」和「分類不精確」的風險。但馮氏卻甘願為此冒險犯難，且另外用了一整本書的篇幅重新加以詮釋，由此亦可見對「生活方法」的講論，在馮友蘭的「新理學」系統中，佔據了何等重要的位置。這也說明了馮友蘭為甚麼會在撰成了《新理學》和《新事論》二書之後，還特別要再寫出這本《新世訓》，並藉以與之鼎足三分，合稱為「貞元三書」。

講論生活方法本是中國文化的最核心部分。古往今來國人講論生活方法的著述簡直多如天上繁星。馮友蘭既要在繁星之外，又添新光，他便至少有責任要講明，他的《新世訓》到底和宋明理學家以及清末民初思想家所提倡的各種各樣的生活方法，又有何不同？《新世訓》的「新」到底新在那裏？有鑒於此，馮友蘭在《新世訓》的〈緒論〉中，除了承認《新世訓》其實是「繼承宋明道學家的『舊論』」，但也指陳出該書與宋明理學的五大不同之處。第一，儘管《新世訓》與宋明理學家都認為生活不可違逆道德規律，但宋明理學家卻不知道德規律其實又可分為二大類，一類是屬於一切社會的生活均需依照的不變的道德規律，另一類是隨著不同社會的生活而與時更替的可變的道德規律。而《新世訓》則深知此一分際並特別加以強調。[15]《新世訓》所欲專門講論者，衹是一

密。其味無窮，皆實學也。善讀者玩索而有得焉，則終身用之，有不能盡者矣。」引自朱熹，《四書集注・中庸章句》（臺北：世界書局，民69年重印），頁1。

[15] 馮友蘭，《新世訓》，頁373-374。

切社會生活均需依照的不變的道德規律（亦即生活方法）。[16] 第二，宋明理學習慣於把世人的全部生活，區分為「道德的」和「不道德的」兩大類型；而《新世訓》則不贊同此一非黑即白的二元對立的思維模式。《新世訓》強調世人生活除了有「道德的」和「不道德的」這兩大類型之外，尚有「非道德的」第三種類型的存在。[17] 第三，由於宋明理學家既不知道德規律中有「可變的」和「不可變的」兩種分類，又不知生活中其實存在著「非道德的」形態，是故他們在談生活方法時，便經常會脫離社會、脫離實際，講出一些「死的教訓」或「不能應用的公式」，恆不免「板滯迂闊，不近人情」。[18] 而《新世訓》則能把道德規律和「眼前所見底生活中底事，聯接起來」，活活潑潑地加以講用。[19] 第四，即令在講論生活中相同的道德規律時，《新世訓》也要採用新的語言和新的表述方式，而力求避免如宋明道學家那樣，以「專唸語錄」和「寫功過格」的方式講求道德規律。宋明理學家在講學時「多板起臉孔，以希聖希賢自居」，從而留給社會以「專業聖人」的刻板而可厭的印象，這更是《新世訓》所亟欲掃除和力求避免的。[20] 第五，宋明理學的終極關懷是達到聖人的境界。正因如此，宋明理學家在人倫日用中對道德規律的講求，「都似乎是」達成此一目標的「一種手段」。[21] 而《新世訓》「所注意者，不是一種境界，而是一種生活。」[22] 換句話說，對於人倫日用中的道德規律的講求，在《新世訓》中並不是手段；《新世

---

[16] 馮友蘭，《新世訓》，頁374。

[17] 馮友蘭，《新世訓》，頁374-375。

[18] 馮友蘭，《新世訓》，頁374-375。

[19] 馮友蘭，《新世訓》，頁375。

[20] 馮友蘭，《新世訓》，頁376。

[21] 馮友蘭，《新世訓》，頁376-377。

[22] 馮友蘭，《新世訓》，頁377。

訓》之終極關懷者，也不是聖人的境界，而是如何合理而正確地「為生活而生活」。[23]當然，善於讀書者若能在生活上完全遵照《新世訓》的要求，「自生至熟」也一樣會到達聖人的境界。[24]

正由於《新世訓》與宋明理學在講論生活方法之時，有著上述五大不同之處，馮友蘭斷言他在該書中傳授的生活方法，已完全驅除了「舊日講道學者，或行道學家功夫者」，所最易犯下的「拘、迂、腐、怪」這四大毛病。這五大不同之點便正是《新世訓》之所以「新」於宋明理學之處，而「拘、迂、腐、怪」的驅除，便是「於許多舊論之外」，仍需「要有『新論』」的最佳理由。[25]

此外，馮友蘭還論及他的《新世訓》，何以會不同於清末民初五花八門的「青年修養方法」，或者不同於林林總總的「一種新人生觀」。因為，「青年修養方法」並不適合於少年、中年和老年人，而「一種新人生觀」遇到另「一種新人生觀」便極可能全然無效。而《新世訓》所講授的生活方法，「猶之邏輯學上所講底思想方法」，則對一切「生活」著的人都合適而有效。「凡生活底人都必須依照之，想求完全底生活底

[23] 馮友蘭說：「照我們的看法，照我們所謂生活方法生活下去，固亦可得到宋明道學家所說底某種熟生活(翟按：指聖人境界)，但我們生活下去是為生活而生活，並不是為某種底熟生活而生活。為某種熟生活而生活，則達到此目的以前底生活，皆成為『學』，皆成為手段。用我們的所謂生活方法而生活下去，雖亦可得到宋明道學家所謂某種底熟生活，但我們既為生活而生活，則在得到某種熟生活以前底生活，仍是生活，不是學，不是手段。以寫字為例，我們寫字，寫得久了，自然由生而熟。但我們如為寫熟字而寫字，則能寫熟字以前底寫字，均為『學』，均是手段。我們如為寫字而寫字，則能寫熟字以前底寫字，亦是寫字，不是『學』，不是手段。因此我們所講底生活方法，又有與宋明道學家所講不同之處。」引自馮友蘭，《新世訓》，頁377-378。

[24] 馮友蘭，《新世訓》，頁377。

[25] 馮友蘭，《新世訓》，頁378。

人，都必須完全依照之。不管他是個老年人或少年人，」青年人或中年人；也不管他奉行的是那一種修養方法，信奉的是那「一種新人生觀」。[26]

《新世訓》中用了整整十個篇章，反覆闡釋和介紹了十種生活方法。其中包括「尊理性」第一、「行忠恕」第二、「為無為」第三、「道中庸」第四、「守沖謙」第五、「調情理」第六、「致中和」第七、「勵勤儉」第八、「存誠敬」第九、以及「應帝王」第十。根據馮友蘭的說法，書中由第一至第九種生活方法，是「凡生活底人」都必須多少依照之或「完全依照之」的。[27] 而第十種生活方法「應帝王」，是馮氏為國家的首領或最高統治者特別添寫的。除了國家的首領或最高統治者必須多少依照之或「完全依照之」之外，而其他的人並不必特別加以理會。[28] 篇幅所限，本文祇能著重討論該書的「尊理性」和「行忠恕」這二章，本文的最後部分，將借用英國觀念史大家柏林（Isaiah Berlin）關於「積極自由」（'positive' freedom）和「消極自由」（'negative' freedom）的分疏，並斷以己意加以引申發揮，藉以究明馮友蘭在重新詮釋傳統道德時所遇到的難題，以及他已取得的成績和所受到的限制。

三、「尊理性」

甚麼是理性？按照馮友蘭的說法，理性有兩種涵義，「就其一義說，是理性底者是道德底，就其另一義說，是理性底者是理智底。」[29] 易言之，道德者，理性之道德也，理智者，理性之理智也。故「理性」

---

[26] 馮友蘭，《新世訓》，頁 378-381。

[27] 馮友蘭，《新世訓》，頁 381。

[28] 馮友蘭，《新世訓》，頁 498。

[29] 馮友蘭，《新世訓》，頁 386。

是合「道德」和「理智」的共名，「理性」等於「道德」加「理智」。馮友蘭在《新世訓》中的對理性的定義，和儒學傳統的定義並不一致。我們知道，在儒家哲學傳統中，天、地、人並稱「三才」，而人更被認為是天地之「心」，人性與純粹至善的天理同質而等值。故宋明理學家不分門戶不分宗派，都無不一致贊同「〔人〕性即〔天〕理」的宗旨——儘管他們對「心即理」這一命題卻一直爭論不休，從未達成共識。【30】由於〔天〕理和〔人〕性是都純粹至善的，因而也是純粹道德的。故「理」、「性」、「德」在儒家的義理脈絡中是經常可以對調和互換的同義詞，「理性」就是「德性」。儒家哲學傳統本是以德性為其主體的，它雖從不輕視或抹煞理智，但理智充極其量也衹能作為德性的羽翼或附庸，從來就沒能在儒家哲學傳統中佔據過最中心的位置。正因如此，儒家傳統必須承認「德性」就是「理性」，但決不會承認「理智」就是「理性」。馮友蘭的「理性」等於「道德」加「理智」的說法，和儒學傳統中「理性」等於「德性」的說法，當然存有著極大的差異。衹不過，馮友蘭在建構自己的哲學體系時，亦早已明白宣示，他的「新理學」系統，對儒學傳統是「接著講」而非「照著講」的。【31】有了「接著講」的宣示，馮友蘭便有了充份的空間和自由，按照建講理論系統的需要，把自己的「新理學」，有時講得和傳統儒學完全一樣，有時講得和傳統儒學很不一樣。而一切「叛道離經」的批評，在「接著講」的宣示之後，都變成了無的放矢。

藉著「理性」等於「道德」加「理智」的論說，馮友蘭在《新世訓》中，一方面保留了在儒家哲學傳統中佔據過最中心的位置的道德，一方

【30】詳見翟志成，〈宋明理學的公私之辨及其現代意涵〉，收入黃克武、張哲嘉（編）《公與私：近代中國個體與整體的重建》（台北：中央研究院近代史研究所，2000），頁10-15。

【31】馮友蘭，《新理學》，頁1。

面又移入了在西方哲學傳統中佔據著中心的位置的理智，使道德和理智在理性這一共名之下相輔相成，同時成為「新理學」系統中的雙重主體。[32]馮友蘭這種安排，無疑是出於「守故開新」的需要。「守故」就是要把傳統哲學中適用於一切社會的各種道德，通過新的詮釋和創造性的轉化，使其在當代社會中最大限度地保存下來並繼續發生重大的影響。「開新」就是要從西方文化中吸取精神和思想資源，以之與傳統道德相結合，從而使「德先生」和「賽先生」能在中國落戶安居。因為，建立民主政制和發展科學，不僅已成了當時知識界的共識，同時也是完成抗戰和建國這救亡大業的必要條件。而無論是要建立民主政制還是要發展科學又都必須憑藉理智，僅有道德是決不足夠的。[33]

不過，馮友蘭並沒有由社會的運作或發展民主科學所不可或缺的角度，從正面論證「尊理性」的必要性和重要性。他所採取的論述策略，反而是孟子「人禽之辨」的本體論的論證模式。稍稍不同的是，孟子把道德的有或無，視作區別人和動物（禽獸）的分界線；而馮友蘭則把統合了道德和理智的「理性」的有或無，視作區別人和動物的分界線。孟子說過：

> 人皆有不忍之心，……令人乍見孺子將入於井，皆有怵惕惻隱之心，非所以內交於孺子之父母也，非所以要譽於鄉黨朋友也，非惡其聲而然也。由是觀之：無惻忍之心，非人也；無羞惡之心，非人也；無辭讓之心，非人也；無是非之心，非人也。惻忍之心，仁之端也。羞惡之心，義之端也。辭讓之心，禮之端也。是非之心，智之端也。[34]

---

[32] 馮友蘭，《新世訓》，頁389。

[33] 詳見翟志成，〈儒學資源的現代轉化——熊十力與胡適的分歧〉，收入張偉保編，《傳統儒學、現代儒學與中國現代化》（香港：新亞研究所暨香港聯教中心出版，2002年），頁177-181。

[34]《孟子‧公孫丑章句上》，引自朱熹，《四書集注》，頁46-47。

孟子把人心中惻忍、羞惡、辭讓和是非的情感，看作是人性中仁、義、禮、智這道德淵源的端緒（或萌芽），[35]而此一端緒，便正是區隔人與禽獸最細微的但同時又是最根本的分界線。而此一最細微又是最根本的分界線，又是決定每一個人向下沉淪或向上提昇的關鍵之所在。凡守不住此一分界線者，便會向下墜落成為禽獸；守住了並不斷地擴大此一分界線者，便會向上提昇成為君子，成為賢士，甚至成為聖人，是故孟子又說：「人之所以異於禽獸者幾希，庶民去之，君子存之。」[36]朱熹則注云：「幾希，少也。庶，眾也。人物之生，同得天地之理以為性，同得天地之氣以為形。其不同者，獨人於其間得形氣之正而能有以全其性，為少異耳。雖云少異，然人物之所以分實在於此。眾人不知此而去之，則名雖為人，而實無以異於禽獸。君子知此而存之。是以戰兢惕勵而卒能有以存其所受之正也。」[37]自孟子以降，宋明理學家無數的高文冊典語錄彙要，其中的千言萬語，其實都可看成是理學家們自勉兼勉人「戰兢惕勵」，竭力堅守和擴大此一區隔人與禽獸的分界線。

經過千百年的儒門人禽話語的講習和薰染，「人禽之別，不僅已變成了中國文化深層結構中的堅實瀫積，變成了中國文化價值系統的內核，同時也變成了一代又一代中國人的集體記憶。[38]「人禽之別」已不僅僅是生物學上不同物種的區別，而且更重要的是倫理學上正義與邪惡、光明與黑暗、以及修身積善與失節敗德的區別。一直到了今時今

[35] 朱熹注云：「惻忍、羞惡、辭讓、是非，情也。仁、義、禮、智，性也。心，統性情者也。端，緒也。因其情之發，而性之本然可得而見，猶有物在中而緒見於外也。」朱熹，《四書集注》，頁47。

[36]《孟子・離婁章句下》，引自朱熹，《四書集注》，頁115。

[37] 朱熹，《四書集注》，頁115。

[38]關於集體記憶，請參看 David Lowenthal, *The Past Is A Foreign Country* (Cambridge: Cambridge University Press), pp. xv-xxvii, 185-262 。

日，「畜生」、「衣冠禽獸」或「禽獸不如」的斥罵，對幾乎所有中國人而言，都是沉重得令人無法承受的痛責和嚴譴。馮友蘭自幼即把《四書》、《五經》背誦得滾瓜爛熟，嚴「人禽之別」對他說來本就是天經地義的和毋庸置疑的真理。職是之故，他在論證「尊理性」的必要和重要性之時，自然而然地一出手便師法孟子和宋明道學家的故智。但由於馮友蘭的「理性」是「道德」與「理智」相加後的總和，故他據以區分人禽的「理性」，其內涵又要比孟子和宋明道學家據以區分人禽的「德性」更為豐富。馮友蘭說：

> 宋明道學家說人之所以異於禽獸者時，他們注重在人的道德方面。而我們說人之所以異於禽獸者時，我們不祇注重在人的道德方面，而亦注重在人的理智方面。西洋人說人是理性動物時，他們注重人的理智底理性。我們說人是理性動物時，我們不祇注重人的理智底理性，而亦注重人的道德底理性。宋明道學家所謂「人【倫】之至者」，是在道德方面完全底人，而我們所謂「人【倫】之至者」，是道德方面及理智方面完全底人。[39]

但內涵的豐富並不必然地和說服力的增強成正比，弔詭的是，馮友蘭一心引援黑格爾關於「自在」(in itself)和「自為」(for itself)的分判以進一步去疏解「人禽之別」，結果反而削弱了「人禽之別」在中國文化義理脈絡中無比強大的道德強制力。從黑格爾思辯的理路出發，馮友蘭強調動物由於欠缺「理性的自覺」，故動物的一切活動，都祇不過是為其本能的自然衝動所驅策，都祇能是「本能的自然活動」。[40]而人類除了和動物一樣，有其本能的自然衝動之外，人類還有著動物所欠缺「理性」，尤其是「理性的自覺」。人類能「自覺」其活動是「道德的」或「不道德的」，「理智的」或「不理智的」。正緣於此一「自覺」，

[39] 馮友蘭，《新世訓》，頁389。

[40] 馮友蘭，《新世訓》，頁387。

人類除了和動物一樣，有其本能的和自然的活動之外，人還能有著動物所無的「理性的」活動，亦即社會的和文化意義的活動。因為，凡社會和文化意義的活動，都必須遵循最起碼的理性律則，而天賦於人的理性，又恆使人能夠或多或少地「自覺」並遵循理性的律則。馮友蘭說：

> 人之所以異於禽獸者，即在其是理性底，所以他能有文化，有了文化，人的生活纔不袛是天然界中的事實。《易傳》說：『有夫婦然後有父子；有父子然後有君臣；有君臣然後有上下；有上下然後禮義有所措。』禽獸，即人以外底別底動物。禽獸的生活，是天然界中底事實。它的生活，是本能的自然底活動，而不是理性的自覺底，有意底努力。它有天然界中底男女之交，而無文化界中底夫婦關係。它有天然界中底傳代生育，而無文化界中底父子關係。……必有文化界中底夫婦等關係，『然後禮義有所措』。言必有此等關係，然後始有文化可說也。文化出於人的理性的活動。如社會底組織，道德底規律等，出於人的道德底理性。科學技術等出於人的理智底理性。人之有文化，證明人是理性底動物。[41]

如果用黑格爾的術語，禽獸的活動袛是處於「自在」的狀態，而人類的活動除了「自在」還可以「自為」。由「自在」變為「自為」，箇中最根本的契機是對自己活動的「自覺」。馮友蘭把人類定義為「理性底動物」，無非是要勸勉國人自覺其「理性」此一天賦之難得與尊貴，勸勉國人因而善於運用其理性，努力地進行道德實踐和科學實驗，並以此不斷地去拓展和擴大人與禽獸的界限，使自己成為道德上的完人和科學上的巨人。然而，馮友蘭之用「自在」與「自為」的觀念詮釋「人禽之別」，固然更符合現代生物學的常識，同時更可以給自己的論述塗上厚厚的一層學術和哲學的油彩，但算起總帳卻不免有些得不償失。因為

[41] 引自《新世訓》，頁387-388 。

按照馮友蘭的「人禽之別」新說，動物既然處於「自在」的狀態，既然對其自身任何的活動，均缺乏「理性的自覺」，故動物的一切活動，亦均與道德和理智毫不相干。我們不能說動物是「道德的」或「不道德的」，「理智的」或「不理智的」，而衹能說是「非道德的」或「非理智的」，亦即是「非理性的」。傳統的「人禽之別」舊說警告國人萬萬不可墮落為禽獸，因為由人類而墮落為禽獸是「反道德的」；而馮友蘭的「人禽之別」新說也提醒國人不可以墮落為禽獸，因為禽獸是「非理性的」(「非道德的」和「非理智的」)。「反道德的」和「非道德的」雖衹有一字之差，但其中的差別卻天壤懸隔。在傳統舊說中，被目為禽獸本是最可悲最可恥最可恨最可憎的失節和敗德，但到了馮友蘭的新說，禽獸衹不過是對理性的「無知」(或「不自覺」)而已，和失節與敗德毫不相干。中國人向有「不知者不罪」的共識，故被目為禽獸似乎也並不是甚麼不得了的事情，如此一來，傳統的「人禽之別」舊說中蘊含的道德強制力，在馮友蘭的「人禽之別」新說中便初完全消解了。如果馮友蘭是為了避免「泛道德主義」，而決心捨棄傳統「人禽之別」的道德強制力，那也就罷了。但問題是馮友蘭又明明說過，他在《新世訓》中「不衹注重人的理智底理性，而亦注重人的道德底理性」，他要成就的其實是「道德方面及理智方面完全底人」。[42] 很明顯，馮友蘭並沒有打算要放棄或削弱其「人禽之別」新說在道德方面的強制力，他在引援黑格爾時，其實是企圖證明人萬萬不可墮落為禽獸，因為，若由人而墮落為禽獸，既是「反道德的」，同時又是「非理性的」；他一心以為在「反道德的」的基礎上，再加添上「非理性的」，便可以更加強化其「人禽之別」新說的說服力。但他卻似乎忽略了，他在《新世訓》中所尊的「理性」，是把「道德」和「理智」包攝在內的，「非理性的」便等於「非道德的」或「非理智的」。邏輯地，由人而墮落為禽獸，便衹能在「反

[42] 馮友蘭，《新世訓》，頁389。

道德的」或「非道德的」加「非理智的」這兩個選項中揀取其一，不能既是「反道德的」同時又是「非道德的」加「非理智的」。職是之故，「反道德的」與「非理性的」，在學理上是難以並立的。馮氏的新說，本欲藉引援黑格爾加強傳統舊說的力量，結果卻變成了求加反而得減。在失去了道德方面的強制力之後，馮氏的新說，也就欠缺足夠的力量，以勸勉國人在「道德方面」努力成為「完全底人」，而國人一切失節敗德的禽獸行為，也可以在「不知者不罪」的理由之下，似不必再受到社會輿論的制裁和自己良心的譴責了。此一理論上的巨大疏漏，恐怕是馮友蘭在引援黑格爾時始料未及的。

四、「行忠恕」

「忠」「恕」向來被認為是貫通孔子為人與治學、結合其理論和實踐的總綱，[43] 而儒門對此亦從無爭議。並且，對於甚麼纔是恕，儒門亦早已有了共識。因為，孔子在答子貢問中已極清晰地把恕界定為「己所不欲，勿施於人」，並標舉為任何人都「可以終身行之」的德目。[44] 但對於甚麼纔是忠，孔子卻沒有像恕那樣明確地給予定義，雖然他在《論語》中也曾多次談到忠。[45] 朱熹在注釋《論語・里仁》篇時，把忠定

---

[43]《論語・里仁》云：「子曰：『參乎，吾道一以貫之。』曾子曰：『唯。』子出，門人問曰：『何謂也？』曾子曰：『夫子之道，忠恕而已矣。』」引自朱熹，《四書集注》，頁23。

[44] 子貢問曰：「有一言可以終身行之者乎？」子曰：「其恕乎！己所不欲，勿施於人。」《論語・衛靈公》，引自朱熹，《四書集注》，頁109。

[45] 例如，《論語・公冶長》云：「子張問曰：『令尹子文三仕為令尹，無喜色。三已之，無慍色。舊令尹之政，必以告新令尹。何如？』子曰：『忠矣。』曰：『仁矣乎？』曰：『未知，焉得仁！』」又例如，《論語・顏淵》云：「子張問

義為「盡己」,[46] 雖影響深遠,卻從未成為儒門一致接受的定論。並且,朱熹和他的新儒家同道們在定義和詮釋忠和恕時,充量發揮了他們道德形上學的附會和玄想,[47] 反而使本來並不具有道德形上學性格的忠和恕,變得更為複雜、更為神秘,也更為難解。馮友蘭在《新世訓》中,既要把忠恕疏解成一種不僅人人都應該實行,而且還能夠實行的「待人接物」的方法,[48] 他在「接著講」時,便必須把宋儒增添在忠恕上面的道德形上學神秘油彩剔除乾淨,並充量發揮自己以簡御繁的特長,用截斷眾流的手段,在紛紜眾說中疏理出一條淺近的理路,以極簡單和極易懂的語言把忠和恕的意義說明白講清楚。

《中庸》第十三章記載了一段孔子語錄:「道不遠人。人之為道而遠人,不可以為道。……忠恕違道不遠。施諸己而不願,亦勿施於人。」[49]《論語・雍也》篇中亦記載了孔子的另一段語錄:「夫仁者,己欲立而立人,己欲達而達人。能近取譬,可謂仁之方也已。」[50] 根據以上第二

政。子曰:『居之無倦,行之以忠。』」前者是孔子指點某人的具體做法夠得上忠的標準,後者是孔子認為施政離不開忠,但二者都沒有對忠作出明確的界說。均引自朱熹,《四書集注》,頁29-30,頁82-83。

[46] 朱熹注「夫子之道,忠恕而已矣」句云:「盡己之謂忠,推己之謂恕。」朱熹,《四書集注》,頁23。

[47] 例如,朱熹注《論語・里仁》篇「子曰:『參乎,吾道一以貫之。』……」段有云:「程子曰:『以己及物,仁也。推己及物,恕也。違道不遠是也。』忠恕一以貫之。忠者,天道。恕者,人道。忠者,無妄。恕者,所以行乎忠也。忠者體,恕者用。大本達道也。……『維天之命,於穆不已』,忠也。『乾道變化,各正性命』,恕也。」(引自朱熹,《四書集注》,頁23。)程朱的注解,從天道談到人道,從體說到用,又從《詩》扯到《易》,反而遠不及《論語》原文那麼明白清晰。

[48] 馮友蘭,《新世訓》,頁400。

[49] 朱熹,《四書集注》,頁8-9。

條語錄，馮友蘭把「己欲立而立人，己欲達而達人」定義為忠；根據第一條語錄，馮友蘭又把「施諸己而不願，亦勿施於人」定義為恕；從「道不遠人」或「能近取譬」的觀念，馮友蘭把忠恕之道，解說為每一個人依據自己的所欲或所不欲，推知並成就別人的所欲或所不欲的「推己及人」。[51] 馮友蘭說：

> 一個人若不知何以事父、則衹需問，在事父方面，其自己所希望於其子者是甚麼。其所希望於其子者，即其父所希望於其自己者。他如以此事其父，一定不錯。此即是己之所欲，亦施於人。此即是忠。自另一方面說，在事父方面，一個人若不知他的父所不希望於他自己者是甚麼，則衹需問其自己所不希望於其子者是甚麼。他如勿以此事其父，一定不錯。此即是己所不欲，勿施於人，此即是恕。在各種社會制度內，父子兄弟等所希望者不必同。但如此所說底忠恕之道，則總是可行底。[52]

一個人可能不知道其他的很多事，但對於自己的欲或不欲，是不可能不知道的。以自己的欲或不欲，作為行為的判准，以施及他人，便正是一種最切實而合適，又最便捷而易行的待人接物的方法。因為，行為判准就在自己的心內，既是不假外求的，又是不學而知和不學而能的。和陽明學的「良知」相比，馮友蘭認為忠恕雖與「良知」同為一種「徹上徹下」之道，但忠恕卻無須道德形上學為其依據，因之少了一層神秘的色彩，而比良知更為易知易行。[53]

---

[50] 朱熹，《四書集注》，頁40。

[51] 馮友蘭解釋「能近取譬」云：「一個人的欲或不欲，對於他自己是最近底。譬者，是因此以知彼。我們說：地球的形狀，如一雞蛋。此即是一譬。此譬能使我們因雞蛋的形狀而知地球的形狀。一個人因他自己的欲或不欲，而推知別人的欲或不欲，即是『能近取譬』。」引自馮友蘭，《新世訓》，頁398。

[52] 馮友蘭，《新世訓》，頁398。

[53] 馮友蘭，《新世訓》，頁399-400。

陽明學的「良知」是否即神秘主義或是否有神秘主義的成分？時下學界爭論不休，恐怕一時之間亦難有共識。即令「良知」全無一點神秘，但推己及人的忠恕之道，又確實比王陽明定義良知的「四句教」更令人明白易懂得多。[54]馮友蘭認定忠恕比良知更為易知易行，無疑是可以成立的。但是，推己及人的忠恕之道，欲又必須立足於每個人的好惡和價值都完全一樣的基礎上，纔有可能成功施行。在相信「心同」「理同」的儒學傳統中，儒者們咸認為每個人的好惡和價值觀都是大致相同的。孟子就十分肯定地說過：

> 故凡同類者，舉相似也。何獨至於人而疑之？聖人與我同類者，故龍子曰：「不知足而為屨，我知其不為蕢也。」屨之相似，天下之足同也。口之於味有同耆也，易牙先得我口之所耆者也。如使口之於味也，其性與人殊，若犬馬之於我不同類也，則天下何耆皆從易牙之於味也？至於味，天下期於易牙，是天下之口相似也。惟耳亦然。至於聲，天下期於師曠，是天下之耳相似也。惟目亦然。至於子都，天下莫不知其姣也。不知子都之姣者，無目者也。故曰：口之於味也，有同耆焉。耳之於聲也，有同聽焉。目之於色也，有同美焉。至於心獨無所同然乎！心之所同者何也？謂理也義也。聖人先得我心之所同然耳。故義理之悅我心，猶芻豢之悅我口。[55]

馮友蘭在《新世訓》也摘引了孟子這段話中的一小部分，他雖然也曾思及人心在大同中仍不免有小異，但其強調的卻正是「人的欲惡大致相

[54] 王陽明的「四句教」全文為：「無善無惡心之體，有善有惡意之動。知善知惡是良知，為善去惡是格物。」僅僅是其首句「無善無惡心之體」，便令陽明的親傳弟子亦因理解不同而長期爭議不斷。可見良知並不如陽明所設想的那麼明白易懂。

[55]《孟子・告子上》，朱熹，《四書集注》，頁163-164。

同」。[56] 我們知道，儒家和馮友蘭對「心同」「理同」的認定，在哲學上可歸入本質主義（essentialism）、基礎主義（foundationalism）和普遍主義（universalism）的範疇。並且，強調天理、理性或人性，乃係人之所以為人之本質的本質主義，強調此一本質奠定了人類之知識和價值之根基的基礎主義，以及強調此一本質和基礎的普遍性、無預設性和非歷史性的普遍主義，在尼采所揭櫫的脈絡主義(contextualism)的不斷質疑和批駁之後，已愈來愈顯得漏洞紛呈。尼采曾說過：「對君子乃養料與享受者，對小人則泰半變為毒藥。」[57] 曾深受尼采的影響，後來又接受了和馬克思階級分析法的魯迅，也斷言世人除了有著「營養，呼吸，運動，生殖」等共同的動物性之外，其「喜怒哀樂」方面便再無任何相同的「人情」或「人性」。[58] 他斬釘截鐵地說：

> 窮人決無開交易所折本的懊惱，媒油大王那會知道北京撿煤渣老婆子身受的辛酸，饑區的災民，大約總不去種蘭花，像闊人的老太爺一樣，賈府上的焦大，也不愛林妹妹的。[59]

無論是尼采的脈絡主義，還是魯迅的階級分析法，都能從相反的方面，有力地證明了每個人的欲惡其實並不完全相同。的確，世人的欲惡往往會受到其不同的年齡、性別、階級、族群、時代、社會、文化、宗教等因素的影響而呈現出差異性。並且，在有些時候或者在某些人身上，這些差異性之巨大，決不是輕輕一句「大同小異」便可以掩飾或遮蓋得了的。但是，人情或人性的欲惡，在更多的時候或者在更多人的身

[56] 馮友蘭，《新世訓》，頁 403-405。

[57] Friedrich Wilhelm Nietzsche, *The Gay Science*. trans. J. Nauckhoff. (Cambridge: Cambridge University Press, 2002), p. 120.

[58] 詳見魯迅，〈「階級性的文學」與「硬譯」〉，收入魯迅，《二心集》，《魯迅全集》（北京：人民文學出版社，1973）卷 4，頁 213-215。

[59] 引自魯迅，〈「階級性的文學」與「硬譯」〉，頁 214。

上，是有可能超越年齡、性別、階級、族群、時代、社會、文化、宗教等因素的影響和限制的。最雄辯的例證，可以直接追溯到鼓吹階級分析法的老祖宗馬克思和恩格斯身上。恩格斯身為資產階級的工廠老闆，親自參預了對工人的「壓逼」和「剝削」，但卻一直計畫著如何地去幫助被壓逼被剝削的工人階級推翻資產階級的統治；而馬克思身為資產階級知識分子，依賴著恩格斯「剝削」工人的血汗錢為生，卻為著顛覆資產階級的根本利益及其政體奮筆寫出了《資本論》。共產黨人常自詡馬克思主義是「放諸四海而皆準」的真理，但馬克思和恩格斯卻以自己行為直接修正和限制了他們的學說的普遍有效性。因為，通過了他們的實踐，正恰恰證明了有些人的欲惡是可以超越階級的。世人的情感，是決不會如魯迅所言，除了動物性之外，便衹剩下了階級性，而不同階級在欲惡方面已再無任何相同之處。賈府的焦大是否就一定不會愛上林妹妹？恐怕也不能說得那麼肯定！如果魯迅在中共立國初年尚活在世上，目睹了中共無數焦大式的老幹部，在入城後為了迎娶林妹妹（洋學生）而紛紛休掉鄉村的劉姥姥的話，不知他老人家又會作出甚麼的評論？

總而言之，世人的欲惡，既在同中有異，也在異中有同——儘管其相同面在許多時候或許多地方極有可能大於其相異面。新儒家和馮友蘭強調了相同的一面，而尼采和魯迅則強調了相異的一面，二者都各有所見，但均失諸於偏——儘管尼采和魯迅的偏頗可能更大些。由於忽略了相異的一面，馮友蘭在《新世訓》中所提倡的「推己及人」，其實行的效果並不必如馮氏所言會「一定不錯」，而且還頗有出錯之可能。假如父親自己心目中最理想的結婚對象是富貴人家的千金小姐，經過一番「推己及人」之後，最終替自己的兒子與富家締婚，而兒子所熱戀的對象卻偏偏是青梅竹馬的小家碧玉，父親的「推己及人」，豈不就變成了兒子的災難！

五、「積極自由」與「消極自由」

不過，馮友蘭的「推己及人」也不會變得完全不可以實行。箇中的關鍵，就是在「推己及人」之際，把忠恕之道一分為二：一方面盡可能實踐其「己所不欲，勿施於人」的恕，而在另一方面又決不輕易實行其「己之所欲，亦施於人」的忠——忠必須經由極端小心謹慎之反思和質詢，以及取得受施者的同意之後如可施行。英國的大思想家柏林（Isaiah Berlin）曾在二百多種不同意義的自由中，對「積極自由」（'positive' freedom）和「消極自由」（'negative' freedom）這兩大類型予以特別的關注。[60] 柏林雖曾用一整本書的篇幅來介定、疏理、引申和釐清這兩類不同自由的意旨，但亦以極為簡明的字句，把消極自由定義為個人或群體在某一領域（尤其是私領域）中，不被他人干涉亦不干涉他人的自由；[61] 把積極自由定義為個人或群體意欲自作主宰，通過成就他人同時亦得以成就自己的自由。[62] 職是之故，儒家「己所不欲，勿施於人」的恕，則有點近似於柏林的消極自由；而「己之所欲，亦施於人」的忠，便幾乎等於柏林的積極自由。

柏林經常使用「自作主宰」（self mastery），「自我肯認」（self assertion），「自我定向」（self direction），「自我完善」（self perfection）

---

[60] 柏林在申論自由時，有時會用 liberty，有時會用 freedom，蓋在柏林的思想系統中，liberty 和 freedom 是兩個可以互相置換的同義字。有關此一點，柏林亦曾在書中特別申明之。見 Isaiah Berlin, *Four Essays on Liberty* (London, Oxford, New York: Oxford University Press, 1969), p.121。

[61] Isaiah Berlin, *Four Essays on Liberty*, pp. 121-122。柏林在該書的第125頁甚至一度把自由定義為 'not to treat others as I should not wish them to treat me'，這簡直成了「己所不欲，勿施於人」的最佳英譯。

[62] Isaiah Berlin, *Four Essays on Liberty*, pp. 131.

或「自我實現」(srlf realization) 等語彙來介定積極自由的內涵。[63] 這些語彙若和宋明理學以及當代新儒學的話語相對照，簡直是若合符契。但柏林口中的「自我」(self)，經常會通過「社會化的」(socialized) 或「政治化的」(politicized) 程序，從「個人的自我」(individual self) 演變成一個「集體的自我」(collective self) ——亦即國家的、民族的、階級的、黨派的或社群的「自我」。[64] 這種「集體的自我」和新儒學的概念雖未能完全重合，但卻完全可以相通。因為，我們若能思及孟子「萬物皆備於我」的宣言，[65]「大體」和「小體」的分判，[66] 程顥的「仁者渾然與物同體」和「仁者以天地萬物為一體」的教誨，[67] 以及無數

---

[63] Isaiah Berlin, *Four Essays on Liberty*, pp. 141, 160, 169, 171.

[64] Isaiah Berlin, *Four Essays on Liberty*, pp. 154-162.

[65] 孟子曰：「萬物皆備於我，反身而誠，樂莫大焉。」《孟子・盡心上》，《四書集註》，頁189。

[66] 孟子說：「體有貴賤，有大小。無以小害大，無以賤害貴。養其小者為小人，養其大者為大人。」他在回答公子都關於何以人會有「大人」和「小人」之別時，更十分肯定地說：「從其大體為大人，從其小體為小人。」《孟子・告子上》，《四書集註》，頁169-170。

[67] 雖然孟子曾說過「萬物皆備於我」，但畢竟不如《莊子》〈齊物論〉中說得那麼完備：「天下莫大於秋毫之末，而大山為小；莫壽於殤子，而彭祖為夭。天地與我並生，而萬物與我為一。」〔郭慶藩，《莊子集釋》(北京：中華書局，1961年)，冊1，頁79。〕宋明理學諸家皆論說「天地萬物一體」，唯程顥以「仁」說「一體」，最為諸家一致稱引。程顥說：「學者須先識得仁。仁者，渾然與物同體。義、禮、知、信皆仁也。識得此理，以誠敬存之而已。不須防檢，不須窮索……此道與物無對，大不足以名之，天地之用皆我之用。《孟子》言『萬物皆備於我』，須反身而誠，乃為大樂。若反身未誠，則猶是二物有對，以己合彼，終未有之，又安得樂？《訂頑》意思，乃備言此體。以此意存之，更有何事？『必有事焉而勿正，心勿忘，勿助長』，未嘗致纖毫之力，此其存之之道。若存

後儒所謂「犧牲小我，成全大我」的道德說教，[68]便可以清楚地知道，儒家的「仁者」通過不斷的「道德化的」(moralized)自我修養程序，也一樣可以使「個人的自我」，轉化為一種以「天人合一」的模式出現的(至大無外又無所不包的)「集體的自我」。柏林口中的「自我」，其轉化的主要憑藉是理性，而儒家的「自我」，其轉化的主要憑藉是德性。憑藉雖各有不同，但由「個體」向「集體」轉化的方向卻並無任何不同。在柏林看來，所謂「自作主宰」，「自我肯認」，「自我定向」，「自我完善」或「自我實現」，無非是在顯示個人要成為自己的真正主人——亦即要成為一個完全由自己，而不是由任何他人，來主導和決定自己的一切思想、欲望和行動，並為此獨自承擔完全的責任的人。正因如此，此一獨當大任的自己或自我，決不能也決不應是那個既受制於外在環境禍福，又受蠱於內在情慾盲動的「經驗的自我」(empirical self)，而祇能是和應該是那個無論在任何時候和在任何環境都能保時清醒並作

得，便合有得……此理至約，惟患不能守。既能體之而樂，亦不患不能守也。」〔引自程顥、程頤，《二程集》，北京：中華書局，1981，冊1，頁16-7〕(這段話後來被朱熹割裂出來，名之曰〈識仁篇〉)。程顥又說：「醫書言手足痿痺為不仁，此言最善名狀。仁者，以天地萬物為一體，莫非己也。認得為己，何所不至？若不有諸己，自不與己相干。如手足不仁，氣已不貫，皆不屬己。故『博施濟眾』，乃聖之功用。仁至難言，故止曰『己欲立而立人，己欲達而達人，能近取譬，可謂仁之方也已。』欲令如是觀仁，可以得仁之體。」(前揭書，頁15)程顥上述的話，正式把「天地萬物一體」的概念，由莊學的義理系統中割裂出來，再以儒家站在儒學的核心價值「仁」以充實之，十分成功地完成了由道變儒的「換心手術」。這種站在儒學本位的立場，創造性地轉化和吸收釋道二家勝意，本是宋明理學的顯著特色之一。程顥之後，凡宋明諸家論述「天地萬物一體」，均無人能逸出程顥的藩籬。

[68]有趣的是，就連最激烈的反傳統主義者，甚至自稱要與傳統「作最徹底決裂」的共產黨人，也經常把「犧牲小我，成全大我」，作為自勉勉人的口頭禪。

出正確判斷的「集體的自我」或「真我」（true self）。此一「真我」之所以能夠永遠正確無誤，究其原因，全在於它是我運用理性建構出來的。正因如此，它其實是一個理性化的自我，甚至是「理性的在其自己」（reason in itself）—— 或者是理性的本身。很明顯，柏林口中的「真我」，在中國儒學傳統中的本尊，便是能夠「知善知惡」兼「為善去惡」的本心、大心、道心或良知。

「真我」雖由我而被建構出來，但它既然是理性的本身，邏輯地，它便決非僅屬於我一個人的私有物，它也決非我一個人的形骸所能範圍，所能籠罩，和儒家的本心、大心、道心或良知一樣，「真我」的甫一出現，便立即帶有一種「公共的」和「集體的」性質；它不僅是屬於我的，同時也是屬於你的和他的，換句話說，它是屬被稱為「理性動物」的人群所共有的。「真我」雖是我建構出來的，但它並不必服從於我，而我卻必須服從於它，因為它能永遠正確永遠不犯錯誤而我卻不能。對於身為「理性動物」的我而言，所謂積極的自由——「成為自己的真正主人」的自由，無非就是讓「真我」完全和徹底地成為我的主宰。並且，因為由我建構的「真我」同時也是屬於你的和他的，而你和他也一樣是「理性動物」，邏輯地，你和他也必須服從「真我」，「真我」不僅是我的主宰，同時也是你的和他的主宰。於是乎，由某人發現或建構出來的「真我」，便可以通過了理性的思辨和邏輯的推衍，最後演化成（或異化為）其建構者及其同儕的主宰者。

這些形形色色的「真我」，可以是某一個國家的、某一個族群的、某一個階級的、某一個教派的、某一個黨派的……自啟蒙以來，人們面對文化、宗教、社會、政治等各種根本問題或重大危機，通過對理性的無比尊崇、無限依賴和無窮推衍，分別提出了許多不同的根本解決方案，各自發展出許多不同的思想和價值系統，並由此衍生出各種不同的政治、社會和文化制度。這些方案、系統和制度，儘管並不相同，有些甚至根本相反，但由於同是理性的產物，於是便大都變成了其建構者及同儕的「真我」。

由理性建構出來的五花八門的「真我」，大都擁有「唯一」的特質：唯一的神祇、唯一的先知、唯一的真理、唯一的道路、唯一的救贖、唯一偉大的國家、唯一優秀的民族、唯一英明的領袖、唯一有前途的階級、唯一正確的政黨、唯一合理的制度……「真我」宣稱已經成功地把一切正面價值都整合和包融在自己的完美整體(perfect whole)之內，舉凡世界上已經發生、正在發生和尚未發生的文化、社會和政治上的所有問題，祇有自己纔有能力一次過地給予完滿而根本之解決，祇有自己纔是救苦救難救時世包醫一切疑難雜症的萬靈丹。由於擁有「唯一」的特質，「真我」便不可避免地表現出對真理、價值和道德的極端的獨佔和壟斷性，並對一切異己者(尤其是其它的「真我」)，顯現出其強烈的敵視和排拒性：祇有我纔是好的，其他都是壞的；祇有我纔是真的，其他都是假的；祇有我纔是對的，其他都是錯的；祇有我纔是有價值的有效的和有用的，其他都是無價值的無效的和無用的……

由我「建構」出來的「真我」，你和他都必須完全服從其教誨、指引和領導。如果你和他竟然會不同意，或者膽敢抵制、抗爭，甚至公然反抗，我和我的同志或同道便有責任和義務，用盡各種手段教育說服利誘威逼，其中包括動之以情、勸之以義，再不行就用學習班、鬥爭會、牛棚、五七幹校、減薪、降級、開除，最後還可以加上勞改場、監獄甚至刑場，直至你和他乖乖就範。我之所以必須如此，倒不完全是為了伸張一己之「真我」——因為我的「真我」不僅是我的，同時也是你的和他的。我之所以必須如此，最主要還是為了你和他的真正利益。你和他儘管明白無誤地公然反抗「真我」，但反抗「真我」的那個你和他，祇不過是你和他的「經驗的自我」，並不是你和他的「真我」。既然你和他的「經驗的自我」，由於太過愚昧、太過軟弱、太過三心二意或其它的種種缺失而無法認識自己的「真我」，我便祇有適時伸出援手。我幫助你和他破除「經驗的自我」的囚籠和羈控，重新認識並找回自己「真我」，使得你和他也能夠與我一樣，在「真我」的主宰和照明之下，獲得真正的自由和最大的幸福。職是之故，我加諸在你和他的「經驗的自我」的各種打壓其實是推動、侮辱其實是策勵、凌虐其實是考驗、折磨其實是成全、囚禁其實是保護……甚至連斫頭、槍斃或絞殺，其實也是為了搶救你和他的「真我」而不得不捨棄你和他的「經驗的自我」——就如同中世紀宗教裁判所的火刑柱，究其實是為了拯救靈魂而不得不消滅著魔的軀體。一俟你和他認識並獲得自己的「真我」之後，便一定能瞭解到我的大公無私和用心良苦，以往的種種不滿、怨懟、憎惡或仇恨，也將因我瞭解而雲散煙消，而代之以無任的滿足和感恩。最典型的例證，便是馬克思通過理性的思辨，發現和建構了世間上「唯一正確」的工人階級的「意識」或「真我」，但由於缺乏文化教養和思辨能力的工人階級卻無法自行瞭解自己的「意識」或「真我」，於是便得由馬克思的信徒負責向工人階級灌輸「工人階級的意識」或「真我」；而列寧則因之率領自稱代表工人階級的「真正利益」的革命知識分子組成了俄國共產黨，不惜用盡了各種威逼利誘的手段，甚至是刺刀和機關槍，以教育、組織、動員、驅策「愚昧的」俄國工人階級認識自己的「意識」或「真我」，並完成其「工人階級的意識」或「真我」賦於自己的「歷史革命」。俄共領袖布哈林（Nikolai Bukharin）就曾十分露骨地說過：「無產階級的強制——通過運用它一切可能的形式，包括由處決到勞改營——正是從資本主義階級的人的材質中形塑共產主義人性的不二法門。此話雖聽起來荒誕但究其實卻真確無比。」[69]

理性一旦推衍得過了頭便難免變成荒謬。世間上許多美好的事物，自由也好、真我也好、良知也好，「己欲立而立人，己欲達而達人」也

---

[69] 轉引自 Isaiah Berlin, *Four Essays on Liberty*, pp. 137。其中布哈林使用的術語「人的材質」（human material），其把人貶抑為物的心態之猖狂悍肆，尤其讓柏林觸目驚心。

好，倘若推衍得過了頭，也很難不會變為罪惡。那些聲稱比別人更瞭解其「真正利益」並熱心地替別人爭取其「真正利益」的言行，究其實都或多或少地低估別人作為知性主體或道德主體的能力；倘若在沒有取得別人的同意便遽然強行之，便會變成了抹煞別人主體價值的「替代主義」。列寧正因此而受到盧森堡（Rosa Luxemburg）的嚴厲批判。[70]世界近代史上的許多滔天罪惡，例如納粹德國的焚化爐（holocaust）、斯大林的古拉格（Gulag）、毛澤東的「文化大革命」，大都和「替代主義」脫不了關係。

此外，推廣積極自由之所以必須格外小心謹慎，正緣於世人的世界觀和價值取向並不完全相同，而此一不同也造成了世人的欲惡或需求並不全相同，以及衍生出各種不同的思想系統和不同的文化、社會、政治制度。並且，這些不同的系統和制度又都堅持自己的「唯一」，而我的「唯一」又偏偏不是你的或他的「唯一」。這些不同的「唯一」碰撞在一塊，便不可避免發生衝突。近代歷史上許許多的慘絕人寰的浩劫，便正是這些不同的「唯一」的碰撞和衝突所引起的。為了減輕「替代主義」和

---

[70] 盧森堡在〈俄國社會民主黨的組織問題〉一文中，猛烈抨擊列寧在組黨形式中表現出來的精英主義、代替主義和極端集體主義。並斷言列寧黨的中央委員會，必將把自己變為君臨萬民的「皇帝陛下」，自命為創造歷史的「萬能舵手」，並把俄國的工人階級貶抑為自己的「執行工具」。由於盧森堡是第二國際著名的左派領袖，同時又是馬克思主義的重要理論家，故無論在理論上或在實踐上，都是列寧最夠資格的批評者。她對列寧黨的批評，有入骨的深刻和驚人的準確；而衡諸日後蘇俄的歷史，也一一驗證了她確實是「不幸而言中」。她的論點，一直到今日仍被列寧主義批評者不斷地覆述或引用，故可視之為對列寧的組黨形式及其替代主義最重要的批評文字。盧森堡文章的中譯本，見中共中央馬克思、恩格斯、列寧、斯大林著作編譯局國際共運史研究室編譯之《盧森堡文選》（北京：人民出版社，1984），卷上，頁489-518。

「唯一」造成的災害，便不能不對「積極自由」的過度推衍加以限制；而對個人「消極自由」的強調並在法律上予以保障，便成了對症的良藥——儘管它衹能局部治標，難以全盤治本。

馮友蘭在《新世訓》中，把儒家「己欲立而立人，己欲達而達人」的「忠」，說成是「推己及人」的積極面，把「施諸己而不願，亦勿施於人」的「恕」，說成是「推己及人」的消極面，[71] 其實已隱隱約約地碰觸的到柏林的「積極自由」和「消極目由」。但「積極自由」和「消極自由」往往並不是同一自由的一體二面，並不是同一自由的二種不同的表述；「積極自由」和「消極自由」的發展方向，經常是分路揚鑣的，甚至是互相衝突的。「積極自由」的不當推衍，便一定會鯨吞了許多個人的」消極自由」；而個人的「消極自由」的得以確立，也一定能對「積極自由」的不當推衍，予以一定程度的限制。[72] 柏林雖對「積極自由」的種種弊端，常加以深入的揭露和異常嚴厲的批判，但他卻充分肯定了「消極自由」，並強調「多元主義，連同它必須的消極自由」的理想，比起那些號稱由「階級、民族，或全人類『積極地』自作主宰」的理想，要「更為真實，也更為人道」。[73] 同理，「忠」和「恕」也往往不是「推己及人」這個統一體中「積極的」和「消極的」二個面向。「忠」和「恕」的發展方向，經常是分路揚鑣的，甚至是互相衝突的。由於每個人「所欲」和「不欲」並不完全相同，你的「所欲」便極有可能正是我的「不欲」，若果真如此，你把自己的「所欲」推及給我，豈不正等於把我的「不欲」硬塞給我？如果把你換成我，你願意接受嗎？如果你不願意，你在推行「己欲立而立人，己欲達而達人」的「忠」時，豈不正違反了「施諸己而不願，亦勿施於人」的「恕」？

---

[71] 馮友蘭，《新世訓》，頁396。

[72] Isaiah Berlin, *Four Essays on Liberty*, pp. 132, 163.

[73] Isaiah Berlin, *Four Essays on Liberty*, pp. 171.

和「消極自由」相似，儒家的「恕」也應比「忠」更為真實更為人道更少流弊，因而也應成為推行「忠」時的防爆或保險的機制，以阻隔和限制「忠」過分的和不當的推衍。你當然可以極盡所能地去崇拜你唯一神聖的上帝或神祇、追隨你唯一偉大的領袖或先知、選擇你唯一真實的方向或道路、堅持你唯一正確的教義或真理、加入你唯一信賴的團體或黨派、享用你唯一愜意的思想方法或生活方式……但在未得到我的完全同意並充分授權之前，請不要把你所崇拜的、追隨的、選擇的、堅持的、加入的或享用的理念或事物強加給我。因為，我也可能有我自己唯一神聖的上帝或神祇需要我去崇拜、我自己唯一偉大的領袖或先知需要我去追隨、我自己唯一真實的方向或道路需要我去選擇、我自己唯一正確的教義或真理需要我去堅持、我自己唯一信賴的團體或黨派需要我去加入、我自己唯一愜意的思想方法或生活方式需要我去享用……如果你的「唯一」和我的「唯一」完全相同，推廣西方的積極自由或推廣儒家「己之所欲，亦施於人」的忠都不僅不會造成任何問題或弊端，而且還確有「順天應人」和「成己成物」之功。但如果你的「唯一」和我的「唯一」並不完全相同，甚至完全不同，你所喜愛的便極可能正是我所憎惡的，你所亟需的極可能正是我最不想要的。把你所喜愛的或所需要的「推」「及」於我，在你極可能是一番好意，但對於我卻極可能是無窮禍患。

啟蒙理性是驅策著世界由傳統進入近代歷史的最強大的推動力。十八世紀以來人類在科技發明和社會變革所取得的各種偉大成就，其後都可以發見啟蒙理性這一偉大推手所施展的鬼斧神工（或且是宰制操控）。[74] 由於啟蒙理性所取得的成績是如許的輝煌，給人類帶來的福祇又是如此的巨大，使得任何對她的稱道和讚美，都祇嫌其少，不嫌其

[74] Peter Gay, *The Enlightement: An Interpretation, Volume 2: The Science of Freedom* (New York: Norton & Company, Inc., 1977).

多。事實上，現代人對啟蒙理性的禮贊和膜拜，也一直到了今時今日仍未見衰竭。

但是，啟蒙理性的不當運用和過分推衍，也造成了近代史上許多空前的劫難，尤其是二十世紀的納粹主義和共產主義運動的勃興及其極權政體的建立。有鑒於此，柏林展開了對啟蒙理性的深刻反思和嚴厲批判，並撰成了一系列發人深省的專著。[75]柏林深入地揭露了啟蒙理性與納粹主義和共產主義運動的思想淵源，並著重指出由啟蒙理性凝聚和胎結的積極自由，倘若不加以規範和限制，而任由其無窮地膨脹與伸延，便極有可能走向自己的反面，變成了破壞、摧毀、扼殺個人與群體自由的禍首元凶。無論是納粹德國的集中營，或者是蘇俄的勞改場，都為積極自由惡性發展的罪惡後果，提供了無窮盡的堅實佐證。

在新儒家的義理網絡中，人性與純粹至善的天理同質而等值，人性中並不存在任何的陰暗面或幽暗意識，私慾也並不是人性中的陰暗面或幽暗意識，而衹是人性在發用時的「過」或「不及」。由於對人性的光輝充滿了樂觀和信心，理學家們對私慾的化除，便全憑「復性」的內省修養功夫，而不思及建立外在的社會、政治和法律的機制，對私慾加以疏通、限制和調節。張灝曾指出，西方文化之所以能成就民主政治的重要原因之一，乃緣於西人對人性中的陰暗面或「幽暗意識」的戒慎恐懼和克治省察，而儒家文化對人性中的陰暗面或「幽暗意識」的「感受和反省還是不夠深切」，這便是傳統的中國社會不能成就民主政治的重要

---

[75]柏林批判啟蒙理性的力作，除了上述的 *Four Essays on Liberty* 之外，尚有 *Three Critics of the Enlightenment: Vico, Hamann, Herder,* Edited by Henry Hardy, New Jersey: Princeton University Press, 2000., *Against the Current, Edited by Henry Hardy, The Crooked Timber of Humenity*, Edited by Henry Hardy, *The Proper Study of Mankind, Edited by Henry Hardy, The Roots of Romanticism*, Edited by Henry Hardy, *The Power of Ideas,* Edited by Henry Hardy, 等等，有興趣的讀者可以自行參看。

原因之一。[76] 張灝的觀點確有極深的睿智和洞見。但是，除了「幽暗意識」之外，我們對人性中的光明面或「光明意識」，是否也應同樣地予以戒慎恐懼和克治省察，並建立外在的社會、政治和法律的機制加以疏通、限制和調節？

西方文化由理性拓展的「積極自由」，以及中國文化由德性拓展的「己欲立而立人，己欲達而達人」，都同屬於人性中的光明面或「光明意識」。對於「光明意識」有可能造成的罪惡或災難，柏林無疑是充滿著戒慎恐懼的；而一意鼓吹「尊理性」的馮友蘭，其戒慎恐懼則顯然遠為不足—— 如果不是全無戒慎恐懼的話。不過，對於如何建立外在的社會、政治和法律的機制，對人性的「光明意識」加以疏通、限制和調節，柏林所提出的「消極自由」，雖能局部治標，卻難以全盤治本。因為，現代人的價值是如此的多元，生活是如此的豐富多樣，如此的變動不居，法律實在無法畫出一個嚴格的限定範圍，以確保其不受干涉或侵犯。並且，無論是「積極自由」或是「立人達人」的拓展，究其實都發自一種利他的和無私的動機，一種偉大而高尚的情懷，也絕不會一受到外在的法律的阻遏或禁制，便從此裹足不前。要更有效地阻遏或禁制「光明意識」的過分和不當拓展，還必須依賴拓展者的自省和自制。如果「光明意識」的拓展者能思及每個人的好惡未必相同：我的「所欲」未必是別人「所欲」，別人的「所欲」也必是我的「所欲」；尤有甚者，我的「所欲」可能正是別人的「不欲」，別人的「所欲」也可能正是我的「不欲」。正因如此，我不願別人未經我同意便把其「所欲」強加給我，我也不把我的「所欲」未經別人同意便強加給人。儒家的「己所不欲，勿施於人」，經過辯證的反思，便能在自省和自制中派上用場。可惜馮友蘭仍囿於儒家「心同」「理同」的思維模式，祇有見於世人欲惡之同，而對於世人欲惡之異甚少措意。正因如此，他在詮釋「己所不欲，勿施

---

[76] 張灝，《幽暗意識與民主傳統》（台北：聯經，1989），頁126。

於人」的時候，祇著意於把「壞」等同於等「不欲」，而未曾思及在未取得別人的同意之前，自己認為是「好」的或「所欲」的，對於別人而言也可能是「壞」的或「不欲」的。因而也應同樣地包括在「勿施於人」的「不欲」之中。馮氏詮釋「己所不欲，勿施於人」的一著棋差，遂使《新世訓》在推行儒家的「立人達人」時，不僅無法完全免除「以理殺人」之危險性，同時也失卻了補充和救濟西方「消極自由」的大好機會。

六、餘論

自鴉片戰爭以降，「救亡」便逐漸變成了中國知識分子的「終極關懷」(ultimate concern)。「救亡」本來就涵蓋了救國、救文化和救種這三個層面。[77] 但是，中國的知識階級，卻一直通過不斷地削弱、破壞和毀棄中國的歷史文化，以圖救國和救種；此一趨勢發展到五四時期，便最終激化成一股被林毓生稱之為「全盤性反傳統主義」(totalistic anti-traditionalism)的匝地狂飆。[78] 五四時期那種為「救亡」必須全盤毀棄自己歷史文化的「倒行逆施」，不僅在中國以外的民族主義論述中前所未見，[79] 同時也給中國的「救亡」帶來了更為嚴重的危機。正由於國是種生息繁衍之所，文化是種之所以為種的種性，而種則是國與文化的載體，是故救國、救文化是救種這三個層面，本應有機地統一於救亡大業這一有機體中，既互相依存、互相轉化又互相決定。任何為了救濟其

[77] 詳見翟志成，〈中國現代學術典範的建立：救亡思潮和胡適的《中國哲學大綱》〉，《新亞學報》，卷22（2003年10月），頁141-164。

[78] Yu-Sheng Lin, *The Crisis of Chinese Consciousness: Radical Antitraditionalism in the May Fourth Era* (Madison: The University of Wisconsin Press, 1979), p. 10.

[79] Anthony D. Smith, *Nations and Nationalism in a Global Era* (Cambridge: Basil Blackwell Inc., 1995).

它層面而犧牲某一層面的作為，其結果則必定會造成有機統一的解體，而最終被犧牲的反而是救亡大業的自身。有鑒於五四「全盤性反傳統主義」造成了文化認同與國家認同及民族認同之間的斷裂、對立和衝突，作為其對立面的文化保守主義亦應運而生。

反傳統主義者強調：為了救亡圖存，中國必須現代化；為了中國的現代化，中國又必須連根拔除業已成了實現中國現代化最大障礙的中國歷史文化，而「全盤西化」便成了根除中國歷史文化的不二法門。和反傳統主義者一樣，文化保守主義者也認可為了救亡圖存中國必須實現現代化的主張，但他們卻堅決反對為了實現現代化中國便必須全盤毀棄其歷史文化。儘管他們也承認，中國歷史文化中確實有某些與現代化積不相容的因子而必須予以揚棄，但他們絕不承認中國歷史文化就整體而言已變成了中國現代化的主要障礙。恰恰相反，他們斷言中國歷史文化正為中國的現代化提供了不可或缺的精神資源和道德資源。換句話說，如果沒有中國歷史文化與西方文化接軌，中國的現代化是絕不可能得以實現的。正因如此，文化保守主義者斷言「全盤西化」不僅既不可能，亦不可欲，而且還只會生心害事。針對反傳統主義者「全盤西化」的戰叫，文化保守主義者高舉的戰鬥旗幟則是「守故開新」。所謂「守故」，便是保存和發揚中國歷史文化中各種能與西方文化接軌的精神資源和道德資源——例如馮友蘭對「尊理性」和「行忠恕」的詮釋；所謂「開新」，便是引進西方的科學與民主精神。「守故」正是為了「開新」，而「開新」亦必應「守故」。對「守故開新」理念的信守和秉持，構成了當代各種千差萬別的文化保守主義者的最大共性，【80】也構成了文化保守主義營壘的理論基石。

【80】活躍在二十世紀的文化保守主義者，其成分毋寧是相當複雜的。他們當中，有被稱之為「新儒家」者，也有不願被貼上「新儒家」的標簽而自處於任何文化集團或門戶之外者。即使在「新儒家」當中，也有以馬一浮、梁漱溟、熊十力及

作為文化保守主義營壘重要的理論家和思想家，馮友蘭的歷史使命，便是在五四反傳統主義者製造的文化廢墟上，經過會通新舊、融合中西的「守故開新」程序，重新建構出一套與當時中國社會相適應的「道統」和「學統」在當寺笉歷史場境中，如何抗擊日本的武力吞併，以及如何建構現代的民族國家—— 亦即馮友蘭念念不忘的「抗」「建」——[81] 已成了中國救亡大業亟須剋治的兩個最嚴峻的課題。無論是「抗日」或「建國」，都必須培養和激發國人的民族主義和愛國主義的情操，而共同的歷史、傳統、神話、語文、記憶、意符、禮儀、風俗和生活方式，若能善加存養弘揚，便正是激勵民族自豪感和強化民族自尊心的源頭活水。[82] 在強化國人的國家認同和民族認同這個兩方面，馮友蘭對傳統文化所能扮演的關鍵角色及所能起的重要作用，無疑有著非常透切的覺解。在馮友蘭看來，文化是國家與民族的魂魄，是故文化認同和國家及民族的認同，本是一體之兩面。從來就沒有自誣自污其文化的民族能御侮，失魂落魄的民族能建國。[83] 華夏民族若不欲抗戰則已，中國若不

其門人弟子組成的「正統派」，以及被「正統派」拒絕承認的馮友蘭，或者是不願被「正統派」承認的錢穆。他們的世界觀、政治立場、以及他們對許許多多具體學術問題的看法，都不免存在著深刻的歧異。他們之間的駁詰辯難、甚至是攻訐漫罵，其程度之激烈，有時也不稍遜於他們對反傳統主義者的攻擊（例如「正統派」對馮友蘭長期的漫罵和攻訐）。但無論如何，他們之間確實存在著一個最基本的共同點。這共同點就是：他們都堅持「守故開新」的信念，並一致地反對反傳統主義者「全盤西化」的「過激」主張。

[81] 馮友蘭在《新事論》中，特闢「論抗建」一章，從理論到實踐兩個層面反覆闡述「抗戰必勝」和「建國必成」的道理。見馮友蘭，《新事論》，頁 340-351 。

[82] Anthony D. Smith, *The Nation in History: Historiographical Debates about Ethnicity and Nationalism* (Hanover: Brandis University Press, 2000), pp. 5-26.

[83] 即令是聲稱「工人無祖國」，聲稱要「與傳統作最徹底的決裂」的俄共，為了在四面強敵環伺的險惡處境中「建設第一個社會主義國家」，也不能不改絃易

欲建成現代化國家則已，否則，便勢必要彌縫五四反傳統主義造成的文化認同和國族認同之間的斷裂，消弭兩者之間的對立和衝突，馮友蘭撰寫《中國哲學史》和「貞元六書」的主要目的之一，便正是要彌縫和消弭上述的斷裂、對立和衝突。如果說，在其建構「新學統」的《中國哲學史》裡，馮氏在浩如煙海的中國哲學史料中，探源抉流、究柢尋根，以一千多頁的篇幅，成功地使「在形式上無系統」的中國哲學的各家各流，一一展示出其哲學的「實質的系統」，藉以顯示中國哲學史上的各家各派，是如何地既真且善且美，方之世界文化史，亦「卓然有所樹立，即以現在之眼光觀之，亦有不可磨滅者」。[84]那麼，在其建構「新

轍。Chris Ward 指出，從三十年代中業起，斯大林便改變了俄共在二十年代敵視傳統文化的立場，而刻意在教育、法律、宗教、社會、文化和小數民族等層面，強力推行其俄羅斯化（Russification）政策，並試圖從俄羅斯的傳統道德中吸取一切可資利用的資源。〔Chris Ward, *Stalin's Russia*（New York: Oxford University Press Inc., 1999）pp. 228-263.〕Geoffrey Hosking 也指出，斯大林在衛國戰爭期間，其立場已從國際主義轉向國族主義，「兄弟姐妹」的稱謂不僅在其演說中取代了「同志」，而「國家」、「鄉土」、「家庭」的價值也開始凌駕在「階級」之上……為了強化俄羅斯的種性（Russianness），他甚至允許被禁絕的東正教恢復活動，允許俄國人到教堂禮拜，他還下令在紅軍中懸掛庫圖佐夫等沙俄名將的肖像，並在紅軍中按沙俄編制頒發軍銜……〔Geoffrey Hosking, " The Second World War and Russian National Consciousness", *Past And Present*, 175 (May, 2000), pp. 162-178.〕尤有甚者，斯大林到了晚年，不惜開動了一切宣傳機器，大肆宣揚俄國是如何如何的地大物博、俄羅斯民族是如何如何地勤勞勇敢、俄語是如何如何地優美精確、俄國的文學藝術是如何如何地超凡入聖、俄國的帝皇將相是如何如何地英明神武、俄國的軍隊是如何如何地天下無敵、俄國的歷史是如何如何地偉大輝煌……總而言之，統而言之，凡世界上能有的一切好的東西，俄國不僅都有，而且還要數俄國的最好。而人類的一切發明創造，自然是理所當然地和毫無例外地起源於俄國了。

道統」（即「新理學」）的「貞元六書」裡，馮友蘭透過對中國文化精華大規模的發掘和整理，並使之理論化和系統化，藉以彰顯中國文化的光明面，好讓國人在閱讀之餘，確信中國文化並不較西方文化為劣，而是春蘭秋菊，各擅其勝。[85]通過「新學統」和「新道統」的建構，馮友蘭相當成功地批駁和摧破了五四反傳統主義者對中國文化的全盤否定，並從正面證成了中國文化的主體，不僅有不可磨滅的歷史價值，而且還有非常重要的現代意義。當時的中國，正面對著日軍的蠶食鯨吞，國族命脈實懸於一線，時代精神正要求國人的文化認同與國族認同的緊密結合。馮氏的基調，與當時的時代精神可謂完全合拍。職是之故，馮氏的這些著述，實大有助於當時的知識分子從民族文化虛無主義的泥淖中超拔出來，幫助他們重新認識和熱愛自己的民族文化，重新建構其歷史記憶和凝聚對中國文化的認同。這對提昇國人的民族自豪感和愛國心青操，以同仇敵愾，共赴國難，無疑有著相當助益。也由於與時代精神合拍，馮氏的著述遂得以洛陽紙貴，風行一時，其影響力不僅遍及國統區和淪陷區，甚至連在中共的紅都延安和在左翼文化圈也頗有市場。[86]

---

[84] 馮友蘭，〈自序二〉，《中國哲學史》（重慶：商務印書館，1944年重印），冊上，頁1。關於馮友蘭的《中國哲學史》在建立「新學統」方面所取得的成績，及其在中國近代學術史上所應佔的地位，詳見翟志成，《師不必賢於弟子——論胡適和馮友蘭的兩本中國哲學史》，《新史學》，15：3（2004年9月），頁101-145。

[85] 關於馮友蘭的「貞元六書」在建立「新道統」的創獲及各書之間的內在關連，詳見翟志成，〈馮友蘭徹底的民族主義思想的形成和發展：1895-1945〉，《大陸雜誌》，98：5（1999年5月），頁193-208。

[86] 在抗戰期間，喜愛甚至崇拜「新理學」的左翼人士頗不乏人。馮友蘭在清華哲學系的同事張崧年教授，早年曾介紹過周恩來加入共產黨，他在閱讀了新出版的《新理學》後，便忍不住驚呼中國從此有了集馬克思、羅素和孔子之大成的哲學

在抗戰期間，能建成了自己哲學體系取著名的學者有三：即馮友蘭、金岳霖、熊十力。熊十力的新儒學系統，是陸王心學在現代返照的迴光。熊氏的思維幾乎是純中國傳統的，他對西方哲學養份的吸收亦非常有限——如果不是全無吸收的話。金岳霖的思維則幾乎是純西方的，他對中國義理之學的攝取，亦祇限於一些名詞雋語。如果說，熊十力的系統是舊瓶舊酒，那金岳霖的系統便是新瓶新酒。對於當時的中國讀者而言，金氏是「過」、熊氏是「不及」，祇有馮友蘭「融合新舊、會通中西」的「新理學」既是新瓶舊酒，又是舊瓶新酒。亦祇有「無過」亦「無不及」的「新理學」，最能吸引當時中國廣大讀者的視線又最合他們的胃口。郭湛波在〈論馮友蘭貞元之際所著書〉中說：「在抗戰八年中，思想上的貢獻，無論從質，從量，都要以馮先生為最了。」[87]郭氏的說法，雖然代表著學界絕大部分人士的意見，但以熊十力為代表的新儒學派卻肯定不會同意，而胡適則一定要反對到底。[88]不過，若談到影響力，即令是當時新儒學派的首席護法賀麟也不得不承認：馮友蘭是「抗戰期中，中國影響最廣，聲名最大的哲學家。」[89]

體系。〔張崧年的話，轉見侯外廬的回憶錄〈坎坷的歷程——回憶之四〉，《中國哲學》(長沙：岳麓書社，1981年)，輯6，頁381。〕中共建國後曾當過大學校長暨高教部部長的蔣南翔，早年在延安讀了《新事論》後，便向另一個投奔延安的清華老同學韋君宜推薦：「這書寫得實在好，他自己不標榜唯物主義，但是實在是唯物主義的，你看看那一章〈談兒女〉，我們這些人寫不出來。」〔韋君宜，〈敬悼馮友蘭先生〉，收入陳岱蓀等(編)，《馮友蘭先生紀念文集》(北京：北京大學出版社，1993年)，頁43。〕可見即使在左翼圈子裡，「新理學」仍頗有其社會基礎。

[87] 郭湛波，《近五年中國思想史補篇》(香港：龍門書局翻印，1966)，頁195。

[88] 詳見翟志成，〈被弟子超越以後：胡適的馮友蘭情結〉，《中央研究院文哲研究所集刊》，期25(2004年9月)，頁1-39。

[89] 賀麟，《五十年來的中國哲學》，頁33。

抗戰勝利後，中國立即被捲入了國共兩黨全面內戰的洪爐劫火中，整個社會都被切割成非國即共的兩大陣營，任何中立的政治或文化力量，如果不立即選邊投靠，都會因支持者的急速流失而被徹底邊緣化。在抗戰期間曾一度獨領風騷的「新理學」，也因茲失去了「道統」的地位。無論是建構「新理學」的馮友蘭，或者是具體呈現「新理學」的「貞元六書」，都因「新理學」已不再成為「道統」而迅速失去了影響力。但同樣是在被邊緣化之後，熊十力的新儒學，卻可以通過唐君毅、牟宗三、徐復觀三大傳燈高弟的發揚光大，不僅在海外再植靈根煥發新枝，而且在文革後還重歸故土再領風騷。相較而言，馮氏的「新理學」在被邊緣化之後，至今仍不見有「一陽來復」之氣象。除了形勢、環境和機緣等外在因素之外，是否還有其它內在的因素——譬如推理仍不夠十分精密、思考仍不夠十分深入——妨礙了「新理學」的復活或復興？聯繫到馮友蘭在詮釋「尊理性」與「行忠恕」時的某些缺失或疏漏，似乎值得我們從內因方面加以思考。

近代臺灣的鹽業與碱業：技術移轉與產業轉型的一個案

陳慈玉*

提要

碱氯工業（以下簡稱碱業）是以鹽為起點的基本化學工業，臺灣鹽產豐富，自日月潭水力發電廠建設以後，電力充沛；在1930年代末期，臺灣成為日本南進的跳板以及一些戰略物資的補給站，鹽業乃在「國家」和財閥的合作之下，轉型成為碱氯工業。戰爭末期，這些生產事業遭受嚴重的破壞。戰後來臺接收的資源委員會人士和臺灣省行政長官公署，權衡本身利害後，取得協調，聯合接收臺灣碱業公司。當時，其產品以中國大陸（尤其是工業發達的上海地區）為主要市場，直到喪失大陸市場後，中央政府才重新思考在臺灣擴大內需的可能性。此情況在1950年代初期有所變化，首先，1950年韓戰的爆發和美援的恢復，促進臺灣工商業的發展，增加燒碱的內需市場；其次，味精的生產方法改進，導致鹽酸需求劇增，必須大量利用氯氣。再者，臺灣紙業利用甘蔗渣製造紙漿，亦需要氯氣。因此臺碱公司燒碱產量大增，在1964年達到巔峰。並且，逐漸把創新技術的下游產業交給民營的臺灣塑膠工業股份有限公司去經營，結果其發展超越預期，建立了臺灣的「塑膠王國」。

*中央研究院近代史研究所研究員

一、前言

碱氯工業（以下簡稱碱業）是以鹽為起點的基本化學工業，臺灣鹽產豐富，自日月潭水力發電廠建設以後，電力充沛；在1930年代末期，臺灣成為日本南進的跳板以及一些戰略物資的補給站，鹽業乃在「國家」和財閥的合作之下，轉型成為碱氯工業。戰爭末期，這些生產事業遭受嚴重的破壞。戰後來臺接收的資源委員會人士和臺灣省行政長官公署，權衡本身利害後，取得協調，聯合接收臺灣碱業公司。此公司是大量利用電力的事業，當時，其產品以中國大陸（尤其是工業發達的上海地區）為主要市場，時人認為臺灣鹽、煤、石灰石和電力皆極豐富，[1] 有利於發展此產業。直到喪失大陸市場後，中央政府才重新思考在臺灣擴大內需的可能性。

換言之，戰後碱業逐漸自軍需轉變為民需工業，其產品燒碱和漂粉是造紙業、肥皂業、紡織業、調味品業和鋁業的重要原料。而且公共衛生家庭洗衣均可應用。進入1950年代以後，韓戰和美援有助於臺灣工商業的發展，碱氯銷路因此漸趨活絡，臺碱公司轉虧為盈，不但自先進國移轉生產技術，而且擴充設備，但1965年以後，由於世界燒碱生產過剩，臺碱的電價成本低廉等優勢不再存在，輸入品的品質與價格的競爭力皆較強，臺灣碱業不得不面對改弦更張的命運，政府在1983年把臺碱公司併入中國石油化學開發公司。[2]

[1] 陳華洲，《臺灣之工業及其研究》（臺灣：臺灣省工業研究所，1949，法務部調查局共黨研究中心典藏資料），頁21；姚文林，〈臺灣之碱氯工業〉，載《臺灣經濟年報1953年》（臺北：中國新聞出版公司，1953），頁134。北波道子，《後發工業國の經濟發展と電力事業——臺灣電力の發展と工業化——》（京都：晃洋書房，2003），頁50，67。

[2] 經濟部國營事業委員會編，《經濟部所屬事業發展事略》（臺北：經濟部國營事

大致而言，在既存企業體制外部所出現的技術革新或技術轉移，並非只是單純的偶發現象，毋寧可以說在企業經營和技術上有充分的理由才能產生的，所以可能與既存企業的經營模式有內在的關連性。固然技術革新或許是以經驗的累積為前提，但並非僅為既有技術的延長或擴張，而是創造出不在其經驗範圍之內的新發現或新理論。[3]

就此意義而言，臺灣鹽業逐漸從生產食用鹽變遷成為碱氯工業的過程，是在既有的經驗累積之外，由於技術開發和引進，喚起新需求，從而製造新產品，導致產業轉型的一個案。

以往對鹽業或碱氯工業乃至於工業發展的研究幾乎沒有從此角度來思考，首先，關於日治時期臺灣工業的研究，最引人注目的是張宗漢，《光復前臺灣之工業化》（臺北：聯經出版事業公司，民國69），此書詳述臺灣工業化的歷程，尤其是第六～九章，探討日月潭水力發電工程完成以後的工業建設，作者主要利用《臺灣省五十一年統計提要》，注重產值、輸出入值、資本額等的變化，而很少使用日治當時臺灣的史料以及日本本國的資料與文獻。葉淑貞、劉素芬，〈工業的發展〉（收於《臺灣近代史 經濟篇》，南投：臺灣省文獻委員會，民國84）則泛論清代以來的臺灣工業，有助於筆者對臺灣產業的通盤了解。楠木隆三，《戰時臺灣經濟論》（臺北：南方人文研究所，1944）詳細勾勒當時整體經濟的面貌，比較注重金融與勞務統制。林繼文，《日本據臺末期（1930-45）戰爭動員體系之研究》（臺北縣：稻鄉出版社，民國85）則探討戰時臺灣當局從事動員的經過，並非專究經濟和工業方面。近藤正己，《總力

業委員會，1996），頁234；陳慈玉，〈一九四〇年代臺灣的軍需工業〉，載《中華軍史學會會刊》9（臺北：中華軍史學會，2004年4月），頁176。該公司所屬鹽田亦於2001年5月20日結束生產。

[3] 大河內曉男，《發明行為と技術構想》（東京：東京大學出版會，1992），頁199。

戰と臺灣：日本殖民地崩壞の研究》（東京：刀水書房，1996）亦以當時日本進行總動員作戰時，臺灣所遭遇的人力和物力衝擊為研究主題。

其次，有關戰後工業發展的研究，大多不是從歷史學的角度來切入，所以無法看出歷史的延續性。中國工程師學會編，《臺灣工業復興史》（臺北：中國工程師學會，1960）中有一章探討碱氯工業，但著重設備的描述。《臺灣銀行季刊》也刊載一些有關當時臺灣工業概況的介紹，可幫助筆者了解1970年代以前的臺灣工業雛形。袁穎生，《光復前後的臺灣經濟》（臺北：聯經，1998），翁家禧，《臺灣光復初期的經濟轉型與政策（1945-47）》（高雄：復文圖書出版社，1998），劉士永，《光復初期臺灣經濟政策的檢討》（臺北：稻鄉，1996），都是分析1940年代的臺灣經濟各層面的狀況和政策，並非專究工業。葉萬安，《二十年來之臺灣經濟》（臺北：臺灣銀行，1967），則呈現出戰後二十年的經濟復興、逐漸發展的過程；于宗先、劉克智主編，《臺灣的工業發展》（臺北：中央研究院經濟研究所，1984），是經濟學家對各種工業發展和工業政策的研究，頗值得參考。

再者，對於碱業的專介，則有：姚文林[4]，〈臺灣的碱氯工業〉，載《臺灣經濟年報》（臺北：中國新聞出版公司，民42），周國雄，〈臺灣之碱氯工業〉，載《臺灣之工業論集 卷三》（臺北：臺灣銀行，民54），張權，〈臺灣之碱氯工業〉，載《臺灣之工業論集 卷四》（臺北：臺灣銀行，民57）等，這些文章雖無註解出處，但卻增加筆者的相關知識。而陳慈玉，〈一九四〇年代臺灣的軍需工業〉，載《中華軍史學會會刊》9（臺北：中華軍史學會，2004年4月），則專論日治後期與戰後初期的碱業與鋁業，著重中華民國政府接收日產的機制以及國共內戰時期對此二產業的影響。

本文擬利用日治時期的臺灣總督府鹽業資料以及現藏於中央研究院

[4] 當時是臺碱公司董事長。

近代史研究所的相關經濟檔案，首先探究食用鹽的品質改良，以認識到鹽業的基本面；其次分析工業用鹽出現的背景，並進一步論述1950年代碱氯工業之發展及其侷限性。

二、食用鹽為主的時期

鹽是生活必需品，雖然地球上鹽的數量非常多。但並非每個地區都能順利的取得食鹽。經過日積月累的演變，鹽逐漸集中於海洋及一些特定的地區。臺灣正處於太平洋之中，且西部有廣大的沙岸可開闢成大鹽場，又屬於亞熱帶氣候，日照強烈，適合曬鹽，這些都是其優良的自然條件。因此臺灣早期即有製鹽的事實存在。

1、鹽田的整建

臺灣產鹽除日曬鹽（天日鹽）外，還有煎熬鹽、再製鹽、洗滌鹽、粉碎鹽、粉碎洗滌鹽。而日曬鹽又可分兩種製法：

(1). 直接日曬析出食鹽，於甲種鹽田中生產。甲種鹽田配備有大蒸發池（65%）、小蒸發池（20%）、母液溜結晶池（10%）堤防、水路等（5%）。

(2). 鹹沙濾過法，乃是將水灌過鹹沙而得鹹水，再加日曬得結晶鹽，此法適於乙種鹽田。其組織比甲種鹽田更加簡單，只需一組兩個以上的過濾裝置、結晶池及附屬的沙田。臺灣鹽田本來大多是如此，後只在新竹下油車港有六十多甲，而且在1929年廢除。[5] 中部、南部屬於甲種鹽田。北部則屬於乙種鹽田。[6]

---

[5] 臺灣總督府專賣局，《專賣事業》（臺北：臺灣總督府專賣局，1924），頁21、22；參考李秉璋，〈日據時期臺灣總督府的鹽業政策〉（臺北：國立政治大學歷史研究所碩士論文，1992），頁36。

日曬鹽田主要在臺南州下沿岸一帶，臺中州、高雄州亦有一些。1933年時其面積如下：臺南州內鹽田1,476公頃，產鹽115,639,140公斤。臺中州內鹽田292公頃，產鹽7,409,160公斤。高雄州內鹽田125公頃，產鹽8,699,580公斤。[7]

煎熬鹽：與甲種鹽田製鹽法略同。取鹹水用煤做燃料加以煮熬成鹽。[8] 臺灣於1921年開始生產煎熬鹽，同一年度輸出日本2,400,000公斤。1929年更有4,000,000-5,000,000公斤輸出俄領沿海州。[9]

再製鹽：將品級較差的日曬鹽溶入淡水使變成鹹水後，再如同煎熬鹽般煮熬而成。[10]

粉碎洗滌鹽：乃就日曬鹽加以粉碎洗滌以去除不純物。除了早期專賣局設工廠於臺南安平外，日治後期，專賣局為提高品質，在1943年於鹿港、布袋、北門、烏樹林等處建設粉碎洗滌鹽工廠，年產洗滌鹽45,000公噸，為1943年產鹽額（460,000公噸）[11] 的9.8%。

---

[6] 臺灣總督府專賣局，《臺灣專賣誌概要》（臺北：臺灣日日新報社，1915），頁8；李秉璋，〈日據時期臺灣總督府的鹽業政策〉，頁36。

[7] 工政會，《臺灣產業大觀》，1933年7月工政會發行160號，頁17、18；李秉璋，〈日據時期臺灣總督府的鹽業政策〉，頁36；根據〈鹽腦課長上京資料〉，1940年12月，《昭和十五年既設鹽田合理化ニ關スル件》，中央研究院近代史研究所蒐藏的臺灣總督府專賣局檔（以下簡稱專賣局檔），編號028889-0388420，1933年至1939年的各種鹽產量如下（單位：公噸）：

品種別＼年代	1933	1934	1935	1936	1937	1938	1939
天日鹽	169,619	160,763	119,387	201,119	183,990	174,200	118,993
煎熬鹽	22,316	30,342	28,933	23,934	25,748	37,259	20,565
粉碎鹽				12,307	47,259	49,414	44,414
計	191,935	191,105	148,320	237,360	256,997	260,873	183,972

可見鹽產並不穩定。

再者，如果就鹽田取海水的方法來分類，又可分為汲上式及流下式鹽田。

汲上式鹽田：結晶池置於鹽田最高點，接著是小蒸發池，大蒸發池則處於最低點，伴隨著海水濃度的上升而上升，此需要較多的勞力。臺灣的鹽田大致採用此方法。

流下式鹽田：貯水池之後是第一蒸發池、第二蒸發池，最後是結晶池。此乃利用潮差將海水截留於貯水池內，然後逐次蒸發。【12】

此外，日曬製鹽又因氣候的關係可分為兩季，且時間因產地而異：

大汛季：北門、布袋為三、四、五共三個月；臺南附近是二、三、四、五共四個月。

小汛季：北門、布袋為十至二月；臺南是十至一月。

大小汛季以外的其他月數為雨季，布袋、北門兩地方完全停止製鹽，因此有鹽民趁此期間於大蒸發池養魚。日曬鹽到結晶品所需日數，大汛季約5-6日，小汛季則為10-12日。【13】

【8】臺灣總督府專賣局，《專賣事業》，頁21、22；李秉璋，〈日據時期臺灣總督府的鹽業政策〉，頁37。

【9】臺灣總督府殖產局商工課編，《熱帶產業調查書》下（臺北：臺灣總督府殖產局商工課，昭和10年，1935），頁7-8；李秉璋，〈日據時期臺灣總督府的鹽業政策〉，頁37。

【10】臺灣總督府專賣局，《專賣事業》，頁22；李秉璋，〈日據時期臺灣總督府的鹽業政策〉，頁37。

【11】〈鐘淵曹達工業株式會社關係書類〉，1944年，中央研究院近代史研究所蒐藏的財政部鹽務檔（以下簡稱鹽務檔），編號S-03-12-（1）。

【12】臺灣總督府專賣局，《布袋食鹽專賣史》（臺北：臺灣總督府專賣局，1942），頁69-71；李秉璋，〈日據時期臺灣總督府的鹽業政策〉，頁37。

【13】臺灣總督府專賣局，《專賣事業》，頁24；李秉璋，〈日據時期臺灣總督府的鹽業政策〉，頁37-38。

臺灣總督府對鹽田的開發不遺餘力，1899年律令第十四號公布「臺灣鹽田規則」，給予無償官地開設鹽田，全部成功後，無償付與其業主權，且可付與開設者繼承人鹽田的業主權。鹽田免除地租及地方稅。但若在非官方所許可的官地開設鹽田者，則處百圓以上，五百圓以下的罰款。在非許可的民地開設者，就沒收其業主權。[14] 對於鹽田的開設，總督府除以上的優免外，還有補助金。大體上是全額補助外圍堤防建築費，針對內部工作費及軌道鋪設費，則給予三至五成的補助。[15] 其目的在確保臺日兩地的食用鹽。

表1為臺灣總督府對於鹽田整建、修築堤防、開通水路、鋪設軌道、新建鹽倉等的補助，由此表可知日治初期與中期官方對於鹽田的復舊及擴張所投下的經費。[16]

---

[14] 臺灣總督府專賣局，《臺灣專賣法規》（臺北：臺灣總督府專賣局，1924），第四篇食鹽，頁5。

[15] 島津秀太郎，〈鹽積込四十年史〉，臺灣總督府專賣局鹽腦課編，《鹽專賣記念特輯》（臺北：臺灣總督府專賣局，1939），頁9；李秉璋，〈日據時期臺灣總督府的鹽業政策〉，頁34。

[16] 本表從1899年至1926年乃依臺灣總督府專賣局，《臺灣總督府專賣事業》（臺北：臺灣總督府專賣局，昭和3年，1928），頁32-33第三表所製。1927年至1937年則依臺灣總督府專賣局，《專賣事業第三十七年報》別冊食鹽（臺北：臺灣總督府專賣局，昭和14年，1939），頁3表格製作。1921年的補助鹽倉費乃是補助移民的住屋。但根據李秉璋，〈日據時期臺灣總督府的鹽業政策〉的考證。此兩本書的數據仍有些不同處。今將其補助額不同處表列如下：

版本	年度	鹽田	堤防	水道	軌道	鹽倉	合計
專賣事業第三十七年報頁3	1899	810	12,413	***	***	***	21,623
	1900	11,910	***	***	***	***	14,310
	1902	***	8,917	***	***	***	8,917
	1903	2,970	9,449	***	***	***	12,419
	1925	***	39,189	***	***	***	39,189
	1926	***	12,159	***	1,140	***	13,299

表1　臺灣總督府對鹽田的各項補助金

補助金額單位：圓

年度	鹽田	堤防	水道	軌道	鹽倉	合計
1899	810	12,413	0	0	8,400	21,623
1900	11,910	0	0	0	2,400	14,310
1901	7,000	13,221	750	0	0	20,971
1902	2,970	8,917	0	0	0	11,887
1903	3,682	9,449	0	0	0	13,131
1904	3,682	0	0	0	0	3,682
1905	2,235	11,177	0	0	0	13,412
1906	13,638	1,289	0	0	0	14,927
1907	12,750	200	2,050	0	0	15,000
1908	27,254	5,946	1,800	0	0	35,000
1909	23,500	11,000	500	0	0	35,000
1910	10,960	34,040	0	0	0	45,000
1911	5,540	32,460	7,000	0	0	45,000
1912	30,100	4,900	0	0	0	35,000
1913	13,100	36,900	0	0	0	50,000
1914	14,000	86,000	15,000	0	0	115,000
1915	17,068	90,345	1,510	1,077	0	110,000
1916	9,463	51,065	7,674	2,543	0	70,745
1917	5,453	9,031	0	2,735	0	17,219
1918	10,678	2,764	718	3,059	0	17,219
1919	97,734	230,744	25,294	52,087	0	405,859
1920	160,478	399,030	11,520	9,460	0	580,488
1921	59,080	105,453	0	18,103	9,140	191,776
1922	9,093	26,269	6,265	3,942	0	47,569
1923	0	28,120	752	0	0	26,872
1924	3,553	12,709	0	7,228	0	23,490
1925	0	31,859	7,330	0	0	39,189

1926	0	10,975	1,284	1,140	0	13,299
1927	0	13,300	0	0	0	13,300
1928	0	68,093	0	661	0	68,754
1929		64,116	511	2,923	0	67,550
1930	0	2,262	0	4,056	0	6,318
1931	0	3,223	0	0	0	3,223
1932	0	4,150	1,118	4,300	0	9,568
1933	0	6,087	5,091	2,792	0	13,970
1934	0	19,219	2,570	2,801	0	24,590
1935	0	0	1,150	4,221	0	5,371
1936	0	6,895	286	3,190	15,422	10,371
1937	0	5,371	0	0	161,530	176,952

資料來源：1. 1899-1926：臺灣總督府專賣局，《臺灣總督府專賣事業》（臺北：臺灣總督府專賣局，昭和3年，1928），頁32-33第三表。

2. 1927-1937：臺灣總督府專賣局，《專賣事業第三十七年報》別冊食鹽（臺北：臺灣總督府專賣局，昭和14年，1939），頁3。

3. 李秉璋，〈日據時期臺灣總督府的鹽業政策〉（臺北：國立政治大學歷史研究所碩士論文，1992），頁34-36。

表1顯示出1920年代以前對於鹽田整建所投入的費用較多，而修築堤防則是補助的重點，相形之下，鹽倉的設置方面幾乎不受重視，一直到1930年代後半才投入較多的經費。

剛開始實施專賣制度時，全臺鹽田只有197公頃。當時南北交通極為不便，遠離產地的北部，主要依靠進口鹽的供給。[17]

1915、1916年以來，日本經濟情況頗佳，並且對食鹽需要大為增加，臺鹽有增產的必要。當局乃組織鹽田適地調查隊[18]。鹽田適地的

[17] 臺灣總督府殖產局商工課編，《熱帶產業調查書》下，頁6；李秉璋，〈日據時期臺灣總督府的鹽業政策〉，頁38。

[18] 臺灣總督府殖產局商工課編，《熱帶產業調查書》下，頁23-25；李秉璋，〈日據時期臺灣總督府的鹽業政策〉，頁38。

調查是依1921年1月訓第十三號「鹽田適地調查規程」執行的。所謂鹽田適地，是尚未開發的，當時臺灣西部海岸一帶，土地廣漠多未利用。官有的海埔地又多荒蕪，頗富鹽田適地。在鹽務課下設現地調查部及整理部。調查從臺中州大安溪本流至高雄州枋寮溪一帶的西海岸的鹽田適地。調查事項有位置面積、高低、土質、附近的飛沙、河川、海水濃度、潮汐、氣象、及一些相關事宜。調查結果送交整理部，整理部再根據送來的資料依規程所附標準評定等級。[19]經仔細考查各種條件後，選定約11,640公頃的鹽田適地，其中官有地約4,850公頃。而最優良的土地約有2,900公頃左右，年單位產量是1公頃可生產110,000公斤。[20]自1926年12月起，專賣局長要求各地方長官設定鹽田適地保留地，限制其他目的的使用，俾備將來鹽田的擴張。

至於殖民地政府對於鹽田的開設、修復及補助約可分為三期：

第一期，1899年至1905年，主要在鹽田的復舊及新開設。此時期計有甲種鹽田818公頃，乙種鹽田207公頃，產鹽合計5,064萬公斤。增加鹽田475公頃。[21]並且臺鹽從20世紀初期開始輸往日本和朝鮮。[22]

第二期，1906年至1918年，當時修復和整建的甲種鹽田有1,568公

[19] 臺灣總督府專賣局，《臺灣專賣法規》，第四篇食鹽，頁8-9；李秉璋，〈日據時期臺灣總督府的鹽業政策〉，頁38。

[20] 臺灣總督府專賣局，《專賣事業》，頁32；李秉璋，〈日據時期臺灣總督府的鹽業政策〉，頁38。

[21] 臺灣總督府專賣局鹽腦課，《鹽專賣記念特輯》（臺北：臺灣總督府專賣局，1939），頁3；李秉璋，〈日據時期臺灣總督府的鹽業政策〉，頁40。

[22] 臺鹽在日本內地的販賣自明治33（1900）年10月後開始，1900年為12,795,065公斤，1901年是24,921,538公斤，1902年增為50,227,268公斤。見〈食鹽專賣事業〉第二編，《明治三十二年至明治三十五年臺灣總督府食鹽專賣事業自第一編至第三編》，專賣局檔，編號028706-0201310。

頃，乙種鹽田則為66公頃，產鹽101,820,000公斤。增加鹽田824公頃。[23] 並且臺灣肥料株式會社於1917年在高雄建設具有年產3,300噸碳酸鈉工業的工場，而其所需鹽則為6,600,000公斤。這也增加對臺鹽的需求，使鹽田繼續擴增。[24]

第三期，1919年開始，至1923年完成鹽田的擴張，增加鹽田563公頃。[25]

其主要因素是在第一次世界大戰末期，日本經濟迅速成長，發展化學工業和沿海漁業，工業用鹽和魚類醃藏用鹽量激增，而日本物價工資上漲，不利於鹽業，故產量激減（例如1918年度需求量13億5千萬斤，日本生產量僅7億斤），其他勢力範圍（朝鮮、遼東半島、青島）又增產不多，於是日本政府希冀增加臺灣鹽的供給，尤其是可替代本國食用煎熬鹽的臺灣上等鹽和工業用鹽，因此於1919年末開始第三期鹽田開設計畫。並且改變以前獎勵由個人獨自經營的方式，而網羅日本人和臺灣人，在臺南成立資本金250萬圓的臺灣製鹽株式會社，以統制經營的方式，避免競爭，收購鹽田，開墾新鹽田，從事鹽質改良工作，除原本的天日鹽外，並生產再製鹽和煎熬鹽。欲使鹽業變為日本人與本地人利害休戚與共的產業，俾有益於殖民政策的貫徹實施。[26]

---

[23] 臺灣總督府專賣局鹽腦課，《鹽專賣記念特輯》，頁3；李秉璋，〈日據時期臺灣總督府的鹽業政策〉，頁40。

[24] 臺灣總督府專賣局，《專賣事業》，頁27；李秉璋，〈日據時期臺灣總督府的鹽業政策〉，頁40。

[25] 臺灣總督府專賣局鹽腦課，《鹽專賣記念特輯》，頁3；李秉璋，〈日據時期臺灣總督府的鹽業政策〉，頁40。

[26] 臺灣省總督府專賣局編，《臺灣鹽專賣志》（臺北：臺灣總督府專賣局，1925），頁79-82；〈臺灣製鹽株式會社沿革概況〉，1929年8月4日，鹽務檔，編號S-03-3-（4）。

總之，日治時期的臺灣鹽田經過不斷的創設及整建，共有六大鹽場，其範圍分別如下：

烏樹林鹽場：位於高雄岡山區永安鄉及湖內鄉，包括竹滬、彌陀二區。

布袋鹽場：位于嘉義縣布袋鎮及東石鄉，包括掌潭、布袋、新塭、虎尾寮等四處。

北門鹽場：在今臺南縣北門鄉。全係瓦盤式鹽田。包括蚵寮、王爺港、井子腳、北門、中洲五區。

七股鹽場：位於臺南縣七股、將軍兩鄉。全係土盤式鹽田。

鹿港鹽場：位於彰化鹿港鎮西，包括鹿港鹽田，分為三區。

臺南鹽場：位於臺南市郊安南等區，包括安順、鹽埕、灣裡三區及安平試驗鹽田。【27】

從1924年到1934年則為臺灣鹽田開發的休眠期。【28】在休眠期的臺鹽雖仍繼續輸日。但所佔比重則遠遜於日本從外國輸入的鹽，此可由表2中得知：

表2　日本鹽供需表

單位：萬公噸

年	鹽供給量						鹽需要量
	國內鹽	輸入鹽				合計	
		關東州	臺灣	青島	輸入鹽計		
1905	33.28	0.70	2.50	0	3.95	37.23	37.19
1906	56.48	1.14	2.61	0	4.18	60.66	60.61
1907	59.34	7.24	3.43	0	4.67	64.02	63.27

【27】臺灣省文獻會編，《臺灣省通志》（臺北：臺灣省文獻會，1970），卷三政事志財政篇，頁343、371；李秉璋，〈日據時期臺灣總督府的鹽業政策〉，頁33。

【28】臺灣總督府專賣局鹽腦課，《鹽專賣記念特輯》，頁8。

1908	62.28	2.49	1.62	0	4.46	66.74	60.68
1909	59.7	2.40	3.04	0	5.67	65.37	61.15
1910	56.77	1.98	3.35	0	5.37	62.14	60.55
1911	56.95	2.76	3.78	0	7.59	64.55	68.57
1912	62.01	2.15	3.13	0	5.28	67.28	67.01
1913	64.00	3.84	3.64	0	7.48	61.48	72.28
1914	61.09	4.92	5.62	0	10.54	71.63	71.03
1915	59.72	3.56	5.43	0	8.99	68.71	69.17
1916	62.05	4.94	6.37	0	11.32	73.37	73.98
1917	60.24	10.21	9.23	3.70	23.25	83.49	82.16
1918	40.32	9.48	7.71	16.42	35.75	76.07	76.80
1919	58.90	8.49	2.29	21.01	52.60	111.51	99.76
1920	54.40	8.84	1.31	15.23	37.87	92.27	73.46
1921	51.51	8.02	4.47	11.43	26.09	77.60	80.26
1922	66.50	8.05	5.77	10.09	29.96	96.47	86.75
1923	47.99	12.96	7.47	0.49	22.74	70.73	80.80
1924	63.72	14.80	10.96	0	32.13	95.85	81.65
1925	66.86	10.22	6.83	0	21.72	88.59	82.78
1926	61.41	7.04	5.49	6.85	24.14	85.55	85.98
1927	61.91	4.56	4.49	13.09	24.01	85.93	87.46
1928	63.79	5.91	4.54	16.43	28.13	91.92	90.17
1929	64.42	8.15	5.18	19.97	33.55	97.97	97.73
1930	62.87	15.30	8.24	12.50	37.32	100.19	94.35
1931	52.13	18.90	10.11	9.83	45.42	97.54	107.21
1932	57.26	14.72	8.33	13.58	63.84	121.10	120.45

資料來源：小澤利雄，《近代日本鹽業史——專賣制度下の日本鹽業》（東京：大明堂，2000），頁127。

原出處為日本專賣公社，《鹽業整備報告》(東京：日本專賣公社，1966)。

臺鹽的輸出與其品質的改良息息相關。

2. 臺鹽品質的改良

日本於允許兒玉源太郎在臺灣實行食鹽專賣之初，即擔心臺鹽會與日本鹽在日本市場相競爭。1905年6月，日本本土施行食鹽專賣法限定進口數量，此影響到本島鹽的銷路。[29]

供給住在臺灣島上日本人的食鹽一事，乃是臺灣總督府所煩惱的。因為臺灣以前的食鹽，都是摻入很多的泥土，色澤黃黑色。臺灣人本來見慣了此顏色，以為食鹽就是這種顏色。但是此並不適於習慣使用純白食鹽的日本人。因而當時臺灣總督府一面暫時自日本購買食鹽，以供給在臺的日本人，一面集中全力設法改善臺灣食鹽的製造法，俾便達到日本食鹽純白的地步。[30]

為了使在臺灣的日本人與臺灣人能不再食用混有砂泥等污物的食鹽，也為了使臺灣鹽能輸出到日本，當局自1900年以後，即擬定品質改良的計畫，首先區分食鹽的品質為上中下等，以收購價格的差距來刺激鹽民生產優良鹽的意願；其次，獎勵補助結晶池的修築。但1930年，日本本土的專賣局對於輸入食鹽設定鹽分基準，使臺鹽出口一時陷入苦境。當局乃急速的召開相關會議，決定所謂「母液」更新以及延長收繳時間，專賣局長也到東京交涉，希望輸入規格能延期實施，鹽腦課長並且到各地巡視鹽田，敦促鹽業者的覺醒。[31]更改變收繳規格，規定鹽

[29] 三浦鶴治，《日本食鹽回送史》（東京：日本食鹽回送株式會社，1929），頁245。日本鹽專賣法於1904年12月31日公佈，翌年6月1日開始施行，一直到1997年4月才廢止，見小澤利雄，《近代日本鹽業史——鹽專賣制度下の日本鹽業》（東京：大明堂，2000），頁1-6；陳慈玉、李秉璋，〈日治時期臺鹽的流通結構〉，《東吳歷史學報》第10期（臺北：東吳大學歷史系，2003年12月），頁252。

[30] 竹越與三郎，《臺灣統治志》（二）（臺北：成文出版社據1905年本影印，1985），頁276-277。

的成分，確定製鹽業者的製鹽法。[32]

當時專賣局對於臺鹽輸日的收購標準有過幾次修訂如表3所示：

表3　臺鹽輸日收購標準

修訂年度及文號	鹽等級	成份百分比		
		鹽化碳酸鈉	水分或夾雜物	不溶解度
1926年9月18日局訓第200號	上等鹽	75以上	15以內	0.11以內
	中等鹽	75以上	15以內	0.21以內
	下等鹽	75以上	15以內	0.53以內
1932年3月10日局訓第11號	上等鹽	80以上	6.5以下	0.53以下
	普通鹽	75以上未滿80	8.5以下	0.53以下
1932年12月1日局訓第24號	上等鹽	87以上	4.5以下	0.11以下
	普通鹽	80以上	6.5以下	0.53以下
	普通鹽乙	75以上	8.5以下	0.53以下
1934年12月24日局訓第15號	上等鹽	88以上	4.1以下	0.1以下
	普通鹽	83以上	6.4以下	0.3以下
	普通鹽乙	75以上	8.5以下	0.5以下

資料來源：1. 畠中泰治，《臺灣專賣事業年鑑》（臺北：臺灣と海外社，1939年7月），頁276。
2. 陳慈玉、李秉璋，〈日治時期臺鹽的流通結構〉，《東吳歷史學報》第10期（臺北：東吳大學歷史系，2003年12月），頁253。

臺鹽經過如此巨大的挑戰後，其成績是如何的呢？茲列舉1928年到1937年輸往日本臺鹽的檢定成績以觀察之：

---

[31] 臺灣總督府官房調查課編，《施政四十年の臺灣》（臺北：成文出版社據1935年本影印，1985），頁135-136。

[32] 畠中泰治，《臺灣專賣事業年鑑》（臺北：臺灣と海外社，1939），頁275；陳慈玉、李秉璋，〈日治時期臺鹽的流通結構〉，《東吳歷史學報》第10期，頁252。

表4　臺鹽輸日檢定成績表（1928-1937）

年度別	鹽等級	成份百分比			
		鹽化碳酸鈉	水分	夾雜物	鑑定成績
1928	上等鹽	87.95	7.66	4.39	86.31
	普通鹽	89.24	6.43	4.33	87.73
1929	上等鹽	86.80	8.59	4.61	85.02
	普通鹽	89.05	6.55	4.40	87.51
1930	上等鹽	87.97	7.52	4.44	86.40
	普通鹽	88.04	6.80	5.16	86.29
1931	上等鹽	88.74	7.40	3.86	87.23
	普通鹽	87.91	7.08	5.01	87.91
1932	上等鹽	90.67	6.04	3.29	89.41
	普通鹽	89.57	6.39	4.04	88.12
1933	上等鹽	93.36	4.26	2.38	92.46
	普通鹽	89.85	6.41	3.74	88.46
1934	上等鹽	94.05	3.91	2.04	93.25
	普通鹽	90.78	5.96	3.26	89.53
1935	上等鹽	94.00	3.70	2.30	93.17
	普通鹽	91.09	5.53	3.38	89.86
1936	上等鹽	93.67	3.72	2.61	92.78
	普通鹽	91.10	5.30	3.60	89.85
1937	上等鹽	93.97	3.73	2.30	93.14
	普通鹽	90.83	5.74	3.43	89.57

資料來源：1. 畠中泰治，《臺灣專賣事業年鑑》（臺北：臺灣の海外社，1939年7月），頁276。
2. 陳慈玉、李秉璋，〈日治時期臺鹽的流通結構〉，《東吳歷史學報》第10期（臺北：東吳大學歷史系，2003年12月），頁254。

由表4我們可以看出，自1932年後，臺鹽的品質愈受到肯定。其鑑定成績也達到相當高的標準。不論是上等鹽或是普通鹽，品質都愈來愈進步，尤其是上等鹽。[33]

[33] 畠中泰治，《臺灣專賣事業年鑑》，頁277。

臺鹽經過幾次改革後，品質不斷地提昇，如表5所示，有能力與其他地區所產的鹽相競爭。

表5 臺鹽與日本、遼東、青島鹽品質比較表

單位：鹽化碳酸鈉的%

年度／鹽別	1922年	1927年	1932年	1937年
日本一等鹽	91.61	91.33	92.48	92.39
日本二等鹽	86.63	87.16	88.02	88.04
日本三等鹽	82.10	82.93	83.44	83.48
臺灣上等原鹽	80.08	84.89	89.55	92.57
臺灣普通原鹽	82.69	87.55	88.55	90.21
臺灣煎熬鹽	91.28	93.43	92.28	92.00
遼東普通原鹽	82.85	85.45	87.56	85.57
青島上等原鹽	83.75	84.46	83.47	83.98

資料來源：1. 畠中泰治，《臺灣專賣事業年鑑》(臺北：臺灣の海外社，1939年7月)，頁279。
2. 陳慈玉、李秉璋，〈日治時期臺鹽的流通結構〉，《東吳歷史學報》第10期（臺北：東吳大學歷史系，2003年12月），頁255。

由表5我們可以很清楚的看到臺鹽逐漸改良品質，乃至超越遼東鹽和青島鹽。

另一方面，臺灣總督府亦進行鹽業技術革新的實驗。[34] 在1904年，根據農商務省鹽業調查所技師奧健藏氏的建議，由總督府出資2,970圓給布袋野崎鹽行，築造美國加州式鹽田2甲多，利用自然地形來修築廣泛的蒸發池，以小溝通海，使海水在滿潮時能經小溝流入池內，自然蒸發後，再用風車從木樋導入結晶池結晶，如此則可以節省勞力和鹽田修築費。後來因臺灣多雨，易溶解結晶鹽，且遲緩蒸發，不適合引進此

[34] 以下引用自臺灣總督府專賣局編，《臺灣鹽專賣志》，頁535-580。

方式，而於1907年結束此試驗。

接著，針對臺灣鹽田單位面積的狹小（約1甲）和勞力的浪費，提出改良的構想，謂之「大農式鹽田」，於1915年在新塭鹽田修築集中結晶池、大小蒸發池、母液溜及鹽水溜、畦畔等在內的佔地17多甲的大農式鹽田，預計可經由簡化製鹽作業和節約勞力，而獲得舊式鹽田2倍半的純利。自1917年11月開始試驗，結果因面積過大、降雨過多導致母液流失、地盤凹凸，而於翌年3月宣告不適於臺灣。

再者，因為臺灣鹽田近海，開設時必須漸為外圍堤防，費用相當於鹽田的內部構造，一旦暴風雨來臨時又受害甚大，所以臺灣製鹽株式會社在北門庄蚵寮附近於1921年從事「高地式鹽田」試驗，希望能節省堤防費，而鹿港鹽田則由辜顯榮出資，於1907年引進日本島根縣的「高架式鹽田」來從事採鹹試驗。結果因當地特有的強風而使海水四散，收成不佳。

此外，為了改良結晶池以提高鹽質，在布袋野崎鹽田、北門鹽田、紅毛港鹽田等地，嘗試敷設土埕、水泥、木槽、磚瓦等不同材料的結晶池，來研究各模式所顯現出的硬體使用期、產鹽量、鹽質（鹽成分）、修繕費。並且1920年，於臺南州東石郡布袋庄實驗製造適合日本市場的微粒鹽，發現其產量較普通鹽少而生產費則較高，品質又不易控制，容易含有雜質。

同時，殖民地政府亦於1920年開始研究如何使生產力提昇，傳統的採鹽法是於每天傍晚進行，時間短而消耗大量的勞力，因此實驗鹽田是隔日採鹽方式，即每天工作時間較長，但同一鹽戶可負責雙倍的鹽田，輪流收納一鹽田（此時採用自由製鹽制而非以往的常傭制），結果發現隔日採鹽比即日採鹽的鹽化蘇打含量高出15-20%，光澤亦較良好，雜質較少，且上等鹽的比例較高，亦即隔日採鹽的上等鹽約佔總產量的88%，即日採鹽的僅佔70%，而前者的總產量亦較後者增收34%，顯示出在利潤導向的自由製鹽制下，鹽戶寧願每天花費較多的時間來經營較大面積的鹽田。

總之，為了提高食鹽的產量與品質，殖民地當局確實曾花費心血引進美國加州和日本本土的生產技術，再加以實驗去蕪存菁，俾能達到目的，頗具科學精神。

進而言之，為了恢復鹽業生產，總督府做了許多項補助措施。使得臺灣鹽田面積不斷擴張，經過三期的食用鹽田的增加後，鹽田的開發暫時進入休眠期。其後接踵而來的是不斷地開發大規模工業鹽田，將臺灣鹽業帶入另一發展高峰。

三、工業用鹽為主的時期

從1935年以後，臺灣鹽業因工業用鹽的增產計畫而逐漸轉型。【35】

工業鹽是用於化學工業的重要原料之一，在製造時，不但主要產品是碱業不可或缺的原料，甚至其副產品苦滷，也是工礦業、醫藥用品的製造原料，更是軍需原料。而在結晶過程所析出的硫酸石灰（石膏）則是水泥工業的重要原料。【36】再者，工業用鹽在化學工業中的地位就猶如鐵在機械工業般重要。使用在人造絹絲及人造纖維工業上的苛性碱即以鹽為原料。玻璃工業所使用的碱灰亦然。此外，肥皂、齒磨粉、健胃劑、味素、染料等也都需要大量用鹽。特別是戰爭的化學武器，大部份是以鹽為原料，如催淚瓦斯、催嚏瓦斯等都是以鹽中的碱氯為主要成分，連防毒用品也是以鹽為重要成分。【37】

日本對工業鹽的需求增加迅速，1926年時所需工業鹽僅10萬公噸

【35】臺灣總督府專賣局鹽腦課，《鹽專賣記念特輯》，頁8。

【36】朝鮮總督府，《施政三十年史》（京城：朝鮮總督府，1940），頁544。

【37】臺灣總督府專賣局鹽腦課，〈臺灣工業鹽田の擴張〉，刊載於《部報》第18號（臺北：臺灣總督府臨時情報部，1938年3月），頁2。

而已，1933年增為64萬多公噸；到1938年，則已巨增至118萬多公噸，因此急需帝國內殖民地工業鹽的補充。【38】

1931年九一八事變以後，由於食鹽關係到軍事，因此日本拓務省為確保原料鹽的取得，召開了多次日本內外地鹽務主任官會議，這些會議極力主張在帝國領域內增加鹽的生產量，以排除外國鹽。就是期待臺灣、關東州、滿洲等地能夠擴展鹽業，供給帝國領域內大半的工業鹽。【39】

首先，1932 、1934 年在東京召開兩次內外地鹽務官會議，會中決議讓臺灣製鹽株式會社於1935年在臺南州北門郡七股莊西寮開設約 388 公頃的臺灣最初的純工業用鹽田。【40】第一期工事先著手開設291 公頃。俟其完成後，確定實際效果，再作第二期計畫。而整個工程乃於1935年10月1 日動工，在1937年3月31 日竣工。此鹽田的成敗關係到臺灣鹽業及工業鹽的未來，不但是臺灣鹽田蛻變的基礎；也是日本政府未來新規畫鹽田開設的管理方針。其生產販賣全部由業者自主經營。【41】由表6可看出1943年的產鹽面積僅比1937年增加100甲，但產鹽量卻為1937年的5.45倍，而且單位產量呈現出逐年俱增的現象。同時，收購價和銷售價卻一直不變，意味著官方所重視的是產量，而非鹽民或臺灣製鹽會社實際所花費的成本。

【38】〈既往五ケ年內地ニ於ケル工業用鹽用途別消費高〉，《昭和十三年既設鹽田合理化ニ關スル件》，專賣局檔，編號 017795-0366900；臺灣總督府專賣局鹽腦課，〈臺灣工業鹽田の擴張〉，載《部報》第18 號，頁2 。

【39】臺灣總督府殖產局商工課編，《熱帶產業調查書》下，頁49 之7 。

【40】臺灣總督府專賣局鹽腦課，《鹽專賣記念特輯》，頁10 、11 。主張400 甲。而《熱帶產業調查書》下頁88 ，主張1,300 甲。

【41】臺灣總督府殖產局商工課編，《熱帶產業調查書》下，頁87-92 。

表6　臺灣製鹽會社工業鹽田面積、產量表

年度別		1937	1938	1939	1940	1941	1942	1943
面積(甲)		200	300	300	300	300	300	300
產鹽量(公噸)		66,000	156,000	237,000	294,000	333,000	354,000	360,000
支出	百公斤收購價(圓)	0.460	0.460	0.460	0.460	0.460	0.460	0.460
	百公斤官廳經費(圓)	0.020	0.020	0.020	0.020	0.020	0.020	0.020
	計（圓）	0.480	0.480	0.480	0.480	0.480	0.480	0.480
同上金額		31,680	4,880	113,760	141,120	159,840	169,920	172,800
收入	百公斤銷售價(圓)	0.620	0.620	0.620	0.620	0.620	0.620	0.620
	同上金額	40,920	96,720	146,940	182,280	206,460	219,480	223,200
	差價收入	9,240	21,840	33,180	41,160	46,620	49,560	50,400

資料來源：臺灣總督府殖產局商工課編，《熱帶產業調查書》下（臺北：臺灣總督府殖產局商工課，昭和10年，1935），頁92。

事實上，臺鹽外銷日本應與日本碱業發展有關。日本一向使用本國鹽，臺灣鹽和中國鹽大抵被用為碳酸鈉工業（碱業）或釀造醬油的原料。日本政府把殖民地的鹽業視為殖產興業政策之一環，如前所分析，臺灣製鹽株式會社投資於臺灣鹽田，促使臺灣能供給日本所需要的工業用鹽。因為做為工業用的原料鹽，臺灣鹽的品質比日本鹽佳，而且不另外課徵專賣稅，幾乎以進口的原價來銷售。例如1905年日本剛開始實施專賣制度時，臺灣普通鹽每百斤（60公斤）售價為2.2圓（一般用鹽為2.36圓），而工業用鹽的特別價是0.9圓，只有普通鹽的40.9%而已。[42]

日本的碱業技術係來自歐美，1881年日本初次從外國所引進的純碱

---

[42] 小澤利雄，《近代日本鹽業史——鹽專賣制度下の日本鹽業》，頁198-199。

（soda ash）製造法是比較老舊的電解法和leBlanc法，當時歐洲已成功地採用較進步的solvay技術。但日本仍然到1910年代後半，都一直使用該方法，其理由是新技術的操作極複雜，並且必須使用日本很難得到的品質優良的原料鹽，所以日本碱業只得採用不太需要優質原料鹽的舊技術。[43]

當時日本的碱業規模很小，在第一次世界大戰發生以前，原料用鹽僅為總消費用鹽的4.5%。隨著戰爭的爆發，日本產業界飛躍地成長，開始出現以嶄新的製造法來生產碳酸鈉的工廠，於是面臨著原料鹽的供給問題。由於歐美的碱業大多設立在豐富的岩鹽或鹹水湖附近，以確保良質而價廉的原料鹽，因此生產成本中原料費所佔的比率極小。相形之下，日本鹽原本供給食用，無論就價格或品質而言，都不適於用做碱業的原料鹽，所以非得仰賴殖民地（臺灣）和準殖民地（遼東、青島）的進口不可。到九一八事變以後，由於軍需工業的進展，對苛性鈉的需求大增，[44]故原料鹽的供給成為日本業界最迫切的課題。

碱業與軍需工業有關，因碱業以電解法為主，電解後的副產品是氮、氯。其中，氮是人造肥料、人造石油等化學工業重要的原料；氮又可用在硬化油、合成鹽酸等。[45]它與植物油加在一起可製造硬化油脂，而硬化油脂則與火藥、肥皂工業相結合。由此可知碱業與軍需工業實有密切關係，所以戰時日本為了發展軍需工業，就必須增加碱業最主要的原料（工業鹽）之供給。

為什麼日本一向進口外國便宜的工業鹽，尤其是英國的製品，而到

[43] 牧野文夫，《招かれたプロメテラス——近代日本の技術發展》（東京：風行社，1996），頁201-202；企画本部社史編纂室，《日本曹達70年史》（東京：日本曹達会社，1992），頁8。

[44] 小澤利雄，《近代日本鹽業史——鹽專賣制度下の日本鹽業》，頁199-200。

[45] 畠中泰治，《臺灣專賣事業年鑑》，頁282。

了備戰階段反而要其帝國內部各地補充呢？這是因為日本為應付大戰的來臨，對於工業鹽的來源採取「近主遠從主義」，即盡量利用帝國的勢力所能控制的地區所產的鹽。她把鹽的供給地，依路程遠近分成近海鹽、準近海鹽、遠海鹽。其中，臺灣、關東州、滿洲、華北皆屬近海鹽。由表7可知日本工業用鹽的供給情形。

表7 日本工業用鹽供給狀況表

單位：千公噸

年度	近海鹽		準近海鹽		遠海鹽		計		臺灣所佔量和比重	
	量	%	量	%	量	%	量	%	量	%
1932	169	38	***	***	272	62	441	100	9	2
1933	193	26	105	14	435	60	733	100	無	
1934	333	33	52	5	641	62	1,026	100	無	
1935	316	32	95	9	582	59	993	100	20	2
1936	567	52	28	3	492	45	1,087	100	11	1

資料來源：1. 臺灣總督府臨時情報部，《部報》第18號，1938年3月，頁4。
2. 陳慈玉、李秉璋，〈日治時期臺鹽的流通結構〉，《東吳歷史學報》第10期（臺北：東吳大學歷史系，2003年12月），頁258。

從表7可看出到在1930年代前半，臺灣工業鹽的產量並不多，亦非日本工業用鹽的主要來源。而備戰時期，日本所欲達到的「近主遠從」目標是近海部份佔80%，遠海部份佔20%。因此非增加近海部份的供給量不可。臺灣在1937年即增加到5萬噸的數量，是1932年的5.5倍強。[46]此後，日本企業在臺灣投資大型鹽業，使臺灣不僅成為日本工業用鹽的基地之一，也發展技術較歐美落後的碱業。

[46] 臺灣總督府專賣局鹽腦課，〈臺灣工業鹽田の擴張〉，《部報》第18號，頁3-5。

四、碱氯工業的出現與初期發展

1. 碱氯工業的出現

在中日戰爭爆發前夕，臺灣總督府就規畫大規模生產工業用鹽，1937年2月，於臺南州保留了6,900公頃做為鹽田用地。3月，日本曹達株式會社（日本碱業公司）所掌控的臺灣製鹽株式會社，也完成其苦滷處理工場。[47]

隨著1937年侵略戰爭的爆發，日本大藏省於同年12月主持「內外地鹽務緊急協議會」，擬訂化學工業用原料鹽的增產計畫，以便自產自給。計畫中，除在所佔領的中國東北和華北開闢鹽田外，並指定臺灣必須於1941年度負擔25萬公噸（1945年度增為40萬公噸）的產量。[48]為實現此生產擴充計畫，乃在臺灣總督府的主導下，由大日本鹽業株式會社、臺灣拓殖株式會社、日本曹達株式會社共同出資，於1938年6月創立資本1千萬圓的南日本鹽業株式會社，以製鹽、利用苦滷副產品和發展碱業三者的一貫作業為目的。首先，計畫於布袋、北門、烏樹林等地以四年的時間，開闢鹽田4,500甲（後改為3,550甲），生產355,000公噸的鹽（結果因為專門技術人才不足、資材和勞力的補充困難，1941年時僅完成2,210甲，產量為215,200公噸）。其次，為強固南日本鹽業會社的事業基礎，由日本曹達、日本鹽業和臺灣拓殖三會社，於1939年另投資1,500萬圓創立南日本化學工業株式會社，以分擔副產品利用和碱業的經營，彌補製鹽業所帶來的虧損。亦即南日本化學株式會社從苦滷中提煉鎂時，所產生的副產品為工業鹽，再將之加以處理，則能製成碱

[47] 楠井隆三，《戰時臺灣經濟論》（臺北：南方人文研究所，1944），頁73。

[48]〈內外地鹽務緊急協議會關係事項〉，1937年12月，《昭和十二年鹽田開設ニ關スル準備工作》，專賣局檔，編號01763８-0354300。原料鹽的供給計畫量如下：

氯；而苦滷是生產天日鹽時的產物（1939年度約20萬公噸，1940年度約30萬公噸），以前都廢棄了。[49] 故經過此計畫經營後，食鹽、工業鹽、鎂和碱氯的生產作業能一貫完成，臺灣鹽業乃為臺灣製鹽會社和南日本鹽業會社所獨佔，並與南日本化學工業會社相配合，脫胎換骨成為現代化的工業。

到1941年11月，為呼應日本的「工業振興第二個四年計畫」(1942年度開始），臺灣乃有「大工業化計畫要綱」以振興工業，而利用工業鹽的工業更是一重點。[50]

1941年，由臺灣總督長谷川清擔任會長，臺灣既存大企業的代表，

	1941年度的供給計畫量	1945年度的供給計畫量
臺　灣	25萬公噸	45萬公噸
關東州	60萬公噸	70萬公噸
滿洲國	45萬公噸	70萬公噸
北　支	40萬公噸	70萬公噸
山　東	40萬公噸	45萬公噸
計	210萬公噸	300萬公噸

[49] 臺灣總督府專賣局，〈起業促進ニ關スル案〉，1937年12月16日，《昭和十二年鹽田開設ニ關スル準備工作》，專賣局檔案，編號01 7638-0354300；臺灣總督府專賣局鹽腦課，〈臺灣工業用鹽生產計畫ノ概要〉，《昭和十三年度工業用鹽田開設計畫ニ關スル經過報告ノ件》，專賣局檔案，編號01 7794-0366800；〈南日本鹽業株式會社事業計畫書〉，1941年11月5日，鹽務檔，編號S-03-11-(1)；〈臺灣におけるマグネシユーム及曹達，生產計畫に關スル件〉，1939年3月2日，鹽務檔，編號S-03-13-(1)；姚文林，〈臺灣的碱氯工業〉，載《臺灣經濟年報1953年》(臺北：中國新聞出版公司，1953)，頁131；企画本部社史編纂室，《日本曹達70年史》，頁69-70。

[50] 楠井隆三，《戰時臺灣經濟論》，頁111。

以及日本大藏、商工、農工、拓務、陸海軍省等28位相關官員召開「臨時臺灣經濟審議會」，第一特別委員會所議決的「工業振興方策」中，與工業鹽相關的是，利用海水、鹹水、苦滷等發展化學肥料工業；並且在臺南州鹽田適地增設溴素的製造。【51】同年總督府也決定以南日本鹽業會社及臺灣製鹽會社為兩大主幹，合併其他小企業。【52】1942年7月1日，總督府將食鹽專賣規則改稱為鹽專賣規則，把工業鹽也納入管理範圍。【53】同時鐘淵曹達工業株式會社（鐘淵碱業公司）成立，擁有資本1,000萬圓，建廠於新豐郡安順庄（今臺南市安南區），在此築鹽田666.615甲，其中官有地僅50甲，其餘皆為民有地。翌年4月溴素工廠首先開工，並且開始曬鹽，到1944年，也建設完成部分碱氯工廠，該廠主要利用工業鹽生產碱氯。【54】

再者，日本旭電化工業株式會社於1939年在高雄籌備設廠製造碱氯，將氯氣供該公司的製鎂工廠，製造金屬鎂；其所產燒碱（NaOH、氫氧化鈉、苛性碱）則供給附近的鋁廠，生產鋁錠，這些都是軍事上所需的輕金屬。該廠於1941年8月正式開工。【55】

總之，1937年中日全面作戰以後，日本為求帝國內部鹽的自給自足和減少外匯支出，限制外國鹽的進口，殖民地的鹽愈占優越地位。其後，國際形勢對日本不利，日本為了戰爭需要和不仰賴外國的工業鹽，乃促使臺鹽大大的增產，使臺灣成為工業日本的一重要資源供給

【51】楠井隆三，《戰時臺灣經濟論》，頁201-209。

【52】楠井隆三，《戰時臺灣經濟論》，頁133。

【53】臺灣經濟年報刊行會編，《臺灣經濟年報》第3輯（東京：國際日本協會，1943），頁3。

【54】〈鐘淵曹達工業株式會社關係書類〉，1944年，鹽務檔，編號S-03-12-（1）；姚文林，〈臺灣的碱氯工業〉，載《臺灣經濟年報1953年》，頁131。

【55】姚文林，〈臺灣的碱氯工業〉，載《臺灣經濟年報1953年》，頁131。

地。[56] 並進一步成為帝國南進之跳板。但是當時的主要目的是軍需，而且日本並未在臺灣製造純碱，此乃因為臺灣需用的純碱數量極少，日本本國純碱產量足敷需用，不必依賴殖民地的供給。所以僅把製造工業鹽的電解法和leBlanc法引進臺灣，其效益遠遜於歐美的Solvay法。[57]

到了戰爭末期，日本在臺所設立的碱氯工廠都先後遭盟機轟炸，被迫停工。如表8所示，其產量在1944年達到高峰，共計生產燒碱8,125公噸，鹽酸779公噸，液氯100公噸，漂粉941公噸，[58] 其中燒碱產量是1941年的12.3倍，而鹽酸則為79.7倍。

表8 終戰前臺灣碱氯工業產量表（1941-1944）

單位：公噸

產品名稱	1941年8-12月	1942年	1943年	1944年
燒碱(苛性碱)	660.87	4,596.38	6,870.84	8,125.42
鹽　酸	9.77	506.19	741.09	779.35
液　氯	—	—	3.24	100.28
漂　粉	—	—	470.94	940.56

資料來源：周國雄，〈臺灣之碱氯工業〉，載臺灣銀行經濟研究室編，《臺灣之工業論集 卷三》（臺北：臺灣銀行，1965），頁76。

[56] 昭和17（1942）年度臺灣工業鹽生產量145,340公噸，1943年的預定產量為255,500公噸。參見〈鹽製造（生產）計畫〉，《昭和十八年鹽關係》，專賣局檔，編號018257-0426300。

[57] 姚文林，〈臺灣的碱氯工業〉，載《臺灣經濟年報1953年》，頁131；企画本部社史編纂室，《日本曹達70年史》，頁8，69-70。

[58] 周國雄，〈臺灣之碱氯工業〉，載臺灣銀行經濟研究室編，《臺灣之工業論集 卷三》（臺北：臺灣銀行，1965），頁76。同時期，日本在戰爭末期，碱的生產急速減少，其原因是設備老舊與電力不足，以及原料鹽的輸入量不充分，因此碳酸鈉與苛性碳酸鈉的生產指數，從1932-36年的100，各下降到1945年的15.3%和

中日戰爭結束以後，經過了三個月，1945 年11 月中華民國資源委員會在臺灣成立電化業監理委員會，開始監理南日本化學工業株式會社、鐘淵曹達工業株式會社與旭電化工業株式會社等製碱工廠。到1946 年5 月1 日，資源委員會和行政長官公署合資組織臺灣省製碱有限公司，1947 年初又改稱臺灣碱業有限公司（以下簡稱臺碱）。[59] 臺碱主要產品燒碱的最大需求市場是海峽對岸，所以隨著時局的轉變，臺灣碱氯工業進入困境，一時之間，民營工廠的業務一落千丈，紛紛相繼停工，到1949 年年底僅殘存12 廠。[60] 另一方面，臺灣區生產事業管理委員會於1949年8月決議關閉臺碱公司的第一、三兩廠，遣散員工570名，並配合臺幣改制，將資本額調整為新臺幣400 萬元。此舉導致月產燒碱能力達650 公噸的臺碱公司之月產量減少到固碱200-250 公噸，[61] 約為生產設備能力的30.8%-38.5% ，徒然浪費設備。換言之，1945 年以前的臺灣本身市場不大，資源亦不豐富，以碱業為主的臺灣軍需工業是在「日本帝國」的經濟體制下始能維持；戰後日本成為一片廢墟，臺灣工業的復蘇仰賴中國的原料供給和市場消費，一旦大陸淪陷，臺灣工業即受嚴重打擊。[62]

27.3% 。見GHP/SCAP 編，長谷川信解說、譯，《GHQ 占領史 第48 卷 重工業》（東京：日本圖書ヤンター，1999），頁105 。

[59] 臺灣碱業有限公司，〈臺灣碱業有限公司概況〉，載《臺灣銀行季刊》1 ：4（1948 年3 月），頁139；中國工程師學會編，《臺灣工業復興史》（臺北：中國工程師學會，1960），頁277 。

[60] 周國雄，〈臺灣之碱氯工業〉，載臺灣銀行經濟研究室編，《臺灣之工業論集 卷三》，頁76 。

[61] 經濟部國營事業委員會編，《經濟部所屬事業發展事略》（臺北：經濟部國營事業委員會，1996），頁233 。

[62] 以上詳見陳慈玉，〈一九四〇年代臺灣的軍需工業〉，載《中華軍史學會會刊》9（臺北：中華軍史學會，2004 年4 月），頁159-180 。

臺碱在臺灣的大用戶是臺灣鋁業公司和臺灣紙業公司，兩者在此時亦皆減產，所以對燒碱的需求大減；臺碱在1949年以前因為一再擴充設備，借貸資金甚多，造成經營上的困境。該公司乃採取緊縮開支的對策，兩次裁減員工，使第二廠停止製造普通漂粉，並且關閉第三廠的海水提溴工場和效能不高的第一廠。同時，該公司在銷售方面亦做調整，即降低成品售價，修改對大戶的計價方式，更進一步與各用戶簽訂長期合約，分別折扣優待，削價促銷，並且該公司也嘗試外銷燒碱。[63]而如以下表9所示，臺碱公司的燒碱和鹽酸產量在1949年開始減少，1950年低降到谷底。但此情況在1950年代初期有所變化，首先，1950年韓戰的爆發和美援的恢復，促進臺灣工商業的發展，增加燒碱的內需市場；其次，味精的生產方法改進，導致鹽酸需求劇增，必須大量利用氯氣。再者，臺灣紙業利用甘蔗渣製造紙漿，亦需要氯氣。因此臺碱公司燒碱產量大增，在1964年達到巔峰，[64]並且，如後將述，臺灣塑膠工業股份有限公司擴產PVC塑膠粉，亟需氯氣，所以當年氯氣的使用率高達98%。[65]

表9　臺灣碱業公司主要產品產銷量統計表（1946-1965）

單位：公噸

產品／年度	燒碱		液氯		鹽酸		漂粉	
	產量	銷量	產量	銷量	產量	銷量	產量	銷量
1946年	950	943	3	—	735	681	1,673	1,615
1947年	3,287	2,539	91	79	2,922	2,146	1,986	1,943

[63] 中國工程師學會編，《臺灣工業復興史》，頁278-279。

[64] 中國工程師學會編，《臺灣工業復興史》，頁279-280。

[65] 經濟部國營事業委員會編，《經濟部所屬事業發展事略》，頁234。又，該公司在1965年以後逐步下坡；1983年被併入中化公司，而所屬鹽田亦於2001年5月20日結束生產。

1948 年	4,777	4,303	304	241	3,114	2,792	2,814	2,603
1949 年	4,278	3,717	234	268	2,254	2,165	881	679
1950 年	3,123	4,088	562	574	1,801	1,583	129	128
1951 年	6,577	6,479	1,632	1,559	2,125	1,852	274	—
1952 年	7,034	5,749	1,286	1,169	3,024	2,733	—	—
1953 年	8,311	8,761	1,824	1,724	3,312	3,132	—	—
1954 年	11,649	10,828	2,668	2,563	5,687	5,404	—	—
1955 年	11,551	11,732	2,761	2,712	5,330	4,905	—	—
1956 年	14,476	13,837	3,577	2,958	5,779	5,264	219	101
1963 年	30,218	28,531	6,578	6,512	21,958	20,343	909	833
1964 年	37,528	38,291	6,603	6,572	29,39	27,024	920	802
1965 年 1-11 月	33,318	32,266	6,227	5,851	19,915	16,933	580	452

資料來源：〈臺灣碱業有限公司快郵代電〉((39)碱北總第1408號)，1950年8月24日發，中央研究院近代史研究所蒐藏的資源委員會檔《臺灣碱業公司》，編號24-17-12-6-3；〈臺灣碱業公司民國四十年度工作報告〉、〈臺灣碱業公司中華民國四十五年工作報告〉，中央研究院近代史研究所蒐藏的戰後臺灣時期經濟部門檔案《臺碱公司》，編號35-25-16-10；1963年資料係來自〈臺灣碱業公司第五十次董監聯席會議紀錄〉，中央研究院近代史研究所蒐藏的戰後臺灣時期經濟部門檔案《臺碱公司》，編號35-25-16-1；〈臺灣碱業公司第五十四次董監聯席會議紀錄〉，中央研究院近代史研究所蒐藏的戰後臺灣時期經濟部門檔案《臺碱公司》，編號35-25-16-2；〈臺碱股份有限公司第四次董監聯席會議紀錄〉，中央研究院近代史研究所蒐藏的戰後臺灣時期經濟部門檔案《臺碱公司》，編號35-25-16-2。

2. 強力漂粉工廠的興建

剩餘氯氣的使用問題從1950年代初期以來一直是臺碱公司的一大挑戰，該公司積極尋求在企業內部的解決之道，那就是強力漂粉（HTB）的生產。該公司的興建強力漂粉工場計畫書中即表示：「強力漂粉係一有力之漂劑，用途甚廣。舉凡紡織、漂染、造紙等工業，以及公共衛生家庭洗衣均可應用。且較普通漂粉安定，能久貯而漂白力量不變。預計所產成品，除供應臺灣所需外，大部份擬外銷，以換取外匯。」[66]

此強力漂粉工廠的興建過程可以說是一條艱辛的技術創新之道，因為當時臺灣並無此項技術，只得自國外引進。在外匯短缺的情況下，該公司乃申請美援。該公司原計畫係以日本業經工業化之旭電化會社漂粉廠為藍本，因該廠設備製造者為日本月島會社，所以申請美援之報價單，亦係月島所提供。該計畫經懷特工程公司（J. G. White Engineering Corporation）審查同意後，臺鹼與行政院美援運用委員會簽訂供應合約，於1952年10月開標。決標時，臺鹼全依懷特公司意見，未選最低標之月島，而改選瑞士之克勒勃公司(Krebs&Co.，在臺代理商為有利公司United Exporters）。[67]

臺鹼公司獲借美金22萬元，1952年11月開始向瑞士克勒勃公司訂購日產5噸強力漂粉之設備（約美金20萬元），並向西德Carlowitz公司訂購製桶之設備(約美金2萬元)，為配合漂粉設備，另行自建Azbe鹼、廠房儲槽等（約新臺幣560萬元）。自1953年2月24日開始安裝日產5噸的機械，並聘請該公司安裝工程師Foreman於6月5日抵高雄著手指導，臺鹼公司則派任繼光協助安裝工程。其中，附屬設備及廠房均按預定進度於1953年12月前建造完畢，惟主要漂粉設備之廠房，則因克勒勃公司之機器佈置圖樣屢有更改，超出預定計畫，延至1954年9月始行竣工。

依合約規定，由克勒勃公司於10月初派化學工程師Eugen W. Angele參加試車。Foreman和Angele之酬勞及旅雜費用均由臺鹼負擔。

---

[66]〈臺鹼聘請外籍技師顧問事〉，中央研究院近代史研究所蒐藏的戰後臺灣時期經濟部門檔案《臺鹼公司》，編號35-25-16-4，民國42（1953）年10月24日。

[67]〈臺鹼公司強力漂粉工場設備及產銷問題卷(二)〉，中央研究院近代史研究所蒐藏的戰後臺灣時期經濟部門檔案《臺鹼公司》，編號35-25-16-40，民國44(1955)年1月10日。

但試車結果不能達到所規定之產量與品質，雖屢經瑞士克勒勃公司補充設備，並由該公司續派兩位試車工程師 Alfred G. Irmer 和 Otto Schneider來臺試車。[68]根據設計考核委員會主任委員張靜愚的視察，當時的實際失敗情形如下：

（1）氯化副產品過多，冷卻效率太低。

（2）防蝕襯裡材料全不適用。

（3）氯化器攪拌設備設計錯誤。

（4）過濾機之濾布材料不合。

而且他表示：「以上問題之發生實堪驚異，據Angele稱各項設計尚屬首次試驗，在其本公司並無數據報告可供查考。」[69]

至1956年7月產品的有效氯成份始達預計標準的70%上下，[70]惟產量及用料尚未達到標準，經濟部乃召集美援會、懷特公司、中信局、

[68] 以上建廠試車經過詳見〈臺硷聘請外籍技師顧問事〉，中央研究院近代史研究所蒐藏的戰後臺灣時期經濟部門檔案《臺硷公司》，編號35-25-16-4，民國44(1955)年10月24日；〈臺硷強力漂粉工場聘僱外籍技師〉，中央研究院近代史研究所蒐藏的戰後臺灣時期經濟部門檔案《臺硷公司》，編號35-25-16-4，民國45(1956)年5月10日；〈臺硷公司強力漂粉工廠設備及產銷情形（三）〉，中央研究院近代史研究所蒐藏的戰後臺灣時期經濟部門檔案《臺硷公司》，編號35-25-16-41，民國47（1958）年5月8日。再者，按照合約，Irmer係免費服務，而其餘人士則由臺硷每日給付125瑞士法郎。

[69] 〈臺硷公司強力漂粉工場設備及產銷問題卷（二）〉，中央研究院近代史研究所蒐藏的戰後臺灣時期經濟部門檔案《臺硷公司》，編號35-25-16-40，民國44（1955）年元月。

[70] 關於漂粉品質問題，漂粉之優劣取決於所燒石灰成分之高低，倘石灰所含Cao（氧化鈣）達94.8%則產有效氯70%之HTB即應無問題。見〈臺硷公司強力漂粉工場設備及產銷問題卷（二）〉，中央研究院近代史研究所蒐藏的戰後臺灣時期經濟部門檔案《臺硷公司》，編號35-25-16-40，民國44（1955）年元月。

工業委員會，及克勒勃公司在臺代理商行有利公司，為強力漂粉試車問題舉行會議，決定由克勒勃公司負擔試車費用，並同意試車階段最後延至1956年8月30日止為限。旋克勒勃公司總經理即於8月22日抵臺商討解決各項問題，8月27-28日在該強力漂粉工廠實地觀察後，認為現有設備可產品質70%以上的強力漂粉，惟不能保證日產5噸。乃再提出補充設備計畫，經中信局及經濟部等單位數次會議獲得協議，於是補充設備，由克勒勃公司無價供給，迨至1957年5月28日，該強漂工廠將再補充安製設備以及試車情形呈報經濟部核備，始於同年8月9日舉行開工典禮後，正式移交高雄礆廠管理。【71】距開始安裝機械已歷經4年半的光陰。

但是生產情形並不佳，每日平均產量僅3噸左右，成份在於65%以下，尤以每噸成本計算，約需新臺幣9,000餘元（每噸強漂原料須氯氣2噸，每噸單價約2,000元，其他如石灰、水、電、人工等不計在內），而所銷售之價格為4,000元，以該工廠自籌建及生產後之情形，總計負債約有3,000萬元，而且該公司財務現況欠佳，1958年初春之際即約虧損90萬元，雖似由於停電及滯銷而減產所致，但該強漂工廠所負債之影響顯為重大因素。【72】所以經濟部乃正式行文要求該公司說明與改善。

該公司對於此虧損的狀況有所辯解，認為應屬技術不純熟的緣故：

（A）強力漂粉在製造過程中，可以發生影響之因素甚多，且又均

【71】〈臺礆公司強力漂粉工廠設備及產銷情形（三）〉，中央研究院近代史研究所蒐藏的戰後臺灣時期經濟部門檔案《臺礆公司》，編號35-25-16-41，民國47（1958）年5月8日。

【72】〈臺礆公司強力漂粉工廠設備及產銷情形（三）〉，中央研究院近代史研究所蒐藏的戰後臺灣時期經濟部門檔案《臺礆公司》，編號35-25-16-41，民國47（1958）年5月8日。

甚敏感。現在各工業先進國家製造強漂工場亦不過數家，其所用方法又各不相同，且均保守秘密，在技術上迄今仍為未定型之製造方法，殆由於製造過程中可發生影響之因素太多之故。其與硫酸錏、純碱、燒碱等產品已有標準製造方法者不同。

（B）克勒勃公司供給本公司設備製造方法之特點，在於使用再生乳液與石灰乳配製氯化用灰乳，使氯化時結晶易於生長。故製造過程中須能控制一定濃度之石灰乳和一定成份之再生液，依照一定比例配合，嚴格控制氯化終點，則所得之結晶經過濾與乾燥後，必能得到品質上乘之產品。但實際操作時，欲控制得宜，困難甚多。

（C）設備方面，因克勒勃公司缺乏經驗，所選用之設備，亦多不切實用。如石灰水化缺乏控制設計；氯化器冷卻欠佳，內部塗料容易剝落；真空過濾器在結晶情形欠佳時不易過濾；噴霧乾燥器所得產品質粒輕鬆，增加包裝費用；所用之加熱管與濾袋壽命過短等。其他如輸送用之泵多係特殊材料所製，但無備品，均使操作上增加困難。[73]

在此一案中，可以看出臺碱公司由於懷特公司的建議，當初沒有採納日本旭電化會社漂粉廠的設備，而選用瑞士廠商，該廠商顯然缺乏經驗，其工程師又在試車不順後擅自回國，似乎沒有能力或根本無意轉移技術給臺碱公司。並且臺碱乃至克勒勃公司的相關研發潛力亦值得深思。

此後臺碱公司一面儘力設法善後；一面根據合約規定，仍請中信局

[73]〈為審計部對本公司強力漂粉工場生產欠佳亟待改善一案，復請　鑒核〉，中央研究院近代史研究所蒐藏的戰後臺灣時期經濟部門檔案《臺碱公司》，編號35-25-16-41，民國48（1959）年11月10日。

向克勒勃公司繼續交涉賠償損失。[74]經過反覆交涉後，到1959年11月為止，克勒勃公司已賠償該公司損失美金11,890.40元，償還工程代辦費用美金1,775.88元，無價供應設備價值美金37,226.95元，總計共美金50,893.23元。[75]

但是成本過高問題仍然困擾著相關主管機構，所以國家安全局局長陳大慶發文給經濟部，表示如下的疑慮：

> 據報：「（一）臺灣碱業公司強力漂粉工場四十七年度計畫產量為一千噸，而實際產量僅及三百九十七噸，因此，該年度未能利用之氯氣達七千五百九十噸，以每噸生產成本一、一四〇・九〇元，加處理費用三三〇・四二元計算，合計一、四七一・三二元，則全年損失總額約達一千一百十六萬餘元。（二）查該廠前在試車期間，即不為理想，開工後生產迄未正常，致產量過低，成本偏高，每年損失頗鉅，亟待研討改進」等情。[76]

針對此疑點，臺碱於10天後答覆如下：

> （1）本公司強力漂粉生產情形，四十八年全年生產五四八・一九公噸，已較四十七年度之三九六・八一公噸，增加一五一・三八公噸。在技術改進方面，製造方法、製造設備，均經悉

[74]〈為審計部對本公司強力漂粉工場生產欠佳亟待改善一案，復請　鑒核〉，中央研究院近代史研究所蒐藏的戰後臺灣時期經濟部門檔案《臺碱公司》，編號35-25-16-41，民國48（1959）年11月10日。

[75]〈臺碱公司強力漂粉工廠設備及產銷情形（三）臺灣碱業公司書面補充報告〉，中央研究院近代史研究所蒐藏的戰後臺灣時期經濟部門檔案《臺碱公司》，編號35-25-16-41，民國48（1959）年11月26日。又，以當時的匯率而言，約為新臺幣1,836,228元。

[76]〈臺碱公司強力漂粉工廠設備及產銷情形（三）國家安全局致經濟部函〉，中央研究院近代史研究所蒐藏的戰後臺灣時期經濟部門檔案《臺碱公司》，編號35-25-16-41，民國49（1960）年1月8日。

心研究，逐步改良。如推進品質管制，使生產穩定；整修輸送設備，嚴格防止製造過程中之漏損；設法減低原料石灰及氯本身成本等。今後產量當可逐漸增加，成本亦可逐漸降低。

(2)四十七年度本公司未能利用之氯氣約七、五〇〇公噸，即使強力漂粉達到計畫產量一、〇〇〇公噸，亦不過增加用氯一、五〇〇公噸，仍有約六〇〇〇公噸以上未能利用。故氯氣之未能全部利用，主要因素並非由於強力漂粉未能達到計畫產量，乃由於本公司為配合本省燒鹼市場需要，必須增加產量，而增產燒鹼同時增產之氯氣，一時無法利用所致。

(3)因此本公司在高雄廠擴建增產計畫內，新添多種氯產品小型生產設備，此項設備，目前已次第完成；加以臺灣塑膠公司今年起用氯量已增加，相信剩氯問題，可望獲得圓滿解決。[77]

由此信函中，我們可以了解到剩餘氯氣的出現是因為1950年代初期以來臺鹼公司增產燒鹼的緣故。故強力漂粉的製造為利用氯氣的下游產業，另一重要關係產業就是塑膠工業。

3. 臺灣塑膠工業的萌芽

為了提升技術與有效利用氯氣，臺鹼公司早於1952年11月獲得聯合國技術協助管理局的補助，派遣技術室主任李堯前往美國、加拿大和日本考察碱氯工業與塑膠工業，到次年5月底始返臺。他的報告中對於氯乙烯塑膠工廠的印象良深。[78]而臺鹼公司亦曾在1950年代後期研發製

[77]〈臺碱公司強力漂粉工廠設備及產銷情形（三）簽復國家安全局致鈞部關於改進強漂工場生產一案，請轉復〉，中央研究院近代史研究所蒐藏的戰後臺灣時期經濟部門檔案《臺碱公司》，編號35-25-16-41，民國49（1960）年1月19日。

[78]〈臺碱公司派員考察〉，中央研究院近代史研究所蒐藏的戰後臺灣時期經濟部門檔案《臺碱公司》，編號35-25-16-3，民國42（1953）年6月3日。

造氯乙烯、聚氯乙烯、二氯乙烷等小型生產設備，[79]但結果當局並未重視這類研究的付諸實用，最主要的因素就是上面引文中所提到的臺灣塑膠工業股份有限公司（以下簡稱臺塑）的用氯量增加。

臺塑的用氯量之所以會增加，乃是因為擴大興建製造PVC塑膠粉的工廠的緣故。該公司成立於1954年3月，在1953年行政院設立「經濟安定委員會」，其下除因職務分有四組外，並設置工業委員會，推舉尹仲容為召集人，擬定了玻璃、紡織、人纖、塑膠原料、水泥等建設計畫，擬統籌運用工業美援的資金。其中的塑膠原料工業，當局原屬意有化工業經驗的永豐原紙業公司與永豐化工公司的老板何義負責。何義本來答應投資設廠，但是，何義往日本、美國、歐洲考察相關工廠後，發現這些國家的塑膠原料廠的規模都在日產50噸以上，而計畫中的臺灣廠日產僅達4噸，距離規模經濟太遠了，沒有國際競爭力。何義認為自行車與機車工業遠較塑膠原料製造業有前途，所以返國後宣佈放棄。此時許多人主張公營，但是在尹仲容力排眾議堅持民營之下，找到了原來想申請投資製造輪胎而被拒絕的王永慶。王永慶當時對塑膠完全外行，他手頭只有一點資料，那就是根據日本當時月產3,000噸，而臺灣人口大約是日本的十分之一，日本能夠月產3,000噸，則十分之一則是300噸，所以，他認為如果能月產100噸，大概可以擁有不錯的銷售市場。因此以自有資金約2,000萬臺幣，和預計向美援會貸款的78萬美元的投資設備費，與趙廷箴（行政院秘書長陳慶瑜的外甥）共同創設了臺灣塑膠工業股份有限公司。[80]

---

[79]〈臺碱工作報告——中華民國45年工作報告〉，中央研究院近代史研究所蒐藏的戰後臺灣時期經濟部門檔案《臺碱公司》，編號35-25-16-10，民國46（1957）年元月。

[80] 王永慶，《生根、深耕》（臺北：宇晨企業有限公司，1993），頁13-14，頁117-121；郭泰，《王永慶奮鬥史——立志成功者最好的一面鏡子》（臺北：遠流出版社，1994），頁25-26。

由於使用美金採購機械，並向國外引進技術，按規定，其開支均須經美援監督機構懷特公司審查。1955年3月，經由中信局開國際標，懷特公司於審查中，突遭美國國會議員薛明敦（Symington）反對。理由為，援助78萬巨額美元，卻每月僅計畫生產100噸，並不符合經濟效益。但其實是美國聖路易的孟山都（Monsanto）化學公司（John F. Queeny於1901年創立）與日本兩化學公司合作，擬製造塑膠銷售臺灣，故向參議院遊說，企圖取消臺塑建廠計畫。因此，美援被擱置下來。後來，經政府苦心爭取，至同年12月始獲美方同意。[81] 1957年3月臺塑建廠完成，正式開工生產；每月產量只有100噸，是世界上規模最小的。即使如此，當時臺灣市場每月的需要量僅15噸，所製成之產品只有膠模，俗稱化學玻璃布，品質很差，做成雨衣一穿即破，以致於很難取信於一般用戶。其餘用途有軟質PVC，將它壓製成細條狀，用於編製小袋子，其消耗數量亦很有限。[82]

因為那是臺灣首次自行生產PVC塑膠粉，國內僅有的兩家膠布機廠（加工業者）永豐化學公司和臺南第一化學公司對臺塑產品品質根本沒信心，風聞政府要保護管制進口後，立即一次進口七個月數十噸的需要量。所以，從1957年3月臺塑開始投產後到年底止，臺塑所生產的PVC塑膠粉一噸也賣不出去，庫存堆積如山。[83]

臺塑當時的處境非常艱辛，只得求助於經濟部長尹仲容。尹仲容指

---

[81] 嚴演存，《早年之臺灣》（臺北：時報文化出版企業有限公司，1991年再版），頁65-68；林炳炎，《保衛大臺灣的美援（1949-1957）》（臺北：臺灣電力株式會社資料中心，2004），頁287-305。

[82] 王永慶，《生根、深耕》，頁15；郭泰，《王永慶奮鬥史——立志成功者最好的一面鏡子》，頁26-27。

[83] 王永慶，《生根、深耕》，頁15-16；郭泰，《王永慶奮鬥史——立志成功者最好的一面鏡子》，頁27。

出由於臺灣市場狹小，非開拓外銷市場不可。但以當時每月100噸產量的規模，根本毫無競爭力。因為當時PVC粉的國際行情是每噸售價800美元以下，而臺塑產品的成本卻每噸超過800美元。所以，王永慶決定一方面擴廠，希望大量生產以降低成本；一方面籌組二次加工廠，企圖利用垂直經營的模式為臺塑之PVC塑膠粉找出路。於是，在1958年，日產增加至21噸。成本雖然稍降，但那時日本已能生產5,000-6,000噸左右，成本遠低於臺灣，所以臺塑的產品仍然無法具有國際競爭力，因此王永慶決定向經濟部申請擴充增產。同時，在該年成立南亞塑膠公司，以便從事二次加工，生產PVC管，設法協助臺塑銷售PVC粉，於是從原料到加工形成一貫經營體系。[84]

由於製造PVC塑膠粉是以氯氣為原料，所以在1959年7月，臺碱董事長針對剩餘氯氣問題表示：經濟部已經原則同意臺灣塑膠公司擴充日產PVC粉21噸計畫案，所需氯氣由臺碱供給。而臺塑屆時（預計在1961年）如果擴充日產PVC粉21噸，則估計全年需用氯氣6,500噸，已可解決剩餘氯氣問題。[85]因此臺碱不但放棄了氯乙烯、聚氯乙烯、二氯乙烷等小型氯氣相關產品的研發製造，並且向經濟部撤銷先前所提編的「氯化銨建廠」計畫。[86]

---

[84] 當時王永慶希望節省設備投資成本到比日本便宜三分之一，以彌補先天條件的不足。此後臺塑經由擴廠大量生產降低成本，並成立二次及三次加工廠以拓展外銷情形，總算解開了PVC粉滯銷的困境。逐漸發展的結果，不但打開了PVC粉的銷路，也促成了PVC塑膠加工業蓬勃發展的局面。見王永慶，《生根、深耕》，頁17-21，頁118-119；郭泰，《王永慶奮鬥史——立志成功者最好的一面鏡子》，頁27-30。

[85]〈臺碱公司派員考察〉，中央研究院近代史研究所蒐藏的戰後臺灣時期經濟部門檔案《臺碱公司》，編號35-25-16-3，民國48（1959）年7月31日。

[86]〈臺碱公司派員考察〉，中央研究院近代史研究所蒐藏的戰後臺灣時期經濟部門檔案《臺碱公司》，編號35-25-16-3，民國48（1959）年7月31日。

該計畫的催生是美援運用委員會在1959年元月建議臺碱公司利用剩餘氯氣製造氯化銨供作肥料，並將小部份用於工業如製造乾電池之類。[87] 於是該公司乃於2月編列1960年度氯化銨建廠計畫，向美援會申請貸款新臺幣15,107,000元；其業務處副處長金懋暉並應日本鹽安（即氯化銨）肥料協會之邀，在5月隨同氯化銨肥料考察團赴日考察。[88] 在6月所提出的考察報告中指出：「據日本各方面所發表之意見，氯化銨肥料適宜在日本發展之優勢，並不同樣存在於本省。」並且「雖然日本鹽安協會各廠代表均聲稱粒狀氯化銨無潮解之弊，但本省溼度較日本大；包裝貯存均似有進一步研究之必要。包裝成本亦值得注意。」[89]

再者，臺碱擬編氯化銨建廠計畫時，曾估計該公司高雄廠剩餘氯氣約3,600-6,000噸，可轉製氯化銨5,000-8,000噸左右，其經銷則必須配合高雄硫酸錏公司的推廣。但是一般農民的接受度尚待考驗。[90] 因此如果臺塑能夠擴建**PVC**塑膠粉製造廠而充分利用剩餘氯氣，則當然不必興建氯化銨工廠了，所以這些比較先進的計畫乃胎死腹中。這或許也是公

---

[87]〈隨氯化銨肥料考察團赴日考察報告〉，中央研究院近代史研究所蒐藏的戰後臺灣時期經濟部門檔案《臺碱公司》，編號35-25-16-3，民國48（1959）年6月9日。

[88]〈臺碱公司派員考察〉，中央研究院近代史研究所蒐藏的戰後臺灣時期經濟部門檔案《臺碱公司》，編號35-25-16-3，民國48（1959）年7月31日；又，日本邀請的目的是企圖讓此肥料能大量進口臺灣施用，見〈隨氯化銨肥料考察團赴日考察報告〉，中央研究院近代史研究所蒐藏的戰後臺灣時期經濟部門檔案《臺碱公司》，編號35-25-16-3，民國48（1959）年6月9日。

[89]〈隨氯化銨肥料考察團赴日考察報告〉，中央研究院近代史研究所蒐藏的戰後臺灣時期經濟部門檔案《臺碱公司》，編號35-25-16-3，民國48（1959）年6月9日。

[90]〈臺碱公司派員考察〉，中央研究院近代史研究所蒐藏的戰後臺灣時期經濟部門檔案《臺碱公司》，編號35-25-16-3，民國48（1959）年7月31日。

營企業基於必須創新技術，不僅曠日費時，並且負擔高風險的考量，故放棄垂直經營的構想，而將其部分下游產品的製造機會移轉給民營企業的一個案。

五、結論

戰後臺灣的重化工業絕大部分是繼承日治時期的「遺產」。固然推進當時臺灣工業化的因素頗多，但作為日本重要戰略物資的工業鹽的生產，扮演相當重要的角色。當1934年日月潭發電廠完成後，隨著日本侵略戰爭的需求，在高雄和臺南先後出現日本旭電化工業株式會社、南日本化學工業株式會社和鐘淵曹達工業株式會社，可以說是臺灣急速重化工業化的端緒。這些財閥投資的企業，利用豐富的南臺灣的鹽產，和北臺灣的煤、石灰石等原料，以及便利的交通運輸，製造燒鹼（NaOH）和鹽酸等，回流到日本。

這些工廠設備都在戰爭中遭受盟機的轟炸，戰後臺灣鹼業公司承繼此殘破的「遺產」，在資源委員會的大中國工業發展藍圖中，主事者希望以此為基礎，並添購原擬為中國工廠所預訂的設備，配合大陸的廣大內需市場，進一步發展有機合成化學工業。一旦喪失大陸市場，臺鹼公司和新興的民營鹼業皆受到嚴重的打擊，轉而謀求擴大臺灣的內需市場。由於鹼業產品用途頗廣，在化學工業中居於關鍵地位，又是造紙、肥皂、紡織、煉油、煉鋁，以及PVC塑膠的重要原料，所以鹼業的發展顯示出當時臺灣工業發展的軌跡。而臺灣鹼業發展之過程，與歐美先進國類似，但美國之鹼氯工業係多角化經營，臺灣則僅以製造原料為止境。所以臺灣鹼氯工業在1960年代中期所遭遇的瓶頸，不但象徵著臺灣必須調整在世界市場的競爭力，也意味著臺灣鹼氯工業面臨著脫胎換骨、與其他行業聯合經營的契機。

另一方面，二戰前到戰後初期，鹼業是重要的國防工業，所需資本較多，也要求較高的科技，所以英美德等先進國家都封鎖其技術的移轉，亦多開始以國營的方式來進行研發，待技術以後才轉歸民營；或以公家資金補助民營，企業與政府關係密切，並且歐美集團組成世界性托辣斯，瓜分市場【91】，因此前述強力漂粉工場以及臺塑擴建時都曾遭受外來的阻礙。

臺灣鹽業從食用鹽生產到製造工業鹽，可以說是國家公權力強力介入的結果，政府不僅在日治初期以補助金的給付方式鼓勵鹽民改良食用鹽，並且日本財閥也在後期投入資金與進行技術革新，為臺灣鹼業奠基。到了戰後，就鹼業而言，依然是由國家的力量從事企業體制內的研發，但1950年代以後，工業委員會認為臺鹼可生產強力漂粉，而PVC之製造宜獨力做為一單位，【92】因此逐漸把創新技術的下游產業交給體制外的民間公司去經營，結果其發展超越預期，建立了臺灣的「塑膠王國」。

從臺灣鹽業變遷到鹼業，乃至塑膠工業的過程中，可以看出當臺鹼公司的研發人員於1950年代提出聚氯乙烯等的生產計畫時，並沒有被公司當局乃至主管的政府機關所重用，最後該PVC塑膠粉生產技術交由民間的臺灣塑膠公司設廠製造。此現象或許可以說某企業立足於某一技術體系，建立了完整的勞動組織，也擁有原料購入與產品販售的流通組織，在既有的經濟機構中維持日常的活動。一旦出現技術革新，則可能為原有的企業活動體制投入變數，因此對以持續活動為大前提的企業而言，並不喜好這種破壞現存的日常活動體制的現象。【93】固然臺鹼為公

【91】*George* w. Stocking & Myron Watkins, *Cartels in Action: Case Studies in International Business Diplomacy*（New York: The Twentieth Century Fund, 1946）, pp. 144-147; 作者由衷地感謝審查人的賜教。

【92】嚴演存，《早年之臺灣》，頁65。

【93】大河內曉男，《發明行為と技術構想》，頁202。

營事業，其生存與發展受到國家當局的關切，在資金短缺必須依賴美援的時代，如何將寶貴的美援做全盤性地最適分配成為當務之局，而尹仲容一向認為民營化才是發展工業與經濟的原動力，所以或許基於這些考量才鼓勵臺塑建廠。[94]

再者，戰前臺灣的鹽業發展成碱業是統制經濟備戰下的產物，由於所需資本較大，所以都由新興的日本財閥和當時的國策公司臺拓以及臺灣製鹽會社來投資設廠；戰後資源委員會接收成為國營企業（臺碱），雖仍然繼續自先進國家引進新設備與技術，但到1950年代後期則輔佐民營企業（臺塑）作進一步的發展，這或可視為是1930年代以來的統制經濟逐漸轉軌為自由經濟的個案。如果能把戰前財閥基於日本國益所投資的公司當做民營企業的話，則自鹽業至碱業乃至塑膠業的過程，意味著由私而公，再從公到私的產業轉型，這或許是近代臺灣經濟發展的精華。

另一方面，為了要在既存企業體制內，成功地技術革新，則必須具創新性的企業家、精通新技術的技術者，以及生產線上優秀的勞動者之間緊密地合作，[95]從而能夠從既存制度的管理統制中解放出來。例如如果研判某種技術尚未開發成熟，但在該技術領域中極可能成功，則根據新技術論理而繼續進行技術開發的話，將會為該企業帶來收益。於是該企業集中經營資源於新技術，努力促進技術開發。並且其他的企業也開始從事類似的技術或廣用技術的研發。結果，伴隨著同系繁殖的現象，急速進行著此種技術領域的開發。而在該企業中，由於技術開發，就必須投入越來越多的巨額的固定資本，卻必須等待相當長的時間才能回收利潤。進而言之，就企業的立場而言，在建設了某種特定技術領域

[94] 或許美援會也有意將PVC粉製造廠興辦計畫交予民營。見王永慶，《生根、深耕》，頁120-121。

[95] 牧野文夫，《招かれたプロメテウス——近代日本の技術發展》，頁206。

的製造設備之後，到可以回收投入資金為止，既有的製造設備由於已經不適用於新技術，往往喪失經濟價值，所以新技術可能為企業帶來巨大的損失，因此企業盡量避免採用新技術。[96]就此意義而言，政府自始即已經為臺鹼公司日後的發展設限了。

徵引書目

一、檔案：

（一）中央研究院近代史研究所蒐藏的財政部鹽務檔（簡稱鹽務檔）

編號S-03-3-（4），〈臺灣製鹽株式會社沿革概況〉，1929年8月4日。

編號S-03-11-（1），〈南日本鹽業株式會社事業計畫書〉，1941年11月5日。

編號S-03-12-（1），〈鐘淵曹達工業株式會社關係書類〉，1944年。

編號S-03-13-（1），〈臺灣におけるマブネシユーム及曹達，生產計畫に關スル件〉，1939年3月2日。

（二）中央研究院近代史研究所蒐藏的資源委員會檔《臺灣碱業公司》

編號24-17-12-6-3，〈臺灣碱業有限公司快郵代電〉（（39）碱北總第1408號），1950年8月24日發。

（三）中央研究院近代史研究所蒐藏的臺灣總督府專賣局檔（簡稱專賣局檔）

編號017638-0354300，〈內外地鹽務緊急協議會關係事項〉，1937年12月，《昭和十二年鹽田開設ニ關スル準備工作》。

編號017638-0354300，臺灣總督府專賣局，〈起業促進ニ關スル案〉，1937年12月16日，《昭和十二年鹽田開設ニ關スル準備工作》。

[96] 大河內曉男，《發明行為と技術構想》，頁201-202。

編號017794-0366800，臺灣總督府專賣局鹽腦課，〈臺灣工業用鹽生產計畫ノ概要〉，《昭和十三年度工業用鹽田開設計畫ニ關スル經過報告ノ件》。

編號017795-0366900，〈既往五ヶ年內地ニ於ケル工業用鹽用途別消費高〉，《昭和十三年既設鹽田合理化ニ關スル件》。

編號018257-0426300，〈鹽製造（生產）計畫〉，《昭和十八年鹽關係》。

編號028706-0201310，〈食鹽專賣事業〉第二編，《明治三十二年至明治三十五年臺灣總督府食鹽專賣事業自第一編至第三編》。

編號028889-0388420，〈鹽腦課長上京資料〉，1940年12月，《昭和十五年既設鹽田合理化ニ關スル件》。

（四）中央研究院近代史研究所蒐藏的戰後臺灣時期經濟部門檔案《臺碱公司》

編號35-25-16-1，〈臺灣碱業公司第五十次董監聯席會議紀錄〉。

編號35-25-16-2，〈臺灣碱業公司第五十四次董監聯席會議紀錄〉。

編號35-25-16-2，〈臺碱股份有限公司第四次董監聯席會議紀錄〉。

編號35-25-16-3，〈臺碱公司派員考察〉，民國42（1953）年6月3日。

編號35-25-16-3，〈臺碱公司派員考察〉，民國48（1959）年7月31日。

編號35-25-16-3，〈隨氣化銨肥料考察團赴日考察報告〉，民國48（1959）年6月9日。

編號35-25-16-4，〈臺碱強力漂粉工場聘僱外籍技師〉，民國45（1956）年5月10日。

編號35-25-16-4，〈臺碱聘請外籍技師顧問事〉，民國42（1953）年10月24日。

編號35-25-16-10，〈臺碱工作報告——中華民國45年工作報告〉，民國46（1957）年元月。

編號35-25-16-10，〈臺灣碱業公司中華民國四十五年工作報告〉。

編號35-25-16-10，〈臺灣碱業公司民國四十年度工作報告〉。

編號35-25-16-40，〈臺碱公司強力漂粉工場設備及產銷問題卷（二）〉，民國44（1955）年1月10日。

編號35-25-16-40，〈臺碱公司強力漂粉工場設備及產銷問題卷（二）〉，民國44（1955）年元月。

編號35-25-16-41，〈臺碱公司強力漂粉工廠設備及產銷情形（三）臺灣碱業公司書面補充報告〉，民國48（1959）年11月26日。

編號35-25-16-41，〈臺碱公司強力漂粉工廠設備及產銷情形（三）〉，民國47（1958）年5月8日。

編號35-25-16-41，〈臺碱公司強力漂粉工廠設備及產銷情形（三）國家安全局致經濟部函〉，民國49（1960）年1月8日。

編號35-25-16-41，〈臺碱公司強力漂粉工廠設備及產銷情形（三）簽復國家安全局致鈞部關於改進強漂工場生產一案，請轉復〉，民國49（1960）年1月19日。

編號35-25-16-41，〈為審計部對本公司強力漂粉工場生產欠佳亟待改善一案，復請　鑒核〉，民國48（1959）年11月10日。

二、中文資料：

中國工程師學會編，《臺灣工業復興史》。臺北：中國工程師學會，1960。

王永慶，《生根、深耕》。臺北：宇晨企業有限公司，1993。

李秉璋，〈日據時期臺灣總督府的鹽業政策〉。臺北：國立政治大學歷史研究所碩士論文，1992。

周國雄，〈臺灣之碱氯工業〉，載臺灣銀行經濟研究室編，《臺灣之工業論集 卷三》。臺北：臺灣銀行，1965。

林炳炎，《保衛大臺灣的美援（1949-1957）》。臺北：臺灣電力株式會社資料中心，2004。

姚文林，〈臺灣的碱氯工業〉，載《臺灣經濟年報1953年》。臺北：中國新聞出版公司，1953。
郭泰，《王永慶奮鬥史——立志成功者最好的一面鏡子》。臺北：遠流出版社，1994。
陳金滿，《臺灣肥料的政府管理與配銷(1945-1953)》。臺北：稻鄉出版社，2000。
陳慈玉、李秉璋，〈日治時期臺鹽的流通結構〉，《東吳歷史學報》第10期。臺北：東吳大學歷史系，2003年12月。
陳慈玉，〈一九四〇年代臺灣的軍需工業〉，載《中華軍史學會會刊》9。臺北：中華軍史學會，2004年4月。
經濟部國營事業委員會編，《經濟部所屬事業發展事略》。臺北：經濟部國營事業委員會，1996。
臺灣省文獻會編，《臺灣省通志》。臺北：臺灣省文獻會，1970。
臺灣碱業有限公司，〈臺灣碱業有限公司概況〉，載《臺灣銀行季刊》1：4。1948年3月。
嚴演存，《早年之臺灣》。臺北：時報文化出版企業有限公司，1991年再版。

三、日文資料：

GHP/SCAP編，長谷川信解說、譯，《GHQ占領史 第48卷 重工業》。東京：日本圖書ヤンター，1999。
三浦鶴治，《日本食鹽回送史》。東京：日本食鹽回送株式會社，1929。
大河內曉男，《發明行為と技術構想》。東京：東京大學出版會，1992。
小澤利雄，《近代日本鹽業史——專賣制度下の日本鹽業》。東京：大明堂，2000。
工政會，《臺灣產業大觀》，1933年7月工政會發行160號。

中岡哲郎、鈴木淳、堤一郎、宮地正人編，《產業技術史》。東京：山川出版社，2001。
北波道子，《後發工業國の經濟發展と電力事業——臺灣電力の發展と工業化——》。京都：晃洋書房，2003。
田島俊雄編著，《20世紀の中國化學工業——永利化學・天原電化とその時代——》。東京：東京大學社會科學研究所，2005。
企画本部社史編纂室，《日本曹達70年史》。東京：日本曹達会社，1992。
竹越與三郎，《臺灣統治志》(二)。臺北：成文出版社據1905年本影印，1985。
牧野文夫，《招かれたプロメテウス——近代日本の技術發展》。東京：風行社，1996。
島津秀太郎，〈鹽積込四十年史〉，臺灣總督府專賣局鹽腦課編，《鹽專賣記念特輯》。臺北：臺灣總督府專賣局，1939。
朝鮮總督府，《施政三十年史》。京城：朝鮮總督府，1940。
楠井隆三，《戰時臺灣經濟論》。臺北：南方人文研究所，1944。
臺灣經濟年報刊行會編，《臺灣經濟年報》第3輯。東京：國際日本協會，1943。
臺灣總督府官房調查課編，《施政四十年の臺灣》。臺北：成文出版社據1935年本影印，1985。
臺灣總督府專賣局，《臺灣專賣誌概要》。臺北：臺灣日日新報社，1915。
臺灣總督府專賣局，《專賣事業》。臺北：臺灣總督府專賣局，1924。
臺灣總督府專賣局，《臺灣專賣法規》。臺北：臺灣總督府專賣局，1924。
臺灣省總督府專賣局編，《臺灣鹽專賣志》。臺北：臺灣總督府專賣局，1925。

臺灣總督府專賣局，《臺灣總督府專賣事業》。臺北：臺灣總督府專賣局，昭和3年，1928。

臺灣總督府專賣局，《專賣事業第三十七年報》別冊食鹽。臺北：臺灣總督府專賣局，昭和14年，1939。

臺灣總督府專賣局，《布袋食鹽專賣史》。臺北：臺灣總督府專賣局，1942。

臺灣總督府專賣局鹽腦課，〈臺灣工業鹽田の擴張〉，刊載於《部報》第18號。臺北：臺灣總督府臨時情報部，1938年3月。

臺灣總督府專賣局鹽腦課，《鹽專賣記念特輯》。臺北：臺灣總督府專賣局，1939。

臺灣總督府殖產局商工課編，《熱帶產業調查書》下。臺北：臺灣總督府殖產局商工課，昭和10年，1935。

畠中泰治，《臺灣專賣事業年鑑》。臺北：臺灣と海外社，1939。

四、英文資料：

Schumpeter, Joseph A., tr. by Opie, R., *The Theory of Economic Development: An Inquiry into Profits, Capital, Credit, Interest and the Business Cycle.* Cambridge: Harvard University Press, 1934.

Stocking, George w. & Myron Watkins, *Cartels in Action: Case Studies in International Business Diplomacy*. New York: The Twentieth Century Fund, 1946.

基督教和儒教在十九世紀的接觸：基督教入南洋和中國先驅麥都思研究[1]（上）

龔道運*

提要

麥都思於學術雖能分辨儒之意識形態與思想兩層次，但因傳教策略兼顧士紳與民眾，乃籠統講論儒之兩層內容，致儒教思想受歪曲。抑對儒教最高信仰對象由人格神演進為形而上實體無相應體會。但氏修訂漢譯聖經、確定「上帝」為"God"譯名、肯認儒教之宗教性、並以求同存異態度較論耶儒，則貢獻甚大。惜儒者對氏包容耶儒差異態度無相當回應，致二教接觸停於單向軌道。唯麥所提供之發展空間，預示十九世紀末一重要文化圖象，即從事比較不同宗教之相對與多元性，則意義重大。

基督教包括天主教舊教、耶穌新教和希臘東正教。它在十九世紀和儒教的接觸，所涉地區包括東亞的中國、日本、韓國和東南亞（南洋）的新加坡、馬來西亞、越南等。本文只針對耶穌新教（似簡稱耶教）先驅之一麥都思（Walter Henry Medhurst, 1796–1857）在南洋和中國的活動加以論列，其餘則俟諸日後的專著。

---

*新加坡國立大學退休副教授。

[1] 儒學不是一般的宗教。如果依據蒂利希（Paul Tillich, 1886-1965）以終極關懷（ultimate conern）定義宗教信仰（見所撰 *Dynamics of Faith* [New York: Harper and Row, 1957]），則儒學可說具有極深的宗教性。本文即據此定性儒學為儒教。

麥氏和馬禮遜（Robert Morrison, 1782–1834）以及米憐（William Milne, 1785 –1822）同屬倫敦差會（London Missionry Society），都是十九世紀耶教中國差會的先驅人物。不過麥氏入華較晚，他遲至1835年7月21日才初次訪問廣州。其時馬禮遜下世不久，廣州耶教社區缺少牧師，麥氏於是到廣州考察當地環境。[2] 由於中國教禁未解，麥氏早期的活動大體局限於南洋。他的傳教事業和馬禮遜、米憐相似，除修訂漢譯耶教《聖經》外，他也編撰字典、主編刊物和從事出版。復次，他翻譯儒教經典並深入論述儒教的思想和意識形態。麥氏活動之範疇雖與前人相似，但業績與貢獻則大不相同，以下試為細論。

學習漢文

麥氏於1817年6月12日抵達馬六甲（Malacca）。[3] 他此行的主要任務在協助米憐管理印刷和出版事務。由於工作需要，麥氏即刻開始學習漢文，這和他較早的願望相符。麥氏很早即認為藉漢文從事俗務，其重要性甚於直接向當他華人分發宗教宣傳品。[4] 就傳教而言，麥氏深知宣

[2] Alexander Wylie, *Memorials of the Protestant Missionaries to the Chinese: Giving a List of Their Publications, and Obituary Notices of the Deceased, With Copius Indexes* [Shanghae: American Presbyterian Mission Press, 1867), p. 26.

[3] Willam Milne, *A Retrosepect of the First Ten Years on the Protestant Mission to China* (Malacca: The Anglo-Chinese Press, 1820), p. 195; Robert Morrison, Memoirs of the Rev. William Milne, D. D. , Late Missionary to China and Principal of the Anglo-Chinese College (Malacca: The Mission Press, 1824), p. 41.

[4] Walter Henry Medhurst, *China: Its State and Prospects, with Especial Reference to the Spread of the Gospel: Containing Allusions to the Antiquity, Extent, Population, Civilization, Literature and Religion of the Chinese* (Wilmington, Delaware: Scholarly Resources, Inc., 1973), p. 311.

教小冊在英國傳教史上佔重要位置，加以傳教在中國懸為厲禁，口頭傳教乃勢所不能，於是宣教小冊的重要益為顯著。如欲藉宣教小冊宣揚耶教，則也須先掌握漢文，俾能以清楚與準確之文字表達耶教觀念。凡此都是麥氏學習漢文的動機。南洋雖為中國的化外之區，不易在當地物色稱職的漢文教師；但該地區受歐洲殖民統治，傳教受到保護，因此教士如麥氏可以不受干擾而專心致志於學習漢文。【5】據米憐的描述，麥氏學習精神甚佳。由於具有受人尊重和喜愛的性格，使他贏得同工的好感，極願助他學習。麥氏以不屈不撓的熱情跟隨同工學習漢文，從而也使他們得到心靈的激勵，期望麥氏掌握漢文，而在短期內成為差會的得力助手。【6】

麥氏除向同工學習漢文外，也曾隨一山東籍華人學習官話以及從一爪哇華人學習福建方言。【7】從麥氏兼習官話和方言之舉，可以窺見他同時要成為學者和巡回傳教士。官話是中國官方和知識階層的用語，福建方言則為南方福建人和南洋華人的用語。當時東來的傳教士，或偏於學習官話，以便傳教時能和官方以及知識階層溝通並進而研究中國的學術文化；或偏於學習中國沿海各地方言，以便向中國沿海各地和南洋華人民眾傳教。麥氏則企圖平衡此兩方面的偏差，【8】而為日後傳教廣開方便之門。

【5】Ibid., pp. 288-89.

【6】Milne, *Retrospect*, p.195.

【7】A. J. Broomhall, *Hudson Taylor of China's Open Century*, Part One: *Barbarians at the Gates* (London: Hodder and Stoughton, Overseas Missionary Fellowship, 1981), pp. 231-33.

【8】Brian Harrison ,*Waiting for China: The Anglo-Chinese College at Malacca, 1818-1843, and Early Nineteenth-Century Missions* (Hong Kong: Hong Kong University Press, 1979), pp. 86-87.

傳教活動

麥氏於1817年抵馬六甲後，即開始他的傳教生涯。1819年，他用福建話在馬六甲市區傳教，一周四次。1820年春，他赴檳城（Penang）分發宣教小冊；第二年冬，再往檳城，並在該地傳教一年。[9]

1822年，麥氏往巴達維亞（Batavia，即今之雅加達 Jakarta）主持爪哇差會。麥氏既不能直接在中國本土傳教，只得心存「失之東隅，收之桑榆」之想，努力在南洋宣揚耶教。他和其他耶教教士對華僑信徒寄予厚望，企盼他們回國後能影響內地人改信耶教。[10] 麥氏描述在巴達維亞向華人佈道的情形，謂當教士提及耶穌和他所遭受的災難時，多數聽眾保持沉默；甚或當莊嚴討論教義之際，常打斷教士發言，轉問若干無關問題如講者年齡、旅行經歷或其家庭。此充分顯示聽眾對教士所講問題毫無興趣。[11] 麥氏指出，遲至1826年，巴達維亞差會還難以召集華人的佈道集會。麥氏認為此由於華人在國內，即不習慣於出席公開崇拜和相互開導的聚會，因此甚難勸誘他們到外人的佈道會，聆聽其不同意甚至反對的教義。[12]

在巴達維亞二十年的傳教生涯中，麥氏撰寫或譯述多達三十冊漢文宣教小冊。[13] 麥氏所撰小冊分為兩方面，一是從消極方面反對儒教的

---

[9] Medhurst, *China*, pp. 314, 326; London Missionary Society records （以下簡稱 LMS），Penang (15 Feb. 1819).

[10] Medhurst, *China*, p. 361.

[11] *Eliza Morrison, Memoirs of the Life and Labours of Robert Morrison D. D.* (London: Orme, Brown, Green and Longmans, 1839), vol. II, p. 353; Medhurst, *China*, p. 337.

[12] Medhurst, *China*, pp. 337-38. 關於早期教士口頭宣教所遇困難，參考 Ralph R. Covell, *Confucius the Buddha, and Christ: A History of the Gospel in Chinese* (New York: Maryknoll, 1986), p. 91 。

[13] Medhurst, *China*, p.589; Wylie, *Memorials*, pp. 28-36.

習俗。其中最具影響力者為《中華諸兄慶賀新禧文》和《清明掃墓之論》兩種。前者非議華人慶賀新年所犯浪費、酗酒、賭博和迷信四罪。[14] 後者則討論華人祭祖的問題。麥氏謂對待祖先和父母，但可敬奉而不可祭祀：「若去山頂，掃淨地方，拔起惡草，修整塚地，以顧祖宗之墓，此為好事而可稱孝意；但恐怕人去山頂，守清明節，不只為掃墓，及又為祀神祭鬼，而獻物與死之〔者〕耳。若非其然，何故人殺雞宰鴨，焚香點燭，燒金銀紙，做戲打醮等事，都是因為服事木偶人，奉承那神主牌也。大家會集，男女合聚，俱要跪下墓碑面前，高宣祭文，獻上時果，豈是為掃淨墳墓而已……但相參異端，迷溺惡俗，從人邪行，此則弗善，而君子之人不可行之也。」[15] 麥氏非議祭祖為偶像崇拜而與耶教教義大有逕庭：「蓋父母之大，祖宗之尊，非如天主之大，真神之尊也。故雖該孝順父母，然不可敬之如天焉。凡恭敬奉事，都有合該之禮，若非其禮而敬之，似如不敬而犯分過節，不能算有功，及反見有罪耳。如是要敬神天，必該以上禮獻之，如古時殺牛宰羊以祭神天，今世該念經祈禱，以服事神，俱為合理，而該當做者。因神至大，而須用頂好之禮以敬之。惟孝順父母不得如此；父母雖大，非為至大，又不能比得神天，所以不可與神並列，以受一樣之敬矣。可孝父母，但不可祭父母；可敬之，惟不可祀之。因祭祀俱為屬神之禮，不得施與人也……神天之禮歸與神天，及父母之禮歸與父母……現在多人（應作人多）崇拜父母，祭祀祖宗，未免有過。而清明時，俱上山頂，焚香點燭在墳墓前，亦必是獲罪於天耳。天地萬物一本而出，乃真神者是也，是故眾生

---

[14] 麥都思：《中華諸兄慶賀新禧文》（巴達維亞，1826 年），頁 7。

[15] 尚德（麥都思）：《清明掃墓之論》（新加坡：新加城書院版），頁 2a － 2b。按該宣教文字先發表於《特選撮要》，後輯成小冊，於1826年在巴達維亞出版。該小冊曾在新加坡再版（日期不明）。其後麥氏復重訂該小冊，改稱《野客問難記》，於1854 年在上海出版。

男女老幼都該奉事只一真神，而總無跪下以奉事別物矣。」[16] 按耶教以事奉“God”為宗旨。所當注意者，麥氏以「天主」、「真神」、「神天」稱“God”，認為儒教之祭祖即否定神天（上帝）之至尊；麥氏據此論斷儒教祭祖之非是。實則儒教不獨祭祖，也兼祭天地和聖賢。儒教之祭天地，即肯認天地為萬物之所從出。上述小冊由於攻擊華人迷信並非議祭祖為偶像崇拜，因此曾遭強烈的反駁。[17]

另一方面，麥氏則藉宣教小冊傳播耶教教育。麥氏踵武早期在南洋的耶教士，在傳教伊始，即借重於宣教小冊。對教禁森嚴的中國言之，宣教小冊無疑是唯一可能使異教徒皈依的工具；但為英國本土教士所行之有效的宣教小冊，迅即證明不適用於中國人。如果宣教小冊局限於狹隘的宗教內容，而未顧及中西在文化和歷史的巨大差異，則勢必喪失其對中國人的意義，也引不起他們的興趣。此一文化和歷史差距使傳教士對吸引中國人信教，頗感力不從心；對於早期在爪哇傳教失敗的麥氏而言，尤感受深切。[18]

麥氏曾生動記述一儒者對傳教士之嚴厲批評。事緣某教士鑒於孔子避開死後問題，而勸從學者多注意觀察人生的義務，遂論斷孔子對死後世界所知殊少，甚至毫無所知。該儒者對教士此一推論深為氣憤而直斥

---

[16] 同上，頁2b－3b。

[17] Medhurst, *China*, pp. 338-39.

[18] LMS, Batavia (1 Sep. 1824; 3 June 1825; 20 May 1826; 15 Jan. 1827); Medhurst, *China*, p. 353; Jane Kate Leonard, “ W. H. Medhurst: Rewriting the Missionary Message”, in Suzanne Wilson Barnett and John King Fairbank, et al., *Christianity in China: Early Protestant Missionary Writings* (Cambridge, Massachusetts and London: The Committee on American-East Asian Relations of the Department of History in collaboration with The Council on East Asian Studies, Harvard University, 1985), p. 50.

其非；並認為教士誹謗聖人，必將遭受冥王割舌和打下地獄之罰。儒者又謂教士若親炙中國哲人之教，則必受其惠，亦為人所稱許；但教士卻以裁判自命而反對聖人，遂為舉世之罪大惡極者。儒者繼轉而揶揄耶教崇拜唯一上帝，謂其信徒呼天而天高不應；屈膝於上帝之前，則雲厚難透，而不為上帝所睹。他進而批評教士之宣教讀物，謂其中充滿強人接受的狡詐議論，甚至羼入諸臆說。他也指出中國古代哲人教人孝順父母，但罣於神靈和人之幸福並未密切相關，故對此存而不論。反之，教士之宣教讀物則集中討論此問題，而甚少涉及人際關係之義務。自該儒者視之，此不免本末倒置。他也說明孔子警惕人勿過於重視宗教儀禮，並告誡人避免諂媚鬼神以祈福。綜合論之，該儒者認為宗教信仰純為個人之事，對教士無理干預華人信仰，其不滿之情，溢於言表。[19]

上述事件使麥氏不得不反省文化差異對傳播耶教所構成的障礙；同時，他也不能不思考傳統的傳教方式是否因忽視傳教對象的反應而成效不彰。麥氏經此反省和思考，遂初步覺察印尼爪哇華人尚未有接受耶教的心理準備。但在主觀上，麥氏並不因受挫於爪哇華僑反教而氣餒；且如上文所述，他對巡回傳教深具熱忱，於是他於1828年轉向馬來半島傳教。麥氏在當年8月乘船出發到彭亨（Pahang）和馬來半島的東岸各地向當地華人散發傳教小冊。他甚至北上至丁力奴（Trengganu）和暹羅南部，然後沿海岸南航至新加坡。麥氏於整個航程中總共分發耶教書籍和小冊達三箱之多。他最終經婆羅洲（Borneo）回返巴達維亞。[20]

麥氏此番赴馬來半島巡回傳教也未獲得成果。幾經挫折，麥氏為對應各地華人堅守中華習俗傳統而排斥耶教，不得不翻然變計。他終於承認傳統的傳教方式窒礙難行，於是改變教士形象，而以中國傳統學者的面貌出現。麥氏更深刻覺察傳教對象和教士都必須對中西文化、歷史和

---

[19] Medhurst, *China*, pp. 354-55.

[20] Ibid., pp. 92-94.

傳統有所認識。此則非傳統的口頭傳教或宣教小冊所能為力。麥氏亡羊補牢，亟思改變撰寫宣教小冊的方式，於是積極收集資料，以便闡述西方和中國所同具高度發展的文明。他在1828年撰成《東西史記和合》一書。該書按年代先後，而平行與系統比較中國與歐洲歷史。其中關於中國信史和耶教《聖經》歷史相似之處，尤堪注意。據雙方歷史記載，人類同出一源，洪水發生於同一時期；彼此都發現金屬在先，而從事釀酒於後；埃及七年之旱也和中國相類事件發生於同時。【21】麥氏欲藉該書糾正中國人之妄自尊大，並說明歐洲人之歷史記載視基督紀年早四千年。【22】麥氏着眼於東西文化歷史之比較，可見他在傳教初期，即已措意福音傳播和傳教對象的歷史文化背景有密切關係；此可視為其日後從事促進耶儒接觸工作的先聲。【23】

麥氏始終維持學者氣質和巡回傳教之熱忱。他在1829年和1830年間復偕同工湯琳(Jacob Tomlin)赴爪哇其他地區和巴厘(Bali)傳教。在旅程中，兩人分發大量華文宣教小冊。【24】不久，其同工郭實獵(Karl Friedrich August Gützlafe, 1803–1851)三次潛入中國沿海各地傳教(1831 – 34)。麥氏受此鼓舞，並獲倫敦會董事勉勵，於是躍躍欲試，

【21】麥都思：《東西史記和合》(巴達維亞，1828年)，頁40。

【22】Medhurst, *China*, p. 345.

【23】自廣義言之，歷史學可用作學科之間比較研究之主要指導準則，它是以集合所有人文科學如比較語言學和比較宗教學等而作分類比較研究。參考 Archibald Henry Sayce, " The Needs of the Historical Sciences, " in *Essays on the Endowment of Research* (London: Henry S. King, 1876), p. 201.

【24】Medhurst, *China*, p.356; Harrison, *Waiting*, p. 114. 關於麥氏在爪哇的傳教活動，參考 Jane Kate Leonard, " Evangelizing in the Nan-yang: Walter Medhurst in Java, 1821-33." Conference Paper, Luce Foundation Project, Harvard University, July 22-25, 1978.

而憧憬於沿中國海岸北航，順道分發佈道讀物。他也企圖探索在各地傳教的可能性。當時教禁仍未解除。麥氏於1835年夏抵廣州，尋找在該地分發佈道小冊的各種方便途徑。【25】同年8月，更罔顧中國禁止外人進入內地法律，悍然啟航北上。【26】麥氏沿途分發宣道讀物，常獲當地居民熱烈反應。但麥氏指出，彼輩對讀物內容毫無認識，亦毫無興趣，只純出於強烈好奇心，希望獲得若干舶來品以滿足貪得無厭的欲求。【27】

當麥氏在山東半島分發宣教讀物時，常遭受儒教士紳的抗議。其中之一謂已讀過所贈讀物，但對其內容，則既非所需，亦不苟同。此因至聖先師之遺訓遠勝於所傳播之教義。麥氏當即反駁，謂儒教聖人只教導人際義務，而未言及上帝和來生；耶穌則從天而降，死後復活，故能教人永生和幽冥而不可見之事物。該士紳不但不為所動，且對麥氏下逐客令。另一士紳則和麥氏辯論耶教之救贖概念。該士紳聞「死後升天」之說，即加譏諷，謂人所企求者乃當下之享受；死後既無意識，則誰復關心身後之事。麥氏指出，該士紳之議論，可視為中國一般士紳反對復活和靈魂存在的典型。麥氏同時也表示，與儒教士紳爭論固然有傷感情，但如與依恃暴力和無禮對待教士的當權者相較，則他寧與前者週旋；雖然彼輩堅持懷疑論而必須與之爭議不懈，但尚不至於訴諸最後決裂。【28】麥氏和一般教士相同，都誤解儒士的「來世觀」為懷疑論。

麥氏於旅途所接觸之官吏，除依中國法律禁止其傳教外，也根據儒教教訓對耶教加以駁斥。彼輩強調中國人世代滿足於孔子學說而不假外求。【29】他們甚至轉而要求外人須遵守儒教意識形態所變現的禮儀。當

【25】Medhurst, *China*, p. 283.

【26】Ibid., pp. 362-65; 367-69; 382; Broomhall, *Hudson Taylor*, Part one, pp. 231-33.

【27】Medhurst, *China*, p. 403.

【28】Ibid., pp. 414-15.

【29】Ibid., pp. 424-25.

麥氏途經上海時，即因會見禮儀和當地道台發生爭執。該道台堅持麥氏見面時必須站立示敬，麥氏則力爭和道台平起平坐。雙方堅持不下，終於不歡而散。[30] 此反映耶儒在意識形態和日常禮儀方面難以協調。

麥氏深知清廷於1812年即嚴禁耶教傳播，違者處死。但麥氏嘲諷清廷色厲內荏，對法律從未嚴格執行。加以海防鬆懈，麥氏遂能肆意航行於沿海山東、江蘇、浙江和福建四省而未受阻攔。麥氏洋洋自得於此番宣教活動。他獲悉清帝不但取得宣教讀物，而且讀而有所了解。但由於清帝發覺宣教讀物之教義違反中國聖人之教訓，故下令禁止流通。[31] 可見在清代，不論官紳或最高統治者，都依傍儒教作為官方意識形態，以對抗外來的耶教。

麥氏鑒於儒教對耶教在中國傳播的影響重大，於是建議差會必須盡其所能，以期和中國的哲學思維以及荒謬的迷信相周旋；並闡明耶教教義、責任、論據和效果，俾能影響儒者而使其信服於心。麥氏認為教士倘若熟悉科學，能以最新發明之自然和經驗哲學傳授予中國人，則將助益差會甚大。[32]

倫敦佈道會於1843年決定派遣麥氏到上海設立差會。[33] 當時傳教活動只限於五個通商口岸（包括上海及其鄰近地區）。以麥氏勇於探險的個性，雖臻晚年，仍然保持巡回傳教熱忱。在1845年春，他蔑視當時

---

[30] Ibid., pp. 464-69.

[31] Ibid., pp.510-15.

[32] Ibid., p. 535. 裨治文 (Elijah Coleman Bridgman 1801-1861) 認為麥氏過於低估華人，謂如就其《中國》一書而論，則其所接觸者只限於巴達維亞的華僑和中國沿海各省華人，此不足以概括全體華人。見所撰 "Review of Medhurst's China Its State and Prospects", *The Chinese Repository* 9.2 (June 1840), p. 83 。

[33] F. L. Hawks Pott, "Early History of Missions in Shanghai," *The Chinese Recorder* 61 (May 1930), p. 274.

禁令，從上海往內地旅行傳教達七星期之久。[34] 在1848年3月8日，麥氏和雒魏林(William Lockhart, 1811-)、慕維廉(William Muirhead)再往上海附近之青浦傳教和分發傳教小冊，因細故遭民眾暴力對待。[35] 麥氏冒險傳教的精神和毅力，真可謂老而彌堅。

綜觀麥氏的傳教活動，頗能因地、因時而制其宜。他早年即從傳統狹隘的傳播福音方式轉而注重歷史文化之比較，其波瀾確視一般教士為壯闊。當他深入接觸儒教之意識形態，而覺其為傳播耶教之障礙時，則欲借助科學以及自然和經驗哲學以開啟儒教思維，但不知科學及自然、經驗哲學與儒教分屬理論和實踐理性的不同層次；麥氏即由於取徑之偏差，終不受於歧路亡羊。但值得注意者，麥氏晚年定居上海，除延攬名士助其修訂《聖經》外，亦頗交接儒士，以致其對待儒教，不以唯我獨尊之態度出之，而較前更能立場於歷史文化，以同情討論的態度對儒耶差異平心論衡，此為一般教士所不及者。

出版和編輯書刊

麥氏到東方傳教初期，由於中國教禁甚嚴，不能在中國本土公開傳教，也不能出版漢文讀物。[36] 他只能在中國境外藉出版和編輯各種宣教小冊及書籍以從事間接傳教。麥氏甫抵馬六甲，即以印刷出版的專業資格受委負責出版事宜。上文述及麥氏學習漢文時曾獲同工獎掖，因此進步甚快，迅即熟悉漢字結構，所以對監督印刷出版的工作勝任愉快。[37] 麥氏在逗留馬六甲約三年期間(麥氏於1817年6月抵馬六甲，於1820年

---

[34] John King Fairbank, *Trade and Diplomacy on the China Coast* (Cambridge, Mass., 1953), I, pp. 294-95.

[35] Wylie, *Memorials*, p. 113; Pott, "Early History", pp. 277-78.

[36] Medhurst, *China*, p. 290.

[37] 關於麥氏在馬六甲的活動，參考 LMS, South China: Morrison to Burder (Canton, 7 Oct. 1817); Harrison, *Waiting*, p. 57 。

9 月離開），為佈道會出版社（The Mission Press，1818 年改稱英華出版社，Anglo-Chinese Press）出版十餘種關於耶儒的刊物和書籍，其重要者如下：

甲、米憐

一、《察世俗每月統記傳》(1815 － 21 年)

二、*The Indo-Chinese Gleaner*(《印華搜聞》)
(1817 － 22)

三、《幼學淺解問答》(1817 年)

四、《祈禱真法註解》(1818 年)

五、《聖書節註十二訓》(1818 年)

六、《古今聖史記集》(1819 年)

七、《張遠兩友相論》(1819 年)

八、*A Retrospect of the First Ten Years of the Protestant Mission to China*(《耶教佈道會入華首十年之回顧》)(1820)

九、《新遺詔書節解》(1820 年或1821 年)

十、《論靈魂不滅》(1820 年或1821 年)

十一、《三寶仁會論》(1821 年)

乙、馬禮遜和米憐

一、*General Plan of the Anglo-Chinese College Forming at Malacca*(《馬六甲英華書院總計劃》)(1818)

丙、馬禮遜

一、《神天道碎集傳》(1818 年)[38]

---

[38] Wylie, *Memorials*, pp. 5-9; 14-21; Harrison, *Waiting*, p. 195.

以上所列皆為馬、米二氏之著述。二氏為耶教入華和南洋先驅，故彼等之著述為早期耶儒接觸保存彌足珍貴之歷史文獻。

麥氏於1822年轉赴巴達維亞傳教並在該地設立印刷所。他不但主持該所之印刷和出版，而且為傳教之需，還撰寫或編譯大量宣教讀物，以供該所出版。茲臚列麥氏個人著述涉及耶儒之重要者如下：

一、《三字經》（1823年）

二、《特選撮要》（1823－1826年）

三、《道德興發於心篇》（1826年）

四、《中華諸兄慶賀新禧文》（1826年）

五、《清明掃墓之論》（1826年）

六、《神天十條聖誡註解》（1826年）

七、《兄弟敘談》（1828年）

八、《東西史記和合》（1829年）

九、《耶穌贖罪之論》（1829年）

十、《鄉訓》（1829年）

十一、《問答淺註耶穌教法》（1832年）

十二、《神理總論》（1833年）〔按該書後經修訂，更名《天理要論》，於1844年在上海出版。太平天國刪除該書關於上帝為非物質和不可目睹之篇章，以適應洪秀全自稱親見上帝的宣傳。太平天國的刪節本於1854年在南京出版。〕

十三、《福音調和》（1834年）

十四、《論善惡人死》（出版年份不詳）

十五、《新遺詔書》（1837年）

十六、《論語新纂》（1840年）

十七、《偶像書編》（出版年代不詳）

十八、《養心神詩》（出版年代不詳）

十九、*Chinese and Englih Dictionary : Containing All the Words in the*

Chinese Imperial Dictionary, Arranged According to the Radicals
（《華英字典》）（2 vols., 1842–43）[39]

以上的著述，局部反映麥氏早期在南洋從事耶儒接觸的努力。

除印刷和出版外，麥氏也積極從事編輯期刊活動。他在抵達巴達維亞的第二年（1823年），即籌辦《特選撮要每月紀傳》（*A Monthly Record of Important Selections*）。該刊之創立，乃旨在繼承米憐《察世俗每月統記傳》的衣砵。[40] 麥氏在創刊序文說明其編輯緣起和旨題：「在嗎啦呷（馬六甲）曾印一本書出來，大有益於世，因多論各樣道理。惜哉作文者，一位老先生，仁愛之人已過世了，故不復得印其書也。此書名叫《察世俗每月統記傳》……夫如是，弟要成老兄之德業，繼修其功，而作文印書，亦欲利及後世也。又欲使人有所感發其善心，而過去其人欲也。弟如今繼續此察世俗書，則易其書之名，且叫做《特選撮要每月記傳》。此書名雖改，而理仍舊矣。夫特選撮要之書，在乎記載道理各件也，如神理一端……是人中最緊要之事，所以多講之。其次即人道……其次天文……又其次地理……除了此各端理，還有幾端，今不能盡講之，只是隨時而講。」[41]

該刊注重於耶教教義，故有關此方面文章特別引人注目。舉其要者，如《神天十條聖誡註解》、《耶穌贖罪之論》、《鄉訓》和《論善惡人死》皆屬所謂「神理」之類。該刊雖於耶教教義特為措意，但一則由於藉宣教小冊在南洋傳教的成效不彰，[42] 二則或鑒於華人注重歷史

[39] Wylie, *Memorials*, pp. 27-32; 38.

[40] 在馬六甲編輯出版的《察世俗每月統記傳》因主編米憐早逝而停刊。參考 LMS, Batavia (1 Jan. 1824; 1 Sep. 1824; 4 Jan. 1825; 20 May 1826); Medhurst, *China*, pp. 331-32。

[41]《特選撮要每月紀傳符・序》，（道光癸未年六月〔1823年7月〕），頁2－3。

[42] T. W. M. Marshall, *Christianity in China*: A Fragment (London: Longman, Brown, Green, Longmans and Roberts, 1958), p. 79.

輿地學之傳統，麥氏乃改變傳教方針，撰成《咬嵧吧（爪哇）總論》一長文，分期在《特選撮要》發表。在該刊第一號（道光癸未年六月〔1823年7月〕，麥氏先發表咬嵧吧地圖、中國往吧地總圖和咬嵧吧總論第一回。其後，麥氏也以該文的其餘部分陸續在該刊發布。[43] 麥氏為取悅於華人讀者，而着意模仿中國的地理著作。如文中討論爪哇的古今地名以及由中國至爪哇的航線，其中涉及的地名都沿用中國地理著作所習用者。麥氏的用意在顯示其對漢文地理和史學著作的嫻熟。他深信他所塑造的學者形象將使教士獲得尊重，因而教士所傳播的教義也易為人接受。此外，該文也藉對爪哇的論述而比較中西文化。麥氏認為中西雙方都肯定歷史之價值，及其與政治之關係。

麥氏另闢蹊徑，借題發揮而論述中西文化的共同價值觀，其動機不外欲消除華人對「外夷」之偏見，尤其是想緩和儒士對教士之敵視態度。麥氏後來甚至有意援儒入耶，如他於1828年重編代表儒教意識形態之《三字經》，[44] 藉以傳播耶教的教義。又如他曾在1840年出版《論語新纂》。[45] 該書即仿《論語》體例，搜集《新、舊約聖經》涉及道德和宗教的見解加以編纂而成。但麥氏此一援儒入耶的宣教手法，在當時他所主編的《特選撮要》中並不常見。麥氏在該刊發刊詞中提出所謂「欲使人有所感發其善心，而遏去其人欲也，」只不過隨意借用儒教「去人欲」的術語，並非在根本義理上認同儒家所說的「人性本善」。至於麥氏在該刊對面右上角印上「子曰：亦各言其志也已矣。」[46] 則只

[43] Wylie, *Memorials*, p. 28. 該文後輯成小冊，於1824年在巴達維亞出版。參考 LMS, Botavia (30 May 1823; 23 Aug. 1823; 1 Sep. 1824)。

[44] 麥都思（改編）：《三字經》(巴達維亞，1828 年；馬六甲，1832 年再版；新加坡，1839 年；香港，1843 年修訂本）。

[45] 麥都思：《論語新纂》(巴達維亞，1840 年；新加坡，1841 年再版）。

[46]《論語・先進》：「子曰亦各言其志也已矣。」見朱熹：《四書章句集注》(北京：中華書局，1983 年），頁131 。

在表面上企圖取悅華人讀者，其實際含義不宜求之過深。此外，該刊批評華人祭祖流於偶像崇拜，[47] 則只涉及儒教意識形態的層面，而不了解其所蘊含的宗教思想。[48]

1842年，香港由於南京條約之簽訂而割讓予英國。事隔十一年，第一份中文報刊《遐邇貫珍》因得地利之便，於1853年在香港出版。[49] 該刊第一年的編輯任務由麥氏擔當。麥氏於發刊序言暢論該刊旨趣，謂：「吾在中國數載，屢思其地，誠為佳境……復思其人，常盈億兆，類多聰秀，恆耐勤勞。其儒者不惜數十載窗下寒暑辛勤，研求古者聖賢訓詞之蘊，追溯前代鑑史政治之方……由此觀之，環瀛列邦，凡世上之人，皆為一家，其原始於一夫一婦所生，四海皆為兄弟……吾屢念及此，思於每月一次，纂輯貫珍一帙，誠為善舉，其內有列邦之善端，可以述之於中土，而中國之美好，亦可以達之於我邦，俾兩家日臻於洽習，中外均得其裨也。」[50] 可見麥氏欲藉述列邦之善端於中土，達中國之美利於外邦，以期臻於中外和諧共處境界。按該刊因獲馬禮遜教育協會資助出版，故與協會之間係頗深。該刊雖因此標榜「述馬君之事，繼馬君之志」，[51] 但在麥氏主持編務的第一年內，其內

---

[47] 見前引《清明掃墓之論》。按此宣教小冊先在該刊發表，再以單行本出版，見 Wylie, *Memorials*, p. 28。

[48] 關於意識形態和思想的分別以及兩者的關係，參考 Daniel Bell, *The End of Ideology: On the Exhaustion of Political Ideas in Fifties* (Glencoe, IL: Free Press, 1960), p. 370; H. Stuart Hughes, *Consciousness and Society: The Reorientation of European Social Thought, 1890-1930* (London: Macgibbon and Kee, 1959), chap. 1。

[49] 李志剛：〈早期教士在港創辦第一份中文報刊——遐邇貫珍〉，載李志剛：《基督教與近代中國文化論文集》（台北：宇宙光傳播中心出版社，1989年），pp. 133－50。

[50]《遐邇貫珍》1853年8月第1號，頁2－3。

[51]《遐邇貫珍》1855年8月第8號，頁9。

容除〈援辨上蒼主宰稱謂說〉一文涉及宗教外，並無關於耶教教義之論說。至於麥氏在發刊序言所揭示的旨趣則體現為該刊第一年的主要內容。如〈英國政治制度〉、[52]〈花旗國政治制度〉、[53]和〈補災救患普行良法〉[54]等文，都可從中窺見該刊特色在着力介紹西洋文明的「善端」。此一編輯方針為後來自由派教士「以學輔教」導夫先路，也與麥氏早年着眼於東西文化歷史的比較如枹鼓之相應。麥氏抱持一貫的意願，企圖改變中國士人視西洋人為化外夷人的偏見；如前所述，他刻意模仿中國傳統著述的體裁，撰文介紹西方文明，旨在塑造教士，使之成為傳統儒士的形象，以取悅於華人，[55]從而消除耶儒接觸甚至中外文化交流的心理障礙。

麥氏除親自出版和編輯書籍及期刊外，也贊助其他報刊和雜誌。如《天下新聞》（吉德 Samuel Kidd 主編）、《中華叢報》（*The Chinese Repository*，裨治文為首任編輯）和《北華捷報》（*North China Herald*，薛曼 Henry Shearman 編）都獲麥氏大力支持。麥氏在上述報刊發表大量文章。他在《中華叢報》發布關於儒教的文章，為數尤為可觀，其影響力亦殊堪注意。

麥氏在主持《遐邇貫珍》的編務之前，已於1843年12月在上海定居，並遷移設在巴達維亞的印刷所至上海，取名墨海書館。1844年，該館即開始出版各類書籍，其中最大宗者自然是耶教《聖經》和佈道小冊。茲列舉該館出版麥氏個人著述涉及耶儒之重要者如下：

一、《聖教要理》（1844年）

二、《祈禱式文》（1844年）

---

[52]《遐邇貫珍》1853年10月第3號。

[53]《遐邇貫珍》1854年2月第2號。

[54]《遐邇貫珍》1854年1月第1號。

[55] Leonard, " Medhurst", pp. 53; 55.

三、《雜篇》(1844 年)

四、《真理通道》(1846 年)

五、《耶穌教略》(1846 年)

六、《耶穌降世傳》(1846 年)

七、《馬太傳福音注》(1846 年)

八、《約翰傳福音書》(1847 年)

九、《天帝宗旨論》(1848 年)

十、《十條誡論》(1848 年)

十一、《新約全書》(委辦本，1852 年)

十二、《舊約全書》(委辦本，1855 年)

十三、《人所當求之福》(1856 年)

十四、《救世主祇耶穌一人》(1856 年)

十五、《人不信耶穌之故》(1856 年)

十六、《君子終日為善》(1856 年)

十七、《悔罪祈求之事》(1856 年)

十八、《惡者不得入天國》(1856 年)

十九、《祈禱上帝之理》(1856 年)

二十、《善者受難獲益》(1856 年)

二十一、《新約全書》(官話本，1856 年)

二十二、《葆靈魂以升天國論》(1857 年)

二十三、《行道信主以免後日之刑論》(1857 年)

二十四、《新約全書註解》(1858 年)

二十五、*A Dissertation on the Theology of the Chinese ,with a View to the Elucidation of the Most Appropriate Term for Expressing the Deity, in the Chinese Language* (1847)

二十六、 *English and Chinese Dictionary* (2vols, 1847-48)

二十七、*An Inquiry into the Proper Mode of Rendering the Word God in Tranlating the Sacred Scriptures into the Chinese Language* (1848)

二十八、*The Chinese Miscellany: Designed to Illustrate the Government, Philosophy, Religion, Arts, Manufactures, Trade, Manners, Customs, History and Statistics of China* (1849)

二十九、*Reply to the Few Plain Questions of a Brother Missionary* (1849)

三十、*On the Ture Meaning of the Word Shin, as Exhibited in the Quotations Adduced under that Word in the Chinese Imperial Thesaurus Called 佩文韻府 the Pei-Wan-yun-foo* (1849)

三十一、*Reply to the Bishop of Victoria's Ten Reasons in Favour of Tëen-shin* (1851)

三十二、*Pamphlets Issued by the Chinese Insurgents at Nanking; to Which Is A History of the Kwang-se Rebellion, Gathered from Public Documents; and a Sketch of the Connection between Foreign Missionaries and the Chinese Insurrection; Concluding with a Critical Review of Serveral of the above Pamphlets* (1853)【56】

以上麥氏的著述都和耶儒二教有極密切的關係，也是二教接觸的重要媒介。此外，後來深具影響力的上海第一份中文報到《六合叢談》也由該館出版。該館採用新式印刷術，頗引起中國士人的好奇心。【57】麥氏除在館內和華人助手如王韜、李壬叔等相與校訂所著書並商略耶教《聖經》之修訂外，也接待不少儒士。如纂寫《禮記質疑》的當時名儒郭嵩燾即曾參觀該館，【58】為該館在耶儒接觸史上留下一段佳話。

綜觀麥氏的出版和編輯事業，其輻射面甚廣，而涉及耶儒接觸者在

【56】Wylie, *Memorials*, pp. 32-39.

【57】王韜：《漫游隨錄》（長沙：湖南人民出版社，1982年），頁51。

【58】郭嵩燾：《郭嵩燾日記》第一卷（長沙：湖南人民出版社，1981年），頁33。

所多有。雖然他援儒入耶，不過隨興為之，甚或牽強附會，但他改變傳統宣教讀物之撰寫方式，藉論述中西文化之共同價值觀，嘗試推動耶儒之接觸，此一動機，終不容置疑。

編纂字典

在麥氏之出版和編輯事業中，其尤著勞績而特別引人注目者，則為字典之編纂。麥氏之注重編纂各類字典，旨在為教士提供學習漢文的利器，以期待教禁解除後入華傳教能得心應手，而不至有文字之隔膜。

1832年，麥氏在澳門出版《福建方言字典》（*A Dictionary of the Hok-keen Dialect of the Chinese Language*）。該字典收錄之單字，大約達一萬二千之多。麥氏原為福建方言專家，編纂福建方言字典對他而言，自是駕輕而就熟。該書是實現麥氏向民眾宣教不可或缺的重要工具。

1835年，麥氏編譯出版《漢韓日文字彙對照》。對擴大傳教的幅度而言，該書的出版，其意義不可忽視。

1842年，麥氏在巴達維亞出版二卷本《漢英字典》（*Chinese and English Dictionary*）。該字典包含《康熙字典》所有的單字。麥氏謂該字典旨在提供一便於攜帶而內容豐富的工具書；以方便中英讀者學習中英語文；期望藉此縮小中英兩國的差距，並促進文明和耶教的發展。[59]麥氏編纂該字典的動機雖和馬禮遜相似，[60]但麥氏的字典只可說是馬氏字典的簡約本。它所收的單字雖不少，但對單字的釋義以及由單字衍

[59] Medhurst,《漢英字典・前言》卷上，（巴達維亞，1842年），頁V。

[60] 馬禮遜曾編纂三部字典。第一部名《字典》（三卷），第二部名《五車韻府》（二卷），第三部名《英漢字典》（一卷）。參考 John Francis Davis, *Chinese Miscellanies: A Collection of Essays and Notes* (London: John Murray, 1865), pp. 52-53。

生的詞彙卻比馬氏字典減少甚多。尤可注意者，麥氏不像馬氏盡量搜集關於儒教的材料，也不涉及其個人對儒教的評論。但引人興趣者，麥氏釋「神」字之義，謂："The general Chinese term for gods 。"【61】按耶教教士在修訂《聖經》譯本時，對"God"一詞的漢譯，爭論極為劇烈。麥氏於1847年初確定以「上帝」或「帝」（天）譯"God"之前，主張以「神」為"God"的漢譯。【62】此一意見在其字典中即有充分的反映。故凡涉及「神」的字眼，麥氏都譯為"gods"。【63】麥氏的字典雖未涉及個人對儒教的評論，但當他翻譯儒教的宗教詞彙時，卻不免反映他對儒教的主觀認識，【64】由是也顯示儒耶在概念上的差異。

從1847年至1848年之間，麥氏在上海出版二卷本《英漢字典》。該字典的篇幅視《漢英字典》略小。出版數年後即告絕版。教士衛三畏（Samuel Wells Williams, 1812-84）因此認為其影響不大。【65】但戴維士（Sir John Francis Davis）卻認為麥氏的漢英和英漢兩本字典在中英交往日益頻密之際出版，可說是時機之密切配合。他也讚許麥氏嚴謹的學風，足以保證其書正確無誤，可說是馬禮遜以後最為重要和最具價值的字典。【66】總之，麥氏之編纂字典，亦可視為其從事耶儒接

【61】Medhurst,《漢英字典》，卷下。

【62】詳見下文「修訂聖經」。

【63】Medhurst,《漢英字典》，卷上，頁173；331 。

【64】按麥氏早期在其字典中以「神」為"God"的譯名，而與後期以「上帝」或「帝」（天）為譯名不同，此舉常遭其同工文惠廉（William Jones Boone）之譏諷。參考 W. J. Boone " Defense of an Essay on the Proper Rendering of the Words Elohim and θεos into the Chinese Language", *The Chinese Repository* 19.7 (July 1850), p. 365 。

【65】衛三畏廉士甫（編譯）：《漢英韻府・前言》（滬邑：美華書院，同治甲戌年〔1874〕），頁V 。

【66】Davis, *Chinese Miscellanies*, p. 56.

觸事業之重要環節。

修訂《聖經》

《聖經》為耶教教士傳教之主要依據。在十九世紀二十年代，中國出現兩種完整耶教《聖經》漢譯本。其一為馬希曼（Joshua Marshman, 1768-1837）和拉沙（Joannes Lassar）的譯本。[67] 其二為馬禮遜和米憐的譯本（米氏只譯《舊約》三成半的篇幅）。前者甚少在中國流通，後者則為在華教士廣泛採用。由於馬、米二氏乃譯經先驅，其譯本受推崇為「一美好成就」；但此止為禮貌之恭維，[68] 實則馬氏在其《新約》譯本完成後不久，即覺其未臻完善。[69] 其後，馬氏在譯《舊約》即將竣事時亦有同感。他在致聖經委員會函中，謂米氏和其本人都期望聚會而相與修訂《新、舊約全書》，[70] 終因米氏謝世而未果。馬氏後來雖修改個別字句，也終未對全書予以全盤修訂。[71]

早在1826年，馬禮遜即曾函邀麥氏修訂《聖經》。麥氏謙稱其漢文造詣不深而婉拒。[72] 馬氏因而屬意其子馬儒翰（John Robert Morrison）

---

[67] 關於此譯本，參考 Elijah Coleman Bridgman, " Chinese Version of the Bible", *The Chinese Repository* 4.6 (Oct. 1835), pp. 252-55; Alexander Wylie, " The Bible in China", *The Chinese Recorder* 1.8 (Dec. 1868), pp. 145; 馬敏：〈馬希曼、拉沙與早期的《聖經》中譯〉，《歷史研究》1998 年第 4 期，頁 45 － 55 。

[68] Bob Whyte, *Unfinished Encounder: China and Christianity* (London: Fount, 1988), p. 96.

[69] *Eleventh Report of the British and Foreign Bible Society* (1815), p. 332.

[70] 馬氏於1817年11月24日致聖經委員會函，見 Eliza Morrison, *Memoirs*, vol. 1, pp. 480-81 。

[71] Medhurst, *China*, p. 557; Wylie " Bible", p. 147.

[72] Wylie, " Bible", p. 146.

繼承其志。其後馬氏突然辭世，馬儒翰因接任翻譯官而分身乏術，其事遂寢。但修訂《聖經》日益迫切，[73] 而勢在必行。當時教士中，麥氏最為資深，於是責無旁貸，於1835年聯合馬儒翰向英國和海外聖經會建議修訂馬、米二氏譯本，使之較為符合漢文語法習慣。[74] 同年，麥氏率領馬儒翰、郭實獵和裨治文成立修訂小組。《新約》之修訂，乃於年終告竣。[75] 1836年，該修訂譯本在新加坡和塞蘭坡（Serampore）分批刻印。[76] 翌年，在巴達維亞出版合訂本，取名《新遺詔書》。該書雖內四人小組具名修訂，但實由麥氏主其事，其最終之修訂也出於麥氏之手。[77] 麥氏之新約修訂本後經郭實獵潤飾，取名《救世主耶穌新遺詔書》。該書印行多達十餘次，並為太平天國所再版，其影響可謂巨大。[78] 麥氏也在1836年參與由郭實獵主持的《舊約》修訂工作。[79]

修訂後的《聖經》譯本雖視馬、米二氏原譯本為佳，聖經會由於尊重馬氏的成就，迄未批准由修訂本加以取代，[80] 但在華教士基於實際

---

[73] Ibid., pp. 146-47.

[74] Hubert W. Spillett, *A Catalogue of Scriptures in the Language of China and the People's Republic of China* (British and Foreign Bible Society, 1975), Preface, XII-XIII.

[75] Eliza J. Gillett Bridgman, ed., *The Life and Labors of Elijah Coleman Bridgman* (New York, 1864), p. 100.

[76] "Brief History of the American Board of Commissioners for Foreign Missions", *Papers of the American Board of Commisoners for Foreign Missions*, 16. 3. 11, vol. I; pp. 18, 20, 50.

[77] Wylie, *Memorials*, p. 31.

[78] Ibid., pp. 62-63; Eugene Powers Boardman, *Christian Influence upon the Ideology of the Taiping Rebellion, 1851-1864* (Madison, 1952), p. 47.

[79] 該書於1855年出版，取名《舊遺詔聖書》。參考 Wylie, *Memorials*, pp. 31, 62; 吳義雄：〈譯名之爭與早期的《聖經》中譯〉，《近代史研究》2000年第2期。

[80] Wylie, " Bible", p. 147.

需要，卻採用麥氏的修訂本為主要通用本達十二年之久。[81] 不久，教士復鑒於修訂本仍未盡符合漢文行文習慣，遂要求一更佳之重新修訂本。[82] 1843年8月，麥氏召集教士赴香港聚議。會議從8月22日起斷續舉行至9月4日。會中討論聯合重新修訂《聖經》事宜。時值鴉片戰後，中國受迫開放五口通商。鑒於五口方言各殊，譯經文體勢不能遍採各地方言，只能選擇通行各地而為士人所熟悉的文言，[83] 但與會者對"God"的譯名未能達成共識。復次，參與會議的教士裨治文、理雅各（James Legge, 1815-1897）、美魏茶（William Charles Milne, 1815-1863）、施敦力（John Stronach, 1810- ）、叔未士（Jehu Lewis Shuck）和羅孝全（Issachar Jacox Roberts, 1802- ）等議決，由所有在華耶教差會組成修訂中文《聖經》總委員會，並推舉麥氏為該會祕書。會議也決定分《新約》為五部分，按此例分配予各地差會加以修訂。各差會個別組成地方委員會，負責郵寄修訂完成的譯稿予其他地方委員會，以徵求它們的同意或改正。經第二次改正的稿本由相關委員會寄回原來的修訂者。當全書修訂後，即由各個地方委員會選派一或多位資深教士充任總委員會中的修訂會議代表。各地方委員會派出的代表不論多寡，開會時只有一票之權。此代表委員會於是滙集各地方委員會的修訂稿和修正建議，並作最終裁決。[84] 此即日後出版的「委辦本」或「代表本」

---

[81] Arnold Foster, *Christian Progress in China: Gleanings from the Writings and Speeches of Many Workers* (London, 1889), p. 43.

[82] Elijah Coleman Bridgman, " What I Have Seen in Shanghai", *The Chinese Repository* 18.7 (July 1849), pp. 387-88.

[83] Kenneth Scott Latourette, *A History of Christian Missions in China* (New York: Russell and Russell, 1967), p. 261.

[84] George Smith（四美）, *A Narrative of an Exploratory Visit to each of the Consular Cities of China and to the Islands of Hong Kong and Chusan* (London, 1847), pp. 470-71; " Religious Intelligence", *The Chinese Repository* 12.10 (1843), p. 552.

（Delegates Version）由來。在重新修訂《新約》過程中，麥氏不但領導「修訂中文聖經委員會」，而且他在1835年完成的《新約》修訂譯本甚受重視，成為「地方委員會」重新修正《新約》的重要依據。據當時參與修正工作的廈門地方委員會委員四美的敘述，修訂者先參考《新約》的希臘原文，再朗讀麥氏譯本並加審核，他們都認為麥氏譯本自整體而言，乃舊譯本之最佳者，遂選為修訂時的工作本。修訂者也參考馬禮遜譯本，在場的華人顧問認為麥氏譯本在漢文寫作習慣方面固然視馬氏譯本為優，亦遠勝於其他譯本。[85] 當各地方委員會的修訂工作接近完成時，麥氏以總委員會祕書身分通告各口岸差會派代表於1846年9月聚會上海，以便最後審議各地方委員會所修訂的《新約》草稿。在裨治文堅持下，會議改在1847年6月28日舉行。[86] 在會議期間，教士對1843年香港會議所遺留的"God"之譯名問題不但不能解決，而且引發更為劇烈的爭論。

在《聖經》翻譯史上，譯名之所以引發激烈爭論，主要由於教士固執於宗教情意結，以為《聖經》所記乃上帝之語言，凡翻譯出版，不能在本文附加注釋或評論，故譯者必須選擇最適當的術語，以翻譯原文最關鍵的字眼。慎重於《聖經》的翻譯，對早期在華的譯經者尤具重要意義。在沿海五口開放以前，馬禮遜和米憐固然因受教禁而不能自由傳教；即在五口開關後，教士也只能立足於沿海五口以佈道，其效果仍不免受局限。為爭取在中國內陸廣大地區獲得更大的傳教成果，則非借助正確的《聖經》漢譯本不可。[87] 職是之故，早期《聖經》的漢譯者對

---

[85] George Smith, *Narrative*, pp. 471-72.

[86] Elijah Coleman Bridgman, " What I Have Seen", p. 389.

[87] Medhurst, " Reply to the Essay of Dr Boone on the Proper Rendering of the Words Elohim and θεος into the Chinese Language", *The Chinese Repository* 17. 12 (Dec. 1848), p. 609.

譯名之選擇，安得不謹慎從事？但因為文化的差距和個人的偏見，欲以最適當的譯名翻出原文最為關鍵的字眼，實談何容易。[88]

耶教譯經先驅馬希曼和馬禮遜都以「神」為《聖經》漢譯本 “God” 之譯名。[89]米憐原來也主張用「神」，晚年則主張用「上帝」為 “God” 之漢譯。[90]麥氏受米氏啟發，在修訂馬禮遜譯本時，大體以「上帝」為譯名，[91]偶而也用「神」為之。[92]其後，在1843年8月25日的香港會議中，麥氏和理雅各並受委組成委員會，以負責處理和神性相關的譯名問題。[93]麥氏於是正式提議以「上帝」為統一的漢譯。麥氏的提議雖獲倫敦會教士首肯，[94]但美國美部會教士卻堅持用「神」而不苟同

---

[88] 此譯名之爭，曠日持久，經歷各期的《聖經》漢譯而不能解決。參考 John Wherry, “ Historical Summary of the Different Versions of the Scriptures”, *Records of the General Confenence of the Protestant Missionaries of China* (Shanghai, 1890), pp. 50-51; *Covell, Confucius*, pp. 86-90.

[89] 馬希曼（譯）：《聖經》(Serampore，1822年)；馬禮遜（譯）：《神天聖書》(馬六甲，英華出版社，1823年)。

[90] William Milne, “ On 上帝 as the Fittest Chinese Term for Deity”, *The Indo-Chinese Gleaner* 3.16 (April 1821), pp. 97-105.

[91] 麥都思：《新遺詔書》(巴達維亞，1837年)。

[92] 麥氏表示他偶而用「神」為 “God” 之譯名，只在 “God” 之本義受歪曲時才不得已而為之。麥氏進而說明「神」之譯名，其所表示之「通稱」乃指一「存有等級」(A Class of Beings)，而非指 “God” 。見所撰 “Reply” ，p. 573 。抑從「存有等級」言，麥氏以為「神」一名的通稱乃包含所有「神明的存有」，其範圍視 “God” 為大。見所撰 “Reply” ，pp. 603-04。依此，則「神」之稱雖可包括受歪曲之上帝和真上帝，但真上帝之等性非「神」所有，故麥氏以「神」為受歪曲之上帝的譯名，而以「上帝」譯真上帝。

[93] “ Religious Intelligence”, p. 552.

[94] 唯理雅各獨持異議，主張以「神」為 “God” 的譯名。但理氏在1848年改變其

麥氏。香港會議於是議決保留該問題，以待總委員會議（即上文所述於1847年6月28日在上海舉行的代表會議）作最後裁決。【95】

在總委員會議裁決前，雙方卻急不及待在《中華叢報》展開劇烈辯論。美國長老會傳教士婁禮華（Walter Macon Lowrie, 1819-1847）自1845年2月至1847年1月，連續在《中華叢報》發表五篇論文，主張以「神」而反對以「上帝」為"God"譯名。【96】麥氏則針鋒相對，於1846年9月致《中華叢報》編者的一篇評論中，反對用「神」而主張用「上帝」作為適當表達「真上帝」的譯名。麥氏駁斥婁氏所謂「上帝」係「主要偶像」之說。他強調在中國重要典籍中，「上帝」始終意指一「最高和唯一存在」。麥氏指出，用「上帝」表達「最高存在」，不但可以在中國最佳和最古的權威著作中尋獲根據，而且也最隣近於耶教欲傳達真上帝予中國人的目的，所以，此譯名之好處顯而易見。至於「神」，麥氏則

主張，而以「上帝」取代「神」。參考所撰：*An Argument for Shang Te as the Proper Rendering of the Words Elohim and Theos in the Chinese Language: With Strictures on the Essay of Bishop Boone in Favour of the Essay of Bishlp Boone in Favour of the Term Shin* (Hong Kong : Hong Kong Register Office, 1850), pp. iii-iv.

【95】" Minutes", *Papers of the American Board of Commissioners for Foreign Mission*, 16. 3. 8. vol. 1A; " Religious Intelligence", p. 553; Bridgman, "What I Have Seen", p. 388.

【96】Walter Macon Lowrie, " Remasrks on the Translation of the Words God and Spirit, and on the Transferring of Scripture Proper Names into Chinese, in a Letter to the Editor of The Chinese Repository", *The Chinese Repository*, 14.2 (Feb. 1845), pp. 101-03; " Terms for Deity to be Used in the Chinese Version of the Bible: The Words Shangti, Tien and Shin Examined and Illustrated in a Letter to the Editor of The Chinese Repository", *The Chinese Repository* 15.6 (June 1846), pp. 311-17; " Remarks on the Words and Phrases Best Suited to Express the Names of God in Chinese", *The Chinese Repository* 15.11 (Nov. 1846), pp. 568-74; 15.12 (Dec. 1846), pp. 577-601; 16.1 (Jan. 1847), pp. 30-34.

認為此詞缺乏上述上帝之屬性。麥氏也指出「神」之本義只意指靈和幽冥之存在，而且常居於低下之層次。[97] 按在中國宗教和哲學史上，神和鬼並稱。鬼神只是一實然存在，而非一超越之實體，故鬼神在中國並未取得一崇高地位，不能和古代儒教典籍所稱具超越性的「上帝」相提並論。[98] 若準此之觀，則麥氏對「上帝」和「神」的評論，可謂深中肯綮。雖然耶教所謂"God"的概念非儒教典籍所稱「上帝」所能概括，但如果必欲用中國固有名詞以譯"God"，則「上帝」自較「神」為宜。[99]

麥氏之議論雖較符合中國傳統宗教和哲學思想，但終未能折服對方。故在1847年的上海代表會議，雙方的爭議益趨劇烈。[100] 主張以「上帝」為譯名的英國教士，以麥氏為發言人，施敦力則從旁協助；至於主張以「神」為譯名的美國教士，乃由文惠廉率領，裨治文、婁禮華為之輔佐。雙方為各自的論據張目，都翻檢大量耶儒典籍和文獻。此在耶

[97] Medhurst, " Remarks in Favor of Shangti and Against Shin, as the Proper Term to Denote the True God, Addressed to the Editor of the Chinese Repository", *The Chinese Repository* 16.1 (Jan. 1847), pp. 34-35.

[98] 參考牟宗三：《心體與性體》第一冊（台北：正中書局，1968年），頁479－80。

[99] 不論用「上帝」或「神」為"God"之漢譯，都是佛教譯經的「格義」方式。「上帝」的譯雖視「神」為宜，但耶教"God"的意蘊和儒教的「上帝」不盡相同。故以格義翻譯外來觀念，則外來觀念有受傳統觀念扭曲之虞。參考 Arthur F. Wright, " The Chinese Language and Foreign Ideas", in Arthur F. Wright, *Studies in Chinese Thought* (Chicago: Chicago University Press, 1953), pp. 293.

[100] 或以為爭議雙方如認識任何漢文譯名都不足以充分表達耶教「上帝」的概念，則雙方爭論所引發的矛盾或不至於達到如此劇烈的程度以及滋生太多的誤會。參考 Pott, " Early History", p. 281.

儒接觸史上，洵為空前之盛事。[101]爭議的雙方相持長達四月，仍未能泯除歧見。

會議過後，雙方又在《中華叢報》繼續爭論。兩派環繞「絕對」或「統稱名詞」和「相對名詞」之差別而展示其論點。[102] 其中文惠廉發表的論文最多，其主要論點謂中國人乃多神論者，向不知真神（God），而視「最高存有」為眾神中之「主神」，文氏認為此非西方人所說之"God"，故主張"God"之譯名，只能在「主神之名」和「所有神祇統稱之名」之間加以選擇。[103]據文氏研究，中國人稱「存有等級」為「神」，並以「最高的崇拜對象」對待之，故「神」可視為"God"之統稱。至於所謂「上帝」，則從屬於「神」所代表的「存有等級」之中，故不能視為統稱之詞。[104] 麥氏則針對文氏論點加以反駁。他認為欲以「神」為"God"之譯名，則「神」必須具有最高存有的若干意蘊。麥氏指出，中國人以「最高存有」所具有的若干概念如「創造活動」和「統治萬物」歸諸天、帝或上帝，而不歸諸神。[105] 麥氏雖偶亦承認「神」為「神明存有」（Intelligent Beings）的最高一級，但同時指出「神」也具有「人魂」之義。麥氏由是嫌「神」之意蘊失諸過寬。[106]即有鑒於此，麥氏頗顧慮以「神」譯"God"或導致讀者對《聖經》的諸多曲解。[107] 麥氏鄭重指出，以中國人最崇拜的帝（上帝或天帝）為"God"的譯名，實符

---

[101] Walter Lowrie ed., *Memoirs of the Rev. Walter M. Lowrie, Missionary to China* (New York, 1850), pp. 440-45.

[102] Boone, " Defence", pp. 347.

[103] Ibid., p. 346.

[104] Boone, " An Essay on the Proper Rendering of the Words Elohim and *θεος* into the Chinese Language", *The Chinese Repository* 17.1 (Jan. 1848), pp. 24, 50, 53.

[105] Medhurst, " Reply", pp. 553, 499.

[106] Ibid., p. 505.

[107] Medhurst, " An Inquiry into the Proper Mode of Rendering the Word God in

合耶教的希臘和羅馬歷史傳統；[108]因為該等詞語乃表示最高的主宰，為天命、天意主宰和神聖意志活動之所從出。[109]總之，麥氏所理解之儒教「上帝」乃萬物之源，亦為天國唯一之主宰和統治者。[110]麥氏即依此肯定「上帝」為一絕對名詞或統稱名詞，適用於譯"God"。他也以上述「上帝」的特質界定上帝之所以為上帝，而和「神」有所不同。上文已論及麥氏承認「神」為「神明存有」的通稱。在此意義下，「神」包含各種幽靈、人魂乃至最高無上之「上帝」，但麥氏不憚煩指出，「神」之為通稱，一則所涉過廣，二則未具備上述「上帝」之特質，故其地位不能與「上帝」相侔。[111]對於神和上帝的關係，一般只從神的地位視上帝為低加以說明，麥氏則從「神」為神明存有的通稱，但未具備上帝特質加以闡析，其所見實較為周密而值得重視。

麥氏除在《中華叢報》和文氏辯論之外，復於1847年出版專著：*A Dissertation on the Theology of the Chinese: With a View to the Elucidation of the Most Appropriate Term for Expressing the Deity in the Chinese Language*(《論中國人之神學：漢文表達至上神最恰當詞彙之闡述》)。為達到其書名所顯示之目標，麥氏遍讀儒教經典，搜集經典中凡涉及神靈和幽冥存在以及至高上帝之篇章，悉加闡述和討論，以呈現中國神學之完整體系，俾《聖經》譯者能從中作客觀抉擇。[112]麥氏取終所欲證明者，乃漢

Translating the Sacred Scriptures into the Chinese Language", *The Chinese Repository* 17.7 (July 1848), pp. 336-38; " Reply", pp. 614-19.

[108] Medhurst, " Inquiry", p. 109.

[109] Ibid., pp. 161-74.

[110] Ibid., pp. 234-37.

[111] Medhurst, "Reply", pp. 603-05.

[112] Medhurst, *A Dissertation on the Theology of the Chinese : With a View to the Elucidation of the Most Appropriate Term for Expressing the Deity in the Chinese Language* (Shanghae: The Mission Press, 1847), Preface.

文「上帝」一詞係表達“God”最適當之詞彙。[113] 麥氏受米憐啟發，經長期思考並參考大量儒教典籍，至此始充分論證「上帝」在中國宗教史上至高無上之地位，[114] 為耶教漢譯「上帝」一詞奠定不可動搖之理論根據。[115] 麥氏在耶儒接觸史上之貢獻，即此一端，已足垂名千古而不朽。

英美教士的譯名之爭雖未能及時解決，但不妨礙《新約》修訂的進展。[116]「代表委員會」審訂《新約》的工作，據委員之一美魏茶透露，在每日休會前，主席麥氏即指定下回會議所擬審訂的章節，並就該章節準備一翻譯草稿，以便各委員對照審閱。[117] 並此可見麥氏所負責任之重大。除教士外，還有四五個資深華人學者協助審訂的工作。近代著名

[113] Ibid., pp. 266-78.

[114] 麥氏自稱早期受耶教教士影響，以「神」為“God”譯名，後幾經思考，直至1847年初，才確定「上帝」之譯名而不移。參考所撰：“Reply”，pp. 565-66。按麥氏雖在1847年初確定「上帝」為“God”譯名，但鑒於該譯名不獲部分教士首肯；為爭取全體教士對“God”譯名之認同，麥氏不得不另覓新譯名。他有見於「天」和「帝」同義，故嘗建議以「天帝」一複合詞取代「上帝」之譯名。參考所撰：“Inquiry”，pp. 348-54。此一建議卒未獲異議者接受，故麥氏一仍其舊，而維持「上帝」之譯名。

[115] 麥氏和施郭力等倫敦會教士於1850年1月寄一長函予各口岸耶教士，謂其中國顧問建議捨棄「神」和「上帝」兩譯名，而代之以《大秦景教流行中國碑》中稱謂耶和華的「阿羅訶」(Aloho)。見 Medhurst et al., “ To the Protestant Missionaries Labouring at Hong Kong and the Five Ports of China”, from Vol. 90 in a British and Foreign Bible Society Compilation Entitled *The Chinese Word for God* (London, n. d.), pp. 8-9。按麥氏之意，不過期望與美教士達至和解，以免影響《聖經》之修訂，而非在理據上捨棄「上帝」為“God”之譯名。

[116] Bridgman, “ What I Have Seen”, p. 390.

[117] William Charles Milne, *Life in China* (London: G. Routledge and Co., 1858), p. 505.

學者王韜，當時是麥氏漢文導師，想必也參與其事。[118] 1850年7月，《新約》之修訂工作，經歷三年多之努力，終於大功告成。[119] 新修訂本取名《新約全書》（委辦本），[120] 於1852年在上海出版。該書的修訂雖由「代表委員會」的英美教士具名，但大部分工作由倫敦會教士承擔，[121] 其中麥氏之貢獻尤大，故偉烈亞力（Alexander Wylie）列該書於麥氏名下。[122]

《新約全書》出版後，迅即成為流通於中國最廣的版本。但在1890年美國大會，一發言人代表眾多與會者意見，對該書加以評論，謂該書之遭受非議，乃由於與文本之原意不合。在該書之字裏行間，常使人感覺（儒教）聖人之道多於天國之神秘。此導致缺乏神靈修養之讀者惑於文章之韻律，而有誤耶穌為孔子之虞。[123] 如上文所述，該書既大體出於麥氏之手，又其書出版前數年，王韜即充任麥氏助手兼漢文導師，則

---

[118] Douglas G. Spelman, " Christianity in Chinese: The Protestant Term Question", *Paper on China* (East Asian Research Center, Harvard University, 1947-71), Vol. XXII A (1969), note 36; Paul A. Cohen, *Between Tradition and Modernity: Wong T'ao and Reform in Late Ch'ing China* (Massachusetts: Harvard University Press, 1974), p. 22.

[119] S. Well Williams, " Version of the Old and New Testaments in Chinese", *The Chinese Repository* 19.10 (Oct. 1850), p. 544; Wylie, " Bible", p. 148.

[120] 此書初修時，教士或構想一全新譯本。但其後參與其事者，止依麥氏《新約》修訂本而重新修訂。參考吳義雄：〈譯名之爭與早期的《聖經》中譯〉，頁213。

[121] William Canton, *A History of the British and Foreign Bible Society* (London, 1904-10), vol. 2, p. 399.

[122] Wylie, *Memorials*, p. 35; Foster, *Christian Progress*, p. 44.

[123] *Records of the General Conference of the Protestant Missionaries of China Held at Shanghai, May 7-20, 1890* (Shanghai, 1890), p. 52; R. Wardlaw Thompson, *Griffith John: The Story of Fifty Years in China* (New York: A. C. Armstrong and Son, 1906), p. 431; Pott, " Early History", p. 282.

上述絢麗而充滿儒教情調之譯本或獲王氏之參助潤飾。[124]

《新約》新修訂本既已竣事，麥氏和文惠廉、裨治文、施敦力、美魏茶和叔未士隨即由各地差會推選，組成重新修訂《舊約》的「代表委員會」，由該會直接從事修訂事宜。[125]在修訂過程中，英國教士仍修訂《新約》之舊，主張採用中國經典文體，而不惜犧牲原文的信實；美國教士則不重視文體和風格，但期取信於原文。[126]該會修訂全書中的五、六書之後，麥氏等倫敦會教士即因意見不合而退會，另組由倫敦會領導的修訂委員會。麥氏出任主席，繼續領導審訂工作。1853年，《舊約》審訂竣事，取名《舊約全書》（委辦本），於1853年在上海印行。按該書之審訂雖由「代表委員會」具名，但一如《新約》，全書之完成亦主要賴麥氏之力。故偉烈亞力也列該書於麥氏名下。[127]麥氏主導而重新修訂之《新、舊約全書》委辦本雖未盡善盡美，卻遠勝於任何舊譯或修訂本，成為當時《聖經》漢譯之最佳者。[128]

此外，麥氏也從事《新約》南京官話本之翻譯。由於施敦力之協助，該書得以順利完成，取名《新約全書》（官話本），於1856年在上海出版。[129]

---

[124] 郭嵩燾：《郭嵩燾日記》第一卷（長沙：湖南人民出版社，1981年），頁33。

[125] William, " Version", pp. 544, 545.

[126] Latourette, *Christian Mission*, pp. 262-60, 如實論之，兩派重新修訂的《舊約》和《新約》譯本，其可讀性皆不高。某些學者因此斷言在十九世紀末，《聖經》仍未妥善授予中國人。參考 Herbert A. Giles, " The New Testament in Chinese", *The China Review* 10 (Dec. 1881), p. 158; Covell, *Confucius*, p. 90.

[127] Wylie, *Memorials*, p. 35.

[128] C. Silvester Horne, *The Story of the L. M. S. 1795-1895* (London: London Missionary Society, 1894), p. 316.

[129] Wylie, *Memorials*, p. 36; Wylie, " Bible", p. 148. Foster, *Christian Progress*, p. 45; D. Macgillivray ed., *A Century of Protestant Missions in China (1807-1907), Being the*

英美教士對"God"之譯名始終未能妥協，故經修訂出版的委辦本《新舊約》，只得各自採用己方所堅持之譯名。[130] 但1920年出版的各種《聖經》譯本，則以「上帝」為譯名者佔絕大多數。尤可注意者，1920年後成為權威本的《新舊約全書》官話和合本，竟有百分之八十九採用「上帝」為譯名。[131] 可見「上帝」之譯名終為多數教士所採納。

通觀耶教修訂漢譯《聖經》的過程，麥氏實可謂居於領導之地位。麥氏的《新約》修訂譯本，當時譽為漢譯之最佳者。其後對「委辦本」之審訂，麥氏尤著勞績。在麥氏逝世三十餘年後，耶教教士於1890年決定出版深文理和合譯本（Union Version），仍然以麥氏《新舊約》委辦本為主要依據之一。[132] 尤令人詫異者，「委辦本」直至晚近仍維持其生命力。在1984年，台灣聖經會再版《聖經》文言本，竟然寧取「委辦本」

Centenary Conference, Historical Volume (Shanghai: The American Mission Press, 1907), p. 14.

[130] Willams, " Version", pp. 546-47.

[131] Millon T. Stauffer, *The Christian Occupation of China* (San Francisco: Chinese Materials Center, 1979), p. 453.

[132] Marshall Broomhall, *The Chinese Empire: A General and Missionary Survey* (London: Morgan and Scott, 1907), pp. 382-83. 按在深文理和合譯本（《新約》）成員中，英國教士湛若瀚（John Chalmers）、艾約瑟迪謹（Joseph Edkins）和德國教士韶波（Schaub）主張參考「委辦本」而加以修訂；美國教士謝衛樓（Sheffield）和惠（John Wherry）則主張重新翻譯。「委辦本」之地立在兩派心目中雖有不同，但其影響「和合本」（新約）之翻譯概念則無可置疑。參考 Jost Zetzsche, " The Work of Lifetimes: Why the Union Version Took Nearly Three Decades to Complete", in Irene Eber, Sze-kar Wan, and Knut Walf, et al., (in collaboration with Roman Malek), *Bible in Modern China: The Literary and Intellectual Impact* (Sankt Augustin: Institut Monumenta Serica, 1999), pp. 90-92.

而捨棄「深文理和合本」。[133] 麥氏漢譯《聖經》影響之深遠，可見一斑。

麥氏對《聖經》只加修訂而未重新翻譯，雖不若馬禮遜和米憐以及馬希曼和拉沙等人之發凡起例，但他踵武前人而青出於藍，故其對漢譯《聖經》之貢獻實超越前賢。若細究其故，則一方面固由於麥氏個人之漢學造詣迥出於上述諸人，再則由於鴉片戰後，闢五口以通商，麥氏因此頗獲中國沿海各地資深華人學者之助。當年馬禮遜、米憐之羅致譯經助手，只局限於港、澳和南洋華人，彼輩漢文造詣不深，遂影響譯經水平。麥氏立足於人文薈萃的沿海各口岸，而能使晉才為楚所用，禮聘如上文所述儒士王韜為助手，此不但提高《聖經》漢譯水準，[134] 而且開啟耶儒接觸的契機。至於麥氏主導曠日持久的譯名之爭，學者或可質疑教士不直接和外界隔絕已久的中國民眾接觸，卻轉而關注其文化傳統；學者甚至可以進而研究由此論爭所顯示文化交流的困難，是否構成耶教差會在中國失敗的主要因素。[135] 但對麥氏而言，從文化層次着眼以解決譯名問題，卻具特殊意義。其論敵文惠廉則忽視文化層次，而從獨斷的宗教意識形態以圖解決此問題。文氏選擇意義寬廣的「神」以譯“God”，曾發奇想，謂如有可能，則欲改造中國文獻，並重新論定「神」的意義，使之不具「人的精靈」一義，而完全符合耶教“God”的內容，[136] 此即顯示文氏的獨斷心態，亟於認定耶教“God”的內容為

---

[133] Jost, “ Lifetimes”, p. 98.

[134] 麥氏及其中國助手所修訂《聖經》所以迥出於舊譯本，如借用班士頓（Willis Barnstone）之術語予以說明，則可能由於彼輩譯經時扮演讀者詮釋兼作者創作第二文本的角色，參考氏撰：*The Poetics of Translation, History, Theory, Practice* (New Haven / London, 1993), p.22. 麥氏晚年堅決反對以「神」譯「God」，即設身處地，強調中國讀者較易接受「上帝」之譯名。

[135] Spelman, “ Term Question”, pp. 40, 43.

[136] Medhurst, “ Reply”, pp. 610-11, 645.

絕對真理，必強中國人全盤接受；復忽視「神」之一詞所包含的中國文化內容。反之，麥氏卻以較客觀態度採用「上帝」為譯名。如麥氏所論列，此詞之義較為狹窄而確定，亦較接近“God”之原義。抑麥氏選擇此譯名，暗示他承認耶教為世界宗教之一，可藉儒教的經典術語從事耶儒之間的比較；同時也說明他從文化層次對耶儒抱持求同而存異的態度。耶教的譯名之爭，竟涉及爭論者對整個中國文化的態度問題，其輻射面不可謂不大。[137]有神學家指出，在早期傳教運動，教士動輒視福音所接觸之事物，為其他民族之宗教而非文化，故早期傳教士所關注者乃「福音和宗教傳統」，而非「福音和文化」。[138]耶教早期在華傳教運動中，麥氏可謂注重「福音和文化」的先驅。麥氏對耶儒差異，主張從文化層次求同存異，此一態度，絕非一朝一夕所能決定。他在譯名之爭的過程中，動輒徵引儒教「四書」和「五經」以及各家注疏。自此方面言，麥氏無疑成為當時漢學的領導者。[139]另一方面，麥氏也引用希伯萊和希臘的耶教經典，以配合對儒教經典的引證，為其「上帝」論張目；由此所引發對耶儒思想之深入比較，為耶儒接觸開拓一前所未有的途徑，其意義之重大，實無可置疑。

---

[137] 參考 Donald W. Treadgold, *The West in Russia and China, Religious and Secular Thought in Momern Times*, vol. 2 (China, 1582-1949), (Combridge at the University Press, 1973), pp. 43-44.

[138] S. Wesley Ariarajah, *Gospel and Culture: An Ongoing Discussion within the Ecumenical Movement* (Geneva: W. C. C. Pub., 1994). pp. 2-3.

[139] Thompson, *Griffith John*, pp. 47-49.

包世臣的貨幣思想

宋敘五、趙善軒*

提要

18世紀中國商品生產技術及生產量方面，仍受西方國家的歡迎，因而有大量白銀流入中國。到了19世紀前期，形勢已大不如前，歐洲各國在這一百年的時間，經過了工業革命，生產技術特飛猛進，而中國則相對落後。於是西方商品漸打入中國市場，同時又因國力日弱，無法阻止鴉片輸入而導致白銀外流，衝擊了中國的貨幣制度。

包世臣生於這時代的巨變，而且他長時間擔任地方官員幕僚，他的經驗對於社會經濟有實際的了解。特別是在貨幣方面，據他獨到的觀察，針對時弊，提出深刻的見解。

前言

1750至1850，這大約一百多年的時間，也就是中國清朝自乾隆（1736-1795）中、後期經過嘉慶（1795-1820）、道光（1821-1850）初年，這一個時期，中國無論在政治、社會經濟、國際地位等方面，都相當大的變化。

該時期是清朝由盛轉衰的轉捩點，國力由強轉弱，吏治由清明轉為腐敗，經濟則由繁榮轉入衰退，人口的空前膨脹，[1] 社會民生衰敝之

*宋敘五，香港樹仁學院經濟系兼任教授。趙善軒，本所研究生。

[1] Ping-ti Ho, *Studies on the Population of China 1368-1935*, (Cambridge: Harvard

象日趨嚴重。再加上歐洲國家的商品傾銷中國，白銀大量外流，遂爆發太平天國之亂。[2]

包世臣(1775-1855)，剛生于這一時代。他天資聰敏，感受力強，對社會民生問題，比一般人瞭解深切。且他大部分時間沒有當官，以布衣身分，觀察、評論政事，尤見客觀獨到。[3] 所以，他頗能道出中國社會在這一個關鍵時期所遭遇的問題。我們透過研究包氏的思想，以包氏的經歷瞭解中國社會在這一時期的社會現象，本文將就其的貨幣思想，作專門的討論。

一、包世臣貨幣思想的背景

包世臣，字慎伯，安徽涇縣人，號稱安吳先生，著有《說儲》及《安吳四種》等傳世文章，是當時具代表性的經世思想家之一。包氏的貨幣思想，是因為清朝到了道光年間(1821-1850)，貨幣制度因為銀貴、錢賤的問題而遭遇困難，亟須變通。不少官員、學者，都就貨幣制度提出

University Press, Mass, 1959), pp. 25, 35；全漢昇、王業鍵：〈清代的人口變動〉，載於《中國經濟史論叢》第二冊，〔香港：香港新亞研究所出版，1972年8月〕，頁593-624；Adam Lui, Yuen Chung, *Ch'ing Institutions and Society 1644-1759*, (Hong Kong: Center of Asian Studies University of Hong Kong, 1990.) pp. 89-93；葛劍雄：《中國人口發展史》，〔福州：福建人民出版社，1991 年〕，頁32 。

[2] 可分別參考王業鍵：〈十九世紀前期物價下落與太平天國革命〉，收入氏著《清代經濟史論文集》(二)〔台北：稻鄉出版社， 2003 年〕，頁251-288；Yeh-chien Wang, " The Impact of the Taiping Rebellion on Population in Southern Kiangsu", *Collected Essays in the Economic History of Qing china, Volume Three*, pp. 103-136.

[3] 其實他僅在六十四歲那年的秋天到年底短短的幾個月時間，作過江西新喻縣的知縣而已。

改革意見，[4] 而包氏對此事亦極為關注，並有多篇專文提出意見。所以，要瞭解包世臣的貨幣思想，必須先對清朝的貨幣制度有所瞭解。

第一節　國外白銀輸入與明、清貨幣制度

清朝貨幣制度，是屬於銀、錢並行的制度，其特點是銀兩與制錢並用，而且兩者都具有無限法償的貨格，即王業鍵所謂的「銀銅複本位制」。[5] 清代社會和晚明大抵相近，大數交貿一般用銀，小數額則用銅錢，白銀在清朝貨幣制度中的有相當的重要性。[6]

中國自秦、漢以迄唐、宋，均以銅錢為主要流通貨幣，儘管唐代有飛錢，宋代有交子，元代有中統鈔等名目主義貨幣一度通行，但銅錢長期仍為主要的流通貨幣。及後，明政府一度禁用銅錢，企圖以「大明寶鈔」作為單一通貨，終沒有成功，而寶鈔亦被市場拋棄。[7] 明中葉以

---

[4] 例如在嘉慶十九年（1804），有侍講學士蔡之定提出行鈔之議。（見《清朝文獻通考》〔香港大學馮平山圖書館藏三通考輯要版，通雅堂，光緒25[1899]〕「嘉慶十九年諭」；趙爾巽（1844-1927）等撰；《清史稿》〔北京：中華書局，1977年〕卷124，志99，〈食貨五〉）道光年間，吳縣諸生王鎏著《鈔幣芻言》，提出行鈔廢銀的主張；《魏源集》〔北京：中華書局，1972年〕下冊，〈軍儲篇三〉；彭信威：《中國貨幣史》〔上海：上海人民出版社，1965年〕第八章。）廣西巡撫梁章鉅於道光中葉上疏請行大錢。（見《清史稿》卷124，志99，食貨五。）而魏源於道光末葉著《軍儲篇三》，提出開銀礦及由政府鑄銀圓的主張。（魏源：《魏源集》〔北京：中華書局，1976年〕下冊，頁479。）

[5] Yeh-chien Wang, " Evolution of the Chinese Monetary System, 1644-1850", *Collected Essays in the Economic History of Qing china, Volume Three*, 2003. pp. 151-198.

[6] 彭信威：《中國貨幣史》，頁521說：「清朝的貨制，大體上是銀、錢平行本位；大數用銀，小數用錢。和明朝相同；只是白銀的地位更加重要；同書537又謂：「清朝的制錢，雖然是一種銀、錢平行本位，但從政府看來，重點是放在白銀上。而且有提倡用銀的明白表示。」

後，銀成為與銅並行的通貨，據全漢昇研究，從明嘉靖四十四年(1565)西班牙佔領菲律賓後，西班牙人便在美洲秘魯及墨西哥各地所開發的大量白銀，便經菲律賓為中途站來到中國，初時每年約為數十萬西班牙銀元（peso），十六世紀末期已激增至每年一百多萬西元，到了十七世紀前期，每年更增加到二百多萬西元。1571至1821年間，西班牙人在西屬美洲運往馬尼拉的白銀約有四億西元，其中四分之一或二分之一都流入中國。[8]

與之同時，尚有其他國家與中國進行貿易，當中最重要是英國。英國將大量白銀輸入中國，而英對華貿易的極端不平衡，令白銀大量流入。[9] 自1708年至1757年的五十年，英國白銀輸入的數量約為6,485,3227.35鎊。[10] 1776年至1791年的十五年，英國白銀輸入的數量

---

[7] 趙善軒、李新華：〈重評大明寶鈔〉，《江西師範大學學報》，2005年1月，第38期，頁65-74。

[8] 關於明代白銀輸入中國及成為中國主要通貨的情況，全漢昇有專文數篇討論，均收入氏著《中國經濟史論叢》第一冊〔香港：新亞研究所出版，1976年〕，包括有〈自宋至明政府歲出入中錢銀比例的變動〉，頁365、〈明季中國與菲律賓間的貿易〉頁417-435及〈明清間美洲白銀的輸入中國〉，頁435-450等，均可參考；另又可參考梁方仲：〈明代國際貿易與銀的輸出入〉收於氏著《梁方仲經濟史論文集》〔北京：中華書局，1989年〕，頁132-179。

[9] 全漢昇：〈美洲白銀與十八世紀中國物價革命的關係〉一文對英國與英華貿易的不平衡情況，有更加具體的說明，其謂：「例如一七〇三年，東印度公司泖砍艘船來廈門貿易，輸入毛呢、鉛及其他貨物共值七三六五七兩，另輸入白銀一五〇〇〇〇兩，故輸入貨與銀的比例為貨一銀二。又如一七三〇年東印度公司派五艘船赴廣州貿易，運入銀五八二一一二兩，貨物則只值一三七一二兩。故輸入的百分之九十以上都是白銀。」收入氏著《中國經濟史論業》，頁475。

[10] 同上書頁502表九列舉自1708年至1757年英國白銀輸入中國數量（鎊）。茲將該表引錄如下：

為3,676,010鎊。[11]前者的五十年，每年輸入的數量為13萬鎊，後者的十五年每年輸入數量為18萬鎊。另方面，明中葉後，大量的日本白銀，透過葡萄牙人及荷蘭人，輸入中國，填補了晚明因美洲白銀輸入減少所帶來的影響。簡而言之，明中葉至清乾、嘉年間，社會上能夠維持銀、錢並行的制度，實以此為重要條件。

清順治十八年（1661），實施海禁，白銀內流之路受到阻礙，引起社會經濟衰退，乃造成所謂的「康熙蕭條」。[12]其情形可從時人慕天

年　代	數　量
1708-17	623,208.64
1718-27	991,070.21
1728-37	1,454,379.58
1738-47	731,966.62
1748-57	2,684,702.30
總　共	6,485,327.35

年　代	數　量
1776	88,574
1785	704,253
1786	694,961
1787	626,896
1788	469,408
1789	714,233
1791	377,685
總　共	3,676,010

[11] 同上書同頁表十，列舉1776年至1797年英國白銀輸入中國數量。茲轉錄如下：

[12] 可參考吳承明：〈16世紀與17世紀的中國市場〉，收入氏著《吳承明集》〔北京：中國社會科學出版社，2002年〕頁140-169。

顏《請開海禁疏》窺見。該疏大約作於康熙二十年左右，即實施海禁的二十年後。疏文如下：

> 自遷海既嚴，而片帆不許出洋矣。生銀……之途並絕。則今直省之所流轉者，止有現在之銀兩。凡官司所支計，商賈所貿市，人民所恃以變通，總不出此。……銀日用而虧，叩無補益之路，用既虧而愈急，終無生息之期。如是求財之裕，求用之舒，何異塞水之源，而望其流之溢也。……于此思窮變通之道，不必求之於天降地出，惟一破目前之成例，曰開海禁而已矣。蓋礦礫之開，事繁而難成，工費而不可必，所取有限，所傷必多，其事未可聚論也。惟番舶之往來，以吾歲出之貨，而易其歲之財。……【13】

由此看出社會對外來白銀的依賴程度。幸而康熙二十三年（1684），海禁開放，海外白銀又復源源而來，清朝盛世的繁榮，在社會的物產豐盈，銀、錢充足的情況下，得以重現。

由於在清中葉前，中國對歐洲貿易每年都有顯著的出超，即每年都有大量的白銀入口。銀元的不斷增加，故發生了「錢貴」的問題，即是制錢的價值比法定的比價為高。按清朝初年規定，制錢一千文值銀一兩，但自從清朝初年到乾隆中葉，銀每兩所能夠換到的制錢數目，僅為數百文。

在乾隆初年，政府對社人醒上銀賤、錢貴的問題深感頭痛。【14】於是希望藉政府的力量促使官民多用銀而少用錢，達到平抑錢價的效果。【15】直到乾隆中後期，情況才略為轉變。【16】

【13】見賀長齡（1785-1848）：《皇朝經史文編》〔臺北：文海出版社，1972年〕，卷26。

【14】《清史稿》卷124，志99，〈食貨五〉，「錢法」條謂：乾隆二年（1737），姠錢價之不平，飭大興、宛平置錢行官牙，以平錢價。（總頁3644）。同頁又謂：（乾隆）十三年（1748）……後以京師錢價昂貴，銀一兩僅易八百文，詔發工部節慎奉錢，以平錢價。

【15】同上。

第二節　包世臣所見白銀外流及銀貴錢賤之背景

清嘉、道年間及首光年間（1821-1850），銀貴、錢賤的問題又再困擾着中國社會。其主要的原因之一，是鴉片輸入改變了中外貿易的形勢。嘉慶二十五年（1820），包世臣作《庚辰雜著二》一文，提到鴉片輸入中國的情況，其謂：

> 鴉片產於外夷，其害人不異酖毒。故販賣者死，買食者刑，例禁最嚴。近年轉禁轉盛……即以蘇州一城計之，吃鴉片者不下十數萬人。鴉片之價，轉銀四位，牽算每人每日至少需銀一錢，則蘇城每日至少即費銀萬餘兩。每歲即費三四百萬兩。統各省城大鎮，每年所費，不下萬萬……每年國家正供，並鹽關各課，不過四千餘萬；而鴉片一項，散銀於外夷者，且倍善於正賦。[17]

踏入十九世紀後，每年都有大量的白銀流出，故道光年間（1821）後，銀貴錢賤的問題愈趨嚴重。故包氏又云：

> 夫銀幣周流，礦產不息。何以近來銀價日高，市銀日少。究厥漏卮，實由於此。況外夷以泥來，內地以銀往，虛中實外，所關匪細。所謂鴉片耗銀於外夷者，其弊於此。[18]

由於清代的貨幣制度是錢、銀並行，銀貴、錢賤對一般平民百姓產

---

[16] 據陳昭南研究，乾隆三十五年前是屬於「錢貴」的階段，而乾隆五十年之後，形勢一變，反成了「錢賤」之局，陳氏又謂：「（乾隆四十年後）錢賤的原因包括銅供應量相對於需求而增加、私錢的流通量激增、新貨幣（錢莊的銀票及國外銀圓等）出現，以及整個社會對於制錢的需要，對於銀兩來說，很可能也在逐漸降低。」分別參考陳昭南：《雍正乾隆年間的銀錢比價變動》，〔臺北：中國學術著作獎助委員會，1966〕，頁34-5、48-54。

[17] 包世臣：《安吳四種》〔臺北：文海出版社印行，1968〕注經堂藏版，卷26《庚辰雜著二》，頁25。

[18] 同上。

生非常深刻的影響。故包世臣說：

小民計工受值皆以錢，而商賈轉輸百貨則用銀。其賣於市也，又科銀價以定數。是故銀少則價高，銀價高則物值昂。又民戶完賦亦以錢折銀，銀價高則折錢多，小民重困。[19]

由上引一段，可以看出包氏認為銀貴、錢賤，對小民有極之的不利的影響，其主要有二：

第一、在社會交易方面：因為一般平民百姓，出賣勞力，傭工受值，所以入的是錢。而商人販賣百貨，都是用銀計值。銀價高等於貨價高，一般平民百姓所處的地位日漸不利。

第二、政府徵收賦稅方面：即是指以銀計數，然後折合錢數，向小民收繳。銀價高則所折合的錢數日漸增多，也使小民遭受不利的影響。

根據上述分析，包氏認為銀價高則使商賈有利，小民的收入多為小數，故多用錢，而富人多用銀。銀日貴、錢日賤，等於將社會財富實行再分配，富人有利，而窮人日愈窮苦。故包氏又說：

天下苦銀荒久矣。本年五月（道光十九年，1839），江西省城銀價長至制錢一千，兑庫紋六錢一分，是銀每兩值錢一千六百三十餘文。下邑不通商處，民間完糧皆以錢折，新喻（縣名，江西省，即包世臣曾短期做官的地方）現行事例，每錢糧一兩，櫃收花戶錢一千八百八十五文。除歸外抵飯辛勞錢五十八文，實歸官錢一千，准庫紋一兩，老幼皆知，今花戶完正銀一兩，連耗至用錢一千八百八十五文，不為不多。況兩年之內，年穀順成，刈穫時穀一石僅值錢五百上下，現當青黄不接，而穀價仍過七百數十文。是小民完銀一兩，非糴穀二三石不可，民何以堪。[20]

[19]《安吳四種》卷26，《庚辰雜著二》，頁1。

[20]《安吳四種》卷26，《銀荒小補說》，頁15。

以上一段，是包世臣用事實為例，說明銀貴、錢賤對小民的影響。由此可見，銀貴、錢賤對小民的不利的情形。

包氏又認為國家因為實行兩種貨幣，即銀、錢並用，正給與商人以投機的機會。商人利用二者市價漲落的機會，乘機賺錢。於是上困官，下困民。他說：

> 查各省上供，年額四千萬兩。除去民欠，報撥之數，每年不過千七八百萬兩。是外省存留，與土僎運幾相半也……至如本省公項，壇廟祭品，文武廉俸，兵餉役食；私用則延請幕友，捐攤抵飯，衙門漏規，漕務兌費。斯不受者，仍旨以銀易鏘應用，故出入之利，皆歸錢店。使市儈操利權，以上困官而下困民。[21]

上引一段，包氏提及到全國各省每年實際收到約有三千六百萬兩，每年由各省「起運」到中央約有一千八百萬兩，其餘一半，約有一千八百萬兩，則「留存」各省供各項支用。包氏又指出，無論是私項、公項，都要先將銀兩兌換成銅錢然後支用。這樣，平民百姓都先要用銅錢兌成銀兩交稅，而稅收的用家又需再將銀兩兌成銅錢來作各項開支。一出一入，則造成錢店爭利的機會。故包氏又說：

> 查向來省城（指江西，南昌）銀價，總之五月奏限，及歲底兌軍之時為極高，以各州縣皆運錢來省兌銀故也。[22]

由於每年的五月及年底，各州縣都運錢來省城兌換銀兩，故銀價也以這兩個時期特別高，此後銀價又會回降。故則出現錢店操縱錢價，投機圖利的機會。這種情形，除了對錢店商人有利外，對政府及人民均屬不利。這種「上困，下困民」的情形，都是因為銀、錢並用的貨幣制度引起。而這種情形，又因白銀外流、銀價日高而嚴重起來。所以包氏認為這種貨幣制度已到了非改不可的地步。[23]

---

[21]《安吳四種》卷26，《銀荒小補說》，頁16。

[22] 同上。

值得注意，嘉、道以來貨幣與經濟的關係錯綜複雜，包氏所瞭解不過是問題的表面而已，其對貨幣理論的知識，實屬有限。然而，身處當時當地的他，受到貨幣變化所帶來的影響，或多或少地啟發到貨幣政策的重要性。包氏的貨幣思想，就是在此等背景下產生。

二、包世臣的貨幣改革方案── 行鈔

包世臣提出他的貨幣主張的同時，朝野人士都提出了改革的意見。包氏曾對此等主張加以評論。【24】他說：

> 唯銀苗有驗，而山脈無準。開礦之家，常致傾覆。當此支絀之時，誰敢以常經試巧爭？鑄大錢尤為弊藪，古多已事。且即民間行用，於銀價仍無關涉。惟行鈔是救弊良法。【25】

包氏在討論過當時對改革幣制的各項意見之後，認為行鈔是挽救當時的貨幣問題的最好方法。所以他又說：

> 是故行鈔之外，更有良法，可以減銀價、復舊規，則自當從長計議。鄙人日夜思維，實無他術。是以持此頗堅。【26】

【23】關於銀價上漲尚有其他重要影響，據王業鍵研究，1830年到1850年間，全國各地物價大約下降了三分之一，影響遍及全國各地。此對農民的打擊尤其嚴重。田賦稅收亦因而受到影響。故王氏認為「當銀價上升，農民所得相對低落時，農民按原定折納銀錢數尚且感到困難；地方官如果按市場銀錢比價而調整折徵價，或者更額外附加，往往遭遇人民抗稅，甚至激起民變。他方面，因為政府支出以銀計算，地方官上繳的稅也必須用銀，如果收稅不按銀錢比價調整，勢必形成田賦的短缺。這種官民交困的情形，正是十九世紀前期普遍發生的現象。」詳見王業鍵，〈十九世紀前期物價下跌與太平天國革命〉，載氏著，《清代經濟史論文集》(二），〔臺北：稻鄉出版社，2003年〕，頁251-288。

【24】《安吳四種》卷26，《致前大司馬許太常書》，頁37。

【25】同上。

可見包氏認為行鈔非但是解決當時貨幣問題的最好方法，而且認為是唯一的方法，所以他非常堅持此種方法。

本節即詳細分析探討包世臣的行鈔思想。

第一節　對貨幣體系的設計

在包世臣的設計中，是將原有的「銀銅複本位」，改變為錢的單一本位，而以鈔作為錢的代用券，以補錢的繁重之弊。包氏說：

> 其要唯在明示以錢為幣，使銀從錢，以奪銀之權歸之於錢，而變錢之用操之鈔……法宜先布明文，公私各項，一切以錢起數，錢隨市價，以準錢數。錢繁重，其總統輕齎之便悉歸鈔。鈔則重，而民趨之矣。[27]

又說：

> 欲救此弊，唯有專以錢為幣。一切皆以錢起數，而以鈔為總統之用，輔錢之不及。[28]

從以上兩段，見到包氏再次說明：「一切以錢起數」，即是只有一個計價標準，即是錢。在道光年前，社會上有兩個標準，即銀與錢，一件商品，可以說它值銀多少兩，亦可以說它值錢多少文。兩者的價值又因時而變，弊端則因此而生。包氏提出行鈔的主張，即是想將原來的兩個標準，也就是將貨幣的複本位制改變為單一本位制。

上引文「一切以錢起數」，即一切都用錢來作計價標準。在道光年間，銀、錢並行，而一切以銀起數，以錢從銀，一切弊端，由此而起。所以包氏說：「欲救此弊，唯有專以錢為幣。」[29] 即是把當時的銀、

---

[26]《安吳四種》卷 26，《答族子孟開書書》，頁 35 。

[27]《安吳四種》卷 26，《致前大司馬許太常書》，頁 38 。

[28]《安吳四種》卷 26，《再答王亮生書》，頁 11 。

[29] 同上。

錢複本位制，改為錢的單一本位制。「專以錢為幣」，即是只有錢是唯一的貨幣。包氏主張行鈔，並不是在錢之外更造一種貨幣，鈔只是錢的代用券，是因為「錢質繁重」，在大多數量的交易及高價值的交易，用錢不方便，所以要用鈔。而鈔的面值仍然是用錢作計算標準。這樣，鈔既然可以補救了錢的繁重不便的弊端，又不會破壞了錢計算的單一性。所以包氏說：

> 錢質繁重，其總統輕齎之便悉歸鈔。[30]

又說：

> 一切皆以錢起數，而以鈔為總統之用，輔錢之不及。[31]

以上均可以看出行鈔的本意。

第二節　鈔的造法

首先，是造鈔所用的紙張。為避免私造，包世臣認為，用來造鈔的紙張，質地應極優良，而且製造的方法應該保密。包氏的設計為：

> 鄙意以為：鈔既以紙為之，必先選紙近高麗鏡面，及敝鄉貢宣，皆至精好。宜先徵兩處好匠合為之，兩匠徵至，使中官學之，商和合之法，使中人學之，而終身給兩匠，不使出。製成先蓋印，發紙式於直省，偏行曉諭，使民人先識紙式，作偽者無所用力。[32]

上引一段，是包氏所設計的造鈔紙的方式。他構想將高麗鏡面紙，及安徽省貢宣紙合而為一。方法是在兩地各徵一匠人至京師，在中官的領導下，研究將兩紙合而為一的製造方法。研究成功之後，再由兩匠指導，將造紙的工作，授與官中太監，而最初徵用的兩個匠人，則由政府終身

---

[30] 同上。

[31] 同上。

[32]《安吳四種》卷26，《再答王亮生書》，頁8。

僱用不得出宮。如此，鈔紙的製造方法，外間無由得知，因此亦無法偽造。

鈔紙造成之後，由政府蓋印，將紙張樣本頒行各直省，使各宜省人民先認識鈔紙式樣，避免奸商用別樣式紙張造鈔，而瞞騙人民。

包氏在《再答王亮生書》中，又提到鈔的造法。他說：

> 世臣前答足下書所云，取高麗及貢宣兩紙之匠與料，領於中官，和合兩法為紙，即使中官習其法，而匠則終身不使出。其紙既垂久遠，而外間不得其法，無可作偽。[33]

上引一段，是說取二者之「匠」與「料」，亦即是用二者的技術與原料，合而為一造成一種新的紙張。由於這是一種新的造紙方法，外間無從得知，所以也無法偽造。

其次是鈔的形制，包氏說：

> 然鈔有大小，則紙亦隨之。雖毛小之鈔，皆令四面毛邊。更放宋紙寬簾之法，使簾紋寬寸以上又用麗髮牋之法，先製數大字於夾層之中，正反皆見。此為尤要也。[34]

由上引一段，可見包氏所設計的鈔之形制。鈔以面額分大、小。但不論大鈔、小鈔，鈔紙的四周都有一寸寬的毛邊。而且用高麗髮牋的方法，在紙的夾層中，先造幾個大字，使正面、反面都可看見。這種設計，是儘量提高製造鈔紙的難度，使外間無法偽造。

第三節　鈔的面額及發行額

關於鈔的面額，包世臣在《答王亮生書》中說：

> 乃至鈔式，或以五百文起數，或以千文起數；或以三十千止，或以百千止。斷不可更大。[35]

---

[33]《安吳四種》卷 26，《再答王亮生書》，頁 9-10。

[34] 同上，頁 10。

[35]《安吳四種》卷 26，《再答王亮生書》，頁 8。

而在《答王亮生書》中又說：

鈔一始於一貫，一錠之數也；終於五十貫，一寶之數也。[36]

以上所引兩段，稍有出入，然而差別不大。仍可看出包氏對造鈔面額的上、下限。他認為鈔的面額最小為五百文或千文，最大也不能超過百千。而且強調說：「斷不可更大。」[37] 他在同書又說：

如尊說，至千貫以便藏者。原行鈔之意，以代錢利轉移耳。非以教藏富也。尊議云：造百萬即百萬，造千萬即千萬，是操不涸之源之方。從來鈔法，難行而易敗，正坐此耳。[38]

包氏認為鈔的面額最大者為百千，即是百貫。其又說：「斷不可更大」，[39] 亦即是說：斷不可大過百千。他又認為行鈔的原義，是「以代錢，私轉移耳！」[40] 並不是為了方便收藏。所以認為「斷不可更大」。而且他非常不同意無限制發行，認為那正是歷代行鈔所以失敗的原因。

關於鈔的發行數額，包氏說：

初屆造鈔，以是當一歲糧之半為度，陸續增造，至倍於歲入錢糧之數。循環出入，是利民用即止。[41]

包氏認為當時，清廷每歲財政收入約為四千萬兩。為照銀每兩值錢千文的比價換算，即等於四千萬貫，歲入錢糧之半數，即為二千萬貫。是則包氏的設計，第一年造鈔之數，約為二千萬貫，陸續增造，至八千萬貫為止。所謂：「循環出入，足利民用」的意思。即是說，人民用鈔繳納

---

[36]《安吳四種》卷26，《再答王亮生書》，頁12。

[37] 同上。

[38] 同上。

[39] 同上。

[40] 同上。

[41]《安吳四種》卷26，《再答王亮生書》，頁12。

錢糧，每年用四千萬貫，而政府收到四千萬貫的鈔之後，又以各種形態的支出，如官俸、兵餉、伕役及各項購買等，流入社會，而社會上又有了四千萬貫的鈔，作為下年徵納錢糧之用。結果是政府共發行八千萬的鈔，一半在官，一半在民，循環出入，永不息止。

第四節　鈔的發行

至於鈔的發行方法，包世臣的設計是：

> 造鈔既成，由部發各布政司，轉發州縣。州縣必立鈔局，與民平買賣。其水陸大鎮店去處，由司設局。大要賣鈔收銀，必照市價。傾鎔批解之費，不可以累州縣。宜據旬報為準，州縣之九四折解司，司以九七折解部。富民見行鈔之變，知良價必日減，藏鏹必出。鏹出產多，而用銀處日少，銀價必驟減。[42]

造鈔的權利，由中央政府獨佔，地方政府是不能造鈔。所以，包氏說：「造鈔既成，由部發各布政司，轉發州縣。」亦即是由戶部分發給各省的布政司，各布政司再分發給本省的各州縣，而各州縣則設置鈔局，賣鈔與人民，有些水陸碼頭，較大鎮店，亦須由布政司設鈔局，賣鈔與人民。

人民用銀買鈔，包氏認為應照市場價格，不須要由官府規定比價。鈔局賣鈔的收入，每十天結算一次，各州縣賣鈔的收入解交各省的布政司，各布政司轉解戶部。各州縣設局賣鈔，及各布政司辦理轉發、轉解事宜，均需要經營開支，所以包氏認為州縣以九四折解交布政司，即留下百分之六作為經費，而各布政司以九七折解交戶部，留下百分之三作為經費。

為了使人民願意表接受用鈔，並希望使鈔成為社會流行的通貨，包

[42]《安吳四種》卷26，《再答王亮生書》，頁12。

[43]《安吳四種》卷26，《與張淵甫書》，頁7。

氏認為政府應該規定，一切公項收入，必須用鈔繳納。他說：

唯未議行，先議收，乃可行、可久。其收入也，在內捐級，捐封，捐監；在外完糧，納監必以鈔。則不脛而走。[43]

又說：

其行之，必自上始。未議行，先議收。收之現行捐例為最妙，凡上兑非鈔不行。先赴局買鈔，指數以錢起算。銀以照時價，無以例價累監生。州縣徵解錢糧，關榷徵收，皆收鈔，非鈔不行。不過一年，民心趨於鈔矣。[44]

又說：

世臣前致瀾甫書所云：未議行，先議收，而收之莫為正供、常例二事，儘之矣。[45]

從上引二段，可以看出包氏的用意是為了使人民對鈔有信心，進一步使整個社會普遍接受、普遍流通，最好的辦法是由政府規定，人民向政府納稅，及捐官，一定要用鈔。如果用銀，亦要按照規定到各鈔局買鈔，再要鈔來編納。包氏以為，如果由政府率先收鈔，則不到一年，人民對鈔的信心就會建立起來。

包世臣就紙幣流通的原理作了解釋，其謂：「馭貴之易者，以其有實也……統計捐班得缺者，不過什之三，然有此實際，則能以實馭虛。蓋實必損上，而能馭虛，則上之受益無窮，而天下亦不受損，此其所以為妙用也，但非短視諸公所解耳！」[46]這一論點，說明了包氏認為部分兌現準備金，即何保證全部紙幣的流通。這段史料出於包氏口中，不過在〈再答王亮生書〉卻已刪去，這很可能是包氏後期思想作了轉變之

[44]《安吳四種》卷26，《再答王亮生書》，頁8-9。

[45] 同上。

[46] 轉引自葉世昌、李寶金、鍾祥財：《中國貨幣理論史》，〔福建：廈門大學出版社，2003年〕，頁216。

故。總言之，包氏對於準備金的主張並未有完整的思想。

第五節　行鈔之後對銀的安排

包氏對於行鈔之後，銀的地位如何安排，亦有詳細的討論。他認為「……亦不廢銀，而不以銀為幣，長落聽之市人，則藏鏹者不嗟失業，無以肆其簧惑之說。」[47] 其意見是行鈔之後貨幣體系之中，錢作為本位幣，而鈔作為錢的代用券。鈔的面額亦是以錢為計算單位，其作用是補救錢的繁重之弊，而在高價值交易及大數目支付、轉移時，則用鈔代錢。至於銀兩，則仍准買賣，仍然是一種貴金屬，是一種有價值的商品。也即是說，銀兩有限地在市場上流通，至於銀的價格，則完全聽由市場決定。由此可見，包氏已經察覺到價格取決於市場的規律，這是他獨到之處。所以包氏說：

銀從錢價，不拘一文一釐之例。行之稍久，銀自消退矣。[48]

所謂「不拘一文一釐之例」，是說解除從前銀與錢的法價規定。因為清朝錢法規定，銀每兩等於一千文，錢一釐等於錢一文。包氏以為行鈔之後，銀不再是「法幣」，故就不再需要維持銀與錢的比價了。

不過，葉世昌認為「不以銀為幣」是指不以銀作為計算單位，而非不以銀作為貨幣流通。[49] 事實上包氏在《安吳四種》卷26曾謂：「部餉、甘餉、貴餉等項，萬不能不解銀」[50] 至於江浙、兩楚、與江西等六省等富裕地區，則把銀存留地方，「如是，則六省所減用銀之數，幾及千萬」。在各省正供年額四千萬兩之中，僅佔四分之一，由此可知，

---

[47]《安吳四種》卷26，《與張淵甫書》，頁7。

[48]《安吳四種》卷26，《再答王亮生書》，頁8。

[49]葉世昌：《鴉片戰爭前後我國的貨幣學說》〔上海：上海人民出版社，1963年〕，頁30-32。

[50]《安吳四種》卷26《與張淵甫書》，頁16。

以錢代銀之議，在特定的情況下有所例外，[51] 包氏又謂：「如是，則六省所減用銀之數，幾及千萬」[52]，更重要的是王鎏《錢幣芻言續刻》說：「先生（包世臣）尚欲銀鈔兼行，而鄙（王鎏）見則既有錢鈔二者為幣，則銀自可廢耳。」[53] 由此可見，包氏以錢代銀之議，很可能有一定的局限，並非全面性的以錢代銀。

無論如何，到底是把銀兩排出貨幣體系之外，抑或是讓其有限地流通，這故反映了包氏的設計無疑已經否定了由普通金屬貨幣發展到貴金屬貨幣的歷史發展的趨勢。[54]

三、包世臣與王鎏在行鈔思想的異同

包世臣提出他的貨幣思想的同一時期，有一些官員及學者都對改革當時的貨幣制度，提出不同的意見。包世臣說：

> 中外大吏，頗亦憂此。條畫救弊，其說有三：一開礦，一鑄大錢，一行鈔。熒惑阻撓，迄無成議。[55]

上引一段是指當時有許多中外大吏，都對當時的貨幣制度感到憂慮，而紛紛提出不同的改革意見。這些意見，又可歸納為三種不同的主張一種是開礦，另一種是鑄大錢，一種是行鈔，而朝中又有一部份人反對改革，加以阻撓，所以到現在都沒有定論。

當時提出改革者甚眾，其中魏源、梁章鉅、許作屏、林則徐等尤為凸出。[56] 但對包氏貨幣思想影響最深的卻是王鎏（1786-1843）（字子

---

[51] 同上。

[52] 同上。

[53] 王鎏：《錢幣芻言續刻》，頁12。

[54] 趙靖主編：《中國經濟思想史》〔北京：北京大學出版社，2002年〕，頁2076。

[55]《安吳四種》卷26《致前大司馬許太常書》，頁37。

謙，一字亮生，江蘇吳縣人。）[57] 另外，同時代著名思想家魏源（1794-1843）[58] 在《軍儲篇》一文中說：

> 近世銀幣日窮，銀價日貴。於是有議變行楮幣者，其說倡於嘉慶中鴻臚卿蔡之定[59]，推衍於近日吳縣啫生王鎏。且述崇禎時部臣議行鈔十便曰：……[60]

由此可見王鎏是當時倡議行鈔的代表人物之中。

由於包氏並沒有專門貨幣思想的著作，而他的貨幣思想是經過相當長久時間的構思，直至讀到王鎏的《鈔布芻言》之後才引為知己，並把自己的思想用書信的形式與王鎏商榷的「互動」中表達出來。為了進一步瞭解包氏的貨幣思想，須以二人思想的異同進行比較。

道光十二年（1832），包氏收到友人張淵甫寄來王鎏所著《鈔幣芻言》，立即回信說：

> 瀾甫先生閣下：承示亮生先生著，折服、折服。世臣力持此論三十年，而不學無術，未能心執詭詭者之也。今王君廣徵博引，根據槩然，必有能舉之者，但遲遲不可知耳。[61]

---

[56] 馮天瑜、黃長義：《晚清經世實學》〔上海：上海人民出版社，2002年〕，頁235-247。

[57] 同上，頁236-239。

[58] 魏源，字漢士、默深，湖南邵陽人。生於乾隆五十九年三月二十四日（1794年4月23日）於湖南邵陽，咸豐七年三月一日（1857年3月26日）歿於杭州。

[59] 按：《清朝文獻通考》「嘉慶十九年論」謂：「侍講學士蔡之定奏請用楮票一摺，前代行用鈔法，其弊百端，小民趨利若鶩，楷幣較之金錢，尤易作偽，必致訟獄繁興，麗法者眾，殊非利民便民之道。……蔡之定著交部議處，呐為妄言亂政者戎。」可見蔡之定提出行鈔議後，反遭上諭駁斥，而其主張的具體情形，亦無從得知其詳。

[60]《魏源集》下冊，《軍儲篇三》，頁479。

[61]《安吳四種》卷26，《與張淵甫書》，頁7。

其後，包氏又直接寫信給王鎏。在信中說：

> 亮生先生閣下，都中由瀾甫得讀大著，欽佩之至。……行鈔之說，分於癸酉年（按癸酉年為嘉慶十八年，1813）痛發此議，惟未有成書。及讀尊刻，徵引詳確，是以樂得同志。[62]

可見包氏在見到王鎏的著作之後，確有知己之感，並且抒發了自己的思想。在行鈔思想方面，包氏與王鎏相同之處甚多，但也有一些關鍵性的地方，則與王鎏不同。下文即將二人在行鈔思想方面，作一比較，希望藉此更能對包氏的行鈔思想有深入的瞭解。

第一節　關於鈔的製造

首先是造鈔所用的紙張，兩人都主張造鈔的紙張必須精好。王鎏說：「造鈔必特選佳紙，潔白光厚耐之者也。」[63]又說：「既用造鈔，即禁民間不得買賣此紙。」[64]包氏的主張與王鎏相同，主張鈔紙應極精好。並且提出具體做法，是取高麗鏡面紙及貢宣紙的匠與料，合而為一。並說在兩地各召一匠人至官中，領於中官，即使中官習造紙之法，而兩匠終於身不使出，則造紙的技術不致洩於外。包世臣如此注重造紙之法，是為了防止偽造。因為他認為妨礙鈔法通行的，有兩種因素：「一則細民不信從，一則匪人為奸利。」[65]但他認為如果杜絕奸民偽造，則只需提高造紙的難度。所以他說：「杜匪人之奸利，世臣前答足下書所云：取高麗及貢宣兩紙之匠與料，領於中官習其法，而兩匠則身不出。其紙即可垂久遠，即外間不得其法，無可作偽。」[66]可見兩人

---

[62]《安吳四種》卷26，《再答王亮生書》，頁8。

[63]王鎏：《鈔法條目》，收於趙靖、易夢虹主編：《中國近代經濟思想資料選輯》，上冊〔北京：中華書局，1982年〕，頁220-223。

[64]同上。

[65]《安吳四種》卷26，《再答王亮生書》，頁9。

[66]同上。

在這一方面的主張基本相同；而包氏的設計更為具體有效。

其次是造鈔的權利。王鎏在《錢鈔條目》中，並未說明造鈔的權利何屬，但在他列舉紙幣的優點時則說：「萬物之私權收之於上，布之於下，則尊國家之體統。」可以確知他所設計的造鈔權利，是歸於中央政府。

包氏在這一點上，與王鎏相同。前面所述包氏的設計，造鈔所用的紙張由中官領導。又說：「取高麗及貢宣兩紙之匠與料，領於中官，和合兩法為紙，即使中官習其法，而兩匠則於身不出。其紙張即可垂之遠，而外間不得其法，無可作偽。」[67]可見造鈔的紙張，是宮製造，地方政府不得製造。但以上所述，僅是造鈔的紙，至於造鈔，是否與造紙同一機構，或是由中官造紙，而另委機構造鈔，並未說明。但包氏又說：「造鈔既成，由部發各布政司，轉發州縣。」[68]可以看出造鈔的權利歸於中央政府，而各直省不得造鈔，所以要「由部發各布攻司」。[69]「戶」應是指戶部，也就是中央政府中的財政部門。所以，不論造紙、造鈔是否同一機構，而造鈔的權利歸於中央，地方政府不得造鈔，則無疑問。

第二節　關於鈔的面額及發行數量

首先討論面額，王鎏在《錢鈔條目》中，具體地說明鈔的面額分為七等，即千貫、五百貫、百貫、五十貫、十貫、三貫、一貫。包氏則未有確切地說明鈔的面額，而只是說出他的原則。即是：

> 或以二五百文起數，或以千文起數，或以五十千止，或以百千止，斷不可更大。[70]

---

[67]《安吳四種》卷26，《再答王亮生書》，頁8。

[68]《安吳四種》卷26，《再答王亮生書》，頁9-10。

[69] 同上。

[70]《安吳四種》卷26，《再答王亮生書》，頁8。

又說：

鈔宜始於一貫，一錠之數也。終於五十貫，一寶之數也。[71]

上引二段，可以看出包氏對鈔的面額之構想，是最小面額為五百文或一千文（一貫）；最大面額為五十貫至百貫。

包氏不贊成面額太大。他說：「斷不可更大」亦即是說，面額不可比一百貫再大。他在信中對王鎏說：

如尊說（指王鎏），至千貫以便藏者。原行鈔之意，以代錢，利轉移耳。非以教藏富也。[72]

他說行鈔是為了流通，為了解救制錢不便轉移的困難；不是為了教人收藏。

其次再討論到發行量，包氏說：

初屆造鈔，以是當一歲錢糧之半為度，陸續增造，至倍於歲入錢糧之數。循環出入，足利民用即止。[73]

是包氏認為鈔的發行額最大限量為國家歲入的兩倍，照當時歲入為銀四千萬兩計算，鈔的發行額最多不能超過八千萬兩相等的價值，亦即是大約在八千萬至一萬萬貫。包氏不同意王鎏無限量發行的意見。他說：

尊議云（指王鎏）：造百萬即百萬，造千萬即千萬，是操不涸之源之方。從來鈔法，難行而易敗，正坐此耳。[74]

王鎏是主張大量發行的，他並且認為這是鈔法的優點之一。他認為用銅鑄錢及用銀為幣，都受到幣材數量的限制，不能無限量的鑄造，所以國家用度不足。唯行鈔可以大量發行。他並且十分樂觀地認為在行鈔之後「國家財用不竭，則消姦民逆矣。」[75]又說：「漕務、河務、鹽務、皆

[71]《安吳四種》卷26，《再答王亮生書》，頁12。

[72]同上。

[73]同上。

[74]同上。

[75]《皇朝經世文續編》，王鎏：《鈔法優點》第四條。

有積弊，人不敢議者，恐經費不故也。行鈔無難更定章程矣。」[76] 又說：「國計大裕，捐例永停，即捐銜亦可無庸，則重朝廷之名器。」[77] 可以看出王鎏認為行鈔之後，由於幣材易得，而面額隨意，所謂「造百萬即百萬，造千萬即千萬。」可以無限量的發行，國用充足，一切行政推行，均不受經費限制了。但包氏反對此種意見，認為歷代行鈔之所以失敗，多是因為大量發行。所以他主張發行數量必須嚴格控制。

第三節　包世臣構想的發鈔機構

關於發鈔機構的設想，包世臣說：

> 造鈔既成，由部發各布政司，轉發州縣，州縣必立鈔局，與民平買賣。其水陸大鎮店去處，由司設局。大要賣鈔收銀，必照市價。[78]

由上引一段，可見包氏所設計的發鈔機構，是由州縣所設置的鈔局。另有距州縣較遠，但係水陸大鎮店去處，亦由布政司設局賣鈔。

王鎏在這一點上與包氏不同。他以為應將賣鈔的任務，由政府委託民間的私營的錢莊。他說：

> 以鈔與大錢發與錢莊，即禁其私出會票、錢票。如領鈔及大錢滿一萬貫者，半年之後，覆其換銀若干，以一分之利與錢莊，止收銀九千貫之數；又以一分之利與百姓，止收千千貫之數。[79]

可見王鎏在這一方面的設計與包氏大不相同。包氏主張由官（州縣）設局賣鈔，王鎏則主張由官府委託私人錢莊賣鈔，王鎏的構想，在將鈔與大錢交與錢莊發賣的同時，即禁止錢莊私出會票、錢票，在本質上，與

---

[76] 同上，第十條。

[77] 同上，第十一條。

[78]《安吳四種》卷26，《再答王亮生書》，頁12。

[79] 王鎏：《鈔法條目》，收於《中國近代經濟思想資料選輯》，上冊，頁220-223。

鈔有相同的作用，並且與官鈔有互相競爭的作用。如果在行鈔之後仍然准許錢莊私錢票、會票，可能造成混亂，及對官鈔的流通造成阻礙。所以要禁止錢莊再私出錢票、會票。

錢莊私出錢票、會票，當然會賺取某些利潤，政府禁止其繼續私出錢票、會票，或為私人錢莊所不願。於是王鎏設計，將發鈔委託錢莊，使其可以賺取十分之一的利潤，同時禁止其私出錢票、會票，作為補償條件。

這是王鎏較包世臣高明的一點。

包氏主張由州縣設局發鈔，但對行鈔之後，官鈔與錢莊私出之錢票、會票同時流通，而造成的互相競爭的混亂局面，並沒有顧慮到。

包氏在《與張淵書》中說：

> 世臣平日謂：今之官照及私行之會票、錢票，即鈔法，何不可行之有？[80]

可見包氏非常明白私行之會票、錢票，在本質上，實與官鈔相同。既與官鈔相同，則會與官鈔發生競爭，對官鈔的流通有阻礙的作用。為此，則在行鈔之後，官方由鈔局賣鈔，錢莊則競出會票、錢票，其情形如何？包世臣並未有預防的設計。

第四節　行鈔之後銀的地位

本文開始時已經提及過，清朝的貨幣體系中，銀的地位非常重要。包氏與王鎏都主張，在行鈔之後，將銀兩在貨幣體系中排出來，亦即是由銀、錢的雙本位制，變為錢的單本位制。這一點是他們二人的相同之點。但是在銀兩被排出貨幣體系之後，其地位為何？二人的主張則不同。

包氏主張在行鈔之後，銀有限地不再作為貨幣流通，而銀的價格由市場決定，不須在維持銀兩與制錢之間的法價。他認為在行鈔之後，

[80]《安吳四種》卷26，《與張淵甫書》，頁7。

「亦不廢銀，而不以銀為幣，長落聽之市人。」可見包世臣的意思是：銀不再為貨幣，脫離了貨幣的系統之後，還其本來之身份，作為一種商品，一種貴金屬，在市場上流通，其價格按照市場供求法則所決定。也即是說銀除了不再作為貨幣外，可以以其商品身份在市場上流通。王鎏的意見則比較極端，他為了急於使鈔法通行，而主張廢銀。照王鎏主張，銀除了買少之外，不能作其他買賣，不能用銀買任何貨物，藏銀之家，為欲用銀買物，須先用銀購鈔，用鈔買物。換言之，銀除了買鈔之外，不能作任何用途。所以他說：

> 商人與外洋交易，但准以貨易，不許以銀。如彼國以銀來，則令其先易中國之鈔，然後准其買賣也。[81]

商人與外洋交易，中國商人不能用銀買外國之貨物，當然可以用鈔，但外國商人不會收中國之鈔，所以王鎏說：「但准以貨易，只准商人如用銀來買貨，不許用銀買賣。外國商人如用銀來買貨，亦須令其用銀買鈔，然後用鈔購貨。」所以按照王鎏的主張，行鈔之後，在中國社會，銀只能用來買鈔，不可作他用。

包氏不同意王鎏的意見，他在信中對王鎏說：

> 足下欲於行鈔之後，即下廢銀之令。仍恐懷銀者失業，斟酌許其為器，取今值之一半。足下假藏鏹大萬，在數年即折閱其半，諒亦甘從令也。[82]

他又說：

> 中土既禁用銀，只許為器，得半價，是正可用以買土(按：即鴉片)。豈不驅銀盡入外夷乎？[83]

---

[81] 王鎏：《與包慎伯明府論鈔幣書》，收於《中國近代經濟思想資料選輯》，上冊，頁224-232。

[82]《安吳四種》卷26，《再答王亮生書》，頁10-11。

[83] 同上，頁13-14。

包氏反對王鎏廢銀的主張，認為若欲廢銀，則正加速鴉片輸入中土，其後果更為可怕。

與包氏同時期的魏源，對此點亦有同感。他說：

> 王氏《鈔幣芻言》謂：果欲行鈔，必盡廢天下之銀然後可行。……今日果禁銀行鈔，不過盡毆紋銀於西洋，其不可行四也。……[84]

是魏源與包氏都認為禁用銀，必然會加速白銀外流的情形。

所以包氏認為需使銀有限地不再為貨幣，而令其作為一種商品流通即可。一切市場買賣，均改為以錢計價，不以銀計價。銀可以來買鈔，亦可以來買貨。但銀與制錢的法價不須再維持，銀的價格由市場決定。

包世臣預測，在行鈔之後，銀的需求漸漸減少，銀價自會漸次降低。他說：

> ……（鈔的面額）或以五十千止，或以百千止，斷不可更大。不及數者以銀行，專零者以錢行，銀錢湊數者，各從其便。銀從錢價，不拘一文一釐之例。行之稍久，銀自消退矣。[85]

從上引一段，更可看出包氏的設計中，銀的地位，銀不再是貨幣，但仍不禁止其流通，只是失去了「無限法償」的地位，銀與制錢原來的法定比價，即一文錢等於一釐銀子的法價不再維持。時間稍久，銀的地位及重要性，自然消失。他又說：

> 富人見行鈔之便，知錢價必日減，藏鏹必出，鏹出產多，而用銀處益少，銀價必驟減。[86]

在道光年間，銀、錢並行的貨幣制度之下，由於白銀外流，銀價日高。包氏看出：當時銀價日貴，其原因不僅是白銀外流日甚，而又因為富戶

[84]《魏源集》下冊，《軍儲篇三》，頁481-482。

[85]《安吳四種》卷26，《再答王亮生書》，頁8。

[86] 同上。

窖藏愈多。因富戶多以為，藏銀則價日漲，藏錢則價日跌。

包氏以為，行鈔之後，銀兩作為優勢的貨幣的地位失卻，富戶不再藏銀，爭相易鈔，銀價自會下跌。但包氏認為銀價下跌的過程，聽由市場的決定；政府不須強制規定。這是他與王瑬所不同的地方。[87]

結論

包世臣在清朝道光年間因白銀外流日甚，銀貴錢賤問題日形嚴重，以致國用日絀，官民皆困的情形下，提出他的行鈔的主張，可以說是救弊良方。但因為清政府，鑒於明初大明寶鈔失敗的歷史教訓，不敢輕於改革，包氏的主張也未曾發生任何的反響。平情而論，包氏的見解可說得上平實周到，當時貨幣制度的弊端，最關鍵處是錢從銀價，一切以銀起數。而提出行鈔之議，以鈔代替銀的地位。普通金屬貨幣發展到貴金屬貨幣雖然是歷史發展的趨勢，但當時白銀大量外流，而白銀是當時的主要貨幣，大量外流使到貨幣量銳減，導致通縮，以及造成經濟衰退，清政府又無法阻礙。包氏試圖使中國的貨幣制度，擺脫了白銀外流的壓力，這是他比起同時代如王瑬、魏源、林則徐等人的主張，更能切合現實的需要。

根據貨幣發展史的觀察，紙幣發行是從「金屬主義」(Metallism)轉向為「名稱主義」(Nominalism)的路徑趨向。包氏提出行鈔的主張，可說較進步的見解，比起同時代的人物，不無卓見之處。貨幣學中紙幣的發行的過程，又可簡單概括為兩個不同的階段，第一階段是可以兌現的貨幣，第二階段才是不兌現的貨幣。在一個習慣用金屬貨幣的社會，在一個「實物主義」仍佔上風的社會，如一開始就行用不兌現的紙幣，成功機會自然不高。所以，多數社會在開始行用紙幣時，多是兌現的紙

---

[87] 王瑬：《錢幣芻言續刻》，頁13。

幣。即由法律規定某一特定面額的紙幣，可以隨時要求兌換一定數目的金屬貨幣，或可要求兌換到一定份量的貴金屬，作為對紙幣持有人的信心的保證。持有人對紙幣有信心，就會放心地接受及持有紙幣，紙幣於是可以通行於整個社會。在一個社會流通紙幣時間的稍久，一般人民對紙幣在社會經濟之中所扮演的職能亦有較高的認識，紙幣則可以不再依靠它的兌現能力，而仍可流通。此時方可開始行用不兌現的紙幣。

道光年間，社會上仍然習慣使用金屬貨幣，「名稱主義」尚無法得到一般人民的接受。在這種情況下，要行用不兌現的紙幣相當困難。而包氏的行鈔提議，並沒有兌現的準備，實是相當失策，可說是其貨幣理論的一大敗筆。

反觀魏源在《軍儲篇三》一文中謂：

> 唐之飛錢，宋之交、會子，皆以官錢為本，使商民得操券以取貨，持以輕易重，以母權子。其意一主於便民，而不在罔利，猶是周官質劑之遺。譬如以票券錢，非即以票為錢，以窩引中鹽，非即以窩為鹽，皆有所附麗而行之。至蔡京改行鈔法，則無復官錢，直用空楮，以百十錢之楮，而易人千萬錢之物，是猶無田無宅之契，無主之券，無鹽之引，無錢之票。[88]

可見其反對紙幣，主要是反對不兌現性，至於唐朝的飛錢，及宋朝的交子、會子，均因為有官錢為本，也就是有兌現的準備，所以魏源並不反對。

問題的癥結是到底包世臣是否不知道兌現與否對紙幣能否成功地行用的關係呢？他或許是知道的，故他也提出了「行鈔則虛實相權」的理論，可是畢竟沒有發展出兌現鈔法的具體方法。其實，在道光年間，國家財政已呈窘態，為行用兌現之鈔，則會大費周張，而用何物作準備，亦大費思量。用銀，而當時白銀外流，銀日少，用錢，而錢日賤，或

---

[88]《魏源集》下冊，《軍儲篇三》，頁479-480。

銀、錢並用，則更形混亂，所以包氏的行鈔之議，不作兌現的安排，其原因或在於此，後人不應隨意責難，而忽略了包世臣貨幣理論的合理性。

總而言之，包氏認為「專以錢為幣一切公事，皆以錢起數，而以鈔為總統之用，輔錢之不及」。換言之，是將原有的銀、錢複本位，改變為錢的單一本位，而以鈔作為錢的代用券。本質上即是國家財政收支及民間貿易，都用制錢作為計算單位及價值尺度，紙幣亦以錢貫為單位，而廢除銀作為計算單位，其發行是為了解決巨額貿易時單位價值低及長程運送的困難。由此可見，包氏簡單地相信只要通過政府的力量，便能在財政收支及產品流通範圍內作到「以銀從錢」，這與他堅信銀按照市場需要定價的規律產生衝突，這點正是被眾多現代學者批評其幣制理論無法落實的主要原因之一。

翁方綱與《四庫全書》

何廣棪*

提要

清高宗弘曆從乾隆三十七年（1772）至乾隆四十七年（1782），耗時十載，頒御旨以命令四千餘儒臣戮力編輯《四庫全書》，翁方綱躬逢其盛，辛勤參與編輯工作。又擔任撰作《四庫全書》提要，惟所撰《四庫全書提要稿》嗣後散出，至宣統年間曾獲著名藏書家劉承幹珍藏，後又輾轉為澳門何東圖書館購得，庋藏館中。翁氏嘗針對一千多種典籍撰寫提要，其提要稿對紀昀之編撰《四庫全書總目》至具影響與裨助。《四庫全書》編輯完竣，先後繕成七分，其中文溯閣本，收藏於盛京之奉天（今瀋陽）。乾隆五十五年（1790）四月至七月間，翁氏追隨陸錫熊奔赴奉天，將全書詳校，甚具勞績。上述之事，趙爾巽《清史稿》翁傳竟無片語載及。而其他史籍縱有記述，則甚簡略。故本文乃分「翁方綱之參修《四庫全書》」、「翁方綱所撰之《四庫全書提要稿》」、「翁方綱之校讎文溯閣《四庫全書》」三項詳作考述，用補《清史稿》及相關史籍記載之闕略，並期能對翁氏與《四庫全書》之情事，作較翔實之探討。

壹、緒言

《四庫全書》，清高宗弘曆從乾隆三十七年（1772），以迄四十七年（1782），耗時十載，頒御旨以委任四千餘儒臣分工合作，戮力編輯而成

*臺灣華梵大學東方人文思想研究所教授。

者也。全書分經、史、子、集四部，收書三千五百零三種，七萬九千三百三十七卷，三萬六千三百一十五冊，總字數在九億九千七百萬以上。此書將乾隆以前中國歷代主要典籍囊括殆盡，堪稱我國歷史上卷帙最富之文化叢書，亦屬十八世紀中葉世界上規模最大之鴻篇巨製。

《四庫全書》先後繕成七分，分藏北京紫禁城之文淵閣、圓明園之文源閣、熱河行宮之文津閣、奉天行宮之文溯閣、揚州大觀堂之文匯閣、鎮江金山寺之文宗閣、杭州聖因寺行宮之文瀾閣。前四閣之書，僅備帝王御覽；後三閣之書，則開放以供江浙士子觀閱謄錄，用昭國家藏書美富、教思無窮之盛軌。

四千多名儒臣編輯《四庫全書》之同時，尚編纂有《四庫全書薈要》、《武英殿聚珍版書》、《四庫全書總目》、《四庫全書簡明目錄》、《四庫全書考證》等。上述書籍，資料宏富，對治學兼具指導價值與效用，為研究中國文化學術不可或缺之寶典。

拙文研究之翁方綱亦屬編輯《四庫全書》之儒臣，其時之職銜為「校辦各省送到遺書纂修官」，[1] 並負責撰作提要。其所撰《四庫全書提要稿》現有抄本傳世。[2] 又翁氏於乾隆五十五年（1790）四月至七月間曾隨從陸錫熊赴奉天詳校文溯閣書籍。惟上述諸事，《清史稿》及其他史籍或無一字之記錄，或偶有記載而殊為簡略；至今人沈津先生所撰《翁方綱年譜》記述上述各事亦偶欠翔實，且微有錯誤。茲無妨略事徵引資料，說明如下：

趙爾巽等撰《清史稿》卷四百八十五、〈列傳〉二百七十二、〈文苑〉二有方綱傳，所記翁氏生平及宦歷云：

翁方綱，號覃溪，大興人。乾隆壬申（1752）進士，選庶吉士，

[1] 參見中國第一歷史檔案館編《纂修四庫全書檔案》附錄二，「二、辦理四庫全書在事諸臣職名」，頁二六九四，上海古籍出版社，一九九七年七月第一版。

[2] 翁撰《四庫全書提要稿》，現藏澳門中央圖書館。

> 授編修。擢司業，累至內閣學士。先後典江西、湖北、順天鄉試，督廣東、江西、山東學政。嘉慶元年（1796），預千叟宴。四年（1799），左遷鴻臚寺卿。十二年（1807），重宴鹿鳴，賜三品銜。十九年（1814），再宴恩榮，加二品卿，年八十二矣。又四年（1818），卒。[3]

是方綱生於雍正十一年（1733），卒於嘉慶二十三年（1818），春秋八十有六。惟上引《清史稿》，於方綱與《四庫全書》關涉之情事，竟無片語之道及，殊屬難明。餘如《清史列傳》、[4] 李元度《國朝先正事略》、[5] 徐世昌《大清畿輔先哲傳》、[6] 汪兆鏞《碑傳集三編》、[7] 蔡冠洛《清代七百名人傳》[8] 等書亦無記載。夏孫桐撰〈擬補清史文苑翁方綱傳〉則有記載，惟微嫌不足。夏氏所撰〈傳〉云：

> 翁方綱，字正三，號覃溪，晚號蘇齋，大興人。……特旨補編修，充四庫全書館纂修，承修金石、篆隸、音韻之類。……所撰提要，凡一千餘種，定本或不盡全收。（繆荃孫撰〈翁覃谿分撰提要稿本跋〉，原稿後歸吳興劉承幹。）[9]

---

[3]《清史稿》，頁一三三九四至一三三九五，中華書局，一九七七年八月第一版。

[4]《清史列傳》卷六十八〈儒林傳〉下（翁方綱），頁三九至四〇，臺灣中華書局，一九八三年二月臺二版。

[5]《國朝先正事略》卷四十二〈文苑・翁覃溪先生事略〉，頁一一二三至一一二四，岳麓書社，一九九一年五月第一版。

[6]《大清畿輔先哲傳》第二十三卷〈文學傳〉五〈翁方綱〉，頁七〇八至七二〇，北京古籍出版社，一九九三年八月第一版。

[7]《清朝碑傳全集》五，《碑傳集三編》卷三十六〈國史館儒林傳稿・翁方綱傳〉，頁四至五；張維屏撰〈翁覃溪先生年譜稿〉，頁五至七，臺北大化書局，一九八四年十二月初版。

[8]《清代七百名人傳》第五編〈藝術・金石書畫・翁方綱〉，頁一八五三至一八五四，香港遠東圖書公司，一九六三年七月一日港初版。

是夏氏記方綱與《四庫全書》之事，所撰述者固甚尠也。

美國學者恒慕義（A.W.Hummel）博士主編之《清代名人傳略》，其〈翁方綱〉一傳則記及翁氏與修《四庫全書》及校勘文溯閣《四庫全書》事，所記云：

> 一七七二年返京。一年後復職翰林院編修，命參與修纂《四庫全書》（見紀昀條），專司編私人藏書家所進呈之善本書籍。……一七九〇年，隨駕巡幸山東後，命校勘藏於盛京之《四庫全書》。[10]

恒慕義雖記及翁氏參修《四庫全書》及校勘文溯閣書籍事，惜稍欠翔實。

至沈津先生《翁方綱年譜》於方綱參修《四庫全書》之記載雖較翔實，然於方綱詳校文溯閣《四庫全書》事，每誤為「文淵閣」，固未允稱矜慎，斯則有待乙正者矣。[11]

以下擬分「翁方綱之參修《四庫全書》」、「翁方綱所撰之《四庫全書提要稿》」、「翁方綱之校讎文溯閣《四庫全書》」三項，詳加考述，用補《清史稿》等史籍記載之闕略，並期能對翁氏與《四庫全書》相涉情事，作較詳盡之探討。

---

[9] 夏孫桐文，原載所著《觀所尚齋文存補遺》中，此處引自沈津《翁方綱年譜》附錄，頁四九五至四九八。《翁方綱年譜》，臺灣中央研究院中國文哲研究所，二〇〇二年八月初版。

[10]《清代名人傳略》中冊，頁二六三至二六七，青海人民出版社，一九九〇年二月第一版。

[11] 沈著《翁方綱年譜》錯將「文溯閣」作「文淵閣」，見乾隆五十五年、五十六年、五十七年各條。

貳、翁方綱之參修《四庫全書》

翁方綱參修《四庫全書》，究在何年？據陳垣輯《辦理四庫全書檔案》乾隆三十八年（1773）三月十一日條所載軍機大臣劉統勳上奏云：

> 查現在纂修翰林紀昀、提調司員陸錫熊堪膺總辦之任，此外並查有郎中姚鼐、主事程晉芳、任大椿；學政汪如藻；原任學士降調候補之翁方綱，亦皆留心典籍，見聞頗廣，應請添派為纂修官，令其在館一同校閱，悉心考核，方足敷用。[12]

此乃劉統勳為羅致編纂《四庫全書》人才所上之奏章。方綱之以「留心典籍，見聞頗廣」，而被選任為《四庫全書》纂修官，應在此時。方綱自撰《翁氏家事略記》（以下簡稱《家事略記》）亦記及此事，[13] 並謂是年「三月十八日入院修書」。《家事略記》且續記自此年春暨以後十年間日常修書之事云：

> 自癸巳（乾隆三十八年）春入院修書，時於翰林院署開四庫全書館，以內府所藏書發出到院及各省所進民間藏書，又院中舊儲《永樂大典》，日有摘抄成卷、匯編成部之書，合三處書籍分員校勘。每日清晨入院，院設大櫥，供給桌飯。午後歸寓，以是日所校閱某書，應考某處，在寶善亭與同修程魚門晉芳、姚姬川鼐、任幼植大椿諸人對案，詳舉所知，各開應考證之書目。是午，攜至琉璃廠書肆訪查之。是時，江浙書賈亦皆踴躍，遍徵善本足資

---

[12] 原載陳垣輯《辦理四庫全書檔案》，此處引自沈津撰〈翁方綱與《四庫全書總目提要》〉，《中國圖書文史論集》（錢存訓先生八十榮慶紀念），頁一二一至一三一，臺北正中書局，一九九一年十二月臺初版。

[13] 此書有清嘉慶刻本，上海圖書館藏。《家事略記》云：「三月，大學士劉統勳等奏，原任學士降調候補之翁方綱，留心典籍，見聞頗廣，請充補《四庫全書》纂修官。奉旨依議。」（引自沈津《翁方綱年譜》，頁六六）

考訂者，悉聚於五柳居、文粹堂諸坊舍，每日檢有應用者，輒載滿車以歸家中，請陸鎮堂司其事。凡有足資考訂者，價不甚昂，即留買之；力不能留者，或急寫其需查數條，或暫借留數日，或又僱人抄寫，以是日有所得。……自朱竹君筠、錢辛楣大昕、張瘦同塤、陳竹廣以綱、孔撝約廣森後，又繼以桂未谷馥、黃秋盦易、趙晉齊魏、陳無軒焯、丁小疋杰、沈匏尊心醇輩，時相過從討論。如此者，前後約將十年。[14]

據此條所述，則方綱修書之情狀可見一斑。蓋其時在館者有程晉芳、錢大昕諸名士十數人，彼此過從討論，可謂極一時之盛。

乾隆三十八年九月，方綱獲授翰林院編修。中國第一歷史檔案館編之《纂修四庫全書檔案》亦記此事，云：

乾隆三十八年九月二十五日，內閣奉上諭：「辦理四庫全書處現有分纂之翁方綱，因前在學政任內緣事降三級調用，其處分本所應得，第念其學問尚優，且曾任學士，著加恩授翰林院編修。」[15]

諭中所言方綱「前在學政內緣事降三級調用」，乃指乾隆三十六年（1771）九月間督廣東學政時失職事。考《家事略記》乾隆三十六年壬卯條載：

在省送鄉試。以失察生員年貌冊，因禮部奏應鄉試諸生，廣東省有冒開年七十以上希冀邀恩者人數太多，奉旨降三級調用。九月二十八日，金士松來接交代，移寓於公館。[16]

其後方綱乃離粵，於乾隆三十七年（1772）正月二十九日返北京，嗣是賦閒逾年，至乾隆三十八年三月，乃得奉旨參修《四庫全書》。

---

[14] 引自《翁方綱年譜》，頁六六至六七。

[15]《纂修四庫全書檔案》，頁一五七，上海古籍出版社，一九九七年七月第一版。

[16] 同註[14]，頁五七。

檢《家事略記》乾隆四十一年（1776）丙申條又載：

十月十二日引見，以原銜充文淵閣校理，又充武英殿繕寫《四庫全書》分校官。是冬，辭武英殿分校覆校事，仍在四庫全書館專辦金石、篆隸、音韻諸事。[17]

同書乾隆四十三年（1778）戊戌條載：

《四庫全書》五年期滿，分等議敘，方綱列上等，奉旨加一級。[18]

據上引二條，猶可考見乾隆四十一、四十三兩年中方綱與《四庫全書》相涉之情事。

參、翁方綱所撰之《四庫全書提要稿》

翁方綱參與編輯《四庫全書》之同時，亦負責撰作提要。其《四庫全書提要稿》收藏於澳門何東圖書館，後經編理，二〇〇〇年十月始由上海科學技術文獻出版社出版，凡二函，線裝十八大冊。書稿出版時，更名為《翁方綱纂四庫提要稿》（以下簡稱《翁稿》）。

有關何東圖書館購得《翁稿》之經過，陳先行所撰〈影印《翁方綱纂四庫提要稿》弁言〉略云：

《翁稿》原為近代著名藏書家吳興劉承幹（字翰怡）嘉業堂中物，一九四二年十月流入張叔年之手，張氏尋即賣給朱鴻儀。至一九四五年五月，張氏又將《翁稿》從朱氏手中索回。至一九五〇年，轉歸葡人 Jose' Maria Braga 所有。一九五六年，Jose' Maria Braga 又將之售給何東圖書館（現屬澳門中央圖書館）。原稿翁方綱未曾釐次，入藏嘉業堂後，劉氏曾請門人施韻秋氏整理抄寫一過，抄本分二十五卷，今藏復旦大學圖書館。[19]

---

[17] 同前註，頁九四。

[18] 同前註，頁一二三。

則此書乃何東圖書館輾轉由葡人 Jose' Maria Braga 處購得。自購得此書稿後，何東圖書館為鑑證其真偽，曾持複印件分別請教上海圖書館顧廷龍館長，及華東師範大學周子美教授，二人皆確定為真本。[20]

其實有關《翁稿》之真偽，劉承幹早乞繆荃孫為檢定。繆著《藝風堂文漫存・癸甲稿》卷四有〈翁覃溪分撰提要稿本跋〉一文，云：

> 大興翁覃溪閣學於四十四年入館為纂修，閱時久遠，幾及十載，所撰草稿流傳粵東，今歸劉君翰怡。其計簿目都一千餘種，每條皆有提要，於一書之中復羅列卷數及卷中子目，與夫何時刻本、收藏印記、前人題跋，並甄錄無遺。閣學墨蹟世所珍重，今翰怡獲此鉅編，其寶愛為何如？邵二雲、余秋室在文集，姚惜抱另編書錄，有收，有不收；有全改，有略收，幾無有一篇不改者，閣學此稿亦然，不必疑也。[21]

是繆氏已肯定此書稿為翁氏真蹟，惟文中謂翁氏於乾隆「四十四年（1779）入館為纂修」則誤。

至宣統二年（1910）庚午十月十三日以來，劉承幹又於上海將《翁稿》絡繹持示鄭孝胥、程頌萬、朱孝臧、王潛、陳重威、葉玉麟、夏敬觀、李淵碩、冒廣生、朱汝珍、蘇寶盉、徐乃昌、陳詩、趙尊嶽、葉爾愷、徐鴻寶、鄭振鐸、王式園、許石枬諸名流觀賞，諸氏於拜觀之餘，一一署名書稿後，表示敬覽。[22]

民國三十一年（1942）葉恭綽得觀《翁稿》，又於稿後寫一題跋，

---

[19]《翁方綱纂修四庫提要稿》，頁一九，上海科學技術文獻出版社，二〇〇〇年十月第一版。

[20] 同前註，頁六至八，鄭愛貞〈序〉。

[21]《藝風堂文漫存》，頁三三一至三三二，繆荃孫撰，台北文史哲出版社，一九七三年二月初版。

[22] 同註[19]，頁一六五七。

云：

> 覃溪生平劬學而精力過人，故著述甚多，余曾見復初齋稿本百數冊，乃昔為景樸孫所藏者，樸孫似得之盛伯希家。後歸慈谿李氏，復又散失，恐已淪兵劫矣！茲為南潯劉氏舊藏，與余昔日所見當係同類而分散者。前輩治學精勤迴非今人可及，而時際承平，學者得以雍容壇坫，崇其望實，尤足令人慕想也。
>
> 子羽世弟出示因題 民國三十一年冬 番禺葉恭綽[23]

案：葉氏於題跋中，力證劉氏所藏書稿與其昔日所見復初齋稿本乃「同類而分散者」，是則此書為翁撰真本，確鑿無疑矣。

至此書有施氏抄本藏於復旦大學圖書館者，則原為王欣夫教授所擁有，王著《蛾術軒篋存善本書錄》上冊〈辛壬稿〉卷二著錄：

> 《四庫全書提要稿》二十五卷十二冊，清大興翁方綱撰。吳興劉承幹嘉業堂鈔稿本。覃谿纂修《四庫全書提要》手稿一百二十五冊，為嘉業堂所藏烜赫名蹟之一。此為所鈔副本。……此鈔出于故友海門施君韻秋手。君名維藩，典掌嘉業藏書樓逾廿年，曾佐張詠霓壽鏞校刊《四明叢書》。余刊《黃顧遺書》亦資君之力，用附識之。有「劉承幹字貞一號翰怡」白文方印，「吳興劉氏嘉業堂藏書印」朱文方印。[24]

是施氏鈔本初藏王氏蛾術軒，至欣夫教授辭世後，始歸復旦大學圖書館收藏。

翁氏之書，有關其內容及撰寫具體情狀，潘繼安〈翁方綱《四庫提要稿》述略〉一文曾作以下之評述：

> 這一部《四庫提要稿》，封面舊題《翁蘇齋所纂提要書稿》，卷

---

[23] 同前註，頁一六五六。

[24]《蛾術軒篋存善本書錄》，頁五二五至五二七，上海古籍出版社，二〇〇二年十二月第一版。

端則題《四庫全書提要稿》，雖以「提要稿」為名，而實為翁氏校閱從各省徵及到的圖書的校書筆記。全書凡二十五卷，分裝一百二十五冊。翁氏於此稿中對他所校閱的各種圖書作了或詳或略的記錄。其詳者每書除自撰提要稿一篇外，或羅列書中子目，或節抄書中部分內容，亦或摘存其有關其他考證者，而隨筆所及，有記事，有評論，多存書林掌故。其略者，每書或只有提要稿一篇，或僅略記數語而未撰提要稿。全書二十五卷中，共有各省所進圖書的提要稿九百九十六篇，計經部書提要稿一百八十篇，史部書提要稿二百廿一篇，子部書提要稿一百七十七篇，集部書提要稿四百十八篇。這些提要稿原則上是每一種書撰寫一篇，然亦偶有因各省所進之本原係二種合刊（或合抄），因而遂二種合寫一篇的。因此，這九百九十六篇提要稿所櫽括的書，不止九百九十六種，而實有一千零一種。此外尚有未撰提要稿而僅略記數語之書多種。[25]

沈津先生於其所撰〈翁方綱年譜序〉中亦有評及《翁稿》，曰：

從乾隆三十八年開始編纂的《四庫全書》，到四十六年《四庫全書總目提要》完成，翁方綱始終是重要參與者，四庫全書館當時數十位纂修官，中如戴震、邵晉涵、周永年、姚鼐等人，均為海內積學之士，而翁氏的具體職務是校辦各省送到遺書纂修官。在那樣的環境下，翁氏和鴻才碩學們在一起切磋學問，真可說賢俊蔚興，人文郁茂，這也推動了清代乾嘉間的學術研究風氣。當年的提要，現今流傳下來的僅有邵晉涵《南江文鈔・四庫全書提要分纂稿》、姚鼐《惜抱軒書錄》、余集《秋室學古錄》以及翁方綱的《四庫全書總目提要稿》。其中邵氏僅存三十七篇、姚氏存

[25] 潘文載《中華文史論叢》一九八三年第一輯，頁二一三至二二〇，上海古籍出版社。

八十篇、余氏僅有七篇，而翁氏所存竟達九百九十六篇之多。這一點我們可從《欽定四庫全書總目提要》(稿本，藏上海圖書館)、《四庫全書總目提要稿》(翁方綱手稿本，藏澳門何東圖書館，原為一百五十冊，後析為二百四十一冊)、《蘇齋纂校四庫全書事略》(稿本，藏南京圖書館)中得到證明。可惜的是，過去從四十年代到九十年代的幾本重要關於《四庫全書》的著作，如《四庫全書纂修考》、《四庫全書纂修研究》等，都沒有見到翁氏參與編纂《四庫》的第一手材料，而僅以「直隸大興翁方綱之擅長經學、金石學」一言略及之。現在，澳門所藏《四庫全書總目提要稿》已經由上海科學技術文獻出版社影印出版，足以使人們看到翁方綱在編纂《四庫全書總目提要》的大型工程中所起到的重要作用和貢獻。[26]

以上所徵引，則潘氏論釋翔實，沈氏評介公允，對《翁稿》之認知，足資參考。茲謹將二氏之說引述如上，似毋庸再事贅說，庶免續貂之誚，亦藉以節省篇幅。

肆、翁方綱之詳校文溯閣《四庫全書》

翁方綱與《四庫全書》至相關涉之另一情事，即為乾隆五十五年(1790)四月至七月隨陸錫熊奔赴奉天詳校《四庫全書》。《纂修四庫全書檔案》乾隆五十五年三月二十九日條有〈都察院右副都御史陸錫熊奏詳校文溯閣全書辦法摺〉，其文云：

臣陸錫熊跪奏，為奏明現在詳校情形事。竊臣奉旨同劉權之、關槐、潘曾起等前赴盛京，詳校文溯閣全書，於二月十五日恭請聖訓後，即陸續啟程，今已先後到齊。鄭際唐祭告事竣，亦已回至盛京。臣等當即與將軍・公嵩椿、府丞福保等商議，於附近宮門

---

[26] 沈〈序〉載《翁方綱年譜》，頁七至八。

前酌給閒空官房，公同詳校，隨時領閱歸架。復經嵩椿派出員役照料，查點搬送，敬謹辦理，可無污損之虞。但全書卷帙繁富，臣等帶同看書人等每日請領分閱，頭緒滋多，需人經管，因酌令同來看書之編修邱庭漋專司收發事宜，立檔存記，臣等按照部分次第校看。統計全書六千一百餘函，臣總司核簽，仍兼分閱，與詳校之劉權之、鄭際唐、關槐、潘曾起、翁方綱等，每人應分一千餘函。謹將各書逐段勻派，按股鬮分，以專責成而均功力。其翰林院、武英殿存貯底本，臣等現已將緊要者揀出運帶，敬謹核校。其餘有應需查對者，即陸續移取，雇人賚送盛京應用，可無曠悞。[27]

依〈摺〉中所云，則陸錫熊等起程日期估計應在二月十五日後，抵達在三月二十九日前，而各人之工作即為分閱與詳校文溯閣《四庫全書》。全書六千一百餘函，六人平均攤分，各得一千餘函。翁方綱初未啟程，故〈摺〉中僅言「同劉權之、關槐、潘曾起等前赴」；另一鄭際唐則待祭告事竣動身，惟於三月二十九日前亦已至盛京矣。

乾隆五十五年五月初四，陸錫熊又有摺。《纂修四庫全書檔案》載〈都察院右副都御史陸錫熊詳校文溯閣書籍情形摺〉，云：

臣陸錫熊跪奏，為奏明事。臣等具奏詳校文溯閣全書情形一摺，於四月二十六日奉到硃批：「立法雖詳，仍在爾等盡心細閱。此番既定之後，若再有錯訛，是誰之咎？慎之！欽此。」伏念臣等向預編摩，失於詳核，愆尤叢積，夙夜疚心。仰荷聖恩，許令重加校勘，惟有殫竭駑駘，稍酬高厚，斷不敢略形草率，獲戾滋深。茲臣等校辦以來，匝月有餘，翁方綱亦已馳赴盛京，公同分閱，每日率同延帶之看書人等敬謹辦理。臣等各將應刪應訂之處，諄復告知，仍隨時詳檢抽閱，逐加核定，務在寧覈毋疎，寧

[27] 同註[15]，頁二一七三至二一七四。

遲毋速，不使稍留疵纇，冀極精詳。現在校閱之經、史二部各書，除脫文錯簡隨時改正外，查出遺漏繪圖者有《大清會典》、《易象正》、《明集禮》三種，脫寫全卷者有《欽定康濟錄》、鄭樵《通志》二種，脫寫原目敘錄者有《東都事略》、《戰國策校注》二種。此內帶有底本者，臣等即查照補繕；其應查底本者，亦已寄知原辦提調查取底本，分別賠寫。所有疎率之總校、分校各員，俱逐一存記，俟辦理竣事時，另行彙開清單，奏請交議。至各書內或有字句小誤，須行考核者，臣等即於全書內依類推尋，互相引證，往往得有依據，頓豁疑蒙。仰見全書苞括精深，源流畢貫，即單詞隻字，俱可從四庫內旁資辨訂，藉獲參稽讐校之餘，倍深欣幸。[28]

觀此奏中乾隆硃批「此番既定之後，若再有錯訛，是誰之咎？慎之！」諸語，可知詳校工作壓力之大；又觀「務在寧覈毋疎，寧遲毋速，不使稍留疵纇，冀極精詳」諸語，則知工作之矜慎與艱辛。至〈摺〉中有「翁方綱亦已馳赴盛京，公同分閱」之語，經細考沈津先生《翁方綱年譜》，方知方綱此年三月猶扈蹕至嵩洛靈巖寺，四月八日天津讌次始奉命回京，俶裝往盛京校書。四月十六日起程，五月一日辰刻到奉天。與〈摺〉中所語吻合。則方綱抵達奉天之日，與陸錫熊上奏之時，相隔殊匪遙也。

此次詳校文溯閣《四庫全書》，至乾隆五十五年七月十二日竣工，《纂修四庫全書檔案》又有〈都察院右副都御史陸錫熊奏查勘文溯閣書籍完竣摺〉，云：

臣陸錫熊跪奏，為查勘盛京書籍完竣，奏請聖鑒事。竊臣奉旨同臣鄭際唐、劉權之、翁方綱、關槐、潘曾起等詳校文溯閣書籍，業將辦理情形，節次奏明在案。茲臣等自三月內分書校勘以來，

[28] 同前註，頁二一七五至二一七六。

> 每日帶同看書人等嚴立課程，卯入戌出，細心繙檢，敬照三閣釐定章程，於應删應訂之處，逐一刊正。其填寫部類、抽撤考證及譯改遼、金、元人地官名，亦均詳悉畫一妥辦，務在疵纇盡除，勒成定本，不敢稍有疏漏。現在各員名下分閱之書，業經全數校畢。臣覆行核簽，亦已次第竣事。計閱過書六千一百餘函，此內點畫訛誤隨閱隨改外，共查出謄寫錯落、字句偏謬書六十三部，漏寫書二部，錯寫書三部，脫誤及應删處太多應行另繕寫三部，匣面錯刻、漏刻者共五十七部。內除錯落偏謬各書俱已隨時繕補改正，匣面錯落各處亦經一面抽改添刻外，其漏寫、錯寫等書，俟臣回京同紀昀查明，與應行另繕之本，俱即自行賠寫完妥，請交原派應赴盛京留辦底本之張燾敬謹賫送，會同府丞福保按函抽換。所有原辦疏漏應議之總校、分校各官，謹另繕清單，恭呈御覽，伏祈皇上睿鑒。再，臣鄭際唐、劉權之、翁方綱等於校畢後已陸續起程回京，合并聲明。謹奏。[29]

據此〈摺〉所奏，則陸錫熊、翁方綱等一行六人詳校文溯閣《四庫全書》凡五閱月，工作繁重；而六人又「務在疵纇盡除，勒成定本，不敢稍有疏漏」，其戰戰兢兢，一絲不苟之情，殆可想見。後以查勘完竣，乃奏明在案，起程返京。

惟至乾隆五十六年（1791）十二月十一日，陸錫熊與劉權之又於同日提出覆閱文溯閣《四庫全書》之請求，《纂修四庫全書檔案》收有〈左副都御史陸錫熊奏擬赴盛京覆閱文溯閣全書摺〉[30]與〈禮部右侍郎劉權之奏請自備資斧前赴文溯閣查檢書籍摺〉[31]。時翁方綱雖已改任山東學政，亦於同年十二月二十九日奏懇准其子翁樹培前赴奉天重閱書

[29] 同前註，頁二一九一至二一九二。

[30] 同前註，頁二二七六至二二七七。

[31] 同前註，頁二二七八至二二七九。

籍。《纂修四庫全書檔案》所收〈山東學政翁方綱奏懇准翁樹培趕赴盛京重閱書籍摺〉，云：

> 山東學政臣翁方綱跪奏，為恭懇天恩事。竊臣前奉諭旨，詳校文溯閣全書，於上年四月前往盛京，覆加校勘。就臣所專校各函內，總共校改三千二百七十九處，均已逐細開單，交總校臣陸錫熊通行覆核，辦竣在案。玆因三閣全書現經覆核，仍不免有訛舛闕漏之處。臣伏思全書浩如淵海，中間舛誤屢校屢改，則文溯閣全書，雖臣自問實曾殫竭微忱，逐加詳核，然究不敢確保其中必無罅漏。臣寤寐悚惕，再四思惟，急籌上緊查看之法。惟有臣子臣樹培現官檢討，尚無事務，可以前往查看，合無仰懇皇上格外天恩，俯准令臣子樹培隨陸錫熊等趕赴盛京，將臣所專校各函再為逐細重閱一遍。仍多帶看書熟手覆加詳審，如有疏漏，即逐一查改補正，務期周匝完善，以免再有訛脫之處。是否可行，出自皇上天恩，臣無任激切感悚之至。謹奏。[32]

是次陸錫熊、劉權之與翁方綱皆提出覆閱文溯閣書籍之請求，實「因三閣（指文淵、文津、文源）全書現經覆核，仍不免有訛舛闕漏之處」而起，用是不敢確保文溯閣之書必無罅漏。方綱以出任山東學政，不便前往，乃藉其子樹培「現官檢討，尚無事務」，遂上奏懇准其子代勞，終獲乾隆恩准。惟是次覆核文溯閣書籍，陸錫熊於次年（1792）二月受寒病故，《纂修四庫全書檔案》乾隆五十七年（1792）二月二十五日條載〈禮部右侍郎劉權之奏校文溯閣書籍情形摺〉，[33]二月二十六日條載〈奉天府丞福保奏將陸錫熊所還書籍分交各員接看緣由摺〉，[34]劉氏、福保奏聞分配各員接看陸錫熊所還書籍之情況甚詳。

---

[32] 同前註，頁二二八七。

[33] 同前註，頁二二九三至二二九四。

[34] 同前註，頁二二九四至二二九五。

伍、結語

綜上所述，則清高宗決意委任儒臣編輯《四庫全書》，而翁方綱躬逢其盛，故其畢生行事，乃自乾隆三十七年（1773），至乾隆五十五年(1790)之近二十年間，遂與《四庫全書》之關係密不可分。方綱參修《四庫全書》既克盡纂修官之職責，而其所撰《四庫全書》提要，亦足資紀昀編纂《四庫全書總目》參考。至方綱遠赴奉天，詳校文溯閣《四庫全書》雖備極辛勞，而終允克厥任。然《清史稿》及相關史籍之〈翁方綱傳〉，於上述種種情事，或無片語之記載，或即有所記載而極為疎略，殊屬難明。用特就「翁方綱之參修《四庫全書》」、「翁方綱所撰之《四庫全書提要稿》」、「翁方綱之校讎文溯閣《四庫全書》」三事，廣徵資料，詳加考證，以補《清史稿》等史籍記述之闕遺，用是則拙文於弄清翁方綱與《四庫全書》之情事，及表彰其對《四庫全書》之貢獻，或不無裨助焉。

二〇〇五年三月十日，撰於華梵大學東方人文思想研究所。

參考文獻：（依本論文徵引先後為序）

1.《纂修四庫全書檔案》中國第一歷史檔案館編 上海古籍出版社 一九九七年
2.《清史稿》趙爾巽等撰 中華書局 一九七七年
3.《清史列傳》臺灣中華書局 一九八三年
4.《國朝先正事略》李元度撰 岳麓書社 一九九一年
5.《大清畿輔先哲傳》徐世昌輯 北京古籍出版社 一九九三年
6.《碑傳集三編》汪兆鏞編《清朝碑傳全集》本 臺北大化書局 一九八四年
7.《清代七百名人傳》蔡冠洛編 香港遠東圖書公司 一九六三年
8.《觀所尚齋文存補遺》夏孫桐撰 民國刻本
9.《翁方綱年譜》沈津著《中央研究院中國文哲研究所中國文哲專刊》二〇〇二 年
10.《清代名人傳略》〔美〕恒慕義（A.W. Hummel）編 青海人民出版社 一九九〇年
11.《辦理四庫全書檔案》陳垣輯 國立北平圖書館排印本 一九三四年
12.〈翁方綱與《四庫全書總目提要》〉沈津撰《中國圖書文史論集》（錢存訓先生八十榮慶紀念）臺北正中書局 一九九一年
13.《翁氏家事略記》翁方綱撰 清道光英和刻本 上海圖書館藏
14.《翁方綱纂四庫提要稿》翁方綱撰 上海科學技術文獻出版社 二〇〇〇年
15.《藝風堂文漫存》繆荃孫撰 臺北文史哲出版社 一九七三年
16.《蛾術軒篋存善本書錄》王欣夫撰 上海古籍出版社 二〇〇二年
17.〈翁方綱《四庫提要稿》述略〉潘繼安撰《中華文史論叢》一九八三年第一輯 上海古籍出版社

宋代題畫詩的文化精神
——以黃庭堅及陳與義詩為例

吳淑鈿*

提要

自宋代起，中國文人畫的畫面加上題詩，形成了詩書畫三給合的藝術精華，是中國繪畫藝術異於西方的獨有表現。離開了畫面，題畫詩仍有其獨立的藝術生命，在古典詩歌門類中有著特殊的價值。本文試以黃庭堅和陳與義的作品為例，從三個審美角度，通過探析二人題畫詩的美感差異，由一個藝術與文學結合的切面探宋代文化精神的表現。

詩歌中美的價值非常重要。題畫詩是藝術與文學的結合，表現的是更複雜與更多重的美感。就詩畫的藝術功能言之，題畫詩發揮語言的藝術性，成為有聲的圖畫，繪畫則詩化為無聲的文學。就文化傳播功能言之，宋孫紹遠〈聲畫集序〉指出兩者相因關係：「因詩知畫，因畫知詩。」[1]至於康熙在〈御定歷代題畫詩類序〉所說的「夫圖繪，藝事也，而近於道。題畫詩之一類也，而通於治。」[2]便是強調題畫詩的政治功能了。離開了畫面，題畫詩仍有其獨立的藝術生命，在古典詩歌門類中有著特特殊的價值。比較一般的詩歌，題畫詩的產生具有更鮮明的目的性，作者的創作意圖最為清晰。詩作的基本功能除了表現畫面，達詩畫

*香港浸會大學中文系教授。

[1] 宋孫紹遠《聲畫集》，《四庫全書》集部八。

[2] 清陳邦彥編《御定歷代題畫詩類》，《四庫全書》集部總集類。

相得益彰的效果外，它更具有自我的生命，提供廣闊的再創作空間。

自宋代起，中國文人畫的畫面加上題詩，是中國繪畫藝術異於西方的獨有表現。宋代題畫詩興盛，與統治者提倡、詩人與畫家的交往、詩壇風氣等因素有關。[3] 著名詩人中，除蘇軾和黃庭堅的題畫詩最豐富外，其餘有這類創作的不在少數。李栖在《兩宋題畫詩論》中除專章討論蘇黃題畫詩外，列出的兩宋主要題畫詩人便有梅堯臣、王安石、朱熹等十人。[4] 在眾詩人中未列陳與義。陳與義的題畫詩在數量上並不遜於上述作者，也不乏佳作。《御定歷代題畫詩類》收13題18首。《陳與義集》中有賦1篇和詩31首。[5] 著名的〈和張規臣水墨梅五絕〉更是他的成名作。與義詩在江西詩派中獨豎一幟，嚴羽號為新體，與黃庭堅的詩派典型很有距離，作品中理道與韻味的趨附有所重，二人題畫詩的美感差異亦大體取決於此。本文試從三個審美角度，以三組作品為中心探析二人題畫詩的同異。一組是題材相同的牛詩，從體物之美的創作角度討論。一組是題材範圍相近的鳥獸魚蟲詩，從作品表現命意之美的角度討論。一組是題材不同，但在二人各自題畫詩中是最具代表性的：山谷題畫馬，簡齋題畫梅；從鑑賞之美的角度討論，從中見詩人體認藝術的主張。整體研究目的是自不同層次探題畫詩的美感體認為基礎，兼從宋詩審美角度看黃陳題畫詩的不同藝術表現，以見宋代文化精神的內涵。

[3] 李栖《兩宋題畫詩論》第二章論「宋畫與詩結合的原因」(台北：學生書局，1994年)頁70。祝振玉〈略論宋代題畫詩興盛的幾個原因〉，載《文學遺產》1988年2期，頁91-98。

[4] 此外尚有文同、蘇轍、晁補之、陸游、樓鑰、范成大、陳慥等，頁105。

[5] 白敦仁《陳與義集校箋》(上海：上海古籍出版社，1990年)。

一　體物之美——觀照與自得

題畫詩的創作，源自觀畫者的接受意識。詩人既是「接受」的觀者，也是「創作」的作者，具雙重主體身分。將「接受」的轉化成「創作」的，在題畫詩中的表現模式，或彰顯畫工之意，收畫龍點睛之效；或補充畫工之意，使詩畫相得；或「畫工之意，初未必然，詩人廣大之。」[6]帶出更高意境；以至或借題發揮，無關畫工之意。題畫詩是詩人的再創作的結晶，此等「畫工之意」，實存於詩人之主體觀照中，乃創作中「興」之所資。畫工之意與詩人之意，皆有賴詩人之觀照與自得。前者起於由象而生之情，後者成自由情而生之文。故凝聚於詩歌中的，有多少屬畫工本來之意，無從而知。至於詩人之初衷，本來最明白不過，為的是題畫。但在人與畫的觀照中，或即或離，派生萬念，觸緒成篇，便在題畫的大主題上有所加建。故〈御定歷代題畫詩類序〉云：「方其詣精入理，足以體陰陽含飛動，為稽古博物者之所取證，不僅以丹青擅長而已。而能搜抉其義蘊，發攄其旨趣者，則尤藉有題畫之詩。」[7]

山谷和簡齋在各自以牛為題材的題畫詩中，寄託了自己的生活理想和生命感受。〈題竹石牧牛〉是山谷著名的題畫詩：「野次小崢嶸，幽篁相倚綠。阿童三尺箠，御此老觳觫。石吾甚愛之，勿遣牛礪角。牛礪角尚可，牛鬥殘我竹。」詩前有小序：「子瞻畫叢竹怪石，伯時增前坡牧兒騎牛，甚有意態，戲詠。」題詩著實帶出戲詠的味道，後四句將牛石竹三者連詠，表現詩人由畫面引發之想象機趣，把自事物相互之間可能存在的曲折連鎖關係觀照所得，以活潑俚語寫出。然而山谷既自豪此詩為「平生極至語」，[8]其意是因為語言的節奏變異和用字刻意重複

---

[6]《西清詩話》，見《宋詩話全編》（南京：江蘇古籍出版社，1998年）頁2494。

[7]《御定歷代題畫詩類》頁5。

[8]《溥南詩話》，見傅璇琮《黃庭堅和江西詩派卷》（北京：中華書局，1978年）頁188。

做成的新鮮美感，還是如鍾聖生所言的「隱寓對新舊黨爭予以諷刺」，或陳永正說的「曲折地表達了詩人政治思想上矛盾的心情」？[9] 此等皆從作品本體或作者背景考察的結果。從作者觀畫的再創作角度看，乃屬構設於事物間的鮮活聯想。另一首〈題李亮功戴嵩牛圖〉：「韓生畫肥馬，立仗有輝光。戴老作瘦牛，平生千頃荒。觳觫告主人，實已盡筋力。乞我一牧童，林間聽橫笛。」此詩表現的創作意旨較明顯。對比韓幹的肥馬和戴嵩的瘦牛兩個截然不同的形象，突出瘦牛貢獻一生後的卑微願望，詩人託付欲歸隱林下之意。戴嵩是唐代著名的畫家，以畫牛聞名於世，善於表現牛的生活動態。畫中牧童的想象是詩中意趣所在。無論如何，詩人看到畫中的牛，也觀照到自己追尋的生活理想。

簡齋有〈題牧牛圖〉詩：「千里煙草綠，連山雨新足。老牛抱朝飢，向山影觳觫。犢兒狂走先過浦，卻立長鳴待其母。母子為人實倉廩，汝飽不慚人愧汝。牧童生來日日娛，只憂身大當把鋤，日斜睡足牛背上，不信人間有廣輿。」淺暢生動，具民間歌謠氣息。《江西詩派詩傳》說這詩「生動地再現了畫面的情景，且唱出了畫外之音。隨意點染，信筆生發，將那種結構章法的意匠經營都隱在底裡，滿篇都是自然活潑的情調，創造性地發展了元祐詩人的幽默風格。」[10]「母子」兩句是詩人從畫中形象觸發之論，表現體物的同情。這便是畫外之音了。單純的牧童一派悠然，則是詩人自畫中觀照到的自足的生命。

上述三首題畫詩中，簡齋的〈題牧牛圖〉表現作者較複雜的心理審美層次。從視覺順序：遠與近、大與小、動與靜、美與醜等關係的體認與組成中，詩人由藝術境界進入現實境界再復返藝術境界，審美心理發展過程曲折，情緒起伏變化。聯想的意識入侵欣賞中的自由心靈，隨而

[9] 鍾聖生〈黃山谷與他的題畫詩〉《江西師範大學學報》1994. 1. 頁45。陳永正《江西派詩選注》（廣州：中山大學出版社，1985年）頁38。

[10] 錢志熙等著《江西詩派詩傳》（長春：吉林人民出版社，2003年）頁410。

又被審美對象喚起欣賞目的的自覺，最後獲得愉悅的美感。至於山谷二詩，〈題竹石牧牛〉中詩人的審美聯想圍繞在體認意象上，並由此產生事物間結構關係的趣味。而〈題李亮功戴嵩牛圖〉則充分體現詩人在欣賞中受功利意識的牽累，觀畫所抒乃現實心理的投射。

宗白華在〈中國詩畫中所表現的空間意識〉中說中國人往往以高遠的心靈的眼睛俯仰宇宙，將畫中的虛實聯成一片，虛的空間化為實的生命，於是欣賞的心靈，光被四表，格於上下，而萬物之形在新的觀點內遂有了新的適當的位置與關係。[11]山谷和簡齋所觀的畫雖不同，但由詩人易感的心靈，他們在題詩中表現了對物類的關切，和對生命的感覺，達到蘇軾論畫所說的觀物而能造其質。[12]《歷代題畫詩》所選宋代牛圖詩和牧牛圖詩中，詩人體認的也有歌頌牛對生民之功，如韓琦〈觀胡九齡員外畫牛〉。或藉以表現躬耕村舍的期望，如文同〈毛老鬥牛圖〉和戴復古〈題牛圖〉。[13]但較之黃陳詩作，它們的藝術價值都不太高。

二　命意之美──啟示與理趣

詩人面對畫幅，「搜抉」「發擴」，於題詩中建立由圖畫出發的創作意義，使詩畫相得或相生，成為有機的統一體。然而詩歌作為語言的藝術，它自身所生發的情韻其實是一個心靈的實現，圖畫只起牽引作用。所以即使藝術與哲學和宗教一樣，都啟示著宇宙人生最深的真實，題詩本體所呈現的深度卻不一定與圖畫相同，它甚至啟示著另一範疇的人生的真實，例如現實與思理的派生。羅忼烈分別詠物詩與題畫詩的創作時說：「詠物直接從事物上開出議論，題畫卻從畫面想到真實，然後開出

[11] 宗白華《美學散步》（上海：人民出版社，1981 年）頁 92 。

[12] 蘇軾〈論畫〉，載顏中其《蘇軾論文藝》（北京：北京出版社，1985 年）頁 205 。

[13]《御定歷代題畫詩類》卷一百七，頁 543 。

議論。」[14]可見題畫詩有著更自由的想象空間，相對上更能貼近詩人主體的觀感。宋詩好議論乃不爭之事實，宋代題畫詩具好議論的特色亦理之固然。[15]這種時代詩歌典型的特點使宋代題畫詩往往在深層的價值結構上，表現了與前代作品不同的風格，多了一層命意之美。

山谷和簡齋的題畫詩中，部分蘊含一種屬於世故的詩味。如山谷的〈題畫孔雀〉：「桄榔暗天蕉葉長，終露文章嬰世網。故山桂子落秋風，無因雄雌青雲上。」所題的是孔雀的畫，詩歌展現的卻是一種世態常情。美麗的孔雀即使在幽暗的叢林中，仍因文采彰然而難逃羅網。沒有了孔雀的山頭，不管是甚麼貨色都可以扶搖直上了。現實世界是賢才光芒耀目，無法自掩，卻往往因此而無端觸罪；賢才受排斥，無能的人便有機可乘了。「故山桂子落秋風」，語調蒼涼冷峻，末句則帶辛辣諷刺。另兩首題畫鴨的詩：「小鴨看從筆下生，幻法生機全得妙。自知力小畏滄波，睡起晴沙依晚照。」(〈畫小鴨〉)「山雞照影空自愛，孤鸞舞鏡不作雙。天下真成長會合，兩鳧相倚睡秋江。」(〈題畫睡鴨〉)前者藉小鴨看到生命的智慧，後者由山雞與鳳凰的自憐自絕，襯托尋常生命的美滿。兩首題畫詩藉平庸的謙遜與幸福反襯孤高者的可哀。〈戲題小雀捕飛蟲畫扇〉是一首表現人生哲理的作品：「小蟲心在一啄間，得失與世同輕重。丹青妙處不可傳，輪扁斲輪如此用。」飛蟲專志於是否會被小雀所捕，在生命得失的心理方面，與世人其實是一樣的。此得失之機心與不可言傳之道心，是不可共存的。詩歌就畫面作點染，既歌誦了畫幅之高妙，也暗示了繪畫在藝術上的限制性。將畫的內容與藝術要領並陳，共融在一個具思理深度的境界裡。〈蟻蝶圖〉也是山谷著名的題畫詩：「蝴蝶雙飛得意，偶然畢命網羅。群蟻爭收墜翼，策勳歸去南柯。」

---

[14] 羅忼烈〈淺談杜甫題畫詩〉，載《文史閒譚》(香港：現代教育研究社，2001年)頁54。

[15]〈宋題畫詩的特色〉，載《兩宋題畫詩論》頁89。

《埕史》卷十一載此詩乃諷黨禍云：「黨禍既起，山谷居黔，有以屏圖遺之者。繪雙蝶翾舞，罥於蛛絲，而隊蟻憧憧其間。題六言於上曰……崇寧間又遷於宜，圖偶為人攜入京，鬻於相國寺肆。蔡客得之，以示元長。元長大怒，將指為怨望，重其貶。會以訃奏僅免」。[16] 後世遂屢以寄託解詩。然而作品除了可能是詩人由一己際遇而諷嘆世情外，也啟示了普遍的現實意義。蝴蝶即孔雀，兩首不同的是「偶然」與「南柯」的筆力表現更深刻，直指人生的最真實之處。

簡齋集中不乏具典型宋詩理質的題畫詩，卷二〈題易元吉畫麞〉一首云：「紛紛騎馬塵及腹，名利之窟爭馳逐。眼明見此山中吏，怪底吾廬有林谷。雌雄相對目炯炯，意閑不受榮與辱。掇皮皆真豈自知，坐令貓犬羞奴僕。我不是李衛公，欺爾無魂規爾肉。又不是曹將軍，數肋射爾不遺鏃。明窗無塵簾有香，與爾共此春日長。戲弄竹枝聊卒歲，不羨晉宮車下羊。」這首七古用了不少典故，結合畫者際遇與畫面主題由議論切入。易元吉是宋代擅畫獐猿的畫家，有載其為妒能者所鴆。此詩開篇對比騎馬追逐的名利之「窟」與麞所在之「林谷」，展現價值結構。「雌雄相對目炯炯」是唯一對畫面的描述，「明窗無塵簾有香」是觀畫的環境，「與爾共此春日長」是觀感所由生。詩歌帶出的人生思考是不逐名利，則寵辱不臨；不作虛飾，不役於人，便可全身保命，享清靜生活，過平凡日子。末二韻由入聲轉為舒緩的平聲，是詩人在鑑賞角度中體認自我生命的追求，審美心理經轉移而提升。又簡齋〈題畫兔〉云：「碎身鷹犬慚何忍，埋骨詩書事亦微。霜露深林可終歲，雌雄暖日莫忘機。」詩作不在表現觀者體物之同情，而在藉畫中形象窺生存的深邃之道。兔的碎身與埋骨，皆因走出深林，容易被鷹犬所獲，或為人類捕捉。但在看去可保生年的深林中，其實也是到處有陷阱的。這裡顯示的比孔雀和蝴蝶的命運更進了一層；不要以為收藏是全身之道，人間機心

[16]《黃庭堅和江西詩派卷》頁155。

處處，要時刻不忘警惕。作品把兔的命運掌握在兔自己的手上，劉辰翁評點此詩末句為「勝前畫鷹全首」，不是沒有道理的。

以上黃陳題畫詩諸作中，固然不乏牽涉題畫本質如對畫的形神法的鑑賞成分，如「幻法生機全得妙」、「丹青妙處不可傳」。「妙」是畫境。但上述作品中，提供予讀者體認的，卻不在詩人傳達的畫之妙境，而是一種人生的思理境界。此境界的建立，仍以詩人對畫中意象的審美接受為基礎，如山中的孔雀、秋江中的睡鴨、小雀捕的飛蟲、群蟻收的蝶翼、目光炯炯的鷹和林間小兔等；詩人體物至最深邃之處，在其中對現實生命有所觀照，得到對自身經驗的透視，於是作品中沈澱了一種純粹的價值經驗的啟示。這種題畫詩所具的理質的合意之美，是宋詩以議論為詩的共同特色。作為宋代特別是江西詩派的詩人，黃陳的題畫詩可謂真切地反映了他們特殊的審美經驗結構；他們將畫看成創作的題材，專意追尋及表現「新奇」的感覺，把握藝術世界再還原為意識的內容，向讀者顯示他們看見的東西，如得失之理、全身之道以至生命的意義等。

相較之下，山谷上面幾首小詩，明顯比簡齋的兩首更具理趣，詩味雋永。

三　鑑賞之美——形似與神韻

比較其他詩歌，題畫詩交織著更多重的審美心理層次，其中包括詩人對藝術作品的欣賞角度，甚至表現了他在藝術上的主張。在山谷和簡齋最具代表性的題畫詩中，這方面的體認最是有迹可尋。

據李栖統計，山谷題畫詩共86題106首，其中以題李公麟畫者最多。[17] 李公麟字伯時，是宋代著名畫家，以畫人物和畫馬最負時譽。

---

[17]《兩宋題畫詩論》頁277及278。

宋史載他「襟度超軼，名士交譽之，黃庭堅謂其風流不減古人。」【18】《冷齋夜話》更說：「都城黃金易得，而伯時馬不可得。」【19】可見其畫之珍貴。元祐三年東坡知貢舉，山谷與伯時俱在祕書省兼史局，【20】題詠伯時畫的詩主要寫於是年，共15首，以題畫馬為主題的佔數逾半，有9首。包括〈次韻子瞻和子由觀韓幹馬因論伯時畫天馬〉、〈詠李伯時摹韓幹三馬次蘇子由韻簡伯時兼寄李德素〉、〈觀伯時畫馬禮部試院作〉、〈題伯詩畫頓塵馬〉、〈和子瞻戲書伯時畫好頭赤〉、〈詠伯時畫太初所獲大宛虎脊天馬圖〉、〈題伯時天育驃騎圖二首〉和〈題伯時馬〉等。這些作品鮮明地表現題畫詩的本質，包含了題畫詩的相關書寫元素，如對畫家的評價、對畫作的欣賞、觀畫的理論、以至寄寓詩人自己的人生感慨等。山谷雖非畫家，但由集中題畫詩之眾可見他對畫的鑑賞有獨到眼光，受到時人推重。徐復觀指出山谷論畫以「欲命物之意審」為基本精神，即言情寫景，恰如其情其景。然後進一步由表象深入，以把握住審美對象的生命與精神，由此把握物之內外，使形神相融。【21】形神關係實宋人論畫的重要部分，宋劉道醇《聖朝名畫評》曰：「夫氣韻全而失形似，雖活而非；形似備而無氣韻，雖似而死。」【22】張啟亞在《中國畫的靈魂—— 哲理性》中說宋人論畫之形神關係可概括為三種：一是只重形似，不重內在精神特徵；二是兼重形神，更重表現精神特徵；三是重神輕形，以表現神為目的。【23】山谷在題詠伯時畫馬的詩

【18】《宋史》列傳203，文苑六。

【19】《冷齋夜話》卷8，見《冷齋夜話・風月堂詩話・環溪詩話》（北京：中華書局，1988年）頁65。

【20】鄭永曉《黃庭堅年譜新編》（北京：社會科學文獻出版社，1997年）頁204。

【21】徐復觀《中國藝術精神》（台北：學生書局，1976年）頁374。

【22】載楊大年編《中國歷代畫論采英》(【出版地缺】：河南人民出版社，1984年)頁230。

【23】張啟亞《中國畫的靈魂—— 哲理性》（北京；文物出版社，1994年）頁21。

中，表現了他鑑賞畫作的審美境界，是由形入神，形神俱重。觀〈次韻子瞻和子由觀韓幹馬因論伯時畫天馬〉一首云：「于闐花驄龍八尺，看雲不受絡頭絲。西河驄作蒲萄錦，雙瞳夾鏡耳卓錐。長楸落日試天步，知有四極無由馳。電行山立氣深穩，可耐珠韉白玉羈。李侯一顧歎絕足，領略古法生新奇。一日真龍入圖畫，在坰群雄望風雌。曹霸弟子沙苑丞，喜作肥馬人笑之。李侯論幹獨不爾，妙畫骨相遺毛皮。翰林評書乃如此，賤肥貴瘦渠未知。況我平生賞神駿，僧中云是道林師。」蘇轍〈韓幹三馬〉一首的和詩有好幾首，除山谷外，尚有蘇頌、劉攽、王欽臣和蘇軾各首。子由原作讚嘆韓幹的畫技「畫師韓幹豈知道，畫馬不獨畫馬皮。畫出三馬腹中事，似欲譏世人莫知。」末二口卻突顯伯時卓識：「伯時一見笑不語，告我韓幹非畫師。」其餘和作都就此著筆。蘇頌詩云：「從來神物不常有，未遇真賞何人知。」劉攽詩云：「李侯洒筆定超詣，尚有天驥君未知。」蘇軾則曰：「伯時有道真吏隱，飲啄不羨山梁雌。丹青弄筆聊爾耳，意在萬里誰知之。」山谷這首次韻詩用以文為詩的手法，章法變換，由「李侯一顧」轉折到論畫一層，再道出高遠的嚮往。詩歌在稱賞伯時之餘，同時表達了自己欣賞藝術的見解，這些見解與他論詩一樣，如「領略古法生新奇」、「一日真龍入圖畫」、「妙畫骨相遺毛皮」等；主張學古，由古出新生奇，重形似，亦重神理，能及神始可擺落外相而臻妙境。其餘幾首亦表現相同鑑賞觀，如「我觀李侯作胡馬，置我敕勒陰山下。驚沙隨馬欲暗天，千里絕足略眼跨。」（〈題伯時馬〉）「想見真龍如此筆，蒺藜沙晚草迷川。」（〈題伯時天育驃騎圖二首其一〉）「明窗槃礴萬物表，寫出人間真乘黃。」（〈題伯時天育驃騎圖二首其二〉）「李侯畫骨不畫肉，筆下馬生如破竹。秦駒雖入天仗圖，猶恐真龍在空谷。」（〈和子瞻戲書伯時畫好頭赤〉）「忽看高馬頓風塵，亦思歸家洗袍袴。」（〈題伯時畫頓塵馬〉）「真」是詩人進入畫境的藝術的真切感覺，兼包形神。簡齋亦有題李伯時畫馬的詩一首，〈題伯時畫溫溪心等貢五馬〉云：「漠漠河西塵幾重，年來畫馬亦難逢。題詩記著今朝事，同看聯翩五匹龍。」但詩人的心事卻隱在外族貢馬而君主「恭默思道」之賢的背景上。[24]

簡齋最著名的題畫詩主要以墨梅為主題，也有9首。包括〈次韻何文縝題顏持約畫水墨梅花二首〉、〈又六言〉一首、〈畫梅〉及〈和張規臣水墨梅五絕〉等。在31首的作品中佔近三分之一，是最具代表性的畫詩。其中〈和張規臣水墨梅五絕〉更是他的成名作，《宋史》載他由此詩得到徽宗的稱賞和提擢，葛勝仲更說這是「詩能達人」的事例。[25]此詩表現了簡齋的藝術鑑賞觀。五首云：「巧畫無鹽醜不除，此花風韻更清姝。從教變白能為黑，桃李依然是僕奴。」(其一)「病見昏花已數年，只應梅蘂固依然。誰教也作陳玄面，眼亂初逢未敢憐。」(其二)「粲粲江南萬玉妃，別來幾度見春歸。相逢京洛渾依舊，唯恨淄塵染素衣。」(其三)「含章簷下春風面，造化功成秋兔毫。意足不求顏色似，前身相馬九方皐。」(其四)「自讀西湖處士詩，年年臨水看幽姿。晴窗畫出橫斜影，絕勝前村夜雪時。」(其五)墨梅是花光所作。花光是宋衡州花光寺僧仲仁，此僧酷愛梅花，以畫梅稱於世。《冷齋夜話》記山谷觀其畫，曰：「如嫩寒春曉，行孤山籬落間，但欠香耳。」[26]山谷之評仍在其真。簡齋詩表現對墨梅的欣賞則重在神韻一面，屬上述宋人論畫的第三種類型。五首由梅花之清美本質帶出畫梅之美，既寫真梅，又寫畫梅，復寄寓身世之感。「其四」一首從意蘊著筆，活用典事，再道出藝術欣賞準繩：「意足不求顏色似，前身相馬九方皐」，即在貴精忘粗，重內遺外，「見其所見，不見其所不見」之謂也。這種重神韻的

[24] 胡穉箋注陳與義集引蘇軾〈三馬圖贊並引〉載元祐西域貢駿馬，「父老縱觀，以為未始見也。然上方恭默思道，八駿在庭，未嘗一顧。」原文載《蘇軾文集》卷廿一（北京：中華書局，1986年）頁611。

[25]〈陳去非詩集序〉《陳與義集校箋》頁1013。

[26]〈冷齋夜話輯佚〉，載《冷齋夜話・風月堂詩話・環溪詩話》頁93。

藝術境界體認，在簡齋的題墨梅詩中往往表現為看畫的人與畫渾然一體，畫的內質與詩人心靈融合，主體觸緒滲透其中，如「其二」「其三」的「病見昏花已數年，只應梅蘂固依然」、「相逢京洛渾依舊，唯恨淄塵染素衣」以至〈畫梅〉的「娥眉淡淡自成妝，驛使還家空斷腸」。欣賞簡齋的題畫梅詩，從傳統的意境渲染的角度出發，可體認其中美感。

由黃陳各自最具代表性的題畫詩中，可見山谷對藝術的鑑賞兼重形神，由形入韻，簡齋則較重神韻。在二人的藝術觀念裡，詩畫是同質的，等觀二者的藝術層次。山谷〈題陽關圖二首〉(其一)有句：「斷腸聲裡無形影，畫出無聲亦斷腸。」(其二)又曰：「人事好乖當語離，龍眠貌出斷腸詩。」可見他觀畫如看詩。他在〈題摹燕郭尚父圖〉中指出凡詩畫皆要觀韻：「凡書畫，當觀韻，往時李伯時為余作李廣奪胡兒馬，挾馬南馳，取胡兒弓，引滿以擬追騎，觀箭鋒所直，發之，人馬皆應弦也。伯時笑曰，使俗子為之，當作中箭追騎矣。余因此深悟畫格，此與文章同一關紐，但難得人入神會耳。」[27]〈題趙公佑畫〉又云：「余初未嘗識畫，然參禪而知無功之功，學道而知至道不煩，於是觀圖畫悉知其巧拙功俗，造微入妙。然此豈可為單見寡聞者道哉。」[28]由參禪學道而識畫，而悟得其中共通處。這些觀畫的理論，與他重讀書與經歷、重構思與作法、重韻趣、重不俗的詩歌觀念實有相契合的地方。故由山谷的詩觀可考察其題畫詩的寫作意義。詩法是山谷詩論系統中一個重要的部分，「領略古法」，便是為了「生新奇」。法觀念的終極意義，其實是學古與創新之間的一種思考。由法入自然天成之道，才是創作的最高境界。山谷觀畫，往往由審視畫的形象技法出發，再拓造微入妙處，亦可作如是觀。但山谷論畫比論詩更重創意。詩要學古，而繪畫的制勝之道，則與天賦的悟性相關。如云「許生再拜謝不能，元是天機非

---

[27] 黃庭堅《山谷題跋》(上海：上海遠東出版社，1999年)頁73。

[28] 仝上註，頁72。

筆力。」(〈答王道濟寺丞觀許道寧山水畫〉)「李侯天機深，指點目所及。」(〈次韻章禹直開元寺觀畫壁兼簡李德素〉)「旁觀未必窮神妙，乃是天機貫胸臆。」(〈題劉永年團練畫角鷹〉)天機也者，意在肯定繪畫藝術於工夫悟通之外，另有別才。

簡齋亦從互補角度說詩與畫。〈題許道寧畫〉一首云：「滿眼長江水，蒼然何郡山。向來萬里念，今在一窗間。眾木俱含晚，孤雲遂不還。此中有佳句，吟斷不相關。」簡齋雖被方回推為江西三宗之一，但他既沒有一套深刻的詩論，也與山谷的典型江西詩觀頗有距離。雖亦重視積學與鍛鍊的創作根本，卻更強調詩歌的審美效果，追求作品的韻與味。《韻語陽秋》載他評唐人苦吟為詩者：「唐人皆苦思作詩……故造語皆工，得句皆奇，但韻格不高，故不能參少陵逸步。」[29]詩集中也有一些論詩味的句子，如「詩中有味甜如蜜，佳處一哦三鼓腹。」(〈食虀〉)「佳篇咀嚼真堪飽，此日何憂甑有塵。」(〈次韻景純道中寄大成〉)等。詩味要細爵，在這過程中，欣賞者的生命經驗與心靈感覺會同時被喚起，遺貌取神，與審美對象渾然為一。簡齋的賞墨梅詩帶著濃厚的身世之感，實表現了中國人文精神的和諧之境。

傳統教化功能觀念仍存於宋代畫中。〈宣和畫譜敘〉云：「是則畫之作也，善足以觀時，惡足以戒其後，豈徒為是五色之章，以取玩於世也哉！」[30]蔡秋來則認為宋代學術思想其實已使繪畫文學化：「宋人——尤其是文藝兼善之文士，其畫藝思想因受當代崇尚理學思潮之深重影響，於是凡鑑賞藝品，論畫及作畫無不極力探究理趣，企圖從理趣當中求神韻之完遂。而鑑賞藝品、論畫及作畫既專重理趣之探求，其思維乃自然轉趨於注重畫藝純粹美感效果之獲致，因之，有關圖畫羈絆因素之戒鑒功能、教化作用則自然被棄置不論，繪畫藝術因務意於理想神韻

[29]《陳與義集校箋》頁1048 。

[30] 見《中國歷代畫論采英》頁6 。

之追求，及探討筆情墨趣之巧妙表現，則先前有關圖畫之種種傳統法式乃趨向自由解放之途，繪畫藝術至此境地乃成為文人託懷寄興之高尚才藝。繪畫因文士卓越之才思與洋溢之情致而豐富其境界，增益其內涵，資毓其美感，則繪畫與文學之因緣及牢繫而不可解矣。」[31] 相應於繪畫藝術的趨於自由解放，宋代詩歌亦在唐詩雄視一世後，要突破傳統，開展擺脫「區區物象磨窮年」後的另一新典型。兩種藝術新思維的融和，使宋代題畫詩在詩歌各體類中呈現清新美感。由以上三個審美角度觀山谷與簡齋的題畫詩，詩人雖未盡注重畫藝純粹美感效果之獲致，但要之在繪畫欣賞的心靈創造上，「從理趣當中求神韻之完遂」的追求確是其中特點。二人作品在理趣與神韻的側重上或有美感的差異，然而都代表了一個時代的藝術與文化精神。

---

[31] 蔡秋來《宋代繪畫藝術成就之探研》（台北：文史哲出版社，1977年）頁40。

李白與北宗禪

劉衛林*

提要

歷來論太白詩者，對於道家或道教思想之影響其人其詩等問題，每多有論述；然而對於佛教思想，尤其盛唐時大行其道之禪學，對太白其人其詩之影響問題，則少有具體而深入之探討。事實上太白所處身世，正當佛教流佈遍天下之際，其時禪學盛行於文士之間；而於太白筆下亦不乏具體提及禪學旨趣，甚至自述坐禪體驗者。倘加以進一步考察，即足以見太白對禪學本有一定之認識；而事實上禪學之坐禪與禪觀等，對於太白之詩歌創作亦可謂深具影響。本文即擬從太白處身世代禪學發展，及自太白筆下所述，嘗試歸納說明太白與盛唐時禪學之具體關係，並闡述其時禪學對於太白本人甚至詩歌創作等各方面之影響。

一、李白對於禪的認識

對於自言喜愛求仙訪道，又在後世素有「詩仙」之稱的李白來說，一向以來對其思想或文學創作表現的探討，自然大多集中在道家或道教思想影響方面。相對而言闡述佛教思想對於李白本人及詩歌創作的具體影響，以往在這方面的有關論述，可以說是數量較少的。至於針對佛教中禪學與李白關係，闡明禪學對於李白其人其詩有關影響的專門論述，似乎現時尚不多見。對於李白與佛禪間關係，以往就有學者明確指出李

*香港城市大學語文學部講師。

白根本不受佛禪思想所影響。顧隨先生在《古代不受禪佛影響的六大詩人》一文內，標舉唐代不受禪佛思想影響的多位詩人時，即首推李白。並謂：

> 太白不但風格近道家，詩中亦常談到方士神仙；雖亦有時談及佛家，乃因受別人影響，非真談禪、懂禪。[1]

不過翻開李白文集，除了多有登臨佛寺禪房，題贈僧侶禪師之作外，其中更有明確提到李白本人學禪的親身經驗，以至個人對於禪學的領悟或體會之作。比如在《贈僧崖公》一詩中，就有「昔在朗陵東，學禪白眉空」[2]的追述，可證在李白生平之中，曾有過一段學禪的經歷。此外如在《廬山東林寺夜懷》及《與元丹丘方城寺談玄作》等詩中，李白亦多次提到坐禪時「宴坐寂不動，大千入毫髮」[3]，以至「澄慮觀此身，因得通寂照」[4] 等對於禪定境界的種種具體所悟所得。僅就以上所舉數例，即可證明李白既曾學禪，亦有親身坐禪經驗，更對禪境有深刻體會，所以準此而言，恐怕就很難說李白真的不懂禪，甚至不受禪佛思想所影響。

二、李白與禪門關係

（一）李白與南宗禪關係

現時學者論李白與佛教關係時，多以為李白之於禪，實受其時廣泛流傳的南宗禪所影響。如安旗先生在《李白有關佛教詩文繫年選箋》一

---

[1] 顧隨：《古代不受禪佛影響的六大詩人》，載《顧隨：詩文叢論（增訂版）》（天津：天津人民出版社，1995年），頁106。

[2] 詹鍈主編：《李白全集校注彙釋集評》（天津：百花文藝出版社，1996年），卷9，《贈僧崖公》，頁1560。

[3] 同上，卷21，《廬山東林寺夜懷》，頁3320。

[4] 同上，卷21，《與元丹丘方城寺談玄作》，頁3251。

文中，便據《廬山東林寺夜懷》一詩，指其中所具備濃厚佛教色彩，顯示出禪宗特色，與慧能《壇經》明心見性，頓悟成佛之旨同，而有「由此可知，李白此時從思想到實踐均已皈依南禪」的結論。[5]

事實上從禪學發展史上來說，正如圭峰宗密在《神會七祖傳》中所稱，南宗禪之旨自「能大師滅後二十年中，曹溪頓旨沉廢於荊、吳。」[6]慧能圓寂於玄宗先天二年(713)，若下推二十年，其時為開元二十一年(733)，可見於玄宗朝時，自先天年間至於開元後期，南宗禪並未大行於江左。宗密於《禪源諸詮集都序》中又稱：「當高宗大帝，乃至玄宗朝時，圓頓本宗，未行北地。」[7]足以說明其先南宗禪之旨於北方亦未盛行。南宗禪的興起，與天寶初年因荷澤神會的致力奔走傳揚有關，宗密於《中華傳心地禪門師資承襲圖》內嘗記其事：

> 能和尚滅度後，北宗漸教大行，因成頓門弘傳之障。曹谿傳授碑文已被磨換故，二十年中，宗教沉隱。天寶初，荷澤入洛，大播斯門，方顯秀門下師承是傍，法門是漸。既二宗雙行，時人欲揀其異故，標南北之名，自此而始。[8]

以此知禪有南北二宗之分，當自神會於天寶初入洛闡揚頓門教義以後始有。神會於天寶四載(745)入洛，至十二載(753)被黜斥出。[9]《廬

---

[5] 安旗：《李白有關佛教詩文繫年選箋》，載中國李白研究會及馬鞍山李白紀念館編：《中國李白研究》(1991年集)(江蘇：江蘇古籍出版社，1993年)，頁364。

[6] 宗密：《神會七祖傳》，載楊曾文編校：《神會和尚禪話錄》(北京：中華書局，1996年)，附編，頁135。

[7] 宗密：《禪源諸詮集都序》，石峻等編：《中國佛教思想資料選編》(北京：中華書局，1983年)，第2卷，第2冊，頁434。

[8] 宗密：《中華傳心地禪門師資承襲圖》，石峻等編：《中國佛教思想資料選編》(北京：中華書局，1983年)，第2卷，第2冊，頁460-461。

[9] 見宗密《神會七祖傳》所載，頁135-136。

山東林寺夜懷》一詩，安旗先生在《李白有關佛教詩文繫年選箋》中將之置於天寶九載（750），雖然其時南宗禪經荷澤神會大力傳揚而漸顯於世，然而李白對於其時這種新興的禪學，究竟有多大認識，似乎需進一步考證然後始可確定。

若對李白詩加以進一步分析，以至對南宗禪本身主張加以具體考察的話，則所謂李白皈依南宗禪之說，相信就頗有值得商榷的必要。即以上述所舉《廬山東林寺夜懷》一詩而言，其中所見出的禪思，恐怕便非南宗禪一向所有的主張。茲錄原詩如下：

> 我尋青蓮宇，獨往謝城闕。霜清東林鐘，水白虎溪月。天香生虛空，天樂鳴不歇。宴坐寂不動，大千入毫髮。湛然冥真心，曠劫斷出沒。[10]

篇中李白自述坐禪之際所證得境界，詩人在「宴坐寂不動」之中，得以證入「大千入毫髮」，甚至「湛然冥真心，曠劫斷出沒」的境地。李白這裏所提到的「宴坐」一詞出《維摩詰所說經》（以下略稱《維摩經》）。《維摩經》載舍利弗白佛言：「憶念我昔曾於林中，宴坐樹下。」[11] 即言舍利弗於樹下坐禪。[12] 李白於詩中所提到的這種寂然不動的宴坐，在唐時禪門之中，尤其每多針對北宗禪立說的南宗禪，對此便有頗為深入細緻的討論。在專門闡述南宗禪旨趣的《壇經》當中，對禪門中的這種寂然不動的宴坐之法，即有如下的批評：

> 若坐不動是，維摩詰不合呵舍利弗宴坐林中。善知識，又見有人教人坐，看心看淨，不動不起，從此置功，迷人不悟，便執成顛

---

[10] 同注[3]。

[11] 僧肇注：《注維摩詰所說經》（上海：上海古籍出版社影印民國間刊本，1990年），卷2，《弟子品》，頁38。

[12] 宴坐即坐禪之說，詳柳田聖山《禪與中國》第四章《宴坐——大乘的坐禪》所論。柳田聖山著，毛丹青譯：《禪與中國》（北京：三聯書店，1988年），頁58-73。

倒。即有數百般以如此教道者，故知大錯。[13]

《壇經》雖或經後人整理加工，是否慧能本來之說縱有爭議，然而反映南宗禪對這種流行於禪門的「看心看淨，不動不起」的「宴坐」禪法未予認同，卻是可以肯定的事。上述這一主張，更明確見之於標舉南宗禪宗旨的荷澤神會語錄之內。在《菩提達摩南宗定是非論》中，神會即指出：

> 若教人坐，凝心入定，住心看淨，起心外照，攝心內證者，此障菩提。今言坐者，念不起為坐；今言禪者，見本性為禪，所以不教人坐身住心入定。若指彼教門為是者，維摩詰不應呵舍利弗宴坐。[14]

可證南宗禪本反對這種宴坐方式的坐禪。此外在《南陽和尚問答雜徵義》內，載神會問澄禪師禪法時又提到：

> 和上問澄禪師：「修何法而得見性？」澄禪師答曰：「先須學坐修定，得定已後，因定發慧，以智慧故，即得見性。」……「（神會）若指此定為是者，維摩詰即不應訶舍利弗宴坐也。」[15]

俱可證李白所提出的這種寂然不動的宴坐禪法，原非南宗禪禪學觀念中所可贊同者。中唐時宗密在《禪源諸詮集都序》內，通論其先禪門各宗禪法特色時，對於南宗禪的反對宴坐，便有如下的描述：

> 《淨名》已呵宴坐，荷澤每斥凝心，曹谿見人結跏，每自將杖打起。[16]

---

[13] 周紹良編著：《敦煌寫本壇經原本》（北京：文物出版社，1997年），頁120-121。

[14] 《菩提達摩南宗定是非論》，載楊曾文編校：《神會和尚禪話錄》（北京：中華書局，1996年），附編，頁31。

[15] 《南陽和尚問答雜徵義》，載楊曾文編校：《神會和尚禪話錄》（北京：中華書局，1996年），附編，頁71-72。

[16] 同注[7]，頁427。

除了反對宴坐之外，李白筆下這種坐禪之際追求寂然不動的做法，更是南宗禪所大力反對的。在《南陽和尚問答雜徵義》內，即載神會對諸學道者以空寂為本的禪法提出質疑：

以有所得者，即是繫縛故，何由可得解脫？聲聞修空住空，即被空縛。若修定住定，即被定縛。若修靜住靜，被靜縛。若修寂住寂，被寂縛。[17]

可見南宗禪本反對追求禪寂，故知李白所習禪法，其實與南宗禪一向所主張者實為南轅北轍。因之是否可自以上李白對於宴坐的種種說明，論證其從思想到實踐上均已皈依於南宗禪，相信就有可以商榷的餘地。

（二）李白與北宗禪關係

雖然李白筆下所提到的這種追求「宴坐寂不動」的坐禪方式，與南宗禪禪法上要求大異其趣，不過從南宗禪所針對立說的北宗禪禪法之中，卻可以明確找到與上述李白所提及禪法相吻合的地方。就禪宗史而言，開元、天寶間真正流佈於天下的，事實上是北宗禪。宗密在記述高宗至玄宗朝南宗禪未行北地的實況時，同時又指出：

唯神秀禪師，大揚漸教，為二京法主，三帝門師，全稱達摩之宗，又不顯即佛之旨。[18]

在《中華傳心地禪門師資承襲圖》內，宗密對北宗禪又有如下說明：

北宗者，從五祖下傍出，謂有神秀等一十人。……於中秀及老安、智詵道德最著，皆為高宗皇帝之所師敬。子孫承嗣，至今不絕。就中秀弟子普寂化緣轉盛，為二京法主，三帝門師。[19]

普寂終於開元末，傳教二十餘載，《宋高僧傳》即稱其時「天下好釋氏

---

[17] 同注[15]，頁72。

[18] 同注[7]，頁434。

[19] 同注[8]，頁460。

者，咸師事之。」[20] 獨孤及《舒州山谷寺覺寂塔隋故鏡智禪師碑銘序》載普寂身後「寂公之門徒萬人，升堂者六十有三。」[21] 足以說明開元、天寶間北宗禪聲勢之盛。北宗禪在禪法上的一大特色，就是主張於清淨處坐禪，亦即提倡宴坐。對此宗密在闡明神秀、智詵等所倡禪法時，即有詳細描述：

遠離憒閙，住閒靜處，調身調息，跏趺宴默，舌柱上齶，心注一境。[22]

其中所述住閒靜處的「跏趺宴默」的坐禪，正是李白筆下所提到的「宴坐」。[23] 在闡述北宗禪主張的《楞伽師資記》內，就清楚指出北宗禪禪法極重視這種以清淨心為本的宴坐之法，教人「默然靜坐，大涅槃日，自然明淨。」[24] 並謂「若有一人，不因坐禪而成佛者，無有是處。」[25] 除了神秀圓寂時「不疾宴坐」外，[26]《楞伽師資記》又載：

(神秀)大師付囑普寂、敬賢、義福、惠福等，照世炬燈，傳頗梨大鏡。天下坐禪人，歎四箇禪師曰：「法山淨、法海清、法鏡朗、法燈明」。宴坐名山，澄神邃谷，德冥性海，行茂禪枝。清

---

[20] 贊寧：《宋高僧傳》(北京：中華書局，1987年)，卷9，〈唐京師興唐寺普寂傳〉，頁198。

[21] 獨孤及：《舒州山谷寺覺寂塔隋故鏡智禪師碑銘序》，《全唐文》(北京：中華書局，1983年)，卷391，頁3973。

[22] 同注[7]，頁430。

[23] 僧肇注《維摩詰所說經》「宴坐」，即謂「宴坐者，閑居之貌」，與宗密闡述北宗禪住閒靜處的「跏趺宴默」的坐禪方法正合。同注11，頁39。

[24] 淨覺：《楞伽師資記》，石峻等編：《中國佛教思想資料選編》(北京：中華書局，1983年)，第2卷，第4冊，頁157。

[25] 同上，頁158。

[26] 見《楞伽師資記》所載。同上，頁170。

淨無為，蕭然獨步。【27】

可以說明北宗禪在禪法承傳上，即標榜宴坐以號召於天下。在神會《菩提達摩南宗定是非論》內便提到：

嵩岳普寂禪師，東岳降魔藏禪師，此二大德皆教人坐禪，凝心入定，住心看淨，起心外照，攝心內證，指此以為教門，……若指彼教門為是者，維摩詰不應呵舍利弗宴坐。【28】

亦明確點出北宗禪專標榜以宴坐為其教門。此外在追求禪寂的問題上，北宗禪所持見解亦正好與南宗禪背道而馳。獨孤及在《舒州山谷寺覺寂塔隋故鏡智禪師碑銘序》內，闡述北宗禪禪法時就提到：「其教大略以寂照妙用攝群品，流注生滅觀四維上下。」【29】則知北宗禪並未如南宗禪般反對禪寂。在《楞伽師資記》內述北宗禪禪法時，亦教人於坐禪之際應當：

徐徐斂心，神道清利，心地明淨，照察分明。內外空淨，即心性寂滅，如其寂滅，則聖心顯矣。【30】

可見其禪法本以追求禪寂為主。郭湜《唐少林寺同光禪師塔銘》記普寂弟子同光之言，亦指出「修行之本，莫大於律儀；究竟之心，須終於禪寂。」【31】同樣可證北宗禪以禪寂為修行究竟，作為修證一心的最終目標。從李白本人「宴坐寂不動，大千入毫髮。湛然冥真心，曠劫斷出沒」的禪修說明中，可以推論李白所習禪法，當屬主張通過寂然不動的宴坐，以追求禪寂的北宗禪禪法；而非其時致力反對在靜處跏趺而坐以致為禪寂所縛的南宗禪禪法。【32】

【27】同上，頁171。

【28】同注【14】，頁30。

【29】同注【21】。

【30】同注【24】，頁167。

【31】郭湜：《唐少林寺同光禪師塔銘》，《全唐文》，卷441，頁4495。

三、李白與北宗禪禪法

南宗禪稱本身這種反對宴坐而自縛於禪寂的禪法為「如來禪」，專門用以破北宗禪所一向主張的「清淨禪」禪法，[33]而李白筆下所提到，本身坐禪時的這種寂然不動的「宴坐」，正是一直以來北宗禪所致力提倡的這種清淨禪禪法。在《廬山東林寺夜懷》一詩中，開篇李白即自言「我尋青蓮宇，獨往謝城闕」。李白刻意到遠離人寰處坐禪，與上文提到北宗禪要求「遠離憒鬧，住閒靜處」，然後跏趺宴默的做法一致。至於李白在篇中所提到「宴坐寂不動」的坐禪方法，其實屬於北宗禪藉禪定達致清淨心的入手工夫。《楞伽師資記序》內對北宗禪的這種清淨禪禪法，便有明確的說明：

> 心性本來清淨，清淨之處，實不有心；寂滅之中，本無動念。……放曠清微，大千以寂寥，通古今而性淨。即上下周圓，廣遍清淨，是淨佛國土也。是知一毫之內，具足三千大千；一塵之中，容受無邊世界。斯言有實耳，此中坐禪，證者之自知，不由三乘之所說也。[34]

比照於《楞伽師資記序》以上所述，即知李白筆下所描述坐禪時「宴坐寂不動，大千入毫髮」的體驗，實際上不過是對於北宗禪的這種以寂滅去除動念，令一心清淨無染，然後在坐禪中得以感受「一毫之內，具足三千大千」的禪法經驗寫照而已。

此外在《與元丹丘方城寺談玄作》一詩中，李白自述蒙元丹丘指

---

[32] 其後南宗禪內尤其荷澤一系，亦有提倡坐禪者，但已屬中唐時事，天寶年間仍然以此為反對北宗禪禪法的重點所在。詳見宗密《禪源諸詮集都序》內對此闡述。

[33]《歷代法寶記》即稱神會在洛陽詰北宗之旨，為「破清淨禪，立如來禪」。

[34] 同注[24]，頁151-152。

點，得以領略禪法精要所在時亦提到：「滅除昏疑盡，領略入精要」[35]，自言禪法精要在於「滅除昏疑盡」。在《安州般若寺水閣寺納涼喜遇薛員外乂》詩中，李白亦有「心垢都已滅，永言題禪房」[36]之說，以為坐禪當滅盡心垢。依李白之見，要滅除種種昏疑心垢，使此心由染轉淨，關鍵處就在令此心寂然不動之上。在《崇明寺佛頂尊勝陁羅尼幢頌并序》一文之內，李白即闡述此一觀點：

> 粵我有西方金僊之垂範，覺曠劫之大夢，碎群愚之重昏，寂然不動，湛而常存。使苦海靜滔天之波，疑山滅炎崑之火，囊括天地，置之清涼。[37]

可見李白以為在「寂然不動，湛而常存」之下，即足以滅除昏疑。而此心湛然又在於虛空其心，在《地藏菩薩讚序》中，李白就有「湛本心於虛空」[38]的說法。此外在《地藏菩薩讚》中又謂：「本心若虛空，清淨無一物。焚蕩淫怒癡，圓寂了見佛。」[39]李白這種見解，在記述神秀禪法的《大乘無生方便門》內，述坐禪住心看淨之法時即提到：「虛空無一物，清淨無有相。常令不間斷，從此永離障。」[40]正因坐禪時講求虛空其心遠離塵垢，以抵於清淨的這種做法，實為北宗禪的看心之法，所以李白筆下所提出的「湛本心於虛空」觀念，本不離於禪定時的觀心之法。在《誌公畫讚》中，李白就提到「水中之月，了不可取。虛

---

[35] 同注[4]。

[36]《安州般若寺水閣寺納涼喜遇薛員外乂》，《李白全集校注彙釋集評》，卷21，頁3261。

[37]《崇明寺佛頂尊勝陁羅尼幢頌并序》，《李白全集校注彙釋集評》，卷29，頁4237。

[38]《地藏菩薩讚序》，《李白全集校注彙釋集評》，卷28，頁4218。

[39]《地藏菩薩讚》，《李白全集校注彙釋集評》，卷28，頁4220。

[40]《大乘無生方便門》，《續大正藏》，卷85，古逸部，頁1273。

空其心，寥廓無主。」[41] 在《魯郡葉和尚讚》內同時亦提出：

> 了身皆空，觀月在水。如薪傳火，朗徹生死。如雲開天，廓然萬里。寂滅為樂，江海而閑。[42]

所謂「觀月在水」者，指在「了身皆空」之下，既「虛空其心」，在觀此身心時，正如《誌公畫讚》所稱，此身此心仿若「水中之月，了不可取」，既了然如在目前，又不得執取。李白上述這種禪觀，其實本之於北宗禪禪法。《楞伽師資記》載道信所傳禪法時，對此即有詳細闡述：

> 若初學坐禪時，於一靜處，直觀身心，四大五陰，眼耳鼻舌身意，及貪嗔癡，若善若惡，若怨若親，若凡若聖，及至一切諸法，應當觀察，從本以來空寂，不生不滅，平等無二。從本以來無所有，究竟寂滅。從本以來，清淨解脫。不問晝夜，行住坐臥，常作此觀。即知自身猶如水中月，如鏡中像，如熱時炎，如空谷響。若言是有，處處求之不可見；若言是無，了了恒在眼前。諸佛法身，皆亦如是。[43]

《楞伽師資記》又載，能如此坐禪觀心，則「神道清利，心地明淨，照察分明，內外空淨，即心性寂滅。如其寂滅，則聖心顯矣。」[44] 又謂：「若淨坐無事，如蜜室中燈，則能破暗，照物分明。若了心源清淨，一切願足，一切行滿，一切皆辨。」[45] 正說明這種觀心坐禪之法，認為在心性寂然之下，令一心明淨即足以照物分明。《楞伽師資記》以「心如明鏡」[46] 稱這種「心地明淨，照察分明」的禪法，宗密在《中華傳心地

---

[41]《誌公畫讚》，《李白全集校注彙釋集評》，卷 28 ，頁 4207 。

[42]《魯郡葉和尚讚》，《李白全集校注彙釋集評》，卷 28 ，頁 4222 。

[43] 同注[24]，頁166 。

[44] 同上，頁167 。

[45] 同上，頁158 。

[46] 同上，頁162 。

禪門師資承襲圖》內說明北宗禪禪法特色，所特意標出者亦為此節：

> 北宗意者，眾生本有覺性，如鏡有明性；煩惱覆之不見，如鏡有塵闇。若依師言教，息滅妄念，念盡則心性覺悟，無所不知。如摩拂昏塵，塵盡則鏡體明淨，無所不照。[47]

所以李白在《與元丹丘方城寺談玄作》一詩中，提到所領略禪法精要，有「澄慮觀此身，因得通寂照。朗悟前後際，始知金仙妙」之說，所闡述者大抵不過為北宗禪一向所提倡，要求在心性寂然之下令心性覺悟，於心如明鏡下，以致無所不照及無所不知的禪法而已。故此李白在《贈僧崖公》一詩中追述早年學禪經歷時，提到「昔在朗陵東，學禪白眉空」時，自謂學禪抵於「大地了鏡徹」境界，所闡述者正是這種在「宴坐寂不動」的禪定中，透過「澄慮觀此身，因得寂照」之下，於心內所映照見出的景象。李白上述這種坐禪的體驗，宋時蘇軾亦有相同的紀述見之於筆下。在《成都大悲閣記》內，蘇軾在自述坐禪入定的體驗時便提到：

> 及吾燕坐寂然，心念凝默，湛然如大明鏡。人鬼鳥獸，雜陳乎吾前；色聲香味，交遘乎吾體。心雖不起，而物無不接。[48]

可見蘇軾就同樣在宴坐寂然，心念凝默之下，體驗到一心湛然如明鏡而得以映照萬象。另一方面，蘇軾所記述這種在宴坐中「心雖不起，而物無不接」，以至色聲香味交遘於體的經驗，亦同樣可以見之於李白筆下。《廬山東林寺夜懷》在敘述「宴坐寂不動，大千入毫髮。湛然冥真心，曠劫斷出沒」這番坐禪體驗的同時，就寫到本身「天香生虛空，天樂鳴不歇」的感覺。宴坐之際心念不起，而仍然能感覺得知種種色聲香味，最終更能令一心抵於湛然——這種禪法其實正為其時北宗禪所提倡

---

[47] 同注[8]，頁464。

[48] 蘇軾著，孔凡禮點校：《蘇軾文集》（北京：中華書局，1986年），卷12，頁395。

者。李充《大唐東都敬愛寺故開法臨檀大德法玩禪師塔銘序》記神秀再傳弟子法玩之教謂：

> 嘗謂門人曰：正法無著，真性不起。苟能睹眾色，聽眾聲，辯眾香，味眾味，受眾觸，演眾法，而心恒湛然，道斯得矣。[49]

所以倘從一向主張清淨禪的北宗禪角度來看，李白在廬山東林寺一夕禪坐，在「宴坐寂不動，大千入毫髮」中，既能感受「天香生虛空，天樂鳴不歇」，而得以「湛然冥真心」，可說是完全合乎北宗禪教人坐禪應「凝心入定，住心看淨，起心外照，攝心內證」的教門要求，倘借用法玩的說法便是「道斯得矣」，由此亦可見李白之於禪學，實可謂深得北宗禪禪法精要。

---

[49]《唐文續拾》，卷4，頁11221 。

現代新詩人舊體詩的「承繼」與「創新」

朱少璋*

提要

現代新詩人的舊體詩創作，一方面繼承傳統詩歌的優點，一方面又接受外國詩歌和民間作品的啟發，作多方面的創新嘗試。本文試就新詩人舊體詩在承繼及創新兩方面的成就作一論述：透過對作品本身的仔細分析，追尋新詩人舊體詩的根源（承繼傳統），並試圖找出當中創新的元素。結論是新詩人的舊體詩是汲取西方、傳統及民間三個領域的特點而成，是在承繼中兼有創新的「現代詩歌」。

由於新詩人大多具深厚的國學根柢，[1]因此在繼承傳統上均能融匯前人的特點，貫通融匯而自成面貌，自《詩經》、《楚辭》，到漢魏

*香港浸會大學語文中心高級講師。

[1] 論文中將論及的「現代新詩人」係須符合下述三項條件：（1）生於1949年以前及（2）在1917-1949年間具體、積極從事新詩創作的作家而（3）同時創作舊體詩的詩人；除符合上述各項條件外，尚參考《中國現代詩歌史》及《中國新詩大辭典》二書而定；此外以政治人物姿態出現者不在研究之列，如周恩來及胡喬木等人，雖曾寫新詩，又擅寫舊體詩，但不是典型的新詩人，因此不在研究範圍內。以下各人不在本研究之列，有必要說明一下：（1）左舜生有新詩〈南京〉一首，見朱自清編選：《中國新文學大系.詩集》（上海：上海文藝出版社，1981 重印本），《中國新詩大辭典》及《中國現代詩歌史》均沒有收錄左舜生，不以新詩詩人而名，不擬列為研究對象。又徐速：〈左舜老及其新體詩〉載《大成》[香港]

以至唐宋，詩人們都有所承繼。而新詩人在舊體詩各方面都同時作出努力嘗試，包括在用韻、用典、語言或題材上，均時見創獲，詩人結合外國詩歌的創作手法或風格，又或者植根在本土的民間歌謠上，總之是盡其所能，為舊體詩找一條出路。本文試就新詩人舊體詩在承繼及創新兩方面的成就作一論述：

第96期（1981年11月）一文亦有引錄左氏的〈南京〉，還說：「……很少人知道他在新文藝上的造詣，遠在三十年代他就以詩名享譽文壇了。」按詩的素質和實在情況來看，徐氏之言似為過譽。（2）茅盾在1927年寫了〈我們在月光底下緩步〉及〈留別雲妹〉兩首新詩，見丁茂遠：《茅盾詩詞鑒賞》（浙江：杭州大學出版社，1991），《中國新詩大辭典》沒有收錄茅盾，而《中國現代詩歌史》則只談論其舊體詩詞的成就（頁1086-1093）；不以新詩詩人而名，不擬列為研究對象。（3）老舍的新詩作品，曾結集成書，見曾廣燦、吳懷斌合編：《老舍新詩選》（石家莊：花山文藝出版社，1983），《中國新詩大辭典》沒有收錄老舍，而《中國現代詩歌史》則只談論其舊體詩詞的成就（頁1097-1101）；不以新詩詩人而名，不擬列為研究對象。（4）蕭紅有新詩62首，見張毓茂、閻志宏合編：《蕭紅文集》第三卷（合肥：安徽文藝出版社，1997），《中國新詩大辭典》及《中國現代詩歌史》均沒有收錄蕭紅，不以新詩詩人而名，不擬列為研究對象。（5）陶行知，《中國新詩大辭典》中收錄其生平，說他「提倡新詩」，但畢竟是突顯其教育家的身分，以本研究的原則衡度，未足典型；而《中國現代詩歌史》則只詩論其舊體詩作品，顯然不以新詩詩人目之，故不擬列為研究對象。（6）屠岸，《中國新詩大辭典》中收錄其生平，而《中國現代詩歌史》則附闕如，查屠岸生於1923年，新詩創作始於1945，又有舊體詩集《萱蔭閣詩抄》（太原：山西人民出版社，1985）行世；但其文學活動在現代文學時期之最末，其新詩作品並未符合條件之第二項，不擬列為研究對象。又關於「舊體詩」的名稱，本文乃從于友發、吳三元：《新文學舊體詩選注》（濟南：山東教育出版社，1987）及李慶年：《馬來亞華人舊體詩演進史》（上海：古籍出版社，1998）二書的用法。又舊體詩的同義詞尚有以下各種：（1）「舊詩」，如吳奔星：《魯迅舊詩新探》

（一）承繼方面

1. 與傳統詩歌的關係

新詩人的舊體詩與傳統詩歌的關係頗深，新詩人有源自《詩經》者，以詩言志，或用賦陳，或以比興，抒發一己之感受，均能各言其志。有源自《楚辭》者，香草美人之思，幽玄浪漫，一脈相承。有源自古樂府歌辭，則清新活潑，平實質樸，具民歌氣息。有承自魏晉文學，則風骨泠然，感人至深。源自唐詩者，有學李白（701-762）、杜甫（712-770）、王維（701-761）、李賀（790-816）、李商隱（813-858），新詩人各秉性向而從，均能於唐詩寶藏中有所汲取，化為己用。又或學宋人所作詩，或點化、或奪胎，上溯江西；清勁瘦硬，義理精微。

新詩人上承傳統詩之脈絡，歷歷可見，均有跡可尋，追源溯始，皆有宗有祖，其來有自。聞一多（1899-1946）寫於1922年的〈密月著《律詩底研究》稿脫賦感〉、寫於1925年的〈廢舊詩六年矣復理鉛槧紀以絕句〉和〈釋疑〉；[2]〈密月著《律詩底研究》稿脫賦感〉中有「手假研詩方剖舊，眼光獨道故疑西」之句，是作者新在中國古典詩學中找尋詩

（江蘇：人民出版社，1981）；（2）又有以「詩詞」偏義指詩，如毛谷風：《二十世紀名家詩詞鈔》（上海：華東師範大學出版社，1993），書前錢仲聯序指出：「詩之一稱，有白話新體與古典舊體之殊。詩詞合稱，胥指舊式。」（頁1）；（3）又有「傳統詩」，如許霆、魯德俊：〈十四行體與中國傳統詩體〉，《中國韻文學刊》2期（1994）；（4）又有「格律詩」，如朱雲達：〈格律詩果真會衰亡嗎?〉，《江南詩詞》4期（1987）；（5）又有「古體詩」，如劉東：〈古體詩生命力管見〉，《昆明師院學報》1期（1981）；（6）又有「古典詩」，如公木：〈簡論中國古典詩歌傳統問題〉，《詩刊》第5期（1957）：「所謂中國古典詩歌，就是指五四以前的舊詩。舊詩，對新詩而言。」另有關新詩人的舊學背景，詳參拙文〈論新詩兼作舊體詩原因〉載《新亞學報》[香港]第22卷（2003年10月）

歌創作出路的宣言，這種想法，在〈廢舊詩六年矣復理鉛槧紀以絕句〉中有更明顯的調強：「唐賢讀破三千紙，勒馬回韁作舊詩」，對舊詩的價值作進一步的肯定，〈釋疑〉一首，可視為聞一多對中國故有的詩學作出最直接的肯定和提倡，他說「藝國前途正杳茫，新陳代謝費扶將」，認為詩歌要創作從外國詩學中找出路是不可能完全成功的，作者提出「補牢端可救亡羊」的看法，具體方法是「神州不乏他山石，李杜光芒萬丈長」，主張要向中國舊詩學習，不用再假外求，是強調詩歌創作向傳統學習的宣言。

以下就擬古詩和風格兩項說明詩人在繼承傳統上的具體情況；並分析詩人在繼承傳統上分別有融和傳統與反省傳統兩種不同的承傳態度。

（1）透過擬古詩看新詩人承繼統傳

事實上，新詩人的舊體作品與傳統詩的淵源極深，[3] 除了在詩學主張、理論上有所繼承外，在某些創作方式上也有明顯的繼承痕跡；舊體詩中的五七律絕、古風歌行之體，自不待言；擬古詩最能表現詩人與傳統作品的關係，詩人或襲用，或翻點，都能見出詩人植根於傳統的痕跡，如沈尹默（1883-1971）的擬古詩作品有〈月色何清朠〉、〈迢迢西北去〉及〈念彼巢林鳥〉。[4] 模擬對象是五古，詩中託物寄興，有〈古詩十九首〉的韻味。

劉半農（1891-1934）的擬古作品有〈擬古二首〉，[5] 形式和用語

---

[2] 見藍棣之編：《聞一多詩全編》（杭州：浙江文藝出版社，1995）頁320、321、322。

[3] 相關論據，詳參拙文〈論新詩人兼作舊體詩的原因〉，載《新亞學報》第22卷（2003）。

[4] 見《沈尹默詩詞集》（北京：書目文獻出版社，1982）頁21、63。

[5] 見趙景深原評、楊楊輯補：《半農詩歌集評》（北京：書目文獻出版社，1984）頁8。

都很古雅，如其一云：

轉側不成眠，何事心頭梗。窗外月如霜，風動枯枝影。

詩以懷人為題材，構詞造句純然五古，其中比興手法，運用得十分純熟，押仄聲韻，擬古味更濃。

郭沫若（1892-1978）的擬古作品有〈明月何皎皎〉，是作者在1941整理劇本《棠棣之花》時寫的，[6] 為了切合劇中人的身分和時代，作者劇中的詩擬為古代的作品，「明月何皎皎」出自十九首，作者借題發揮：

明月何皎皎，白楊聲蕭蕭。阿儂姐與弟，離別在今宵。

寫來古意盎然。

朱自清（1898-1948）的擬古詩功力很深，舊體詩集《敝帚集》中，大部分是擬古作品，共三十二首，是作者在1927年寫的「詩課」，作者以擬古為學詩入門，其中有擬〈古詩十九首〉的、有擬〈怨歌行〉的、有擬〈羽林郎〉的、有擬〈七哀〉、有擬〈詠懷〉、〈悼亡詩〉、〈詠史詩〉、〈招隱詩〉、〈遊仙詩〉、〈歸田園居〉、〈飲酒〉等。[7] 如其中擬〈上山採蘼蕪〉，擬得不即不離，用詞有變化而能保存詩意：

薄言採蘼蕪，道中逢故夫。殷勤相問訊，新人當勝吾。新人亦爾爾，故人清以腴。肌膚雖近似，手指各相殊。新人于于來，故人行亍亍。新人鬥奢靡，故人甘寒素。寒素惜錙銖，奢靡不知數。娶婦宜家室，勿復論新故。

朱自清曾把這份「詩課」交黃節（1873-1935）教正，黃節批語云：「逐字換句，自是擬古正格」，[8] 評價頗高。

---

[6] 見王繼權、姚國華、徐培均編注：《郭沫若舊體詩詞繫年注釋》（哈爾濱：黑龍江人民出版社，1982）上冊，頁358

[7] 見朱喬森編：《朱自清全集》（南京:江蘇教育出版社,1990）卷五，頁139-171 。

[8] 見《朱自清全集》卷五，頁138 。

聞一多的擬古作品有寫於1916年的〈擬李陵與蘇武詩三首〉。[9]俞平伯（1900-1990）的擬古作品有寫於1929年的〈游仙詩十五首〉和〈擬古別離二首〉，[10]〈游仙詩十五首〉的後記云：

> 茲體始於辭賦，成於五言，而盛於七言，淵遠彌長，作者雲蔚……余亦試效之，雖非列仙之趣，聊盡悠之想……

是借擬古而詠懷而已。金克木（1912-2000）有〈擬閨怨四首〉，[11]以女子口吻，道出思念遠人的別恨，寫來也十分神似，如「征帆逝矣水空流，無計消除是別愁」（其一）、「花若有情應遣去，好傳消息問天涯」（其二）、「畫樓春色望年年，怕聽鵑聲到耳邊」（其三）、「不捲珠簾不對鏡，看能消瘦幾多時」，都擬得傳神而入微。

（2）透過詩的風貌看新詩人承繼統傳

從上述的創作具體情況看來，新詩人與傳統詩的關係，頗為密切。此外，不少論者注意到詩人舊體詩在風貌上與傳統的關係，以下舉一些較為明顯的例子——魯迅（1881-1936），是最受詩評家注意的一位，關於他的舊體詩的淵源，論者有不少意見：林林在〈魯迅先生與詩歌〉中說「魯迅先生的舊詩，寫得比白話詩更好，這也就是從舊傳統得來的。」[12]說明魯迅詩與傳統的密切關係。馮至（1905-1993）在〈魯迅先生的舊體詩〉中，細緻地指出魯迅詩中「喜歡用《楚辭》中的比喻……詩中的詞藻和句法穠麗處甚至使人想到李義山，但是粗獷處又有些像南宋的劉後村；兩種極不相同的風格在這裏結合起來。」[13]柳亞子（1887-

---

[9] 見《聞一多詩全編》頁303-304。

[10] 見樂齊、孫玉蓉編：《俞平伯詩全編》（杭州：浙江文藝出版社，1992）頁358-361、363。

[11] 見金克木編著：《挂劍空壟》（北京：三聯書店，1999）頁198-199。

[12] 林林著：《詩歌雜論》（香港：人間書屋，1949）頁98-114。

[13]《馮至詩文選集》（北京：人民文學出版社，1955）頁165-167。

1958）在〈魯迅先生的舊詩〉中，也評魯迅「追蹤漢魏，託體風騷」。[14] 鄭子瑜（1916- ）則認為魯迅詩與唐宋的淵源甚深，他在《魯迅詩話》中，評魯舊體詩「措語沉著，筆力雄大」。[15]《風騷餘韻論》中則評魯迅以七律七絕見長，說他「在事實上是宗唐音的，風格猶近晚唐諸家」。又云：「相對來說，魯迅的七絕更有特色，頗得唐人風韻」又云：「即多用楚辭的語言典故，並化用相關的詩歌意象」[16]

胡適（1891-1962）評陳衡哲（1893-1976）〈月〉、〈風〉二詩為「絕妙」，又云：「此兩詩皆得力於摩詰。」[17] 道出陳衡哲的舊體詩與唐詩在風貌上的承繼關係。

賀聖謨在《論湖畔詩社》中認為應修人（1900-1933）的舊體詩「善於點化，似乎多少又染有江西詩派的流風」。[18] 私淑江西者，復如王統照（1897-1957）的〈題呂居仁〈江西詩社宗派圖〉〉四首，[19] 在這詩中，一方面說明了江西詩派的師承脈絡，一方面寫出作者對詩歌的一些看法，第一首云「刪盡西崑浮艷體，從此詩派入江西」，第二首云「變律裁詞誰健者，婀娜剛健一涪翁」，第三首云「元祐文章盛一時，蘇門君子此宗師」，第四首云「絕代風騷雅社開，刪除浮艷主清裁」，綜合而言，王氏對江西詩派是抱持肯定的態度，這四首作品，無非是總結江西詩派在詩學及創上的貢獻。

李振明在《田漢詩詞解析》的前言中舉田漢（1898-1968）詩：「隨將滄海無邊月，踏遍櫻花第幾街」、「何用螺紋留十指，早將鴻爪付千

---

[14] 柳亞子：《磨劍室文錄》（上海：人民出版社，1993）下冊，頁1478。

[15] 鄭子瑜編：《魯迅詩話》（香港：大公書局，1952）頁15。

[16] 朱文華著《風騷餘韻論》（上海：復旦大學出版社，1998）頁178-179。

[17]《胡適詩話》頁139。

[18] 賀聖謨著：《論湖畔詩社》（杭州：杭州大學出版社，1998）頁111。

[19] 見《王統照文集》（濟南：山東人民出版社，1982）卷四，頁487。

秋」等句，評為「即置於唐人集中，亦難以辨認出來」。[20]《風騷餘韻論》評田漢之詩為：

> 似學唐詩，尤擅七絕……詩的語言力求淺近通曉，少用典故，很少古僅氣息。由於田漢也精通聲律，所以作品中少有破格的情況。[21]

田漢的論詩作品有寫於1961的〈讀曹美成藏柳亞子寫詩〉，[22]其中有「少讀南社集，雞鳴拔劍起」之句，說明了作者瓣香之所在，南社反宋詩而倡唐音，[23]作者受其影響，故又云「詩壇出宋江，不肯讓杜李」，而事實上，田漢的舅父易象(1882？-1920？)，是南社社員，田漢受其影響，對舊體詩有深入認識。[24]

(3)融和傳統的態度

上列各論者所言，或謂私淑江西，或云瓣香李杜，各有淵源；事實上中國數千年詩學，源遠流長，後起詩人，耳濡目染，口誦心記，莫不受直接或間接之影響，而「傳統」、「淵源」云云，無非謂詩人格調類於某家某派，此亦詩人之向性使然，非出主入奴之宗派標榜。李岳南〈談劉半農的詩〉評劉氏〈游香山紀事詩〉為「繼承並發揚了中國古典現

---

[20] 李振明編著《田漢詩詞解析》(長春：吉林文史出版社，1999)前言，頁1-6。

[21]《風騷餘韻論》頁183。

[22] 見《田漢文集》(北京：中國戲劇出版社，1983)卷十三頁238-239。

[23] 有關南社的詩歌理論，可參拙著〈南社詩歌理論研究〉香港大學中文系碩士論文。

[24]《田漢詩選》(北京：人民文學出版社，1982)頁359後記部分：「我父親(田漢--筆者)早年受他舅父南社愛國詩人易象的熏陶和影響很深，在古體詩詞上打下了深厚的根基……」，易象，生卒年不詳，後記云「(易象)一九二〇年在長沙被軍閥所謀殺，年僅三十八歲」，生卒年暫按此推算；又易氏在1912年加入南社，見楊天石、王學莊合編：《南社史長編》。

實主義詩歌的優秀傳統」，[25]都是綜合傳統而非專學某一流派的；《風騷餘韻論》評郭沫若「缺乏明確的師承，只是從小多誦唐詩和《詩經》，因而在自己的作品中留下了痕跡」，[26] 也可見詩人之師承，並非一宗一所可涵概。靳樹鵬、李岳山在〈詩人陳獨秀和他的詩〉中說：

> 陳獨秀精通賦詩之道，凡古近各體，都有詩作，還偶有散曲……均能廣採眾長，法古不泥，轉益多師[27]

是綜合而不拘泥的，陳獨秀（1880-1942）在1939年的〈寄沈尹默絕句四首〉之四：「論詩氣韻屬天寶，無那心情屬晚唐，百藝窮通偕事變，非因才力薄蘇黃。」[28] 此詩一方面向友人總結自己詩歌創作路向、風格，一方面是概括地說明詩歌創作的定律：偕事變。作者寫此詩時已入晚年，可說是詩人創作經驗的一個重要總結。黃秋耘（1918- ）在〈高吟肺腑走風雷〉中，評魯迅舊體詩：

> 屬辭雅麗，可比風騷，定勢沉雄，不殊漢魏；有長吉之奇倔而避陰森；具義山之綿邈而去其纖巧；情重而意深，力道而辭婉[29]

亦可見有承襲、亦有所綜合變化。陳孝全在《朱自清的藝術世界》中，總結朱氏的舊體詩如何揉合傳統：

> 朱自清推崇宋詩，但他並不屋下架屋，一味模仿，而是兼采歷代各之長，走脫胎換骨的路，他有許多詩源自李賀、杜甫、李白、蘇軾、陳子昂的詩句，但都不落前人窠臼，均點化開去，翻舊出新，以自己的語言，自己的方式，表現自己的方式，表現自己對

[25] 李文原刊《詩刊》第3期（1959），本文轉引《劉半農研究資料》頁365。

[26]《風騷餘韻論》頁181。

[27] 任建樹、靳樹鵬、李岳山編注：《陳獨秀詩集》（長春：時代文藝出版社，1995）頁4。

[28]《陳獨秀詩集》頁197。

[29] 黃文筆者未見，此處轉引自劉正強：〈魯迅詩歌風格淺談〉，《昆明師院學報》第3期（1980）。

生活的感受。[30]

再印證朱自清的論詩作品〈滌非惠詩其言甚苦次韻慰之〉，[31]詩中云「俳諧秋興曲，辛苦後山詩」，認為苦語為詩不是唯一的作法，當時詩壇，拗折淒苦成一時風氣，作者似不以為然。作者的論詩詩則很少，他在〈答程千帆見贈即次其韻〉中說：「天孫乞與金針巧，卻向凡夫問有無」，[32]似暗暗道出作個中原因。時萌《聞一多朱自清論》以朱自清〈宴後獨步月下〉為例，說明其詩學淵源也是綜合唐宋的：

> 意境的冷峭，情味的幽深，頗具宋詩的風神。朱自清是偏愛江西派的，這首詩也象黃庭堅那樣下了刻苦錘煉的工夫，甚至連首句也用了對仗，但卻已脫出町畦，並無拗句，硬語，其中「流水」一聯則兼有唐人的情韻了。

又云：

> 朱自清專力學宋詩，其實並未走入山谷蹊徑，而倒是自況「詩愛髯蘇書愛黃」，他是私淑蘇東坡的。我們從冊詩集中可以看到好多「以文為詩」的篇章，就大有宋詩議論化、散文化的傾向……而朱自清寫的不少直抒胸臆的詩，也確是達到了情、理兼勝……[33]

臧克家（1905-2004）在《王統照詩詞解析》的序言中說：

> 詩人從幼年起，即研讀古代典籍，對古代詩歌，興致甚濃，修養功力頗深。他對歷代詩人如李白、杜甫、白居易、李商隱、王維、蘇東坡以及龔自珍等人作作品，都下過研究工夫，轉益多師，融諸家之長於一爐，建立了個人的獨特藝術風格。[34]

---

[30] 陳孝全著：《朱自清的藝術世界》（福州：福建教育出版社，1995），頁93。

[31] 見《朱自清全集》卷五，頁338。

[32] 見《朱自清全集》卷五，頁323。

[33] 時萌著：《聞一多朱自清論》（上海:文藝出版社，1982）頁167-174。

[34] 見姚素英編著：《王統照詩詞解析》(長春：吉林文出版社，1999）序言，頁1-2。

可見新詩人創作舊體詩，多是淡化門戶淵源之見，於傳統中各取所需，化為己用，皆綜合不同淵源流派而為一新組合，如沈尹默在1941年寫的〈秋明室雜詩〉中之三就談到關於傳統承繼的問題，【35】其三云：

> 宋固有南北，唐亦分三四。六朝與兩漢，雖然竟鼓吹。其實實詩論，止一非有二。一言以蔽之，托興以言志。所貴無邪思，淺深隨文字。合作自有人，未因時代異。

作者試圖把和朝的詩論總合為一，以托興言志與思無邪的傳統理論統攝眾說，最後一句尤能道出文學的永恒價值，詩若以真情出發，是不會因時代變更而改變其內在價值的。周作人（1885-1967）寫於1948年的〈作詩〉，【36】大可視為詩人在過去六十多年的詩歌創作心得的總結，詩云：

> 寒暑多作詩，有似發瘧疾。間歇現緊張，一冷復一熱。轉眼嚴冬來，已過大寒節。這回卻不算，無言對風雪。中心有蘊藏，何能托筆舌。舊稿徒千言，一字不曾說。時日既唐捐，紙墨亦可惜。據榻讀爾雅，寄心在蠓蠛。

把詩人創作的心路歷程寫得具體而有趣，其中「舊稿徒千言，一字不曾說」二句，尤堪玩味，帶出詩人在詩歌創作中的具體參悟，似乎也是趨於綜合傳統的。

（4）反省傳統的態度

事實上，不少新詩人都頗有自己對詩歌傳統的看法，強調點各有不同，實在不以一概而論：饒孟侃（1902-1967）寫於1962年的〈杜少陵先生頌〉兩首，【37】二詩雖非直接論詩，但從作者所推崇的詩人看來，可

【35】見《沈尹默詩詞集》頁84-85。

【36】見王仲三箋注：《周作人詩全編箋注》（上海：學林出版社，1995）頁57。

【37】見王錦厚、陳麗莉編：《饒孟侃詩文集》（成都：四川大學出版社，1997）頁67-68。

間接志地了解作者對詩歌傳統的看法，如第一首的腹聯云「有句皆驚俗，無思不入吟」，說明了前人作詩的創作心路過程，又第二首頷聯云「體賅兼雅頌，妙筆走龍蛇」，對前人的詩學淵源作出探討，又腹聯云「即物知襟度，因時發憤嗟」，「因時」二字，是作者對詩歌創作動機的具體理解。

又如何其芳（1912-1977）寫於1964年的〈效杜甫戲為六絕句〉，[38]其中提到詩人創作的心得，很有參考價值，如第一首的「溯源縱使到風騷，苦學前人總不高」，是反對一味學古的創作方式。第二首的「刻意雕蟲事可哀，幾人章句動風雷」，是反對過份的文句雕琢，主張自然。第三首的「一代異才曾並出，那能交臂失瓊姿」，是反對賤今貴古的想法。第四首「只今新體知誰是，猶待筆追造化功」，認為新體詩的創作，不在體新而應在能否「追造化」。第五首「初看滿眼盡雲霞，欲得真金須汰沙」，是主張提煉、昇華，令作品更具價值。第六首云「爭奈夢中還彩筆，一花一葉不成春」，天賦詩才者，一旦天賦盡，則詩才盡；看來作者是比較著重後天的詩才培養。

康白情（1896-1945）的論詩作品有寫於1921年的〈張夢九報我書轉述王光祈語謂我詩有盛唐音戲成二十八字報之〉：

> 自昧師承習聖業，活觀宇宙盡文章。雅言漫興渾閒事，莫道詩腔肖盛唐。[39]

也正正表達出作者詩不拘繩墨、不自困於流派的自由開放主張，作者不以詩腔肖盛唐而自滿，反而不當是一回事；大自然宇宙，才是作者創作的「師承」。

郭沫若寫於1948年的〈論詩文七絕〉六首，[40]正如作者在詩前的

---

[38] 見《何其芳詩稿》（上海：文藝出版社，1979）頁122-123。

[39] 見《河上集》（上海：亞東圖書館，1924）卷七，頁21。

[40] 見《郭沫若舊體詩詞繫年注釋》下冊，頁133-139。

小序中說，這組詩，是「統括著自己對於文藝的看法」，如第一首：「載道之文未可非，要看所載道何歸」，對中國文學傳統載道思想提出更深一層的思考。第二首說「楚辭滿紙輶軒語，歷代何人勝屈原」，以地方色彩特濃的楚辭為例，說明異代方言不會影響文學價值。第三首說「可憐揚馬等灰塵」，指出文學不應以雕琢為能事，他以漢賦的家作品為例，說明這點。第四首說「馬關鄭白不求工」，以元曲的代表作家為例，說明文學作品應以自然樸素為主。第五首說「變文之變青於藍」，作者自注：

> ……有所謂變文者，即以白話演變佛典或民間故事，蓋平話小說之濫觴也。[41]

在文學語言的應用上，作者肯定了白話的系統。第六首說「欲自騷壇尋後聖，於今當得數秧歌」，提主張詩歌的題材應步向平民化、大眾化的路向。

蕭三（1896-1983）的論詩作品有寫於1962年的〈愧無〉，[42] 在詩中，作者談及自己的作詩原則：

> 愧無七步成詩才。拙作只能慢慢來。有話即長無話短，但求俚句不成災。

詩中提到的精簡、意盡即止的原則，還表示出創作需要慢慢蘊釀才行。是重要的創作經驗。

田漢寫於1964年的〈蒲松齡故居〉，[43]詩中論及文學創作的動機，很有參考價值：

> 豈愛秋墳鬼唱詩。嘔心端為刺當時。留翁倘使生今日，寫盡工農戰鬥姿。

---

[41] 見《郭沫若舊體詩詞繫年注釋》下冊，頁138 注解部分。

[42] 見《蕭三詩選》頁224 。

[43] 見《田漢文集》卷十三，頁413 。

作者強調詩歌以反映現實為主，是研究作者文藝觀的重要材料。馮至的論詩作品有寫於1972年的〈自遣〉：

早年感慨恕中晚，壯歲流離愛少陵。工力此生多浪費，何曾一語創新聲。[44]

對於模仿前人的作品，馮氏覺得不是目的，最終的目標是「創新聲」，自成面目，寫出個人的風格來。

臧克家的論詩作品有寫於1979年的〈讀僻典古詩〉、〈詩一首〉、1981年的〈戲為六絕句〉、1986年的〈再戲為六絕句〉；[45]提及的詩歌論不少，〈讀辟典古詩〉云「字字休誇有來歷，一行短句一鴻溝」，是作者反對以深僻字詞入詩，又〈詩一首〉云「靈感守株不可期，城圈自錮眼兒迷」，是作者對創作靈感的看法，〈戲為六絕句〉中副題〈生活〉一首云「生活到處才華現，枉道生花在筆端」，是作者主張創作泉源在生活中求，副題〈讀書〉一首云「學殖深邃出大材」，是作者主張詩才須由學才出，副題〈評論〉一首云「文章美醜自難知，借他山石攻錯私」，是作者認為評論與創作須同時進行，才有進步，副題〈傳統〉一首云「咀華原不分中外，月亮應憐故國明」，是主張在中本土找創作之根。

2. 與傳統詩人的關係

按上文綜合所得，新詩人對傳統詩學及詩歌體式，均有承繼，而其中亦可見新詩人對某些傳統詩人的喜愛，其中如魏晉唐宋名家，幾乎是公認為詩人的學習承繼對象，在眾多的統傳名家中，較值得注意的倒是龔自珍（1792-1841），他的詩風與表達方式，感染了不少詩人，新詩人欣賞龔氏的詩，也有的直接受龔氏影響，簫心劍態，幽怨雄奇，兼而有

[44] 見《馮至選集》（成都：四川文藝出版社，1985）卷一頁235，為〈雜詩九首〉之一。

之。此一承傳現象，實有必要考察。

今人任訪秋在〈魯迅與龔自珍〉中，則認為〈自題小像〉一首中的進取精神，是同於龔自珍的。任氏並認為「定庵自稱是『莊騷兩靈魂，盤據肝腸深』。而魯迅同樣受莊騷的影響極深」；下引〈無題——萬家墨面沒蒿萊〉一絕，評為「可知魯迅作品的思想與表現手法，以及創作方法，都在某程度上受到定庵的影響。」【46】馮至的論詩作品有寫於1972年的〈自遣〉，【47】詩的附注記述了作者的學詩歷程，也道出作者對龔氏的認同：

> 早年喜讀中唐、晚唐詩，常引龔自珍「我論文章恕中晚，略工感慨是名家」之句以自解。

此外，集句是舊體詩創作方式之一，詩中截取前人一代或一家或數家的詩句，拼集而成一詩，詩人透過集句成詩，消極地看可以說是一種文字遊戲，但積極地看，則是詩人對前人詩作熟識程度的表現，也同時是詩人喜好某家詩的具體表現。【48】冰心（1900-1999）在〈漫談集句〉一文

【45】見《臧克家舊體詩稿》（武漢：武漢出版社，2000）頁84-86、99、143。

【46】《中國近現代文學研究論文集》（河南：人民出版社，1992）頁236-245。

【47】見《馮至選集》卷一頁235，為〈雜詩九首〉之一。

【48】新詩人集前人詩句的作品以集龔詩較為矚目，本文集中討論新詩人與龔詩的承傳關係，其實，新詩人集其他詩人的詩句而成篇者，尚有：劉大白的集句詩，有〈無題唐句〉、〈贈唐句〉及〈月夜集溫句〉等，都是集唐詩人的詩句而成的。見《白屋遺詩》（北京：書目文獻出版社，1984）頁2、7、15。又周作人的集句作品，多作於早年（1901年），都是應節候、寫風景之作，有〈春晚村居即景〉、〈初夏村居即景〉、〈四時村居即景〉等作品，集句中涉及的詩人很多，足見者讀詩之多而廣，按以上三題六首的作品分析，集二十七家詩。其中有為人熟識的詩人，也不乏冷辟而不為人知的作家，這大概是作者熟讀前人作品，故能自如地集前人之詩句。見《周作人詩全編箋注》頁357-358，按詩句後作者自注記錄，所集的詩人計有羅隱、陸遊、薛漢、王安石、黃公望、錢惟善、謝宗可、

中曾說：[49]

> 我尤其愛讀龔定庵的詩詞，他的七絕詩最多……讀的熟了多了，就能集成許多聯和七言詩。

在文中，她回憶年少時集的五首七絕，[50] 她所說近乎頹唐的有：

> 不容水部賦清愁，大宙東南久寂寥。且莫空山聽雨去，四廂花影怒於潮。

近乎香奩意味的則有：

> 三生花草夢蘇州。紅似相思綠似愁。今日不揮閒涕淚，一生孤注擲溫柔。

王統照的集句作品，主要也是集龔自珍的詩句，如〈集龔定庵成二絕〉、〈有懷再集定庵句〉四首，[51] 作者熟讀龔詩，對龔自珍尤為佩服，他在〈暑夜讀龔定庵詩集〉中說：「龔子詩無敵」、「詄蕩謫仙才」、「才氣有縱橫」、「禪宗磨慧骨」，[52] 可見王氏對龔詩的推崇，故心有所感時，便集龔詩以自遣。至於魯迅和沈尹默二人，早年也學龔詩，沈氏在1961 年的〈追懷魯迅先生六絕句〉中有云：

> 少年喜學定庵詩。我亦離居玩此奇。血荐軒轅荃不察，雞鳴風雨已多時。[53]

僧志南、李中、朱成詠、謝逸、郯韶、戴叔倫、高啟、蘇舜欽、韓邦靖、元稹、徐璣、戴復古、李郢、楊補、孫武仲、歐陽修、釋惠洪、司馬棫、蘇武、呂徽之。又何其芳的集句作品有寫於1964 年的〈有人索書因戲集李商隱詩為七絕句〉，見《何其芳詩稿》頁124-125 。

[49] 見卓如編《冰心全集》（福州：海峽文藝出版社，1994）第七冊，頁624；二詩共八句均集自龔自珍〈己亥雜詩〉。

[50] 同上注，頁643-645。

[51]《王統照文集》卷四，頁448 、451 。

[52]《王統照文集》卷四，頁470 。

[53]《沈尹默詩詞集》頁103 。

可見二人對龔詩的嚮慕。胡適在〈題章士釗胡適合照〉一詩中也說：「但開風氣不為師，龔生此言吾最喜」。[54] 事實上，新詩人喜愛龔詩、集龔詩句，除了直接繼承龔氏一人外，實在也同時繼承以龔氏為代表的一條近現代詩歌創作脈絡；自晚清以來，龔自珍在詩壇上的影響就已明確地存在，吳雨僧（1894-?）在《餘生隨筆》中舉例說明龔氏在晚清詩壇的影響：

> ……如梁任公，其三十以前作，固似處處形似。即近年作，皆定庵之句法也。[55]

晚清知識份子如梁啟超（1873-1929），亦深受龔氏的詩文影響，可見其風靡之力，至于近代重要的詩社組織——南社，社員對龔氏的作品更是情有獨鍾，南社詩人往往集龔詩，互為投贈，或脫胎點化龔氏的詩句，作為創作的手法，這種借他人杯酒以澆一已胸中塊壘者，例子不少，今人孫文光在《龔自珍》一書中論及龔氏的影響時，作了十分詳細的評述，深入說明龔氏與南社的影響關係：

> 辛亥革命前後，革文學團體「南社」的詩人們，如陳去病、高旭、柳亞子等，他們對龔自珍更為推崇備至。他們的作品，從內容到形式，都以龔詩為楷模，成為龔詩的遺調。「南社」中還有不少詩人，愛集龔詩句，作為表達自己思想感情的一種方式。以1936年出版的《南社詩集》為例，其中集龔詩句，即有二十五家三百餘首之多。[56]

可見南社詩人喜愛龔詩，確是事實，如柳亞子有〈集定公句十二截〉，[57]

---

[54] 胡明編注：《胡適詩存》（北京：人民文學出版社，1985）頁289。

[55] 轉引自龔鵬程：〈俠骨與柔情〉，載胡偉希編：《辛亥革命與中國近代思想文化》（北京：中國人民大學出版社，1991）頁265。

[56] 孫文光著：《龔自珍》（上海：古籍出版社，1985）頁99

[57] 見柳亞子著：《磨劍室詩詞集》（上海：人民出版社，1985）上冊，頁34-35。

俞鍔（1887-1938）有〈贈春航集定公句〉十六首，【58】可見南社詩人，對龔氏的作品，確有偏好，既有偏好，自然是繼之以推崇，南社詩人推崇龔氏及其作品，從思想上而言，龔氏的思想精神，貫注在詩作之中，感染了南社詩人，尤其龔氏那既綺豔而又豪宕的詩風，對南社詩人感染最深，即所謂「簫心劍氣」，亦剛亦柔，正如今人牛仰山在〈簡論龔自珍的創作和近代詩文的關係〉一文中分析南社詩人好集龔詩的原因為：

> 一則顯示出他們對龔自珍的詩何等熟悉，二則說明龔自珍的某些詩句所表達的思想，很能引起他們的共鳴。【59】

那些思想的具體內容是什麼呢?近人龔鵬程在〈俠骨與柔情〉一文中作如下的闡釋：

> 但龔氏影響當時知識份子最大的，並不是在字句方面，而是他那種合儒、俠、佛、豔為一的生命態度。英雄美人之思、俠骨柔情之感，才是令這些儒俠神銷骨醉、低回不已的所在……【60】

一種既出世，又入世；既隱逸，又進取；既為公，又為私；既為情，又為理的矛盾而複雜的思想，正如清民之際的文人思想心態一樣，左沖右突，在思想領域中馳騁，冀能找到出路 —— 南社詩人即為個中代表，他們被龔氏的思想精神所感召，由共鳴而至喜愛，由喜愛而至學習，由學習而至推崇，無怪姚鵷雛（1893-1954）在〈南社瑣記〉中說：

> 于詩由燕趙慷慨激烈之音，轉為雄奇瑰異，雖跌宕文酒，寄情山水，無不寓其感傷家國之意，故其音韻氣節，自然近于龔羽琌。【61】

【58】見俞成梠編：《南社俞劍華生先遺集》（台北：三民書局，1984）頁49-50。

【59】載孫文光、王世蕓：《龔自珍研究論文集》（上海：上海書店，1992）頁159。

【60】龔鵬程：〈俠骨與柔情〉，載胡偉希編：《辛亥革命與中國近代思想文化》（北京：中國人民大學出版社，1991）頁265。

【61】見《永安月刊》1947年10期。

確能道出南社詩人與龔自珍在思想上的承傳關係。現代新詩人也同時受種力量的感染，他們繼承龔詩的風調，自非偶然，新詩人繼承了自梁啟超以至南社諸詩人的詩歌脈絡，在傳統中汲取舊體詩歌創作的養份，以滋養現代舊體詩的成長。

（二）創新方面

關於創意、新意一項，詩人既從事新詩創作，當認同詩須革新，因此創作舊體詩時，亦不忘在舊體中注入新元素，以求舊體新用，詩人於用詞、用典、詩體、聲律等各項，均嘗試創新。以魯迅為例，許壽裳（1883-1948）在〈《魯迅詩集》序〉中，便總結出魯迅舊體詩之特色有四其中三項就與創嘗試有關：其一為使用口語，極其自然、其二為解放詩韻，不受拘束、其三為采取異域典故（其四為諷刺文壇缺失），【62】可見新詩人創作舊體詩，非墨守前人之作法，而多能自具創意、新意，歸納而言，有以下各方面之創新嘗試之表現：

1. 韻調：

在用韻和聲調的問題上，新詩人中如朱自清、施蟄存（1905-2003）等恪守傳統舊體，韻調都一仍舊貫（依平水韻為主），而其他詩人，雖也大體上沿著傳統韻調而創作，唯亦時見在韻調上作彈性調整的嘗試，總體而言，新詩人在韻調上有頃向「韻從廣、調從寬」的情況，因此出現方言韻調入詩或重押韻字的情況，並不一定恪守近體所定的韻調要求，反而是直接向古體的較自由的韻調著手；詩人以平仄聲調之改動，以變化聲調之抑揚；又或擇韻於異部，以調和今古讀音之不同。調韻之變更，無非切合時代，順應而變，故作品多琅琅上口；又或不欲就聲而

【62】許廣平輯注，魏建功書：《魯迅先生詩存》（南京：江蘇教育出版社，1996），原書為摺疊裝，無頁碼。

害意，故能暢所欲言；魯迅的詩頗能為現當代的舊體詩在用韻作出示範，他的寫法是似律非律，利用歌行體在用韻上的自由，組合出一種特殊的詩歌韻調，如〈湘靈歌〉就是很好的例子：

> 昔聞湘水碧如染，今聞湘水胭脂痕。湘靈妝成照湘水，皎如皓月窺彤雲。高丘寂寞竦中夜，芳荃零落無餘春。鼓完瑤瑟人不聞。太平成象盈秋門。【63】

詩中「今聞湘水胭脂痕」、「芳荃零落無餘春」二句，只有「水」、「落」二仄聲，而用韻方面，「痕」、「門」元韻；「雲」、「聞」文韻；「春」字屬真韻，一詩通押三部韻；【64】古詩的味道就很濃，但全詩又以八句近乎律詩的方式作表達，當中第五、六句稍作寬對，讀來似律非律，有近體之形，但用韻與平仄又顯然不是近體，形貌與內蘊是古和今的新結合。又如〈贈鄔其山〉中「一闊臉就變」全仄，「南無阿彌陀」全平，【65】詩人以詩意為先，不拘聲律，不取近體而求達意，非墨守詩律也。至於在用韻方面，就更能集中顯示出魯迅如何打破近體詩在用韻上的規範，茲列舉如下：

作品	用韻情況
〈贈鄔其山〉近體	歌、麻、魚
〈無題〉（大野多鉤棘）近體	文、侵
〈贈日本人歌〉近體	庚、真
〈湘靈歌〉歌行體	真、文、元
〈送贈田涉君歸國〉近體	先、寒
〈一二八戰後作〉近體	先、寒
〈教授雜詠四首〉之一 近體	緝、質

【63】周振甫編注：《魯迅詩全編》（杭州：浙江文藝出版社，1991）頁90。

【64】真、元、文三韻古韻通押，按「真」韻古通文、元、寒、刪、先五部。見《詩韻全璧》（上海：上海古籍書店，1982），此書據1922年廣益書局版複印。

【65】《魯迅詩全編》頁69。

〈教授雜詠四首〉之二 近體	御、遇
〈無題〉(慣於長夜) 近體	支、微
〈無題〉之一 (故鄉黯黯鎖玄雲) 近體	文、真、元
〈二十二年元旦〉近體	文、真
〈贈畫師〉近體	寒、刪
〈贈人二首〉之一 近體	江、陽
〈報載患腦炎戲作〉近體	蒸、侵

康白情(1896-1945)〈祝川滇黔旅蘇學生會週刊〉，也是在韻上作變化，詩云：

乃興南訛，遂化窮桑，七日來復，而與世終。[66]

句中以「訛」、「桑」、「終」押韻，韻寬而能配合四言古雅淳樸之感覺。[67] 饒孟侃的〈贈南湖國手蔣風之〉，詩云：

動靜同参四十人。初聞天籟已心傾。固知弄竹調絲手，欲創工農時代聲。[68]

詩中「人」字屬「真」韻，而「傾」、「聲」屬「庚」韻；是異部押韻的嘗試。[69] 還有詩人如蕭三，作品中時有韻字重用的情況，也很值得注意，如〈敬祝胡志明主席七秩大壽〉之一云：

人生七十古來稀。望重德高胡主席。領袖群倫驅惡魔，救民水火

[66]《河上集》卷一，頁1。

[67]「桑」字屬「陽」韻，「終」字屬「東」韻；《詩韻合璧》目錄「七陽」下注云：「毛氏通韻作東冬江陽庚青蒸七韻一通轉」；而「訛」字屬「歌」韻，古詩也不通押，這顯然是康氏的特殊用法。

[68]《饒孟侃詩文集》頁63。

[69]「真」韻似亦通「庚」韻，《詩韻合璧》目錄「十一真」下注云：「時本作通庚青蒸侵轉文元」，但又注云「杜韓白柳諸詩皆然，從無通庚青等韻」，這大概說明「真」通「庚」是並不常見的。

登社席。[70]

詩中用國音押韻,「稀」、「席」均以「i」作韻尾,而第二及第四句的「席」字重用,又如〈學習〉:

活到老來學到老。改造到老唱到老。而今應改孔丘言,朝聞入夕當傳道。[71]

首二句的「老」字重押,無論其成功與否,也可以算是在韻調方面的另一種嘗試。類似這種重用韻字的情況,臧克家的〈菜斑〉中也有相類的嘗試,該詩七言十四句,第六句「菜花引蝶入廚房」與第八句「傍晚帶月始回房」,「房」字重押。[72]

又如劉半農,曾以方言音調押韻,另創新調,如〈游香山紀事詩〉共三十首,其中第二首劉氏刻意試用江陰鄉音押韻(其詩原注標明用江陰韻),詩云:

古剎門半開,微露金身佛,頽唐一老僧,當窗縫破衲,小僧手紙鳶,有線不盈尺,遠見行客來,笑向天空擲。[73]

其中佛、衲、尺、擲四字押韻,[74]均為入聲,江陰韻之入詩,此為可行之一例。

俞平伯也曾以方言入舊體詩,他的〈吳聲戀歌十首〉便是這類新嘗試的詩作,[75]他用了大體上結構整齊的舊詩格式,加入吳方言的特有

[70]《蕭三詩選》頁198,又詩中押同一韻字,濫觴於古詩,如《詩經》〈關雎〉:「左右采之」、「琴瑟友之」,「之」字在詩中重押。

[71]《蕭三詩選》頁223。

[72]《臧克家舊體詩稿》(增訂版)頁53。

[73]《半農詩歌集評》頁1,此詩押江陰韻,係作者在自注中說明。

[74]詩中「佛」字屬「物」韻,「衲」字屬「合」韻,「尺」字「擲」字屬「陌」韻;傳統詩韻中不能通押。

[75]《俞平伯詩全編》頁440-442。

讀音或用語，如「三兩句話『曾勿』說完」，「曾勿」一字是「勿」、「曾」之促音，「散後方知聚時好」的「聚」字讀平聲，「啥勒今朝頭勿光」的「啥勒」意指「為甚」，「多多化化寫勿出」的「多多化化」猶言「許許多多」，「大年夜頭巧梳妝」的「大」字讀如「杜」，「姐在閨中悶獨坐」的「悶」字讀平聲；又如〈半帷呻吟二十首〉之十三「繁喧來六局」一句，俞氏自注云：「婚喪大事顧人承應，吳語曰『六局里』」。[76]又在〈絕句〉一詩中的「宏微觀不二」全用吳音（作者自注），全詩押「際」、「二」（吳音）及「窺」三韻字，俞氏不無自信地作注：「絕句平仄換韻古無有也」，[77]可見他在詩的用韻和聲調上，是極有興趣作新嘗試的。

周作人在〈中元〉長詩中，在「家家設炬火」句下自注云：「火字依俗讀若虎」，[78]都是在語音聲調上創新的嘗試痕跡，凡此種種，雖未算取得大成就，也未見普及，風氣沒有形成，但詩人著意於開創詩歌聲調用字的領域，這對現代舊體詩創作確實起著啟示和先導的作用。

2. 用典：

在用典方面，則有詩人自鑄典故，或套用外國文學典事者，多姿多彩，甚富時代氣息；前人作詩，多沿承舊典故而用，發掘新典事以入詩，以「詩界革命」為號召的黃遵憲（1848-1905），詩中也援用新典；異國情調，往往帶來新意。新詩人在用典方面，上承黃氏的餘緒，嘗試開發能入詩的典事，較前所用之新典故，詩人創典的面更廣更闊，不同國族的神話傳說、文學典事均有採用，其中有借用於日本文學的，有出於阿拉伯文學的，也有出自希臘、埃及等國的神話，在典事的層面上頗

[76]《俞平伯詩全編》頁546 。

[77]《俞平伯詩全編》頁549 。

[78]《周作人詩全編箋注》頁151 。

有創穫，更重要的是，這些新典故如果配合新體詩，應該是順理成章的，但新詩人卻嘗試用以配合舊體詩，這無疑是舊瓶新酒的嘗試組合，他們用新典故的意義，在於新詩人沒有一面倒地完全採用新體，而是嘗試為舊體詩找一條在表達上的出路。[79]

周作人氏博學多聞，用典不拘一格，時有創獲，如他的〈笑林〉，其中有「更有川柳詩」一句，[80]是用日本俳句家川柳之典事入詩；又周氏名句「請到寒齋吃苦茶」一句，據周氏自注，系典出日本文學作品《貓》的最末一句。[81]〈性心理〉一首，不但作品題材新穎，詩中「大食有香園」一句，[82]是指阿拉伯古書《香園》；以此情事入詩，可謂創新。周氏也喜以希臘典事入詩，如〈水神〉長詩中云：「希臘有神女，常居河海濱。年少美容顏，可畏亦可親。」[83]又如〈黑色花〉長詩中提及的「是實有見毒，市如美杜沙。倏忽化為石，偽笑露齒牙」、「法力制人天，摩呂不能遮」，據周氏自注云：

> 美杜沙者，希臘神話中神物，三戈耳共之一，貌如美婦人而有毒，見之者輒化為石。
>
> 摩呂乃仙草根，航海者過巫女之島，受其宴饗者，悉被變形為獸

[79] 關於新詩人對「用典」的看法，胡適的八不主義中就有「不用典」一條，但新詩人在創作新詩時似乎並未恪守此條「主義」，如聞一多的〈憶菊〉是用了陶淵明歸隱的典故，又〈漁陽曲〉是用禰衡擊鼓罵曹的典故，郭沫若的〈湘累〉中用娥皇、女英的典故，可見新詩作品中對舊典故的運用是存在的，這一來，新詩人在舊體詩中運用「外國典事」和「目前典事」等新典故，就顯得更為矚目了。新詩中用典問題，詳參金欽俊：《新詩研究》（廣州：中山大學，1999）頁37-38。

[80]《周作人詩全編箋注》頁138。

[81]《周作人詩全編箋注》頁282。

[82]《周作人詩全編箋注》頁104。

[83]《周作人詩全編箋注》頁153。

畜，後得神助，予此草，能破巫術，復返人身。[84]

據周氏在〈丁夜暑中雜詩後記〉中說，這些詩本題為「新古典傳」，但後因「漸以雜糅，殊少典故之氣息」而改題為〈暑中雜詩〉，[85] 可見他在開拓新典的工作上，是頗有意識的。

又如郭沫若，他在用新典上，也頗為大膽，他在〈游Glza金塔〉，寫金字塔時典事中外兼有，頗具新意：

金字塔三座，威嚴逼四方。人獅驚岳岳，王廟憶堂堂。巨石千鈞重，方舟十丈長。勞工信神聖，奇跡嘆無雙。[86]

詩中「人獅」、「方舟」指獅身人面像和太陽船，而「岳岳」則典出《漢書.朱雲傳》，「堂堂」則典出《史記.滑稽列傳》，中外結合，是具創新的意念。又如〈弄舟尼羅河上〉有「誠甘三度飲，萬感足和柔」之句，郭氏自注此異國典事云：「埃及口碑，尼羅河之水，曾飲一次者，必飲至三次」。[87] 以此寫異國風情，至為妥貼。又如〈游北歐詩四首〉之三「四郎島上話年耕」一句，作者自注云：

四郎島名為Sealand，傳說昔有農婦向地主求地，地主許以其力所能耕者予之。農婦有四子，均化為牛而力耕，得地頗廣，即今之四郎島。[88]

又如〈贈日本友人〉中「阿倍遺骸尚在田」，用典甚新，作者原注云：

日本留唐學生阿培仲麻呂（701-770中國名晁衡——原注）官至節度使。留中國五十餘年，以公元770年死於長安。[89]

---

[84]《周作人詩全編箋注》頁163。

[85]《周作人詩全編箋注》頁176，引文句子原作「唯以後則漸以雜糅，殊少典故之氣息矣」，本文在引用時為行文通順，在不改動原意下作了節錄。

[86]《郭沫若舊體詩詞繫年注釋》下冊，頁273。

[87]《郭沫若舊體詩詞繫年注釋》下冊，頁274。

[88]《郭沫若舊體詩詞繫年注釋》下冊，頁353。

[89]《郭沫若舊體詩詞繫年注釋》下冊，頁415-416。

典故能切合對象而用，雖較生僻，但也未嘗不是可行的嘗試。至如何其芳的作品，也有採用新典的情況，他的〈歡呼毛主席〈詞二首〉的發表四首〉之一有「碧海揚塵知物性」句，自注：「此句遵照毛主席『人間正道是滄桑』意」，[90] 他採用時人之意為典故入詩，也頗新穎；又其四「國際悲歌鼓吹催」句，自注云「此句取〈國際歌〉最後『英特納雄耐爾就一定實現』之意」，[91] 此亦何氏用新典之一例；類似的有田漢〈初訪井岡山六首〉之五「爭唱紅軍滅二羊」，田氏自注云：

> 當時流行一首歌謠，末句是「只費紅軍三分力，消滅白匪兩隻羊」。兩隻羊指白匪朱培德部楊如軒、楊池生,兩個主力師。[92]

此外，何其芳〈慣於〉七絕中「辜負薔薇女神笑」，其典事出自：

> 羅馬黎明女神奧羅拉乘白馬拉著的薔薇色車子，並用她的薔薇色手指打開東方的門，傾下露水在大地上，使百花生長。[93]

異國典事配合中國舊體者，復如施蟄存〈浮生雜詠八十首〉之三十九「說到橙鄉便矯情」，施氏自注「橙鄉為橙橘之鄉，歌德〈迷娘歌〉中語」，[94] 也是用異國典事；復如田漢〈謁湯顯祖墓〉之三，詩云：

> 杜麗何如朱麗葉，情深真已到梅根。何當麗句瑣池館，不讓莎翁有故村。[95]

以英國詩人兼劇作莎士比亞（William Shakespeare,1564-1616）與湯顯祖（1550-1617）同時代的人，因而在詩中把二人的名著作比附，杜麗娘是《牡丹亭》的女角名字，而朱麗葉則是《羅密歐與朱麗葉》中女角的名字。

---

[90]《何其芳詩稿》頁137。

[91]《何其芳詩稿》頁138。

[92]《田漢文集》第十三卷，頁366-367。

[93]《何其芳詩稿》頁142-143，引文係何氏自注。

[94]《北山樓詩》（上海：華東師範大學，2000）頁153。

[95]《田漢文集》第十三卷，頁166。

3. 語言：

在語言方面，新詩人大多依傳統以文言入詩，寫作舊體，如周作人在〈《揚鞭集》序〉中提到沈尹默的舊體詩，其中就談到沈氏如何運用文言寫「現代新詩」：

> 尹默早就不作新詩了，把他的詩情移在別的形式上表現，一部《秋明集》裏的詩詞即是最好的證據。尹默覺得新興的口語與散文格調不能親密地與他的情調相合，於是轉了方向去運用文言，但他是駕御得住文言的，所以文言還是聽他的話，他的詩詞還是現代的新詩，它的外表之所以與普通的新詩稍有不同者，我想實在只是由於內含的氣分略有差異的緣故。【96】

而部分新詩人則嘗試以口語入詩，或文兼白、或全白話，以取其達意明快之優點。今人楊志琨在《周作人詩詞解析》的前言中，就談到在獄期間的周作人，所寫的詩：

> 在遵從舊韻限制的同時，語言更平易，更通俗，更明白曉暢，甚至的的簡直就近於口語白話……從而形成了一種新的近似散文化的舊體詩。【97】

如周作人〈苦茶庵打油詩之五〉：

> 禪床溜下無情思，正是沉陰欲雪天。買得一條油炸鬼，惜無白粥下微鹽。【98】

純為白話口語，自然明白，毫不深奧，暢所欲言，極其達意。又如臧克家〈給王子野同志〉：

> 春去夏又來，憶念隨時增。為問江南友，何日回北京。【99】

【96】周序原載《語絲》第82期（1926），本文轉引自《劉半農研究資料》頁269。

【97】楊志琨著：《周作人詩詞解析》（長春：吉林文史出版社，1999）前言頁3。

【98】《周作人詩全編箋注》頁8。

【99】《臧克家舊體詩稿》（增訂本）頁9。

完全是口語，用語有類新詩，兼散文化，格式則保留五言古體；新舊相雜，雖未見成熟，亦未成一家之詩，然亦可見詩人著力嘗試，銳意創新之心思。程光銳、劉征在《臧克家舊體詩稿》（增訂版）的序中也對臧詩作了很正面的評價：

> 臧老的舊體詩，字裏行間透出沁人心脾的新鮮氣息，全無頹唐與陳舊的味道……有的朋友說，臧老的舊體詩是新詩，不是舊詩，是很對的。[100]

楊金亭在〈別裁舊體創新詩〉中，評臧氏詩以口語化入舊體，增加了詩的親切感，以俗奏雅，激活了古老舊體的生機；[101]楊氏對臧詩的創意明顯是肯定的。另如胡適〈早行〉一首云：

> 棕櫚百扇靜無聲。海上中秋月最明。如此海天如此夜，為誰萬里御風行。[102]

句式用韻，純然七絕風調，而用語平白，於淺語中藏深意，有言外之音。曼昭（汪兆銘，1883-1944）在《南社詩話》中，評胡適以白話入詩，有云：

> 適之初作白話詩，如「六年你我不相見，見時在貞赫河邊」。全首聲調體格，純然七古，所異者用白話耳。[103]

詩人嘗試不同方面，突破舊體，使其舊中有新，則可在新時代成為「活」文學。又胡氏〈黃花崗〉一首，則又嘗試以廣東方言口語入詩：

> 黃花崗上自由神。手揸火把照乜人。咪話火把唔夠猛，睇佢嚇倒大將軍。[104]

---

[100]《臧克家舊體詩稿》（增訂版），序文，頁2。

[101]《臧克家舊體詩稿》（增訂版），附錄，頁217。

[102]《胡適詩存》頁360。

[103]楊玉峰、牛仰山點校：《南社詩話兩種》（北京：中國人民大學，1997）頁74。

[104]《胡適詩存》頁343。

黃花崗在廣東地區，作者別出心裁，試以廣東方言「揸」、「乜」、「咪」、「唔」、「睇佢」入詩，效果雖未云理想，然創意實不可抹殺也。陳獨秀〈金粉淚〉中，亦可見其語言上的創新嘗試，組詩中的第六首云：

抽水馬桶少不了，洋房汽車〔沒有〕不行。此外摩登齊破壞，長袍騎射慶昇平。【105】

詩人在詩中詼諧地表達了對「摩登」文明的矛盾心情，文明進步一方面改善了生活，但一方面又帶來不少負作用，詩人打趣地選擇性地挑了抽水馬桶、洋房和汽車，保留長袍和騎射之古風，這一今一古，對比就非常有趣而鮮明。詩的第二句詩人用了方言入詩，「沒有」二字連讀，粵音讀如「卯」，這樣既切合七言之字數的要求，又能達意，是方言入詩的一個好嘗試、好例子，正如靳樹鵬、李岳山在〈詩人陳獨秀和他的詩〉中說：

均能廣採眾長，法古不泥，轉益多師，厚積薄發，有所創新⋯⋯

文中更總結了陳氏舊體詩的幾點特點：「長於創新」、「嚴守規範，又不囿於規範，不時破格出律」。【106】

李大釗(1888-1927)〈山中即景〉的第一首，則以白話入五言古體，鑲嵌得非常妥貼：

是自然的美，是美的自然。絕無人跡處，空山響流泉。

首二句跟後二句銜接自然，純然不覺兀突雜亂，是新舊體結合的一個好嘗試。【107】

至於以新詞語入舊體，新詩人也作過一些嘗試，今人田子馥在《劉大白詩詞解析》的前言中說：「提倡白話，將新詞語入詩」、「有我之境，

【105】《陳獨秀詩集》頁152 。

【106】《陳獨秀詩集》頁6 。

【107】《李大釗詩文選集》(北京：人民文學出版社，1981)頁27 。

他善於把詩人『我』融於大自然之中」、「詩的『議理』抒情化、形像化」。[108] 又如樓適夷（1905-2001），就曾以日語入詩，他的〈打油詩二首〉之一有「橫豎無茶又苦茶」句，樓氏自注云「日語『無茶苦茶』即一塌糊塗」，[109] 俞平伯的〈詠長春藤〉首句「遠西蔓草阿哀凡」，句中「阿哀凡」是英語「Ivy」的音譯，[110] 郭沫若在〈全運會閉幕〉有「奧林匹上群神悚」句，是指奧林匹克委員會。又如周作人在〈兒童雜事詩〉中也有「絕世天真愛麗斯」、「不見中原凱樂兒」、「我愛童兒由利斯」等外國人的名字。[111]

至如劉半農，他在法國留學，對當地的風土人情甚稔熟，因此有以「法語」入詩的嘗試，如他的〈烏絨冒詩〉，[112] 其中就多有取自法語的「新名詞」，在詩中十分矚目；該詩是描寫巴黎大學區的人生百態，對於詩中所用的新名詞，劉氏都有自注說明，如「蒲聖米」為拉丁區之主街、「加非」為飲料、「密卡雷」是法國春節之一、「蒲哀米」為投閒置的無業游民、「盎衣女」為煩悶無聊之意。

周棄子（1912- ）在〈談新名詞入詩〉中就對新名詞與現代舊體詩的密切關係：

> 用新名詞入詩，比不用難得作好。而假如真稱得上一位作者，就

---

[108] 詳參田子馥編著：《劉大白詩詞解析》（長春：吉林文史出版社，1999）前言，頁1-8。

[109]《適夷詩存》（北京：人民文學出版社，1983）頁37-38。

[110]《俞平伯詩全編》頁511。

[111]「愛麗斯」是童話《愛麗斯漫遊奇境記》中女角的名字；「凱樂兒」今譯作「卡羅爾」（Lewis carroll,1832-1898），是《愛麗斯漫遊奇境記》的作者；「由利斯」是小說《人間喜劇》中一個人物。周詩見《周作人詩全編箋注》頁219-220。

[112] 趙蔭華：〈劉半農烏絨帽詩〉，載朱傳譽編：《劉半農傳記資料》（台北：天一出版社，1979-81）第一冊，頁52-55。

> 必須克服它而不是迴避它。[113]

可見部份新詩人在創作舊體詩時，也嘗試面對新名詞入詩的問題，誠如今人朱文華在《風騷餘韻論》中提到，由於新名詞中存在大量雙音節以至多音節的詞，對於傳統的五言和七言的詩體而言，實在是頗難處理的。[114]新詩人在這方面似乎是淺嘗輒止，並沒有將之成為現代舊體詩的必具的成份。

詩人在語調風貌方面，也作了創新的嘗試，有古為新用的嘗試，如周作人自謂所作俚俗之韻語為「牛山體」的變調，周氏還解釋說：

> 我說牛山體乃是指志明和尚的《牛山四十屁》，因為他做的是七言絕句，與寒山的五古不同，所以這樣說了。這是七言律詩，實在又與牛山作不一樣，姑且當作打油詩的別名。[115]

周氏試把統傳中非主流的七言詩偈用在當時，以淺語詼諧中寄托詩意，詞淺意深，他的「雜詩」、「打油詩」風格獨特，韻味盎然，言簡意深，與此體式之創用不無關係。

魯迅的打油詩作品，寫得幽默有趣，又言中有物，十分耐讀，分明是借「打油」為名，而作嬉笑怒罵而已，作品有〈我的失戀〉和〈吊大學生〉，[116]〈我的失戀〉是作者不滿當時（1924年）某些人借失戀為題，常在報上刊登濫情之作，作者仿張衡（78-139）〈四愁詩〉寫了四段打油詩，最後一節點明主題：

> 我的所愛在豪家。想去尋她兮沒有汽車。搖頭無法淚如麻。愛人贈我玫瑰花。回她什麼：赤練蛇。從此反臉不理我，不知何故兮——由她去吧。

---

[113] 周棄子：《未埋庵短書》（台北：文星書店，1964）頁179。

[114] 朱文華：《風騷餘韻論》頁250。

[115]《周作人詩全編箋注》頁281。

[116] 見《魯迅詩全編》頁50-51、154。

表現出者對這種無聊題材的厭惡和無奈。〈吊大學生〉是改崔顥（675-754）的名作〈黃鶴樓〉而成，目的是諷刺當時（1933年）的大學生，只顧眼前享樂，不理國事，沒有理想：

> 闊人已騎文化去，此地空餘文化城。文化一去不復返，古城千載冷清清。專車隊隊前門站，晦氣重重大學生。日薄榆關何處抗，煙花場上沒人驚。

尾聯說「日薄榆關」是影射日本在熱河一帶蠢蠢欲動，意欲侵華，但大學生卻留連煙花之地，對「日薄榆關」顯得漠不關心。

周作人可說是專注於寫「打油詩」的詩人，他的打油詩是他詩作的一個重要組成部分，作者不單沒有摒棄這些遊戲之作，相反是十分重視，還自輯成卷，名為〈苦茶庵打油詩〉，現存周作人的打油詩共四十四首，[117] 作者在序文中說：

> 我自稱打油詩，表示不敢以舊詩自居……因此名稱雖然是打油詩，內容卻並不是遊戲，文字似乎詼諧，意思原是正經。[118]

可見作者的打油詩並非自謙之詞，也並不是借打油以喻劣作；反而把打油詩看成是另一種表達方式，誠如作者說：「只是在形式上所用乃別一手法耳」，[119] 如打油詩第五首：

> 禪林溜下無情思，正是沉陰欲雪天。買得一條油炸鬼，惜無白粥下微鹽。

用詞生活化而通俗，第三、四句尤堪玩味，詩人生活清苦，在欲雪天時，只有手持油條，而無熱粥，更添淒清之況味。沈尹默和詩前有序言

---

[117] 見《周作人詩全編箋注》頁4-46，包括〈苦茶庵打油詩二十四首〉及補遺二十首。

[118] 序文見《周作人詩全編箋注》頁3-4，文中提及作者選輯打油詩的理由，以及作者對打油詩的解釋；是了解周氏詩歌理論的重要參考資料。

[119] 見上注，頁4。

云「讀罷快然，若有所觸」，[120]可見周詩的感染力。又如寫於1941年的第十二首，是寫節令的：

一水盈盈不得渡，耕牛立瘦布機停，劇憐下界癡兒女，篤篤花香拜二星。

說牛、女二星猶不得相見，而人間癡兒女尚向二星祈求，是十分矛盾而諷刺的。周作人的打油詩，能做到雅俗共賞，詞俗而意雅，句淺而味深，尤為難得。周氏寫於1926年的〈擬古詩〈上山採蘼蕪〉〉，[121]是借擬古而諷刺徐志摩再婚，[122]古詩無名氏的〈上山採蘼蕪〉是寫棄婦重遇前夫，前夫說出新人不如故人的心聲，周氏此詩襲用其意，但語出風趣活潑，詩云：

下河採荸薺。冷水沒肚皮。斜眼望對岸，遙遙見故妻。手挽新歡子，方從蜜月歸。一句一的厄，一步一吃斯。立正舉手問，新歡啥稀奇。新歡豈不好，賽過辣子雞。容顏徐城北，風月慶門西。舞來翻馬桶，吹去破牛皮。詩文做得好，更說歐皮西。若汝偷飯鬼，換得半升秈。皇皇天與地，好睡莫夜啼。當心看水裏，以卵有蟛蜞。

詩中用語變化多端，大有打油味道，如「的厄」即英語的「dear」，又「吃斯」即英語的「kiss」；又如「徐城北」，原來指「城北徐公」，《戰國策・齊策》記徐公為美男子，[123]詩中刻意倒裝為徐城北，又「慶門西」為西門慶的倒裝，與「徐城北」相對，妙對中風趣橫生。

劉半農在1933及1934，在《論語》半月刊發表了62首打油詩，題

[120] 轉引自《周作人詩全編箋注》頁10附件，沈氏有和詩五首，總題為〈和知堂詩五首〉。

[121] 見《周作人詩全編箋注》頁337。

[122] 見《周作人詩全編箋注》頁338王仲三箋。

[123] 轉引《周作人詩全編箋注》頁338注4。

為〈自批自注桐花芝豆堂詩〉，作者在詩序中言明「桐花芝豆」四物均可打油，因此以之作為詩集之名，如其中的〈摩登女〉有「勸君莫認作婊子，啊呀罪過阿彌陀」之語，是諷刺上海女士的前衛行徑，又如〈後煤山〉云：「莫若故宮堆穢土，千秋歌詠後煤山」，是說市面上廢物、垃圾堆積；[124] 用語詼諧，是打油詩的本色。

胡適的打油品有寫於1916年的〈打油詩寄元任〉、〈打油詩又一束〉及〈打油詩〉。[125]〈打油寄元任〉是作者問候要做手術的好友，詩中用詞十分調皮，無怪說是打油了，如其中說「依我仔細看來，這病該怪胡達」，把病因推到另一位朋友身上，原因是「前年胡達破肚，今年先生該割」，是把位朋友的病情連起來，隨後又道歉：「莫怪胡適無禮，嘴裏夾七帶八」，胡適打油的原因，是「要先生開口笑，病中快活快活」，是善意的嘲弄，最後祝福病者，還是語帶淘氣地說：「更望病早早好，阿彌陀佛菩薩」，盡顯打油詩的詼諧本色。

俞平伯的打油作品有寫於1965年的〈戲作打油詩〉和寫於1970年的〈息縣雜詠十九首〉之十二，[126]〈息縣雜詠十九首〉之十二，寫得十分俚俗，但又具趣味：

> 這裏把湯呼作茶。及沏苦茗不須他。冬湯夏水從來是，孔孟當年不飲茶。

作者留意到不同地方對茶、湯二字的用法有所不同，最後一句幽古人一默，是打油的特色。

樓適夷的打油作品有寫於1941年的〈打油詩二首〉，[127]副題為「聞某老人榮任督辦戲和其舊作」，按此作分析，應該是指周作人在1941年

[124] 引自《論語》半月刊1933年第9月16日第25期。

[125] 見《胡適詩存》頁119、136、139。

[126] 見《俞平伯詩全編》頁493、499。

[127] 見《適夷詩存》頁37。

出任華北教育督辦職一事，[128]而二詩押和的韻字是家、裟、蛇、麻、茶，是步韻和周作人的〈五十自壽〉詩，[129]為了達到嬉笑怒罵的反諷效果，作者極盡「打油」之能事，如「穿將奴服充袈裟」、「何妨且過督辦癮」、「半為渾家半自家，本來和服似袈裟」和「未妨吹拍肉如麻」等句，都是打油中帶辛辣諷刺的。

詩本為「雅」文學，作者個人風格問題，有以「俗」法寫詩，其中如用俗字俗語，則詩句俚而不醇；又或以俗題入詩，則詩意難達典雅。有關詩之俚俗問題，各論者的討論焦點均集中在新詩人的「打油」作品上。

新詩人中，大量寫打油作品者有周作人和劉半農，而其中劉氏之作，最富爭議性，評論者或有認為這類作品素質低下，且有失統傳詩之莊嚴風度，嬉笑打油入詩，態度不夠嚴肅，作品也難登大雅之堂，只屬游戲文章，品味不高。如林非認為劉氏在三十年代以後日趨落伍和倒退，就引了劉氏的〈桐花芝豆堂詩集〉為證，說是「非驢非馬的打油詩」。[130]梁新榮（1954- ）在《劉半農詩歌研究》中，評劉氏的打油詩「可以看到半農在舊學上根柢的深厚」，又云：

> 上品的打油詩，更是才情兼備、學問深厚的作家才可寫出。半農在這方面，是勝任有餘；只可惜因著他的性情，不屑斟酌的打油，致使行貨充斥，良品少見。[131]

王森然〈劉半農先生評傳〉中，評劉氏〈桐花芝豆堂詩集〉的〈摩登女〉

---

[128] 有關周作人出任偽職事，詳參陳子善：《閒話周作人》（杭州：浙江文藝出版社，1996）頁109-123，其中詳述周氏出任華北教育督辦的經過。

[129] 見《周作人詩全編箋注》頁280。

[130] 林文原載《現代十家散文札記》，本文轉引自鮑晶編：《劉半農研究資料》（天津：人民出版社，1985）頁398-399。

[131] 梁新榮：《劉半農詩歌研究》（香港：紅高粱出版社，1999）頁124。

一首為「誠詼諧之極」，又評〈後媒山〉一首為「亦莊亦諧，非獨謔之甚，且悲之深也。」[132] 亢德〈紀念劉半農先生〉評其〈桐花芝豆堂詩集〉為「以手寫口心口相應的產品」，對此詩集引來的負面批評，亢德認為詩集既不禍延家國，又不毒害民族，「於世何害，於人何損」。[133]

劉氏為何作這輯打油詩，梁新榮在《劉半農詩歌研究》中就分析道：

> 那時（指1933-34，筆者）半農正耽於語音的實驗研究，全然脫離了新詩的創作。他的這些打油詩，一方面可以說是他詩歌創作的延續，一方面又是他在枯燥治學中的平衡劑。[134]

梁氏所言不無道理；又綜觀劉氏打油之作，大體上寄托未深，詩意未足，但詼諧滑稽，以時事入詩，不無創新之心思，梁新榮評為：

> 半農的六十二首打油詩，藝術價值不很高，但卻是頗有趣味的作品。[135]

如〈民國二十二年國慶〉：

> 去年國慶應停慶，想為遼東三省亡。今歲所亡只一省，何妨小慶不舖張。[136]

嬉笑怒罵，滑稽中見諷刺，效果不差，真有怨而不怒之功力。又如〈自題畫像〉：

> 名師執筆美人參。畫出冬烘兩鬢斑。相眼注明勞碌命，評頭未許穴踰鑽。詩文諷世終何補？磊塊横胸且自寬。藍布大衫偏竊喜，

---

[132] 王文原刊《中國公論》第5卷1-3期（1941），本文轉引自《劉半農研究資料》頁45-46。

[133] 亢文原刊《論語》第46期（1934），本文轉引自《劉半農研究資料》頁329-330。

[134]《劉半農詩歌研究》頁113。

[135]《劉半農詩歌研究》頁116。

[136]《論語》第28期（1933年11月1日）。

笑看猴子沐而冠。[137]

道出詩人安守本份，對命運作幽默的嘲諷，腹聯尤為點題之筆，耐人玩味。論者以傳統詩教衡之，則必指為下品之作，然觀其作品內容，不無創獲，且甚具時代氣息。

不應諱言，劉氏這輯打油作品，水準參差，其劣者則堪稱下流作品，了無詩意，亦無寄托，如〈賀馬四先生〉「我訝君竟落糞缸」，[138]已屬鄙俗，其他如〈演義詩〉「我的胸前平塌塌，她的懷裏高隆隆」、〈佳妃銘〉「嗚呼哀哉丟那媽！色情狂兮腦中砌滿玉腿相交加！」[139]諸如此類惡例，實屬下流不文之作，無論站在什麼立場，都不能為這種下流無聊作品找到立足點。

但亦不能一筆抹殺打油詩之價值，相對劉氏之打油詩，周作人之打油作品，別具深度意趣；楊志琨在《周作人詩詞解析》的前言中評周氏1937至1945年間寫成的〈苦茶庵打油詩〉為：

> 不時地露出一種感傷和苦悶，甚至帶著絕望。看上去不失幽默詼諧，實在是對人生無可奈何。

並認為周氏的詩詞創作，是他的文學成就的組成部分，是他晚年文學創作的重要收穫。[140]綜觀周氏打油，只屬語言淺白，或時見調皮，而詩意不減，其〈苦茶庵打油詩〉二十四首，均各有詩意，各有寄托，非為詼諧調笑，如其一：

---

[137]《論語》第44期（1934年7月1日）。

[138]《論語》第25期（1933年9月16日）。

[139]《論語》第26期（1933年10月1日）、第30期（1933年12月1日）。

[140]楊志琨著：《周作人詩詞解析》前言頁6-7；亦有論者對周氏的打油詩持否定看法，如周棄子在〈談打油詩〉一文中，就評周氏的〈五十自壽詩〉（前世出家今在家）為「只是既非正規、又非打油的四不像，當時可算是浪得名了。」見《未埋庵短書》頁185。

燕山柳色太淒迷。話到家園一淚垂，長向行人供炒栗，傷心最是李和兒。【141】

以金人攻下汴京後，李和兒流落在京，炒栗為生；一股人生之無奈，在詩中若隱若現，又其四：

禹跡寺前春草生。沈園遺跡欠分明。偶然拄杖橋頭望，流水斜陽太有情。【142】

詩人憑吊古人遺跡，惆悵之情，不能自已，而詩中以景結情，尤為含蓄。其六則寫一托缽僧：

不是淵明乞食時。但稱陀佛省言辭。攜歸白酒私牛肉，醉倒村邊土地祠。【143】

詩中描寫托缽僧維肖維妙，簡稱「陀佛」一句，更是笑中含嘲諷，三、四句筆鋒一轉，寫化緣得來的竟是酒肉，和尚既飽既醉，臥於土地祠前，可以說是社會眾生相之一幅妙相。又如其十四云：

年年乞巧徒成拙，烏鵲填橋事大難。猶是世尊悲憫意，不如市井鬧盂蘭。【144】

詩人以比較方式寫節日，用七夕對比盂蘭，詩中略見風俗民情，又能見作者獨特之見解，詩中有情有事，良堪玩味。又如其二十二云：

山居亦自多佳趣，山色蒼茫山月高。掩卷閉門無一事，支頤獨自聽狼嘷。【145】

【141】《周作人詩全編箋注》頁4。

【142】《周作人詩全編箋注》頁7。

【143】《周作人詩全編箋注》頁9。

【144】《周作人詩全編箋注》頁17。

【145】《周作人詩全編箋注》頁22；周氏此詩另有本事，暗指被親信出賣（詳參詩集箋釋部分），然以詩論詩，則純然寫山居靜趣，本文不擬尋繹本事，但求見其詩藝而已。

詩中渲染山居之寂靜，靜中生趣，詩人營造陰冷淒迷之氣氛，末句神來之筆，以狼嚎之尖銳淒厲，襯托山居靜夜，在有聲中見無聲，襯托技巧高超，足見詩人匠心所在，如周氏此等打油作品，實在是現代詩歌中不可多得之佳作。誠如周棄子在〈談打油詩〉中說：

> 因為打油詩必具備滑稽突梯的外型，在傳統士大夫觀念中，總覺得「不莊」，所以肯作此體的人不太多。同時，那些道學先生，也不容易有幽默感，所以能作此體的人也不太多。有的人能肯作，也認為一時游戲之筆，決不會刻到集子裏去，於是歷代流傳下來的打油詩也就如此其少。【146】

由此看來，部分新詩人致於寫打油詩，也可以說是新詩人在傳統中找到可發揮的體式，並有意識地加以運用、提倡，對詩人傾向運用口語寫舊體詩的同時，打油詩未嘗不是一種舊為新用的好嘗試。

胡風（1902-1985）同樣有創新的嘗試，他寫的〈《石頭記》交響樂〉，乃用「連環對詩體曲」寫成，這其實是近似排句的一種變體，它以五言為基調，每節無句數限制，作者可以有更多句組以作發揮，用韻以平聲韻為主，韻字不避重覆，在同一章節內可重用，而句句皆作對偶。這種體式在句組上很自由，可以組合成不同章節，以胡作為例，組曲包含「序曲」、「反集」、「正集」、「合集」、「終曲」五部；「序曲」二十二個對偶句（共四十四單句）。「反集」及「正集」各分十一小節（共二十二小節），每小節詠不同人物，句數亦有參差。「合集」只四節，主要內容是發抒者的意見。「終曲」則由四十七個對偶句組成（共九十四單句）。【147】這種體式，在章節上很有彈性，適合長篇組詩，而用韻、字數則又有規範，不至完全脫離舊體詩的要求，而加入逢句必對的規定，則一方面可見作者遣詞之功力，又可使句意在對偶中雙生雙衍，

【146】《未埋庵短書》頁182。

【147】《胡風全集》（武漢：湖北人民出版社，1999）卷一，頁330-350。

以清楚表達詩意，也便於記憶。

沈尹默的〈贈別新知諸友〉，則是詩人在語體節奏上的突破，詩云：

> 春草茁，春鶯啼。樂新知，悲遠離。樂莫樂，悲莫悲。陽和節，少年游。別雖苦，當忽憂。花四時，月千里。情無已，長如此。賦新詩，相寄與。[148]

此詩為三言詩，古體中有漢〈郊祀歌〉，以三言主，詩人以短促的三言節奏，寫出了情長句短的感覺，充份利用了每個字的意義，語言精煉，效率甚高；又為了增加語言上的節奏感，詩人在詩的開首，就運用了排偶和對偶句式，令這首三言詩讀來更覺明快，更充份發揮三言句在語言上的明快特點：春草茁，春鶯啼（排偶）、樂新知，悲遠離（對偶）。樂莫樂，悲莫悲（排偶）。胡適的〈為海粟題畫〉，也以三言四句題畫：

> 寒不怕。老不怕。朋友們，看此畫。[149]

寫出了畫中菊花的特性，而且詩直指讀者，與讀者的距離拉得更近，形成一種壓迫感，像這類的題畫詩，幾近口語，創意很強。

又如康白情〈白櫻花雜詠十一首〉，[150] 十一首七言絕句組作一輯，而特別處是每首末句必以「白櫻花」作結，可能是借用曹丕（187-226）的〈上留田行〉（末句均作「上留田」）的語言特色，如「窗前催醒 白櫻花 」。「東西雙絕 白櫻花 」、「兒今正看 白櫻花 」，這種句式在強調主題上很有幫助，末句尤為特別：「明年再見，白櫻花」，在句中加一逗號，節奏由齊整一變而為參差，合則為一句，分則成兩句，似濫觴於新詩之散行也。且十一首全押「椏」、「花」兩個韻字，增加了難度，也增加了趣味。

---

[148]《沈尹默詩詞集》頁67。

[149]《胡適詩存》頁295。

[150]《河上集》卷七，頁15-18。

4. 題材

題材方面，不容否認，部分詩人在題材處理上，實在未見心思，開創性不強，如胡明在《胡適詩存》的前言中說胡適的前期舊體作品說：「但也沾有舊時小知識分子流行的傷感、嗟嘆的陳套。」[151]這些「陳套」也導致胡適前期作品在題材上未有突破，也可以理解，而其中亦有新嘗試，如寫於前期（1914年）的〈耶穌誕日〉，在題材上就頗見新穎：

> 冬青樹上明纖炬。冬青樹下歡兒女。高歌頌神歌且舞，朝來阿母含笑語。兒輩馴好神祐汝。灶前懸襪青絲縷。神從突下今夜午。朱衣高冠鬚眉古。神之格思不可睹。早睡慎無干神怒。明朝襪中實餳妝，有蠟作鼠紙作虎。夜來一一神所予，明日舉家作大酺。殺雞大於一歲羖。堆盤肴果難悉數。食終鼓腹不可俯。歡樂勿忘神之祜。上帝之子天下主。[152]

詩中其得節日之氣氛，亦具童謠味道，胡氏在這詩的附言中說：「此種詩但寫風格，不著一字褒貶」；而詩中情事，皆如在目前，很能引起共鳴。

但其中著名詩人如郭沫若（後期）、田漢（後期）、臧克家，詩作題材變化不大，內容重複，評論者不無微詞，批評詩作題材不出古人範疇，只發抒個人牢愁，氣魄不足；早有論者注意到這負面情況：像朱文華在《風騷餘韻論》中批評郭氏後期作品太多應酬奉和、歌功頌德或政治表態之作。[153]評臧克家《憶向陽》[154]中的詩大體上「受時風侵蝕，

[151]《胡適詩存》前言，頁2-3。

[152]《胡適詩存》頁59。

[153]《風騷餘韻論》頁125。

[154]《憶向陽》（北京：人民出版社，1978），收臧氏詩五十首，是在五七幹校參予勞動時的作品匯編。

至今已沒有價值」【155】，評田漢後期作品題材仄狹，應酬應景之作也過多，即使是田氏擅長的劇評詩，「也染上了泛政治化，公式化的色彩，或者是某種政治游戲」。【156】

論者批評的焦點，在郭、臧、田三家詩上，主要是三人酬酢奉和之作不少，作品真情不足，特別自建國以來，部分詩人以詩歌為歌功頌德之工具，或因政治壓力，借詩表態，詩作內容泛泛，確為事實；如郭沫若於建國後的〈歌頌中朝友誼〉組詩，共四十八首、〈十年建國增徽識〉組詩，共八首、〈重慶行〉組詩，共十六首，題材無新意，內容亦陳舊重複，朱文華之評，確有根據。田漢後期作品如〈歌蘆溝橋〉、〈歌長江大橋〉、〈水利工地訪問五絕〉和〈歌一九五八年之春〉等作品，情事重複，反覆重沓而無新意，與其前期作品，大不相同。然郭、田兩位詩人，畢竟為高產量詩人，作品既多，蕪雜、瑕疵自所難免，且二人前期之詩作，佳作不少，從總體而言，詩藝亦佳，作品素質平均而言，並不算低。而臧克家詩作，則最早見於1973年，至晚年仍有創作，其中酬贈祝壽、題詞應對者居大多數，加上詩才薄弱，時見客套滿紙，在題材開拓上，未見心思，另一類則主要寫下放農村生活、在幹校勞動之心情，內容題材毫無變化，總體而言，較之於郭、田二人，臧氏詩作素質明顯低下。

詩歌題材倘受政治影響，則如風行草偃，詩歌題材內容，則百人一面，千口一腔；黃茅白葦，一望皆同；缺乏詩人之獨立個性與真情。詩歌本為詩人言志之渠道，一經政治化，詩人創作動機不純，則詩中所道均非真情，徒具「詩」之形格而已，蕪雜平庸之作品，由是而生。

其實在新詩人中，周作人頗能在題材上努力嘗試突破，尋找新的入詩題材。周作人的〈兒童雜事詩〉正是題材上的成功突破，他以兒童的玩兒或有關童謠、寓言、傳說，作為詩的題材，能引人入勝，在詩中表

【155】《風騷餘韻論》頁188。

【156】《風騷餘韻論》頁125。

現出一種特有的童趣，如〈新年一〉：

新年拜歲換新衣。白襪花鞋樣樣齊。小辮朝天紅線扎，分明一隻小荸薺。【157】

以兒童過新年的打扮為題材，寫得迫真而具體。又如〈風箏〉

苹魚飄蕩日當中，蝴蝶翻飛上碧空。放鷂須防天氣變，莫教遇著亂頭風。【158】

以兒童放風箏為題，頗能引起讀者共鳴，也能勾起不少童年回憶，周氏這輯雜詩共七十二首，題材雖一，但由於前無詩人集中此等題材，因此創作空間極大，是以周氏能以一事入一詩，趣味盎然，深受讀者所喜愛。

劉大白（1880-1932）詩在題材上，亦偶見新意，如《劍膽集》中〈喜來一杯酒〉：

喜來一杯酒。怒來一匕首。恩怨兩分明，快意古未有。我聞豪俠兒，殺人不以口。唇槍與利劍，雖快亦足醜。已矣勿復道，報仇貴忠厚。【159】

詩中以君子報不以口傷人為題材，發抒己見，全詩議論縱橫，論點明確，在題材上確是成功的嘗試，又如他的〈新相思二首〉，以五古為體，純然是五言歌行之體式，諷誦則古味十足，而詩中又加插新名詞，令作品另含「新味」，其一云：

明月照我眠。令我思嬋娟。嬋娟入我夢，姍姍來我前。兩地遠相隔，道路知幾千。問卿何能來，恐是乘汽船。不然火輪車，輪馳聲填填。不然輕（氫誤輕，筆者）氣球，御風飛如鳶。三問默無語，倩影忽沓然。好夢何迷離，相思何纏綿。起視夜如何，月明

【157】《周作人詩全編箋注》頁179。

【158】《周作人詩全編箋注》頁182。

【159】《白屋遺詩》頁28。

猶在天。

詩中用了幾個問題，提及汽船、火車和氫氣球等新事物，很有趣味，而詩中的「嬋娟」三問不答，令詩人更覺悵惘，又其二云：

月明猶在天。相思何由傳。欲倩寄書郵，道遠愁遷延。欲借電文報，文促意未宣。不如德律風，萬柱鉤鐵弦。語出依口中，聲達卿耳邊。口耳遠相接，情話如一廛。語卿夢中事，知卿還未眠。此夜彼為晝，星球左右旋。相思幻成夢，足徵儂心堅。[160]

其二上接其一詩意，寫詩人戀戀不捨之心情，而其中又加入了電報、德律風等名詞，其中寫電話時有「萬柱鉤鐵弦」之描寫，十分傳神迫真；又設想各在地球一端日夜相反的情況，都充滿了地理天文及科技的色彩，作者借題發揮，借「思念」之舊題而嵌入新元素，足見其匠心。這種格調古雅而用詞新穎的組合，可說是劉大白舊體詩的特點。

劉半農在《新青年》上曾發表過兩首題為〈靈魂〉的詩，也是體舊意新之作，很哲理味道：

靈魂像飛鳥，世界像樹枝。魂在世界中，鳥啼枝上時。一旦起罡風，毀卻這世界。枝斷鳥還飛，半點無牽挂。[161]

這兩首詩，設喻新奇，第一首設想靈魂依附在世界中，第二首設想沒有了世界，靈魂便無牽無挂地自由飄蕩，詩中把主觀的靈、客觀的物結合描寫，寫二者可即可離的微妙關係，演繹得很具體、很細緻。

康白情的古詩創作，五言作品也是踵武古人，寫得不即不離，詩人在五古的作品，就嘗試寫一些較新的題材，如〈山東圖書館〉就是不錯的嘗試：

遊罷大明湖，還訪圖書館。中庭寂無人，園花紅照眼。采椽襯丹楹，石崖封綠蘚。隔牆啼笑聲，嬌叱聞女伴。暗驚此地殊，男女

[160]《白屋遺詩》頁24。

[161]《半農詩歌集評》頁151。

豈合覽。山東產聖人，尊文垂古簡。況與東鄰接，歐風宜未晚。猗歟頌山東，何憂宗國殄。無何閽者出，相看目閃閃。乃言有女賓，今日屈公返。我謂此地殊，誰能設私宴。閽者重致辭，是則誰曾敢。此地重禮防，男女分日限。每周分七日，按周隨流轉。男五而女二，勿得相越犯。有館二十年，此例由來遠。[162]

這詩寫詩人在旅途上的小插曲，寫山東圖書館男女分日閱覽的特殊館規，由於山東是聖人出生地，男女關防特別注重，公共場所如圖書館也要男女分開；詩人在詩中運用了寫景引入主題，然後利用與「閽者」的對答交代事件的來龍去脈，充份利用五言長詩在交代、述說上的優勢。

結語：

新詩人的舊體詩創作，有承傳、有創新，是一個有「因」有「革」的過程；今人劉納在《嬗變——辛亥革命時期至五四時期的中國文學》中談到新文學時期的前後，詩人對傳統詩歌派系的看法：

凡是千年詩史上有些大大小小名堂的遠遠近近的古人，都可能被1912-1919年間的詩人師法與倣效。[163]

這種情況，在1919年以後的新詩人中，也是極普遍的現象，如魯迅遣詞淵自《楚辭》，而通體而言又以魏晉為近。復如朱自清近宋詩清勁一路，然興象境界，純然唐風；鍊字造句，又以漢晉為近。俞平伯以詞情入詩，尤為新創。胡適不依傍門戶，自寫所感，仍有樂府、竹枝之餘味。臧克家得民歌之通俗而無歌韻，寫詩如寫散文。其情況複雜，錯綜離合，實不能一概而論；錢仲聯（1908-）在《近代詩鈔》的前言中，以

---

[162]《河上集》卷二，頁6-7。

[163] 劉納：《嬗變——辛亥革命時期至五四時期的中國文學》（北京：中國社會科學出版社，1998）頁208。

近代詩分為四派，並述其淵源，其一為瓣香北宋，私淑江西、其二為遠窺兩漢，旁紹六朝、其三為無分唐宋，並咀英華、其四為驅役新意，自闢戶牖；[164]由是觀之，新詩人之舊體詩，以錢氏所述之後二者為近。

朱光潛（1897-1986）在〈給一位寫新詩的青年朋友〉中，談到中國新詩歌的出路時，提出三個主要方向：一是向西方學習；二是向傳統學習；三是向民間學習。[165]雖是針對新詩發展而言，但借用在新詩人的舊體詩創作上，也很明確地看到新詩人在創作舊體詩時，也是盡量保留傳統的優點，這在他們的詩淵源承傳痕跡上不難看到。

在表達詩歌形式上，他們擬古、集句，卻又不忘重拾舊體詩傳統中為人忽略和輕視的語調和風貌（如打油詩、牛山體），並加以強調發揮。新詩人以外國名詞、外國典故入詩，均是向外國學習的明證，復如周作人寫了大量耐人尋味、別緻的兒童雜事詩，事實上，周氏的雜事詩和打油詩，均受外國文學的影響，如周氏在〈兒童雜事詩序〉中說，他受了英國利亞（Edward Lear,1812-1888）的「詼諧詩」影響，因而「略師其意」，寫「兒戲趁韻詩」。[166]不少新詩人在舊體詩中運用平白的口語，又或者仿民歌的表達方式，也是十分明顯的現象。如此看來，朱光潛所提的三個學習路向，不單是新詩創作要考慮的路向，也同時是現代舊體詩需要考慮的路向，而現代新詩人在其舊體詩創中，就充分體現了這三方面的重要實踐與嘗試。

---

[164] 詳參仲聯編：《近代詩鈔》（江蘇：古籍出版社，1993）前言，頁1-27。

[165] 朱光潛：《談詩》（北京：三聯書店，1984）頁284-285。

[166] 詳參鍾叔河箋釋：《周作人豐子愷兒童雜事詩圖箋釋》（北京：中華書局，1999）頁1；利亞，今譯李爾（Edward Lear,1812-1888），以寫nonsense poems著名。

稿約

（一）本刊宗旨專重研究中國學術，以登載有關中國歷史、文學、哲學、教育、社會、民族、藝術、宗教、禮俗等各項研究性之論文為限。

（二）本刊年出一卷。

（三）本刊由新亞研究所主持編纂，歡迎海內外學者賜稿。

（四）來稿每篇以三萬字為限，請附中文提要（二百字內）；英文篇題；通訊地址、電話、傳真及電郵地址。

（五）來稿均由本所送呈專家學者審閱，以決定刊登與否。

（六）本所有文稿刪改權，如不同意，請預先聲明。

（七）文責自負；文稿若涉及版權問題，由作者負責。

（八）來稿請勿一稿兩投。本所不接受已刊登之文稿。

（九）來稿如以電腦處理，請以word系統輸入，並隨稿附寄電腦磁片。

（十）請作者自留底稿。來稿刊用與否，恕不退還。若經採用，將盡快通知作者；如半年後仍未接獲採用通知，作者可自行處理。

（十一）本刊所載各稿，其版權及翻譯權均歸本研究所；作者未經本所同意，不得在別處發表或另行出版。

（十二）來稿刊出後，作者每人可獲贈本刊二本及抽印本三十冊，不設稿酬。

（十三）來稿請寄：

香港 九龍 農圃道6號，新亞研究所

《新亞學報》編委會收

Editorial Board, New Asia Journal

New Asia Institute of Advanced Chinese Studies

6 Farm Road, Kowloon

Hong Kong

新亞學報 第二十四卷

編　　輯：新亞研究所
九龍農圃道六號
No. 6, Farm Road, Kowloon, Hong Kong
電話：(852) 2715 5929

發　　行：新亞研究所圖書館
九龍農圃道六號
No. 6, Farm Road, Kowloon, Hong Kong
電話：(852) 2711 9211

定　　價：港幣一百六十元
美金二十元

ISSN: 0073-375X

出　　版：二〇〇六年一月初版

新亞學報

目　錄

第二十四卷　　二〇〇六年一月

牟宗三哲學學術會議論文選輯七篇

NEW ASIA INSTITUTE OF ADVANCED CHINESE STUDIES